FAMOS
Taschenrechner für die Meßtechnik

Thomas W. Beneke
Wolfgang W. Schwippert

FAMOS
Taschenrechner für die Meßtechnik

Software zur Konvertierung, Darstellung, Analyse und Dokumentation von Meßdaten

ADDISON-WESLEY

An imprint of Addison Wesley Longman, Inc.
Bonn • Reading, Massachusetts • Menlo Park, California • New York • Harlow, England
Don Mills, Ontario • Sydney • Mexico City • Madrid • Amsterdam

Die Deutsche Bibliothek – CIP-Einheitsaufnahme

Beneke, Thomas W.:
FAMOS – Taschenrechner für die Meßtechnik / Thomas W. Beneke, Wolfgang W. Schwippert. –
Bonn; Reading, Mass. [u.a.] :
Addison-Wesley-Longman, 1997
ISBN 3-8273-1255-8
NE: Schwippert, Wolfgang W.

© 1997 Addison Wesley Longman Verlag GmbH

Satz: Reemers EDV-Satz, Krefeld, gesetzt aus der Palatino 10 Pt.
Lektorat: Irmgard Wagner, München
Belichtung, Druck und Bindung: Kösel, Kempten
Produktion: TYPisch Müller, München
Umschlaggestaltung: Hommer Grafik-Design, Haar bei München

Das verwendete Papier ist aus chlorfrei gebleichten Rohstoffen hergestellt und alterungsbeständig. Die Produktion erfolgt mit Hilfe umweltschonender Technologien und unter strengsten Auflagen in einem geschlossenen Wasserkreislauf unter Wiederverwertung unbedruckter, zurückgeführter Papiere.

Text, Abbildungen und Programme wurden mit größter Sorgfalt erarbeitet. Verlag, Übersetzer und Autoren können jedoch für eventuell verbliebene fehlerhafte Angaben und deren Folgen weder eine juristische Verantwortung noch irgendeine Haftung übernehmen.
Die vorliegende Publikation ist urheberrechtlich geschützt. Alle Rechte vorbehalten. Kein Teil dieses Buches darf ohne schriftliche Genehmigung des Verlages in irgendeiner Form durch Fotokopie, Mikrofilm oder andere Verfahren reproduziert oder in eine für Maschinen, insbesondere Datenverarbeitungsanlagen, verwendbare Sprache übertragen werden. Auch die Rechte der Wiedergabe durch Vortrag, Funk und Fernsehen sind vorbehalten.
Die in diesem Buch erwähnten Software- und Hardwarebezeichnungen sind in manchen Fällen auch eingetragene Warenzeichen und unterliegen als solche den gesetzlichen Bestimmungen.

Inhaltsverzeichnis

Vorwort   9

Einleitung und Basisinformationen   13
    Modulares Rüstzeug   13
    Ohne Grenzen   14
    Sparpolitik   15
    Sichtung   16
    Delegieren   17
    Datenspezialist   18
    Fast wie im richtigen Leben   19
    Regeln und Hilfen   21
    Kurz vor Schluß   23
    Ernstgemeint   26
    ... und wo sind die Dateien?   26

1 Orientierungslauf   27
    1.1   Startlinie   27
    1.2   Startaufstellung   29
    1.2.1   Startschuß   29
    1.2.2   Datengräber   33
    1.3   Zahlenquellen   36
    1.3.1   ASCII-Importcheck   36
    1.3.2   Randbedingungen   40
    1.4   Fenster für Tabelle   43
    1.5   Importerfolge   46
    1.6   Von Zellen und Spalten   50
    1.7   Bühnenwechsel   56
    1.7.1   Schaufenster   56
    1.7.2   Peaks finden   59
    1.7.3   Datenerhalt = Variablenerhalt   63

2 Grafikdesign   67
    2.1   Kanalwahl   67
    2.2   Viele kleine Grafikfenster   69
    2.3   Aus 1 mach 2   70
    2.4   Vorentscheidungen   74
    2.4.1   Farbenfroh   75
    2.4.2   Gemischtwaren   79
    2.5   Kurvenspiele   89
    2.6   Legenden stricken   96

2.7	Sonderpunkte		98
2.8	Achsenkontrolle		107
2.9	Nach x kommt y		110

3 Variablen und mehr — 119

3.1	Personalien	119
3.1.1	Kleine Nachbesserung	120
3.1.2	Kennung	121
3.1.3	Noch mehr Übereinstimmung	127
3.2	Immer im Bilde	131
3.3	Variablenspiele	133
3.3.1	Variable ohne Wert	134
3.3.2	Einzelkind	138
3.3.3	Metamorphose	141
3.3.4	Komplexe	146
3.3.5	Zauberworte	150
3.4	Familienzusammenführung	152
3.5	Werte – mal so, mal so	155
3.6	Mehr Übersicht	158
3.7	Erster Meßerfolg	159
3.8	Hier kommt die Maus	162
3.8.1	Rahmenbedingungen	163
3.8.2	Herantasten	165
3.8.3	Wo bestimmt was	168
3.9	Peakextrakte	174
3.9.1	Zeitpunkte	174
3.9.2	Fischen und zeigen in einem	178
3.10	Auf einen Blick	183

4 Schneller und schöner — 189

4.1	Automatisierungsmodul	189
4.2	Step by step	193
4.3	Ohne Kits läuft nichts	201
4.4	Alles auf einmal	204
4.5	Knopfkiste	207
4.6	Öffentlichkeitsarbeit	210
4.6.1	Grafiktransport	211
4.6.2	Grafiklayout	217
4.7	Wort und Bild	221
4.7.1	Zusatztext	222
4.7.2	Bildmaterial	225
4.8	Zahlenbeweise	227
4.8.1	Tabelle als Text	228
4.8.2	Tabelle richtig	229

5 Der kleine Unterschied 235

5.1	Datenshow	236
5.1.1	Fremdes im FAMOS-Format	236
5.1.2	Zwillinge	239
5.2	Schalterspiele	242
5.2.1	Schnell zurechtfinden	242
5.2.2	Schnell verbinden	247
5.3	Zu Fuß messen	251
5.3.1	Hantieren mit Cursor	252
5.3.2	Messen mit Cursor	256
5.4	Jenseits der Schwelle	263
5.4.1	Einheitssignale	265
5.4.2	FAMOS-Differenz	270
5.4.3	Ergebnis-TÜV	276
5.5	Mehr für Könner	281

6 Signaltrimm 285

6.1	Was gibt's?	286
6.2	Wellig bis glatt	287
6.3	Geeignet?	291
6.3.1	Mitkommen	291
6.3.2	Aussperren	294
6.4	Der Profi	297
6.4.1	Kreisverkehr	298
6.4.2	Abstecher	301
6.4.3	Mehr Filter	304
6.5	Überreaktionen	306
6.6	Frequenzen	308
6.7	Typen gibt's	309
6.8	DFilt-spezial	310
6.9	Aus eins mach viel	311
6.10	Bauanleitung	315
6.11	Kleiner machen	317
6.12	Wie stark?	319
6.13	Störspitzen kappen	320

7 Dolmetscher 323

7.1	Ganz vorne anfangen	324
7.2	Schau'n wir mal	328
7.3	Erste Schritte	330
7.4	Wie war's?	336
7.5	Kreislauf	340
7.6	Automatisch mal drei	342
7.7	Immer dasselbe	349
7.8	1000 auf einen Streich	353

7.9	Endkontrolle		357
7.10	So weit, so gut		361
7.11	War's das?		362

A Anhang 363

A.12	Daten		363
A.13	Shortcuts		368
A.13.1	Operationen in der Variablenliste des Applikationsfensters		369
A.13.2	Operationen im Funktionsbereich des Applikationsfensters		369
A.13.3	Operationen über das Ausgabefeld		370
A.13.4	Operationen über das Sequenzfenster		370
A.13.5	Operationen über den Dateneditor		370
A.13.6	Operationen über das Kurvenfenster		371
A.13.7	Operationen im Druckbildgenerator		371

Stichwortverzeichnis 373

Vorwort

Wird ein Außenstehender mit dem Wort FAMOS konfrontiert, verbindet er damit erst einmal eine Wertung und denkt sofort an großartige Leistungen des Chinesischen Staatszirkus, der Fußballnationalmannschaft, der fünfjährigen Tochter oder ähnliches. Daß sich hinter diesem Wort der Name eines PC-Programms verbergen könnte, wird man ad hoc wohl kaum vermuten. Und doch stellt der Begriff FAMOS einfach nur ein Kürzel dar, welches für *F*ast *A*nalysis and *M*onitoring *o*f *S*ignals steht. Damit wird der Anwendungszweck der Software als Datenanalyseprogramm deutlich. Sollte der Anwender dabei das wortgleiche Bewertungskriterium assoziieren, dürfte dies dem Hersteller *imc* (*i*ntegrated *m*easurement & *c*ontrol) in Berlin sicherlich recht sein.

Das Feld der Datenanalyse ist breit gefächert. Führt man sich die Programmanforderungen vor Augen, gehört sie außerdem fraglos zu den anspruchsvolleren PC-Anwendungen. Hinsichtlich der unterschiedlichen Einsatzgebiete ist ein umfangreiches Leistungsspektrum zu erwarten. Dazu gehören neben tabellarischer Datenorganisation und grafischer Datenpräsentation tiefergehende mathematische Berechnungsmöglichkeiten sowie die Automatisierung routinemäßig benutzter Programmsequenzen. Dies macht die Software und eine Auseinandersetzung mit ihr komplex, was sich auch im Umfang der beigefügten Handbücher ausdrückt. So wird FAMOS mit einer dreibändigen Dokumentation ausgeliefert. Das Basiswissen vermittelt das sogenannte *FAMOS: Bedienerhandbuch*; grafische Funktionen oder die Konstruktion von Datenimportmasken sind im Manual *Kurvenmanager, Reportgenerator, Dateiassistent* nachzulesen; und die ausführliche Beschreibung aller mathematischen Funktionen und Programmierbefehle enthält *Referenz: Funktionen und Befehle*.

Daraus ergibt sich zwangsläufig eine Frage: Warum wird das vorliegende Buch benötigt, wenn doch die Handbücher neben den einzelnen Funktionsbeschreibungen hier und da sogar kleine Beispiele mitliefern und so Eigenschaften von Funktionen oder Lösungswege transparenter machen? Anders gefragt: Welches war die Hauptmotivation bei der Anfertigung dieses Buchs? Die Antwort auf diese Fragen gründet auf der Überzeugung, daß das Leistungsspektrum eines Programms am besten zu vermitteln ist, wenn es gilt, konkrete Aufgaben mit Praxisbezug zu bewältigen. Und das heißt, anhand von Beispielen aus der naturwissenschaftlich-technischen Datenverarbeitungspraxis Lösungswege aufzuzeigen und die damit verbundenen Programm- bzw. Analyseabläufe zu simulieren, sie also gewissermaßen von der Pike auf durchzuexerzieren. Geschieht dies in didaktisch aufeinander aufbauenden Schritten, erhält der Anwender durch die vorgestellte Aufgabe und die durchgespielten Lösungswege wichtiges Know-how für den praktischen Einsatz der Software. Er macht sich mit der prinzipiellen Vorgehensweise und der Strategie einer ähnlichen Aufgabenbewältigung ebenso vertraut wie mit kleinen Unzulänglichkeiten der Software und erhält Hinweise, wie diese zu kompensieren sind. Den inhaltlichen Rahmen so zu stecken, daß der Einsteiger während dieser Lernphase wichtige Erfahrungen sammelt und somit den Ernstfall probt, hat bei der Abfassung der einzelnen Kapitel immer im Vordergrund gestanden. Wir sind sicher, daß dieses Konzept auch im Falle von FAMOS den gleichen positiven Zuspruch erhält, den wir schon für ein vergleichbares Projekt erfahren durften.

Bei der Umsetzung dieser Idee waren wir natürlich auf Hilfe angewiesen. So durften wir bei allen programmtheoretischen Fragen wie auch bei der Auswahl und Gestaltung der technisch ausgerichteten Beispiele immer der Unterstützung der *imc*-Mitarbeiter sicher sein. Zusätzlich wurde uns eine weitgehend ausgearbeitete Abhandlung über Filtertechniken überlassen, welche als Grundlage für das Kapitel über Glätten und Filtern in diesem Buch diente. Ebenso war es eine Selbstverständlichkeit für *imc*, uns in ihrem Hause die »Philosophie« von FAMOS wie auch der anderen *imc*-Produkte detailliert zu erläutern. Dieser Service ist sicher nicht selbstverständlich, waren wir doch ein teurer Spaß in der Zeit, in der wir hochqualifizierte *imc*-Mitarbeiter gebunden haben. Für all diese Hilfestellungen möchten wir allen im Hause *imc* herzlich danken und dabei ganz besonders den Mitarbeitern Braun, Hippe und Suter, deren Unterstützung uns viel Einarbeitungs- und Testzeit erspart hat.

Parallel zur Ausarbeitung der einzelnen Buchkapitel wurde die am Markt befindliche Version FAMOS 3.0 von *imc* vollständig überarbeitet, und einige Module wurden neu konzipiert. Basis für die im Buch vorgestellten Arbeiten war die Version 3, Revision 8. Damit wir den Lesern den aktuellen Programmstand präsentieren können, haben uns die Softwareentwickler von *imc* laufend über alle Neuerungen informiert, so daß bereits ein großer Teil derjenigen Änderungen und Erweiterungen in unsere Beschreibung einfließen konnten, die in FAMOS 3.1 wiederzufinden sein werden. So standen z.B. der neue Reportgenerator und Teile des Kurvenmanagers in einer Beta-Version zur Verfügung. Dies hat allerdings an manchen Stellen dazu geführt, daß in den entsprechenden Kapiteln Teilaspekte unberücksichtigt blieben, da während der Entstehung dieses Buchs Hilfetexte oder gar Manuals noch nicht erhältlich waren. Quasi als Ersatz nutzten wir in einigen Fällen die inzwischen gewachsenen persönlichen Kontakte zu *imc*. Dafür, daß wir prompt einen telefonischen »Online«-Informationsdienst erhielten, möchten wir nochmals ausdrücklich Dank sagen.

Als genauso erfreulich und unkompliziert erwies sich die Zusammenarbeit mit dem Verlag Addison-Wesley-Longman, bei dem wir uns an dieser Stelle ebenfalls bedanken möchten. Insbesondere Frau Wagner hat uns bei der Konzipierung dieses Buches mit Rat und Tat zur Seite gestanden und uns auch bei der Umsetzung unserer Wünsche stets unterstützt. Frau Stumpf danken wir für die sorgfältige Überprüfung des Textes, die teilweise parallel zur Textbearbeitung stattfand. Dank problemlosen Arbeitens Hand in Hand konnten wir die Manuskriptabgabe hinausschieben und so möglichst viele »in letzter Minute« eingebaute neue Programmfunktionen berücksichtigen.

Um das Vorhaben zügig über die Bühne zu bringen, mußten natürlich einige Einschränkungen seitens des häuslichen Umfeldes der Autoren hingenommen werden. Deshalb wollen wir uns ausdrücklich bei den Ehefrauen Ursula Piekarski-Schwippert und Jutta Beneke mit den beiden Kindern Ina und Maren für deren Geduld bedanken. Das gleiche gilt für Freunde und Bekannte, die wir nervten, damit sie sich komplette Kapitel, schwierige Passagen oder auch nur einzelne Probleme zur Brust nahmen und unsere Lösungsvorschläge auf Tauglichkeit testeten, indem sie Zeile um Zeile Schritt für Schritt nachvollzogen. Auch dafür vielen Dank.

Zierenberg, im Juli 1997　　　　　　　T. W. Beneke und W. W. Schwippert

Einleitung und Basisinformationen

Verglichen mit dem altehrwürdigen 286-Prozessor zeigte schon der 386er eine deutlich beschleunigte Verarbeitung von Software. Allerdings setzte insbesondere Microsofts Windows die gerade erst gewonnene Verarbeitungsgeschwindigkeit des PC wieder merklich herab. Als diesem 386er dann noch ein mathematischer Coprozessor verpaßt wurde, war ein entscheidender Schritt getan, der eigentlichen Bestimmung des PCs etwas näher zu kommen, nämlich komplexe Berechnungen in vertretbarer Zeit zu tätigen. Die im übrigen recht verläßliche 386er-CoPro-Konfiguration leistet auch heutzutage noch vielerorts gute Dienste, u. a. im Weltraumteleskop Hubble. Mit diesem Quantensprung in Sachen PC wurde Software unter Windows auch für Naturwissenschaftler und Techniker immer interessanter, da die entsprechenden Programme nun mit großen Zahlenmengen umgehen konnten. So verließen Mathematik-, Statistik- und Chemieprogramme, Techniksimulationen, Hilfen für eine optische Bildaufbereitung oder auch Datenanalysepakete ihren bisher bevorzugten Aufenthaltsort Großrechner und kooperierten ab sofort auch mit dem PC. Als diesem mit schnellen 486er- und Pentium-Prozessoren noch mehr Leben eingehaucht worden war und sich die Leistungsfähigkeit erneut um ein Vielfaches erhöhte, konnte von all diesen Programmen auch hinsichtlich Bedienerfreundlichkeit immer mehr Leistung geboten werden. Heutzutage müssen bezüglich Datenumfang, Bearbeitungsgeschwindigkeit und Bedienbarkeit kaum noch inakzeptable Einschränkungen hingenommen werden. Die Software FAMOS, die als Windows-Datenanalysesystem der ersten Stunde bezeichnet werden darf, begnügt sich auch heute noch mit einer simplen 386er-Konfiguration, sogar ohne CoPro, und doch können bemerkenswerterweise sämtliche Funktionen des Programms genutzt werden. Es geht halt alles nur etwas betulicher vonstatten. Dies mag man als ersten Hinweis für eine besondere Stellung dieses Programms im allgemeinen Windows-Anwender-Zirkus werten.

Modulares Rüstzeug

Was die Anwendungsbereiche betrifft, setzen wissenschaftlich-technische Analyseprogramme im allgemeinen unterschiedliche Schwerpunkte, denn sie umfassen eine recht subjektive Auswahl von Spezialleistungen. Dies gilt auch für das Datenanalyseprogramm FAMOS der Hightech-Schmiede *imc* in Berlin. Das Unternehmen konzipiert komplexe Systeme zur Meßwerterfassung, konfiguriert sie anwenderspezifisch und installiert vor Ort. Für die

Offline-Auswertung wurde die Software FAMOS (Fast Analysis and Monitoring of Signals) entwickelt, die als Komplettsystem zur Meßwertanalyse verstanden werden möchte. Das unter Windows arbeitende Programm beherbergt alle Funktionen, die ganz allgemein gesprochen Datenorganisation, -beurteilung und -präsentation betreffen. Es ist professionell ausgerichtet und wendet sich in erster Linie an Techniker und Naturwissenschaftler in Industrie und Forschung.

Schon frühzeitig hatte *imc* erkannt, daß Windows die Benutzeroberfläche der Zukunft sein würde, obwohl gerade in der Anfangsphase unübersehbare Nachteile in der Verarbeitungsgeschwindigkeit zu verzeichnen waren. Das Wissen um diese Unzulänglichkeiten und die Auseinandersetzung mit ihnen führte im Falle von FAMOS zu einer Programmstruktur, die Datenbearbeitung und Datenvisualisierung auch unter Windows extrem schnell umsetzt. Da es sich bei dieser Software also um ein echtes, hochspezialisiertes Arbeitsmittel handelt, das den Vergleich mit einer Fertigungsmaschine in der Produktion nicht zu scheuen braucht, muß sich der Hersteller *imc* vor der unerlaubten Nutzung seines Produkts durch Kopiertätigkeit zahlungsunwilliger Pseudoanwender schützen. Deswegen ist das Programm nur bei installiertem Dongle bzw. Schutzstecker lauffähig.

Beschäftigt man sich als Einsteiger zum ersten Male mit FAMOS und öffnet im Hauptfenster das Menü *Extra*, bieten dort verschiedene Editoren und Assistenten ihre Dienste an. Folgt man den einzelnen Menübezeichnungen, geht es um Schlüsselbegriffe wie Sequenzen bzw. Makros, Datensätze, Formeln oder Dateien. Im Prinzip finden sich in diesem Menü Funktionen, die in mehr oder weniger unabhängigen Programmteilen untergebracht sind. Sie übernehmen bestimmte Programmaufgaben, liefern entsprechende Ergebnisse und kooperieren mit anderen Modulen. Einen sichtbaren Hinweis für die Eigenständigkeit dieser Module liefern die autark arbeitenden Windows-Fenster, denn sie halten – wie separate Windows-Anwendungen – eigenständige Menüs und Werkzeugleisten bereit.

Ohne Grenzen

Da FAMOS im eigentlichen Sinne kein Datenerfassungs- bzw. Meßsystem für den Online-Betrieb ist, muß das Programm Werkzeuge bereitstellen, um Zahlenmaterial von externen Datenzulieferern übernehmen zu können. Nun gibt es unzählige, zumeist firmeneigene Meßsysteme, die ihre Daten in eigenwilligen Formaten ablegen. Konkret fallen diese z. B. bei vielen industriellen Fertigungstechniken und im Rahmen der Qualitätssicherung an. Über den reinen Zahlenpool hinaus enthalten solche Datensätze häufig noch eine Reihe von Zusatzinformationen, die zur vollständigen Beurteilung ebenfalls benötigt werden. Was die hierfür zuständigen Datenimportfunktionen angeht, sucht FAMOS seinesgleichen. Denn es stehen dem Anwender nicht nur die üblichen Funktionen für den Import gängiger und besonders beliebter Dateiformate wie z. B. das ASCII-Format zur Verfügung, sondern darüber hinaus enthält das Programm ein Spezialmodul, mit dem sich beliebige Importfilter programmieren lassen. Das zuständige Hilfsmittel trägt die Bezeichnung Datei-Assistent. Seine gesamte Konzeption läßt erkennen, daß FAMOS für alle Herausforderungen aus der technischen und naturwissenschaftlichen Datenwelt gewappnet sein möchte, denn beim Zugriff auf externe Daten gibt es letztendlich keine Schranken mehr. Das einzige, was investiert werden muß, ist intensives Nachdenken über die Arbeitsweise des zu konstruierenden Importwerkzeugs sowie Programmierarbeit, die unter Umständen recht umfangreich und komplex ausfallen kann.

Sparpolitik

Auch hinsichtlich der verarbeitbaren Datenmengen gibt es mit FAMOS keine Beschränkungen. Sie resultieren allenfalls aus der Leistung des eingesetzten PCs, genauer gesagt des verfügbaren Arbeitsspeichers. Kennt FAMOS alle Daten, darf sie der Anwender mit speziellen Werkzeugen so bearbeiten und durchleuchten, daß die gewünschten Informationen sichtbar werden. Die dabei eingesetzten Hilfsmittel können grafischer Natur sein, wenn z. B. spezielle Meßcursor beim Selektieren und Auslesen bestimmter Daten eingesetzt werden. Oder aber es handelt sich um mathematisches Rüstzeug, welches unter Einsatz programmseitig vorbereiteter Funktionen und Formeln diverse Parameter errechnet oder Datensätze approximiert. Durch solche weiterführenden Manipulationen entsteht neues Datenmaterial in Form von neuen Datensätzen, die FAMOS allesamt als Variablen bezeichnet. Neben numerischen Variablen bzw. den eigentlichen Datensätzen oder Wertereihen arbeitet das Programm mit zahlreichen anderen Variablentypen wie Text, Einzelwert oder Komplexzahl. Diese lassen sich zu Gruppen zusammenfassen, aber auch einzeln speichern und damit übersichtlich verwalten. Den Hauptanteil werden dabei naturgemäß die numerischen FAMOS-Variablen ausmachen.

Für die Bearbeitung und Organisation des Datenmaterials bietet der FAMOS-Dateneditor – neben der üblichen Standardausrüstung – eine Reihe von Spezialfunktionen an, die der Anwender in manch anderem Programm vermißt. Als eigenständiges Modul erscheint auch der Dateneditor in einem separaten Fenster. Das Besondere an diesem Modul besteht in der Art und Weise, wie FAMOS Datensätze behandelt. Die Grundidee besteht darin, daß x-Werte nicht explizit aufgeführt werden müssen. Denn bei genauer Betrachtung wird eine Messung z. B. zu einem bestimmten Zeitpunkt gestartet, so daß dem Startpunkt ein bestimmter x-Wert entspricht. Alle nachfolgenden Meßwerte bzw. y-Werte werden im allgemeinen in konstanten Zeitabständen aufgenommen, die zugehörigen x-Werte haben also ein konstantes Inkrement, d. h., das Zeitintervall zwischen zwei aufeinanderfolgenden x-Werten ist konstant. Jede einzelne x-Koordinate läßt sich demnach aus Startwert und Inkrement errechnen, so daß lediglich diese beiden Informationen und nicht alle x-Werte gespeichert werden müssen. Anstelle der zeitlichen Abhängigkeit läßt sich natürlich auch jede andere physikalische Größe auf diese Weise äquidistant auf der x-Achse abbilden.

Schwieriger wird die ganze Sache, wenn Datensätze einander gegenüber gestellt werden sollen, die auf unterschiedlichen Abtastraten beruhen. Um auch solche, bezüglich der x-Intervalle nicht übereinstimmenden Datenreihen unmittelbar vergleichen zu können, lassen sie sich mit Hilfe des FAMOS-Editors in zeitlich korrektem Verhältnis zueinander darstellen. Dabei wird die Höhe jeder einzelnen Zelle in der Editortabelle automatisch so eingestellt, daß zeitgleich aufgenommene Werte unmittelbar nebeneinander stehen.

Festzuhalten bleibt, daß der Dateneditor letztlich nur die y-Werte, d. h. die wirklich gemessenen Werte, einzeln verwaltet, nicht aber die x-Werte, die ja durch die Meßmethode automatisch vorgegeben sind. Dies ist der Grund, weswegen er auch alle erzeugten, gemessenen oder importierten Daten von vornherein automatisch als y-Werte interpretiert. Diese Art der Datenbetrachtung ist für FAMOS der »Normal«-Fall. Selbstverständlich stehen Hilfsmittel und Funktionen zur Verfügung, um solches Datenmaterial nachträglich grafisch als x/y-Diagramme anzuzeigen oder in »echte« x/y-Datensätze umzuwandeln. Außerdem lassen sich getrennte Datensätze auch in Zahlenpaare bestehend aus Betrag und Phase, Real- und Imaginäranteil oder ähnliches transformieren.

Sichtung

Für die Visualisierung des Datenmaterials ist ein anderes leistungsfähiges Modul zuständig, der Kurvenmanager. Versehen mit vielen grafischen Hilfsmitteln und Funktionen läßt sich eine für die Praxis mehr als ausreichende Anzahl von Koordinatensystemen konstruieren und skalieren, wobei zahlreiche Drag-und-Drop-Funktionen das Leben ebenso erleichtern wie die Möglichkeit, verschiedene Grafikfenster und die zugehörige Tabellenansicht miteinander zu verknüpfen. Verschiebt man bei bestehender Verknüpfung den Fokus in Tabelle oder Grafik, zeigen alle verbundenen Fenster die miteinander korrespondierenden Daten.

Sind alle Daten bearbeitet, alle Folgegrößen berechnet und alle Diagramme konstruiert, tritt zum Schluß der Reportgenerator in Aktion, der das Layout einer druck- bzw. präsentationsreifen Grafik festlegt. Mit seiner Hilfe lassen sich Diagramme, Tabellen, Mengentext und Zeichenobjekte zusammenfügen, und auch externe Bilder dürfen auf diesem Weg in eine FAMOS-Grafik kopiert werden.

Sequenz- bzw. Makro-Editor, programmeigener Formel-Assistent und spezielle Funktionsschaltflächen treten in Aktion, wenn es darum geht, mathematische Zusammenhänge selbst zu formulieren, in das Programm zu integrieren und per Knopfdruck einzusetzen. Auf diese Weise läßt sich der von *imc* mitgelieferte mathematische Leistungsumfang nach Belieben ausbauen. Insbesondere bei der Festlegung und Voreinstellung von Parametern hilft der Formel-Assistent. In Verbindung mit dem Sequenzfenster lassen sich Formeln zudem komplex verknüpfen.

Neben vielseitigen Einsatzmöglichkeiten für die Maus (vgl. Anhang 2) fällt dem Anwender insbesondere das riesige Sortiment an spezifischen Schaltflächen auf, die den direkten Zugriff auf Programmfunktionen garantieren. Maus wie Schaltflächen erleichtern nicht nur die Organisation der Grafiken, sondern helfen auch, die mitgelieferten mathematischen Funktionen ohne komplizierte Tastenakrobatik einzusetzen.

Delegieren

Ist der Weg zur Lösung eines datenanalytischen Problems gefunden, soll die Analysevorschrift in der Regel auch bei zukünftigen Auswertungen verwendet werden. Um sich nicht von Neuem Schritt für Schritt durch die Menühierarchie hangeln zu müssen, bietet sich auch eine automatisch ablaufende Funktionsabfolge an. Für ihre Gestaltung kommt der FAMOS-Sequenz-Editor erst so richtig zum Einsatz. Mit ihm lassen sich nämlich nicht nur mathematische Befehlsfolgen, sondern auch vollständige Analyseabläufe in Form von Sequenzen ablegen und jederzeit automatisch abarbeiten. Zu Sequenzen zusammengefaßte mathematische Anweisungen, Ablaufprogrammierungen und Dateiorganisationswerkzeuge bilden somit eine umfassende Automatisierungshilfe, die den Anwender von langweiligen und lästigen Routinearbeiten entlastet. Da die entsprechenden Programmierungen auch Schleifen und Verzweigungen zulassen, werden sogar alternative Programmabläufe möglich, Bedingungen können abgefragt werden, und das Programm tritt in Zweifelsfällen über Abfrageboxen mit dem Anwender in einen Dialog. Mehrere Sequenzen lassen sich hierarchisch ordnen und bestimmende Größen und Variablen als Parameter definieren. Um das ganze so anwenderfreundlich wie möglich abzustimmen, dürfen solche komplexen Automatisierungen auf Funktionsknöpfe gelegt werden und nehmen dann als angeklickte Schaltfläche ihre Arbeit auf. Werden sie zusätzlich mit Hilfetexten versehen, stehen gewissermaßen individuelle Spezialmodule bereit. Durch Kombination systemeigener und individueller Programmier-, Datenorganisations- und Berechnungsfunktionen sowie logischer Abfrage-, Verzweigungs- und Rückkopplungsbefehle wird FAMOS zu einem offenen, d. h. beliebig erweiterbaren Softwaresystem. Daß mit anderen Windows-Applikationen über DDE (Dynamic Data Exchange) Informationen ausgetauscht werden, dürfte bei dieser Leistungsbreite kaum überraschen.

Führt man sich das bisher nur stichwortartig aufgeführte Leistungsspektrum vor Augen, wundert es nicht, daß in diesem Buch nicht alle Funktionen an relevanten Beispielen durchgespielt werden können. Dies ist auch nicht erforderlich, denn viele Werkzeuge dürften dem Windows-Anwender bereits anderweitig begegnet und daher bekannt sein. Beispiel hierfür sind die Zeichenhilfen des Reportgenerators, denn hinter einer Reihe von Schaltflächen verbergen sich Module, die in jedem Design- oder Bildverarbeitungsprogramm in ähnlicher Form angetroffen werden. Außen vor bleiben auch die Leistungen der sogenannten *imc*-Kit-Schnittstelle. Solche Kits bzw. Werkzeugkisten sind DLL-Funktionsbibliotheken. Sie werden über komfortable Dialoge installiert, die in anderen Windows-Anwendungen in ähnlicher Weise vorkommen, man denke z. B. an die Einrichtung von Druckertreibern. Die meisten dieser Kits stammen ursprünglich aus anderen *imc*-Quellen, lassen sich jedoch auch in FAMOS nutzen. So dient neben Sound- und Druckbild-Kit, deren Bezeichnungen das jeweilige Anwendungsgebiet unmittelbar deutlich machen, das Kurven-Kit dazu, Kurvenfenster zu organisieren, also zu positionieren oder zu skalieren. Zusätzlich lassen sich auch noch andere DLL-Funktionen per Menüaufruf einbinden, deren Beschreibung den vorgegebenen Umfang dieses Buchs sprengen würde.

Datenspezialist

Es könnte nun der falsche Eindruck entstanden sein, daß eine leistungsstarke Software wie FAMOS alle Energien des Herstellers *imc* bindet. Dies ist aber beileibe nicht der Fall! Vielmehr bietet *imc* eine ganze Palette von Hard- und Software an. Dabei deckt FAMOS in der *imc*-Familie lediglich den Bereich Offline-Datenanalyse und -präsentation ab, wendet sich also schwerpunktmäßig an Besitzer großer Datenvorräte, die bearbeitet, analysiert und visualisiert werden sollen.

Eine Binsenweisheit dürfte sein, daß Daten im technischen und naturwissenschaftlichen Bereich in der Regel dadurch zustandekommen, daß physikalisch-chemische Größen von peripheren Meßgeräten registriert und zahlenmäßig verschlüsselt werden. Auch bezüglich dieser Input-Seite bietet *imc* viele Lösungen an. Da die Verantwortlichen der Firma offensichtlich sinnige Abkürzungen zur Benennung von Hard- wie Software lieben, überrascht auf diesem Sektor die Bezeichnung MUSYCS nicht sonderlich, steht das Kürzel doch für *MU*lti *SY*nchronous *C*hanel *S*ystem. Dahinter verbirgt sich ein integriertes Meß- und Regelsystem zur computergestützten Online-Datenerfassung und -Datenverarbeitung in Echtzeit unter Windows. MUSYCS ist als modulares System mit diversen automatisch erkannten Einschubkarten konzipiert und dadurch sehr flexibel einsetzbar. Es verfügt über eigene Signalprozessoren und damit über eigene Rechnerkapazitäten, so daß das System überaus flink zu Werke geht. Wird es passend konfiguriert, lassen sich alle meßtechnischen Fragen lösen, die in Forschung, Entwicklung und Prüfwesen anfallen. Ohne hier ins Detail gehen zu wollen, erlaubt es diese Gesamtlösung in Sachen Messung, diverse Signalgeber vielkanalig zu erfassen, mehrere Prozesse parallel zu steuern, zu regeln und aufeinander abzustimmen und dazu die anfallenden Daten zu analysieren und zu dokumentieren. Von besonderer Bedeutung für den professionellen Anwender dürfte es sein, Meßwertaufnahme und Datenverarbeitung zu automatisieren, mit bestehender Soft- wie Hardware zu verknüpfen und gegebenenfalls mit einer aufgaben- wie betreiberspezifischen Oberfläche zu versehen.

Mit diesem System eng verwandt ist μ-MUSYCS, ebenfalls ein universelles Meßgerät zur Datenerfassung oder zur Überwachung von Fahrzeugsteuerungen, welches trotz seiner geringen Größe auch ohne PC-Verbindung extern seinen Dienst erfüllt. Um die von μ-MUSYCS gesammelten Daten zu bearbeiten und zu visualisieren, bedient sich der Anwender z. B. der eigenständigen Software FAMOS. Geht es nur um die Visualisierung und Dokumentation, reicht LOOK aus. Im Grunde handelt es sich hierbei um diejenigen Programmteile von FAMOS, die für die Datendarstellung zuständig sind. Wie zuvor erwähnt, tragen sie die Bezeichnungen Kurvenmanager, Reportgenerator und Datei-Assistent. Hinter FRAME verbirgt sich eine Software zur grafischen Ablaufprogrammierung, mit der sich Meßdaten automatisch erfassen, aufarbeiten und dokumentieren lassen. Weitere Software-Module modifizieren Datensätze und führen richtig eingesetzt zu weiterführenden Ergebnissen. So lassen sich z. B. mit dem *imc*-Filterentwurfsprogramm beliebige elektronische Filter erzeugen und parametrisieren, um Datenbestände im nachhinein auf die interessierenden und zu analysierenden Frequenzbereiche einzuengen.

Ein weiteres Zusatzmodul dürfte insbesondere für Ingenieure und Techniker in der Industrie von Interesse sein. Fallen nämlich große Meßdatensätze an, wird die Analyse leicht unübersichtlich. In solchen Fällen bieten sich diverse standardisierte und per DIN-Norm festgeschriebene Methoden an, das Datenmaterial zu Gruppen ähnlicher Eigenschaften zusammenzufassen. Dieses sogenannte Klassieren dient der Datenreduktion und Ergebniskompression, und die entsprechenden Werkzeuge werden in Form des sogenannten Klassier-Kit als Zusatzmodul in FAMOS eingebunden.

Fast wie im richtigen Leben

Wie schon im Vorwort angedeutet, war für das Konzept dieses Buchs ein praxisorientierter Ansatz ausschlaggebend. Denn die reine Dokumentation der einzelnen Programmfunktionen und die Beschreibung der Module übernehmen die FAMOS-Handbücher, die diesen Zweck vollständig erfüllen. Daß hier auch anhand kleiner Beispiele Transparenz in die Programmfunktionen gebracht wird, ist bereits positiv angemerkt. Allerdings beschränken sich diese Beispiele zumeist auf den einzelnen, gerade angesprochenen Teilaspekt. Schließlich kann es nicht Aufgabe eines Manuals sein, Beispiele durchzuexerzieren, in denen von der Datenerfassung, über die Datenanalyse bis hin zur Datenpräsentation lückenlos eine oder mehrere Lösungsmöglichkeiten aufzeigt werden. Einen kleinen Teil dieser Lücke zu füllen, hat sich dieses Buch zur Aufgabe gemacht, indem es Funktionen des Programms im spezifischen Kontext vorstellt und ihre Handhabung im Detail diskutiert. Diese Vorgehensweise bringt es zwangsläufig mit sich, daß die einzelnen Funktionen nicht als Block abgehandelt werden können. Statt dessen werden sie dem Einsteiger nach und nach an derjenigen Stelle vorgestellt, an der sie sich sinnvoll einsetzen lassen. Da manche exotischen Funktionen nur in seltenen Sonderfällen von Interesse sind, fallen einige von ihnen bei der gewählten Vorgehensweise unter den Tisch. In wichtigen Fällen wird explizit auf die entsprechenden Stellen in den Handbüchern verwiesen, um dem Leser die Quelle für notwendige Zusatzinformationen mitzuteilen.

Bei grober Betrachtung läßt sich der Inhalt des Buchs in zwei große Teilbereiche gliedern: Die ersten Kapitel bauen auf einem einzigen Beispieldatensatz auf. Dabei geht es um eine methodisch immer wieder zu lösende Aufgabe in der Chemie, nämlich um die chemische Analyse eines Substanzgemischs. Viele analytische Trennverfahren basieren auf unterschiedlichen physikalisch-chemischen Wechselwirkungen der Gemischbestandteile mit anderen Stoffen. Diese können z. B. in dünner Schicht auf einer Platte aufgetragen sein, als innere Wandauskleidung einer Kapillare vorliegen oder aus einem Polymer in einer Säule bestehen. In allen Fällen werden die zu analysierenden Proben in einer Trägersubstanz wie z. B. einer Flüssigkeit gelöst oder zu einem Gasgemisch verdampft und anschließend mit der auskleidenden Schicht oder dem polymeren Partner in Kontakt gebracht. Im Ergebnis kommt es aufgrund mehr oder weniger inniger Interaktionen zwischen den zu analysierenden Substanzen und dem stationären Partner bzw. Phase zu einer zeitlich unterschiedlichen Verweildauer im System. Dies hat zur Folge, daß sich die Bestandteile der Probe auftrennen. Allgemein bezeichnet man diesen Vorgang als Chromatographie. Aufgrund unterschiedlicher Trennsysteme und -methoden unterscheidet man Dünnschicht-, Gas-, Hochdruckflüssigkeits-, Säulen-, Acrylamid- und eine Vielzahl weiterer Chromatographieverfahren. Werden alle Trenn- und Umgebungsparameter konstant gehalten, so legen die einzelnen zu untersuchenden Substanzen innerhalb des standardisierten Trennsystems stets eine bestimmte Strecke zurück oder sie verlassen das Trennsystem nach einer immer wieder gleichen Verzögerungs- bzw. Retenzionszeit. Mit geeigneten Detektorsystemen lassen sich zurückgelegte Strecken oder Retentionszeiten messen, und in der Regel erhält man als Auswertungsresultat eine Kurve, die sich durch eine Folge von Gipfeln, den sogenannten Peaks, auszeichnet. Die Verteilung der Gipfel bezeichnet der Analytiker auch als Chromatogramm. Anhand der Lage und Amplitude der Peaks lassen sich Substanzen identifizieren und Mengen bestimmen.

Ein veröffentlichtes Beispiel eines solchen Chromatogramms dient in den ersten Kapiteln des Buchs dazu, dem Einsteiger die Basisfunktionen und die Philosophie von FAMOS zu verdeutlichen. Zunächst gibt eine Einführung einen generellen Überblick. Die nachfolgenden Kapitel beschäftigen sich schwerpunktmäßig mit unterschiedlichen Programmleistungen, die Datenstrukturen, Datenorganisation, Grafiken, Berechnungen, Layouts, Sequenz- und Funktionsknopferzeugung und vieles mehr betreffen. Nachdem an diesem einen Beispiel ein erster Rundumschlag hinsichtlich der verfügbaren Funktionen vollzogen worden ist und somit eine mögliche Programmanwendung durchgespielt wurde, wendet sich der Anwender anderen Beispielen mit speziellerem Hintergrund zu. An erster Stelle wäre zunächst das allgemein faßbare technische Problem der Laufzeitverzögerung von Signalen zu nennen. Ihre Ermittlung und Analyse wird anhand unterschiedlicher methodischer Ansätze vorgestellt, die verschiedene FAMOS-Hilfsmittel nutzen. Anschließend wird – ergänzt um einige Nebenaspekten – das Thema Datenfilterung behandelt, das aufgrund zahlreicher vorgefertigter Filterfunktionen und durch die Nutzung eines Spezialwerkzeugs zur Entwicklung individueller Filter ein weiteres Highlight von FAMOS darstellt. Die unterschiedliche Wirksamkeit einzelner Filter wird in diesem Zusammenhang in Form eines 3D-Diagramms präsentiert, wobei auch die speziell für diesen Diagrammtyp anwendbaren Layoutfunktionen kurz vorgestellt werden. Den Abschluß bildet ein Beispiel für die Programmierung eines individuellen Importfilters. Hier kommen diverse Programmiertools und Funktionen zum Einsatz, die auch bei der Programmierung komplexer Sequenzen eine Rolle spielen können.

Regeln und Hilfen

Bevor der Starschuß fällt und in die Materie eingestiegen wird, sollten einige allgemeine Bemerkungen zur Organisation des Textes und zu den verwendeten Hervorhebungen gemacht werden. Zunächst aber muß an den zukünftigen Anwender appelliert werden, sich nach Möglichkeit nicht zum Quereinstieg hinreißen zu lassen, sondern die gestellten Aufgaben der Reihe nach diszipliniert und möglichst zusammenhängend abzuarbeiten. Der Grund liegt im Konzept des Buchs, denn die einzelnen Kapitel bauen jeweils auf dem zuvor erworbenen Wissen auf. Deswegen haben sich die Autoren bemüht, die Basisfunktionen des Programms zunächst einmal an dem oben erwähnten Beispiel von Grund auf vorzustellen. Über mehrere Kapitel wird vorgeführt, wie man vom Datenimport über diverse Zwischenoperationen zum druckfertigen Layout kommt. Hier, besonders aber in den Folgekapiteln, erfolgt ein langsamer Einstieg in immer komplexere Programmfunktionen. Kurz: Die erste Hälfte des Buchs schlägt sich hauptsächlich mit Schaltern und Menüfunktionen herum, während in der zweiten Hälfte eher strukturelle Aspekte und Programmierfunktionen im Vordergrund stehen.

Damit dies alles realitätsnah bleibt, wurden nur praxisrelevante Beispiele herangezogen, die in leicht modifizierter Form Originaldatensätze und deren Verarbeitung widerspiegeln. Zugleich sorgt ein wenig Hintergrundinformation dafür, daß sich auch der fachfremde Anwender in die Denkweise derjenigen Personen hineinversetzen kann, die ursprünglich mit der Bearbeitung der hier geschilderten Probleme beauftragt waren. Wenn nötig, ermöglichen einige theoretische Hinweise es dem Einsteiger, nachzuvollziehen, warum eine Aufgabe so und nicht anders anzugehen ist. Tauchen dann im Verlauf der Datenanalyse Nebenaspekte oder thematische Parallelen auf, so werden diese in gekennzeichneten Hinweisen und vom übrigen Text optisch abgesetzt aufgeführt. Diese Hinweise dürfen bei der Durchsicht der in den einzelnen Kapiteln gestellten Aufgaben zunächst überlesen werden. Ergeben sich bei der Durchführung der praktischen Übungen aber in Einzelfällen Schwierigkeiten oder sollen besonders exotische Funktionsbereiche erschlossen werden, dann lohnt es sich, auch den Hinweisen etwas mehr Beachtung zu schenken.

Hinweis: Randprobleme, die nicht in allen Einzelheiten behandelt werden sollen, alternative Vorgehensweisen, oder sonstige erwähnenswerte Mitteilungen werden vom Text abgesetzt und durch diese Form deutlich gemacht.

Viele Funktionen von FAMOS lassen sich auf unterschiedliche Art starten. Ob Shortcuts, Schaltflächentechnik, besondere Mausklicks oder Tastaturbefehle – je nach Funktion erweist sich für den einen Anwender dieser, für den anderen Anwender jener Weg als ideal. Die Autoren haben sich im wesentlichen auf Schalter- und Mausbetrieb festgelegt, an einigen Stellen aber auch auf andere Möglichkeiten hingewiesen und im Anhang einige hilfreiche Maus-Tastatur-Kombinationen aufgelistet. Wenn diese Techniken verinnerlicht werden sollen, ergeben sich fast zwangsläufig Wiederholungen. Man denke nur einmal daran, daß bei jeder grafischen Umsetzung eines Datensatzes die immer wieder gleichen Befehle zum Einsatz kommen. Um den Leser nicht mit diesen Wiederholungen zu langweilen, werden nur in den ersten Kapiteln alle wichtigen Wege für den Aufruf von Funktionen ganz genau vorgestellt und auch die entsprechenden Schaltflächen werden abgebildet. Die Folgekapitel beschränken sich mehr und mehr auf Maus- und Schaltflächentechniken. Weiter hinten im Buch werden inzwischen selbstverständlich gewordene Funktionen nur noch erwähnt, ohne explizit darauf einzugehen, wie sie in FAMOS praktisch umzusetzen sind.

Durchgängig werden optische Hilfen gegeben, damit der Leser auf den ersten Blick weiß, was gemeint ist. So werden alle Dateien, unabhängig von ihrer Erweiterung, alle Datensätze und – eng damit verbunden – all das, was FAMOS mit dem Begriff Variable bezeichnet, in Großbuchstaben wiedergegeben. Liest man also SCHOEN.CCV oder HEINZGERD, so weiß man, daß es sich im ersten Fall um eine Datei, im zweiten Fall um eine FAMOS-Variable, möglicherweise um einen numerischen Datensatz handelt.

Zur Datenanalyse wird den Datensätzen mit irgendwelchen Programmbefehlen zu Leibe gerückt. Um welche Hierarchiestufe es sich bei einer Befehlsfolge handelt, ist ebenfalls recht einfach zu erkennen. So werden Menüs mit KAPITÄLCHEN und eine darunter angesiedelte Funktion kursiv angedeutet. Der Aufruf VARIABLE – *Zeigen* bedeutet also, daß im Menü VARIABLE die Funktion *Zeigen* anzuklicken ist. Von einem solchen Aufruf unterscheidet sich die Befehlsfolge VARIABLE – *Eigenschaften* insofern, als die drei nachgestellten Punkte das Öffnen eines weiterführenden Dialogs oder eines eigenständigen Fensters andeuten.

In kursiver Schreibweise erscheinen noch einige andere Komponenten. Dazu gehören Titelzeilen von Dialogen und Fenstern ebenso wie Bezeichnungen von Dialogbereichen, Eingabezeilen, Schaltern, Funktionsknöpfen, Schaltflächen und Kontrollkästchen sowie alle vom Anwender per Hand einzugebenden oder per Maus auszuwählenden Einstellungen und Größen in Form von Text und Zahlen. Damit sich Schaltflächen leichter auffinden und zuordnen lassen, sind sie bei der ersten Verwendung jeweils am Seitenrand abgebildet.

Eine Besonderheit betrifft Eingaben, die solche Programmfunktionen und Befehle von FAMOS betreffen, die als Programmieranweisung in der Eingabezeile des Bereiches *Operation* im Applikationsfenster oder ins Textfeld des Sequenzfensters geschrieben und auf Knopfdruck abgearbeitet werden. Ihnen ist – ebenso wie entsprechenden Befehlszeilen des Datei-Assistenten – ein

```
eigener Schrifttyp
```

zugeordnet.

Kurz vor Schluß

Wie schon im Vorwort angesprochen, basiert der Inhalt dieses Buchs auf der FAMOS Version 3.0, Revision 8. Um die Akualität zu wahren, wurden überarbeitete oder neu konzipierte Funktionen und Module, wie z. B. der Reportgenerator, aus der sich laufend verändernden Beta-Version 3.1 berücksichtigt. Dazu hat uns das Haus *imc* regelmäßig über den aktuellen Stand der Entwicklungen informiert. So erreichte uns nach Anfertigung der meisten Abbildungen eine Beta-Version, die im Applikationsfenster eine zusätzliche Schaltfläche aufweist (vgl. z. B. Abbildung 1.2 und Abbildung 4.1). Mit ihr wird der sogenannte Dateifenster-Modus ein- und ausgeschaltet, der seine Verwandtschaft zum Windows Explorer bzw. Dateimanager nicht leugnen kann (vgl. Abbildung 0.2). Dieses, jetzt in FAMOS integrierte Hilfsmittel ist nicht neu, sondern Bestandteil des ebenfalls Offline arbeitenden Meßdatenvisualisierungsprogramms LOOK. Es läßt sich natürlich auch über eine Menüfunktion von FAMOS aufrufen. Dazu wird im Menü FENSTER die Funktion *Dateifenster-Modus* angeklickt und so mit einem Häkchen versehen.

Anschließend zeigt die horizontale Werkzeugleiste weitere Schaltflächen, mit denen sich der Anwender durch ein Dateifenster mit Verzeichnissen und Unterverzeichnissen bewegt (vgl. Abbildung 0.1). Während bei älteren FAMOS-Versionen für das Einlesen ausschließlich der Dialog DATEI – *Laden* zuständig war, können Dateien und Datensätze jetzt auch direkt über das Dateifenster geöffnet werden. Dies bietet besonders dann Vorteile, wenn Dateien in verschiedenen Verzeichnissen ausgewählt, gemeinsam geladen oder zur Überprüfung als Kurve dargestellt werden sollen.

Abbildung 0.1: Zusätzliche Schaltflächen bei geöffnetem Dateifenster

Hinweis: Die neue Schaltfläche am rechten Rand der Werkzeugleiste, auf der eine Registerkarte gemeinsam mit einem Papierkorb abgebildet ist, erlaubt das physikalische Löschen markierter Dateien und Verzeichnisse. Ein versehentliches Anklicken kann also zu unwiederbringlichen Datenverlusten führen. Aus diesem Grund ist diese Schaltfläche erst nach einer ausdrücklichen Freischaltung benutzbar. Dazu wird im Menü OPTIONEN die Funktion *Dateifenster* angeklickt. Es öffnet sich der Dialog *Optionen Dateifenster*, in dessen Register *Löschen* die Funktion *Löschen zulassen* angekreuzt werden muß.

Wird im Menü OPTIONEN die Funktion *Anzeige* angeklickt, läßt sich mit *Dateifenster anzeigen* außerdem festlegen, daß Dateifenster und alle Unterabteilungen des Applikationsfensters gleichzeitig sichtbar sind. In diesem Fall dürfte es aber erforderlich werden, die einzelnen Bereiche von Hand neu zu dimensionieren und zu positionieren (vgl. Kap. 1.2). Ist *Dateifenster anzeigen* nicht aktiviert, muß das Dateifenster bei Bedarf per Schaltfläche geöffnet werden. Standardgemäß teilt es sich bei dieser Einstellung die Monitorfläche mit dem Bereich *Variablen* des Applikationsfensters (vgl. Abbildung 0.2).

Zeigt das Dateifenster z. B. ein Unterverzeichnis der Festplatte, welches numerische Datensätze aus FAMOS beinhaltet, reicht das Markieren der zu ladenden Dateien, und per Schaltfläche werden die Datensätze in den für die Weiterverarbeitung wichtigen Bereich *Variablen* des Applikationsfensters übernommen. Bei entsprechender Voreinstellung erfolgt gleichzeitig eine grafische Darstellung. Dieser Weg erweist sich als sehr praktisch, da die Anzeige der Dateipfade und der Dateien sowie deren Auswahl und Anzeige quasi in einem Aufwasch erfolgen. Man erkennt solch eine Übernahme aus dem Dateifenster im übrigen daran, daß die entsprechenden Dateien in der Variablenliste mit einem kleinen gebogenen Pfeil gekennzeichnet sind.

Die Teilbereiche des Dateifensters besitzen eigene Kontextmenüs. Sie werden durch Anklicken mit der rechten Maustaste aktiv und regeln die Darstellung von Pfaden, Dateinamen und Variablen (vgl. Abbildung 0.3).

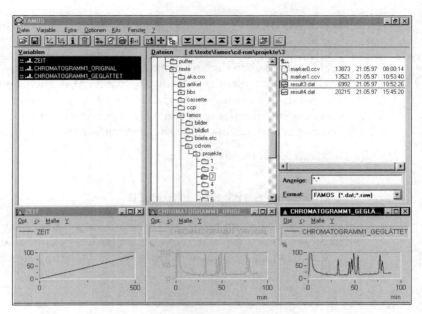

Abbildung 0.2: Arbeitsteilung: Reduziertes Applikationsfenster plus Dateifenster

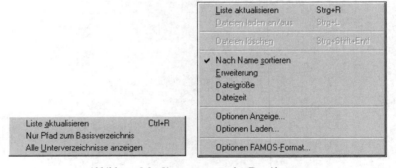

Abbildung 0.3: Kontextmenüs des Dateifensters

Da sich hinter der neuen Schaltfläche bzw. dem Dateifenster lediglich Funktionen verbergen, die für Windows-Anwender eigentlich selbsterklärend sein sollten, haben wir aus Termingründen darauf verzichtet, alle Abbildungen anzupassen. Dieser Aufwand war auch deshalb nicht nötig, weil die übrigen Funktionen und Bedienelemente von dieser Programmerweiterung nicht betroffen sind. Trotzdem wird der aufmerksame Leser hier und da gewisse Unterschiede zwischen den Abbildungen dieses Buchs und seiner Version feststellen, die durch nachträgliche Funktionserweiterungen oder -änderungen erklärbar sind. Die Zeit hat eben nicht gereicht, alles einfließen zu lassen, und sei es nur als Anmerkung. Doch einen Tip können die Autoren noch geben: Wer in den Dialogen fleißig und konsequent die rechte Maustaste drückt, wird an einigen Stellen weitere Kontextmenüs mit Funktionen entdecken, die den Alltagsbetrieb erheblich angenehmer machen.

Ernstgemeint

Bevor es jetzt losgeht, ein Appell der Autoren: Wir bitten die Leser, uns alle Unzulänglichkeiten dieses Buchs, angefangen beim kleinsten Schreibfehler, mitzuteilen und nicht mit Kritik zu sparen. Was auch immer Gegenstand solcher Hinweise sein mag, wir danken schon jetzt dafür, da es nur zu Verbesserungen führen kann. Wer uns also entsprechende Mitteilungen zukommen lassen möchte, kann dies am schnellsten via E-Mail unter

100322.3234@compuserve.com.

... und wo sind die Dateien?

Das Ausgangsdatenmaterial sowie alle im Zusammenhang mit den Beispielen dieses Buchs gespeicherten Dateien finden sich auf einer von *imc* hergestellten CD-ROM. Sie kann dort unter Verwendung der beiliegenden Bestellkarte angefordert werden.

Orientierungslauf 1

Es gibt viele Möglichkeiten, sich die Funktionen und Arbeitsweisen eines Computerprogramms zu erschließen und anzueignen. Zeichnet sich der zukünftige Anwender einer Software durch ein eher nüchternes Naturell aus, wird er wahrscheinlich den Weg einschlagen, einzelne Funktionen systematisch auszuprobieren, um sie zu erlernen, und dies in der Hoffnung, sie bei Bedarf auch im richtigen Kontext zur Problemlösung einsetzen zu können. Für den Einsteiger spannender und mit großer Wahrscheinlichkeit erfolgreicher dürfte jedoch der Weg sein, anhand konkreter Beispiele den Umgang mit Programmeigenschaften und -funktionen in aufeinander aufbauenden Etappen einzustudieren. Genau dies geschieht in den folgenden Kapiteln zum Teil intuitiv, aber zugleich didaktisch geführt, insofern die einzelnen Funktionen im Zusammenhang vorgestellt und eingesetzt werden. Daß die Autoren für die verschiedenen Projekte der einzelnen Kapitel bevorzugt Daten und Fakten aus Technik und Naturwissenschaft ausgewählt haben, ergibt sich fast zwingend aus dem Selbstverständnis der Software FAMOS. Als wissenschaftlich-technisches Datenanalyse- und Datenpräsentationsprogramm will FAMOS seiner Klientel nämlich gerade Bearbeitung, Organisation, Analyse und Visualisierung großer Mengen von Meßdaten erleichtern und deren Interpretation beschleunigen.

1.1 Startlinie

Ausgehend von diesen Überlegungen wollen wir uns nun also der ersten Herausforderung stellen. Dieses einleitende Beispiel, dessen Ergebnisse auch in einigen nachfolgenden Kapiteln als Grundlage dienen werden, soll in erster Linie die Basisfunktionen von FAMOS umreißen, damit insbesondere der Einsteiger einen ersten Eindruck von der viel zitierten Programmphilosophie bekommt. Im Vordergrund steht zunächst die Frage, wie Daten für eine Auswertung an die Software übergeben werden. So bilden Werkzeuge für den Datenimport einen Themenschwerpunkt, der durch die Vorstellung grundlegender Softwarefunktionen ergänzt wird. Am Ende dieses Kapitels steht eine erste präsentationsfähige Darstellung, die noch ergänzt und verfeinert werden wird. Als Appetitmacher zeigt Abbildung 1.1 vorab schon einmal das angestrebte Endergebnis (vgl. Abbildung 1.1).

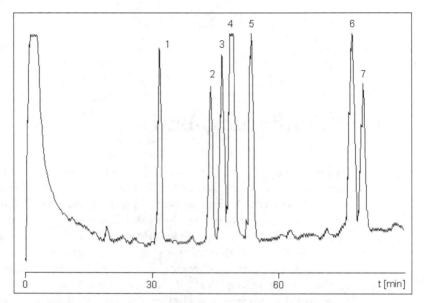

Abbildung 1.1: Ziel der ersten Etappe: Aufbereitung biochemischer Daten

Es bedarf kaum einer Erklärung, um zu verstehen, weshalb Analyse und Darstellung so und nicht anders gewählt wurden. Unser Beispiel stammt aus dem Bereich biochemischer Analytik. Hintergrund ist eine spezielle Erkrankung einheimischen Getreides, nämlich der Befall mit einem schmarotzenden Pilz. Die Pflanze reagiert auf die Infektion mit einer Veränderung der Zuckerzusammensetzung im Gewebe. Wird diese nun (z. B. gaschromatografisch) untersucht, lassen sich Rückschlüsse auf den Ablauf und das Stadium der Pilzinfektion ziehen (U. Piekarski, Untersuchungen über die Mannane der Uredosporenwand von Puccinia graminis var. tritici, Diplom-Arbeit, RWTH Aachen 1980).

Jeder von uns hat von solchen Zuckerbausteinen schon einmal auf Lebensmitteldeklarationen gelesen und die Moleküle ohne großes Aufsehen verdaut, d. h. in ihre Bestandteile zerlegt. Ähnlich arbeitet auch das genannte Analyseverfahren. Komplexe Zuckerpolymere werden zunächst in ihre Bausteine wie Glucose, Fructose, Maltose oder Xylose aufgespalten. Für die anschließende qualitative und quantitative Analyse ist im gewählten Beispiel eine chemische Umsetzung erforderlich: Durch eine sogenannte Azetylierung werden die Einzelkomponenten flüchtig und lassen sich somit leicht in die Gasphase überführen. Die Auftrennung erfolgt dann in einem speziellen Gerät, das der Chemiker als Gaschromatograph bezeichnet. Es besteht im Prinzip aus einer Glaskapillare, die sich in einer Art Backofen befindet. Der Ofen wird computergesteuert beheizt, wobei sich beliebig komplizierte Temperaturprofile einstellen lassen. Das Innere der Kapillare ist mit einer bestimmten Substanz beschichtet und durch ein Ventil von der Außenwelt abgeschottet. Wird nun ein flüchtiges Stoffgemisch in die Kapillare eingespritzt, verdampft es, und es kommt zu chemisch komplizierten Wechselwirkungen zwischen der Kapillarbeschichtung und den Bestandteilen der Stoffmischung. Dadurch verbleiben die Komponenten unterschiedlich lange in der Kapillare und verlassen sie nach bestimmten Verzögerungszeiten (vgl. Abbildung 1.1). Mit geeigneten Detektoren, die beispielsweise Leitfähigkeit, Temperatur oder Spektren der verbrennenden Substanzen am Ausgang der Kapillare messen, werden die chemischen Komponenten anhand von Vergleichsdaten identifiziert. Optisch liefert die Auftrennung eine Kurve mit charakteristischen Meßgipfeln bzw. Peaks. Sie werden üblicherweise von einem Schreiber erfaßt oder unmittelbar in einen PC gefüttert.

Wir wollen solche Originaldaten mit FAMOS aufarbeiten und analysieren. Dazu müssen sie als Datensätze notgedrungen korrekt in das Programm eingelesen werden. Nun erzeugen Datenerfassungsprogramme Dateien in den unterschiedlichsten Formaten. Der Einfachheit halber nehmen wir an dieser Stelle an, daß unsere Datensätze als ASCII-Dateien vorliegen und nach FAMOS importiert werden müssen.

Hinweis: Die Daten unseres vorliegenden Beispiels wurden vor mehr als zehn Jahren erfaßt und lediglich von einem altertümlichen mechanischen Schreiber als Kurve aufgezeichnet. Dank der Kreativität der Softwareentwickler bestehen heute komfortable Möglichkeiten, solche Meßkurven nach dem Scannen automatisch in Datensätze zurück zu verwandeln. Diese stehen dann – wie im Beispiel – zur erneuten Aufbereitung, Bearbeitung und Analyse zur Verfügung. So lassen sich also auch nach Jahren Daten revitalisieren.

1.2 Startaufstellung

Nach erfolgreicher Installation und Erzeugung der FAMOS-Ikone – zur Installation wollen wir im Rahmen dieses Buchs auf die mitgelieferte Programmdokumentation verweisen, denn sie gehorcht der Windows-üblichen Prozedur – erfolgt der Programmaufruf durch die übliche Auswahl der passenden Programm-Ikone. Ob es ausreicht, die Ikone auszuwählen oder ob ein Einfach- oder Doppelklick erforderlich ist, richtet sich nach der vorhandenen Windows-Version. Mit dem Aufruf des Programms läuft eine kleine Bildanimation ab, die uns an jedem neuen Arbeitstag das *imc*-Logo näherbringt. Verläßt man das Programm und startet erneut, fällt der Film aus. Zeit ist eben Geld!

1.2.1 Startschuß

Die prinzipielle Einsatzbereitschaft des Programms erkennt der Neuling am sogenannten FAMOS-Applikationsfenster, welches nach kurzem Einlesevorgang in der vom Hersteller mitgegebenen Standardeinstellung auf dem Monitor erscheint. Der Aufbau dieses Fensters hat sich seit dem ersten Erscheinen von FAMOS nur unwesentlich geändert, so daß sich FAMOS-versierte Anwender sofort mit dem taschenrechnerartigen Outfit des Arbeitsbereichs zurechtfinden.

Mit dem bekannten Windows-Schalter vergrößern wir als erstes dieses Applikationsfenster auf Monitorgröße (vgl. Abbildung 1.2). Wie die Bezeichnung Standardeinstellung vermuten läßt, berücksichtigt FAMOS eine Reihe von Anwenderwünschen bezüglich der Anordnung einzelner Dialogkomponenten in diesem Fenster. Obwohl dieser Aspekt nicht besonders wichtig ist, wollen wir an dieser Stelle ein wenig mit den Funktionen spielen, ohne sie jedoch vollständig und in allen Einzelheiten vorzustellen und zu begutachten.

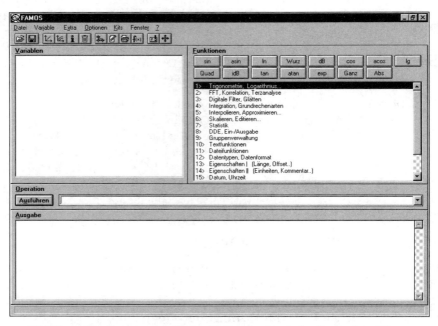

Abbildung 1.2: Komponenten des Applikationsfensters in der Standardeinstellung

Wir öffnen dazu in der Menüzeile, die sich – wie von Windows gewohnt – unterhalb der mit FAMOS überschriebenen Kopfzeile befindet, das Menü FENSTER. Nach der Aktivierung diese Menüs öffnet sich ein kleines Pull-Down-Menü, das vier Alternativen zuläßt (vgl. Abbildung 1.3).

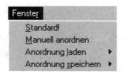

Abbildung 1.3: Das Pull-Down Menü Fenster

Die Namen der Angebote sprechen für sich. Einmal darf der Anwender zwischen der Standardeinstellung und einer manuellen Anordnung wählen, zum anderen lassen sich selbst gewählte Kompositionen des Applikationsfensters als Konfigurationen speichern und laden (vgl. Abbildung 1.4). Dazu werden je nach Zielsetzung die Befehlsfolgen FENSTER – *Standard!*, FENSTER – *Manuell anordnen*, FENSTER – *Anordnung laden* bzw. FENSTER – *Anordnung speichern* eingegeben. Die Pfeilspitzen hinter den letzten beiden Befehlsfolgen deuten auf ein Folgemenü, das eine Liste bestehender Konfigurationen zur Auswahl anbietet.

Hinweis: Kombinationen aus Menü- und Funktionsbezeichnung werden wir im folgenden aus Platzgründen zusammenziehen. Dabei werden Menübezeichnungen durch KAPITÄLCHEN und untergeordnete Funktionen oder Funktionsbereiche durch *Kursivdruck* erkennbar gemacht. In einigen Fällen werden weiter verschachtelte Menüebenen durch Doppelpunkt voneinander getrennt.

Wir wählen an dieser Stelle FENSTER – *Manuell anordnen* bzw. die entsprechende Schaltfläche aus der Werkzeugleiste und probieren auf die Schnelle, wie sich die Anordnung der einzelnen Bereiche des Applikationsfensters durch Windows-typisches Positionieren und Bemaßen mit der Maus verändern läßt. Da wir üblicherweise von oben nach unten lesen, bietet sich z. B. eine Umorganisation an, in der öfter zum Einsatz kommende Dialogfelder möglichst weit oben, also unterhalb der horizontalen Werkzeugleiste, angesiedelt sein sollen.

Insgesamt lassen sich vier unabhängige Teilfenster mit den Bezeichnungen *Variablen*, *Funktionen*, *Operation* und *Ausgabe* unterscheiden (vgl. Abbildung 1.2). Die Teilfenster werden durch einen Mausklick in die jeweilige Titelzeile für die Verschiebe- und Zoomoperationen aktiv geschaltet. Um ein Ziel vorzugeben, wollen wir uns für alle weiteren Arbeiten auf den nachfolgenden Anordnungsvorschlag einigen (vgl. Abbildung 1.4). Als erstes ordnen wir das Teilfenster *Operation* unterhalb der Werkzeugleiste über die gesamte Monitorbreite an. Bevor dies gelingen kann, müssen die Teilfenster *Variablen* und *Funktionen* nach unten versetzt werden, um ein gegenseitiges Abdecken der einzelnen Bereiche zu vermeiden. Unterhalb von *Operation* plazieren wir im linken Drittel der Arbeitsfläche das Teilfenster *Variablen*, das zur Variablenauswahl dient. Die restlichen zwei Drittel belegt der Bereich *Funktionen*, mit dem sich Funktionsgruppen auswählen und einzelne Funktionen per Schaltfläche aufrufen lassen. Zuletzt plazieren wir das Teilfenster *Ausgabe* wieder über die gesamte Monitorbreite, so daß etwa fünf Ausgabezeilen darin Platz finden. In diesem Bereich werden übrigens Ergebnisse, Fehlerhinweise und Hilfestellungen eingeblendet. Den unteren Bildrand bildet die unverrückbare Statuszeile.

Hinweis: Weitere detaillierte Informationen zu den Teilbereichen des Applikationsfensters finden sich in den einzelnen Kapiteln, auf die hier nicht gesondert verwiesen zu werden braucht.

Wurde das Zurechtrücken und Bemaßen der Dialogfelder ausprobiert und gemäß der beschriebenen Anregung abgeschlossen, sollte sich der Monitor so präsentieren wie in Abbildung 1.4 gezeigt. Stimmt das Ergebnis nach Begutachtung und weiteren Korrekturen mit diesem Vorschlag einigermaßen überein, speichern wir diese Konfiguration des Applikationsfensters mit der Befehlsfolge FENSTER – *Anordnung speichern: Konfig. 1* als unseren ersten Versuch (vgl. Abbildung 1.4).

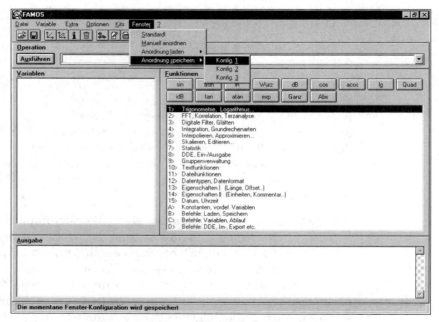

Abbildung 1.4: Speichern der selbst gewählten Konfiguration des Applikationsfensters

 Wir verlassen nun das Programm entweder durch Anklicken der dafür vorgesehenen Windows-Ikone oder mit dem Befehl DATEI – *Ende* und starten FAMOS erneut. Sofort wird ersichtlich, daß sich das Programm noch an die zuletzt benutzte Konfiguration des Applikationsfensters erinnert. Vergessen wurde lediglich unser Wunsch, das Fenster bildschirmfüllend darzustellen (vgl. Abbildung 1.5).

Hinweis: Auf Wunsch läßt sich diese Konfiguration auf andere Applikationsfenster, die beispielsweise im Standardmodus geöffnet worden sind, übertragen. Zur Demonstration wählen wir FENSTER – *Standard!*, worauf unsere soeben gebastelte Anordnung wieder das bekannte Ausgangsoutfit annimmt. Wird der Befehl FENSTER – *Anordnung laden: Konfig 1* aufgerufen, dürfen wir unsere Konstruktion erneut bewundern, allerdings wiederum nicht auf der gesamten Monitorfläche. Um wieder optimale Sichtbedingungen zu schaffen, bedienen wir den entsprechenden Windows-Schalter und vergrößern das Ganze eben noch einmal.

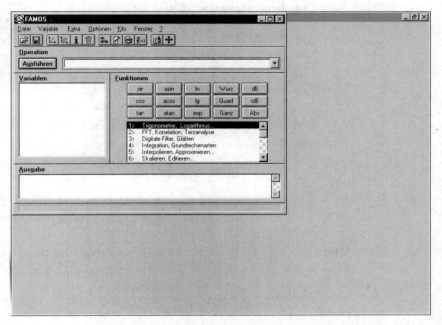

Abbildung 1.5: Beim Laden einer Konfiguration reduziert FAMOS die Fenstergröße

1.2.2 Datengräber

Bevor wir beginnen, mit Daten und unterschiedlichen Dateitypen zu hantieren, dürfte es angeraten sein, sich einen Überblick über FAMOS-Datentypen zu verschaffen. Dazu ist es auch wichtig zu überprüfen, in welchen Verzeichnissen die Daten gemäß Voreinstellung aufbewahrt werden bzw. gesucht werden müssen. Um einen Überblick über die Standarddatenpfade zu bekommen, wählen wir aus dem Menü OPTIONEN die Funktion *Verzeichnisse* (vgl. Abbildung 1.6). Im jetzt geöffneten Fenster werden die Standardverzeichnisse angezeigt, und sie lassen sich bei Bedarf ändern (vgl. Abbildung 1.7).

Normalerweise befinden sich die verschiedenen Dateitypen gemeinsam in dem vom Programm während der Installation erzeugten Hauptverzeichnis IMC, das in der Regel auf dem Laufwerk C: zu finden sein dürfte. In diesem Fall beginnen die Bezeichnungen aller vom Programm angelegten Pfade mit C:\IMC\. Je nach Verwendungszweck der einzelnen Verzeichnisse folgen dann die in Tabelle 1.1 zusammengestellten Ergänzungen.

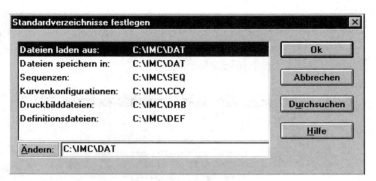

Abbildung 1.6: Menü zur Festlegung der Standardverzeichnisse

Verzeichnisbezeichnung	Funktion
DAT	Quelldaten bzw. gespeicherte Daten für und von FAMOS
SEQ	Sequenzen bzw. makroähnliche Strukturen
CCV	Eigenschaften von Grafen bzw. von Kurvenkonfigurationen
DRB	Druckbildvorlagen für den Reportgenerator
DEF	Definitionen von Formaten und externen DLL-Funktionen

Tabelle 1.1: Bezeichnungen der automatisch angelegten Verzeichnisse

Wir können uns bis auf eine Ausnahme, nämlich dem Verzeichnis für die eigentlichen Daten, mit den Vorschlägen zufrieden geben. Im Verzeichnis C:\IMC\DAT befinden sich alle vom Hersteller mitgelieferten Beispieldateien, die an der Namenserweiterung *.DAT erkennbar sind. Für unsere Zwecke schaffen wir aus Sicherheitsgründen ein eigenes Datengrab namens TEST, welches wir zukünftig zum Speichern und Laden eigener Daten benutzen wollen. Dazu müssen wir den entsprechenden Pfad natürlich erst einmal ins Leben rufen. Wir erinnern uns also entweder an die zuständigen Funktionen von *Explorer* oder *Dateimanager* oder ziehen – nach dem Verlassen von FAMOS – ein anderes geeignetes Werkzeug zu Rate.

Existiert der Pfad schließlich auf dem gewünschten Laufwerk -in unserem Falle bleiben wir im Unterverzeichnis IMC von Laufwerk C:-, dann markieren wir zunächst die Zeile *Dateien laden aus:* und tragen in die mit *Ändern* bezeichnete Eingabezeile C:\IMC\TEST ein (vgl. Abbildung 1.7).

Nun wiederholen wir diese Prozedur, markieren den Pfad für *Dateien speichern in* und ändern ihn in gleicher Weise. Wir bestätigen die Eingaben mit dem bekannten Windows-*OK*, worauf sich der Dialog schließt. Letztlich vermeiden wir so eine unerwünschte Vermischung eigener Dateien und werkseitig mitgelieferter Beispiele.

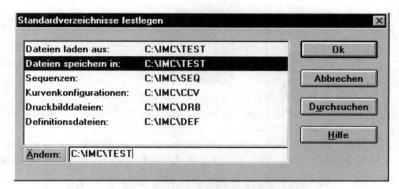

Abbildung 1.7: Änderung im Dialog Standardverzeichnisse festlegen

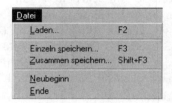

Abbildung 1.8: Das aufgeklappte Menü Datei

Rufen wir nun DATEI – *Laden* auf (vgl. Abbildung 1.8), öffnet sich das Dialogfenster *Datei laden (Famos-Format)* automatisch mit dem gewählten Unterverzeichnis TEST als Standardangebot (vgl. Abbildung 1.9). Der Wechsel in die nächsthöhere Verzeichnisebene C:\IMC zeigt, daß das Verzeichnis DAT ebenfalls noch vorhanden ist.

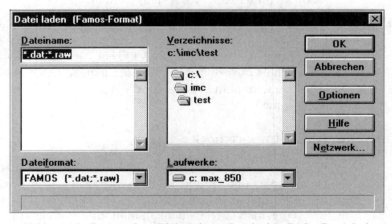

Abbildung 1.9: Der geänderte Pfad wird zum Standard im Dialog Datei: Laden

Hinweis: Die Schreibweise der Verzeichnisse – mal in Groß-, mal in Kleinbuchstaben – darf man großzügig übersehen.

1.3 Zahlenquellen

Für ein datenverarbeitendes Programm wie FAMOS stellen Zahlen naturgemäß die Arbeitsgrundlage dar. Numerische Daten werden im allgemeinen mit peripheren Meßgeräten erfaßt. Zwar läßt sich auswertbares Quellmaterial auch durch geeignete Rechenoperationen oder ganz einfach durch manuelle Eingabe in eine Tabelle des Datenblatts bereitstellen (vgl. Kap. 1.4), beides dürfte aber im wirklichen Leben eher untergeordnete Bedeutung haben – z. B. wie hier als Testgrundlage. Im Vordergrund der Betrachtungen in den nachfolgenden Kapiteln steht daher externes Zahlenmaterial.

Im Prinzip akzeptiert FAMOS beliebige Dateiformate (vgl. Kap. 7). Einige davon werden von den schon fertig eingebauten, dialoggeführten FAMOS-Importfunktionen bearbeitet. Auf diesem Wege lassen sich neben programmeigenen Formaten, die im übrigen auch von anderen *imc*-Anwendungen verwendet werden und an den Erweiterungen *.DAT oder *.RAW erkennbar sind, das DSP- bzw. Digiskop-Format der Firma remes, das WFT-Format der Nicolet Instrument Corporation sowie – in unserer Version zusätzlich – das Lecroy-Format V1.0/1.1 bzw. V.2.1/2.2 ohne weitere Manipulationen importieren. Außerdem besteht die Möglichkeit, auch solche Dateien im DSF-Format zu laden, die nicht aus *imc*-Anwendungen, sondern z. B. von Gould-Systemen stammen. Um Verwechslungen vorzubeugen, müssen in diesem Falle aber über einen kleinen Zusatzdialog ergänzende Einstellungen vorgenommen werden.

Neben diesen sehr speziellen Dateiformaten lassen sich selbstverständlich ASCII- und Binär-Format einlesen. Die Beliebtheit dieser Formate ist ein Grund, warum insbesondere Einstellungen und Abläufe des ASCII-Imports schon an dieser Stelle vorgestellt werden.

Hinweis: Beim dialoggeführten, automatischen Import von Dateien im Lecroy-Format, wird ein Konvertierungsprogramm verwendet. Unter der Bezeichnung Datei-Assistent bietet FAMOS ein Werkzeug an, mit dem der Anwender solche Konvertierungshilfen für nahezu beliebige Dateiformate selbst erzeugen kann. Ein Beispiel für die dabei erforderliche Vorgehensweise liefert Kapitel 7.

1.3.1 ASCII-Importcheck

Wie schon angedeutet, erfreut sich das ASCII-Format großer Beliebtheit beim Export und Import numerischer Daten bzw. Meßdaten. Daher wird dieses Format auch von den meisten »zahlenverarbeitenden« Programmen wie Datenanalyse-, Tabellenkalkulations-, Mathematik-, Textverarbeitungssoftware erzeugt und gelesen.

Im ASCII-Format werden unterschiedliche Zeichen wie beispielsweise Tabulatoren, Leerschritte, Bindestriche genutzt, um die Daten voneinander abzutrennen. Auch kommt es nicht selten vor, daß zusätzliche Textsequenzen innerhalb der Datenblöcke plaziert sind. Das Format erweist sich damit zwar als sehr flexibel, ein vollkommen automatischer Import ist aber verständlicherweise ausgeschlossen. Für uns bestehen nun zwei Möglichkeiten, den Import eines ASCII-Datensatzes zu simulieren, indem wir nämlich

- mit einem Textverarbeitungssystem oder einem anderen geeigneten Editor einen Datensatz durch Eintippen von Zahlenkolonnen zusammenbasteln oder
- die Datei ZUCKER.TXT für unser erstes Projekt unmittelbar auch dem Verzeichnis BUCH\FAMOS\PROJEKTE\1 der Buch-CD übernehmen.

Hinweis: Für den Import von Dateien in Fremdformaten bietet FAMOS umfangreiches Werkzeug (vgl. Kap. 7). In einer Hinsicht ist jedoch Vorsicht geboten: Werden in den verschiedenen Programmpfaden auch Fremdformate gespeichert, sollte man von der Erweiterung *.DAT Abstand nehmen. FAMOS erwartet nämlich in so gekennzeichneten Dateien sein internes Datenformat und reagiert auf Abweichungen mitunter mit Fehlermeldungen. Daher sollte sich der Anwender für die verwendeten Formate aussagekräftige Namenserweiterungen ausdenken und diese auch konsequent beibehalten. Anderenfalls ergeben sich – insbesondere nach länger zurückliegenden Manipulationen – Schwierigkeiten bei der Identifizierung des vorliegenden Formats.

Um also einen akzeptablen Datensatz mit ausreichender Datenmenge zu erhalten, müßten wir im Falle des Eintippens schon einige Schreibarbeit in Kauf nehmen, so daß wir uns hier auf den zweiten Fall, den Import von der CD-ROM beschränken wollen. Wer trotzdem den ziemlich mühsamen Weg »zu Fuß« beschreiten möchte, findet die Daten in komprimierter Schreibweise im Anhang und dürfte für die nächsten Stunden beschäftigt sein.

Bevor wir den eigentlichen Importvorgang in Angriff nehmen, wollen wir zunächst einen Blick auf die Struktur unseres Datensatzes werfen. Dazu ist es günstig, die Datei ZUCKER.TXT zunächst in einen beliebigen Editor oder ein Textverarbeitungssystem zu laden.

Hinweis: Als Texteditor darf beispielsweise der klassische Norton Commander zum Einsatz kommen oder aber ein einfacher Editor aus dem Windows-Zubehör. Besser ist natürlich ein ausgefeiltes Textverarbeitungssystem wie Microsoft Word für Windows. Über die Funktionsweisen dieser Programme soll an dieser Stelle kein Wort verloren werden, da der Anwender dieser Programme in der Regel mit ihnen vertraut sein dürfte.

Wir öffnen also die Datei in einem Editor der eigenen Wahl. Es erscheint – in Form von nur zwei Spalten – die im Anhang abgedruckte Tabelle, die uns einen Blick auf die Struktur der vorliegenden Daten im ASCII-Format erlaubt. Neben den numerischen Daten finden wir in der ersten Zeile noch zwei Spaltenüberschriften, die uns die abhängige und unabhängige Variable und deren Dimensionierung angeben (vgl. Tabelle im Anhang 1). In unserem Falle werden demnach auf der x-Achse die Zeit in Minuten und auf der y-Achse eine Aktivität in Prozent abgetragen. Wer ein etwas komfortableres Textverarbeitungsprogramm einsetzt und sich zusätzlich alle Steuerzeichen anzeigen lassen kann, erkennt, daß die Wertepaare jeder Tabellenzeile durch Tabulatorzeichen voneinander getrennt sind. Jede numerische Angabe besitzt am Anfang und Ende zudem ein Leerzeichen (vgl. Abbildung 1.10).

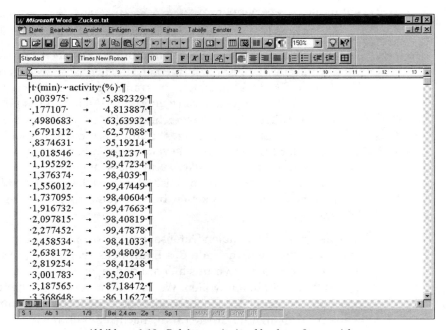

Abbildung 1.10: Rohdaten mit eingeblendeten Steuerzeichen

 Diese in der ASCII-Datei enthaltenen Strukturierungsinformationen müssen FAMOS für den einwandfreien Import nun im einzelnen mitgeteilt werden. Um eine Datei zu laden, rufen wir wieder DATEI – *Laden* auf oder drücken die entsprechende Schaltfläche in der Werkzeugleiste. Es öffnet sich ein Dialogfenster mit der Titelzeile *Datei laden*, welches hinsichtlich der angebotenen Funktionen von anderen Windows-Anwendungen her bekannt sein dürfte. Der in Klammern gesetzte Zusatz *Famos-Format* weist auf die aktuelle Einstellung der Auswahlliste *Dateiformat* hin (vgl. Abbildung 1.11).

Der angegebene Suchpfad entspricht den von uns gewählten Voreinstellungen, also C:\IMC\TEST. Um zur Datei ZUCKER.TXT zu gelangen, die sich auf der Buch-CD befindet, müssen in den Auswahllisten *Verzeichnisse* und *Laufwerke* die entsprechenden Angaben gemacht werden.

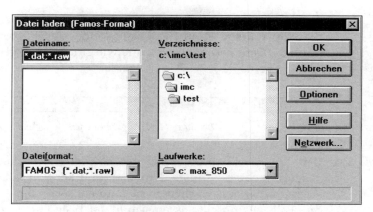

Abbildung 1.11: Zunächst erwartet FAMOS Daten im eigenen Format

Hinweis: Was den Laufwerksbuchstaben für das CD-ROM-Laufwerk angeht, können wir hier selbstverständlich keine Vorschläge machen, da die Zahl möglicher Systemkonfigurationen einfach zu groß ist. Sicher wissen wir aber das Verzeichnis der CD-ROM in dem sich das Rohmaterial für dieses Kapitel befindet. Es trägt den Namen BUCH\FAMOS\PROJEKTE\1. Zur Vereinheitlichung der nachfolgenden Abbildungen wurde die Datei ZUCKER.TXT mit einem geeigneten Programm in das Verzeichnis TEST kopiert und von dort geladen.

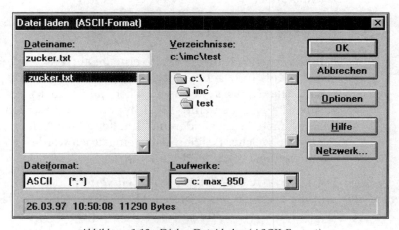

Abbildung 1.12: Dialog Datei laden (ASCII-Format)

 Da unsere Daten – anders als vom Programm erwartet – nicht im FAMOS-Format, sondern als ASCII-Datei vorliegen, öffnen wir per Schaltfläche die Liste *Dateiformat* und Klicken die Zeile *ASCII (*.*)* an. Sofort ändert sich die Titelzeile des Dialogfensters in *Datei laden (ASCII-Format)*, und auch das Suchmuster im Bereich *Dateiname* wird den Wünschen angepaßt. In der dazugehörigen Liste wählen wir ZUCKER.TXT aus und erhalten in der Statuszeile am unteren Rand des Dialogs eine kleine Information, die angibt, wann die Datei erzeugt wurde und wie groß sie ist (vgl. Abbildung 1.12 und Abbildung 1.13).

```
26.03.97  10:50:08  11290 Bytes
```

Abbildung 1.13: Angaben in der Statuszeile

Hinweis: Wie schon erwähnt, lassen sich mit dem *imc*-Datei-Assistent Importfilter für beliebige andere Formate definieren und konfigurieren (vgl. Kap. 7). Sind solche vorhanden, erscheinen sie automatisch in der Auswahlliste *Dateiformat*. Falls gewünscht, lassen sich in der Liste *Dateiname* auch mehrere Dateien zugleich auswählen. Gemäß Windows-Konventionen erfolgt dies entweder durch Ziehen mit gedrückter linker Maustaste oder mit der Tastenkombination ⇧ ↓ bzw. ⇧ ↑. Wird die Strg-Taste gedrückt, lassen sich per Mausklick auch mehrere Dateien auswählen, die in der Liste nicht unmittelbar aufeinander folgen.

[Abbrechen] Wird der Dialog *Datei laden (ASCII-Format)* mit der Schaltfläche *Abbrechen* geschlossen und der Aufruf DATEI – *Laden* wiederholt, merkt sich FAMOS zwar das ausgewählte ASCII-Format, erwartet die Datei aber im voreingestellten Verzeichnis C:\IMC\TEST, auch wenn zuvor Laufwerk und Verzeichnis anders angegeben wurden.

1.3.2 Randbedingungen

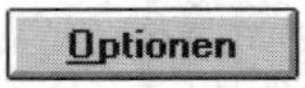

[Optionen] Falls erforderlich wählen wir also erneut Laufwerk, Verzeichnis und die Datei ZUCKER.TXT, geben aber nicht das *OK*, sondern wechseln mit der Schaltfläche *Optionen* in einen Folgedialog namens *ASCII-Format*, in dem zusätzliche Angaben zum ASCII-Import erfragt werden. Dazu enthält der Dialog einige Eingabefelder und Schalter. Schließlich muß das Programm ja wissen, ab welcher Position Daten eingelesen werden sollen und wie sie erkannt werden (vgl. Abbildung 1.14).

Zur Erinnerung: Die Datei ZUCKER.TXT enthält Zeitwerte in der Einheit *min* als x-Achse und die zugehörigen relativen Aktivitätseinheiten in der Einheit % als y-Werte. Die Daten sind in zwei Spalten angeordnet, wodurch zusammengehörige Wertepaare festgelegt sind. Nach unserem Verständnis liegt also ein x/y-Datensatz vor, für FAMOS aber noch lange nicht (vgl. Kap. 3.1)!

Hinweis: FAMOS legt Datensätze in der Regel anders an, nämlich als sogenannte einfache Datensätze. Statt einzelner x-Werte merkt sich das Programm dabei lediglich Startzeitpunkt und Abtastrate. Wir werden später solche Datensätze kennenlernen, die – bei äquidistanten x-Werten – speichersparender gelagert und schneller verarbeitet werden können (vgl. Kap. 3.1).

Damit der Inhalt der Tabellenspalten erkennbar ist, enthält jede Spalte eine Kopfzeile, in der x- und y-Wertereihe näher bezeichnet sind – eben *t (min)* für x und *activity (%)* für y. Da diese Kopfzeile nicht Bestandteil der numerischen Information ist, soll sie in unserem Beispiel nicht eingelesen werden.

▶ Dies legen wir fest, indem wir in das Feld *Lies ab Zeichenfolge* die Zeichen *(%)* eingeben. Daß dieser Zeichenfolge in unserer Datei noch ein Leerzeichen nachgestellt ist, brauchen wir an dieser Stelle nicht zu berücksichtigen, da FAMOS ein solches Trennzeichen selbst erkennt. Das Programm sucht also in der Datei nach der Zeichenfolge (%). Ist diese gefunden, wird an der entsprechenden Stelle eine interne Markierung gesetzt, die den Beginn des Datenbereichs festlegt. An dieser Stelle beginnt das Einlesen. Dabei werden ausschließlich zusammenhängender Ziffernfolgen bearbeitet.

▶ Als Dezimaltrennzeichen wünscht sich FAMOS – in Anlehnung an die Praxis im englischen Sprachraum – einen Punkt. Da in unserer Datei Dezimalkommata verwendet werden, müssen wir dies durch Ankreuzen des gleichnamigen Kontrollkästchens mitteilen.

Wir wollen alle Daten von ZUCKER.TXT in unserer FAMOS-Tabelle wiederfinden und alles auf einmal einlesen. Also scheint es plausibel, die übrigen Dialogeinstellungen so zu wählen, daß alle Werte erfaßt werden.

▶ Entsprechend wird das Feld, welches nach den zu überlesenden Werten fragt, mit einer *0* belegt.

▶ Um tatsächlich jeden Wert lesen zu lassen, geben wir im entsprechenden Feld außerdem *Lies jeden 1. Wert* ein. Logischerweise lassen wir die Voreinstellung unangetastet, die festlegt, daß alle Werte übernommen werden sollen. Dieses Feld ist dann von Interesse, wenn nur ein Teil eines Datensatzes ausgelesen werden soll.

▶ Da FAMOS zwischen Zahlenwerten und Bytes unterscheidet, schalten wir für die Beispieldatei den Auswahlknopf *Werte* aktiv (vgl. Abbildung 1.14).

Abbildung 1.14: Einstellungen im Dialog ASCII-Format

Wir schließen den Dialog *ASCII-Format* mit *OK* und gelangen zurück zu *Datei laden (ASCII-Format)*. In der festen Überzeugung, alle Parameter richtig eingestellt zu haben, überprüfen wir nur, ob als Dateiname weiterhin ZUKKER.TXT gewählt ist, und geben auch für diesen Dialog das *OK*. In das Applikationsfenster zurückgekehrt, fällt nur auf, daß im Variablenfenster ein kleines Säulendiagramm als Symbol aufgetaucht ist, das durch die nachgestellte Bezeichnung ZUCKER näher beschrieben wird. Symbol und Text sind mit einem feinen Markierungsrahmen umgeben. Dies muß wohl das Ergebnis des Dateiimports sein (vgl. Abbildung 1.15).

Abbildung 1.15: *Der Import verändert zunächst das Variablenfenster*

Hinweis: Genaueres zum Umgang mit Variablen soll an dieser Stelle noch nicht ausgeführt werden, wird aber in Kapitel 3 nachgereicht.

 Mit EXTRA – *Datensatz – Editor* (vgl. Abbildung 1.16), mit der entsprechenden Schaltfläche oder mit der Funktionstaste F10 öffnen wir nun die FAMOS-Zentrale zum Betrachten und Editieren von Datensätzen. Wir vergrößern das Fenster erst einmal auf Größe der Arbeitsfläche (vgl. Abbildung 1.17). Das Fenster trägt die Titelzeile *FAMOS Dateneditor – [Tabelle 1]*, wobei die Zusatzbezeichnung *[Tabelle 1]* von FAMOS automatisch vorgenommen wird.

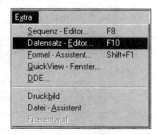

Abbildung 1.16: *Das aufgeklappte Pull-Down-Menü Extras*

Fenster für Tabelle 43

Hinweis: Wurde aufgrund unbändigen Spieltriebs die feine Markierung der Variablen ZUCKER per Mausklick durch eine Invertierung ersetzt und somit unterlegt, erscheint der somit ausgewählte Datensatz schon beim Öffnen im Dateneditor.

Wir müssen ab sofort in zwei eigenständigen Fenstern arbeiten. Viele Anwender lieben es, verschiedene Fenster in verkleinerter Darstellungsweise gleichzeitig auf der Monitorfläche zu bestaunen, andere bevorzugen es dagegen, immer monitorfüllend zu arbeiten und bei Bedarf mit [Alt][↹] zwischen den einzelnen Fenstern zu wechseln. Wir haben uns hier zumeist für den zweiten Fall entschieden, um mehr Übersichtlichkeit für die Abbildungen zu erreichen.

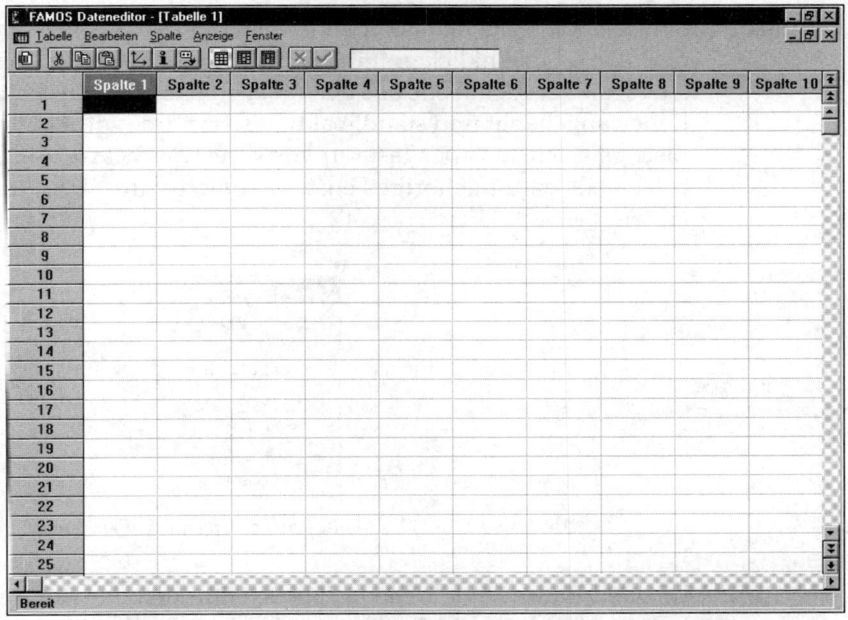

Abbildung 1.17: Das erste Tabellenfenster noch unbenannt und leer

1.4 Fenster für Tabelle

Bevor wir mit dem Füllen der Tabellenzellen beginnen, informieren wir uns kurz über einige Eigenschaften des neuen Fenstertyps und der darin enthaltenen Tabelle. Der FAMOS-Dateneditor besitzt eine eigene Menüleiste bestehend aus den fünf Einzelmenüs TABELLE, BEARBEITEN, SPALTE, ANZEIGE und FENSTER. Darunter ist eine leicht abgewandelte horizontale Werkzeugleiste angeordnet, die insgesamt zwölf Schaltflächen enthält. Am unteren Monitorrand befindet sich nach wie vor eine Statuszeile. Zwischen diesen Arealen ist der editierbare Tabellenbereich angesiedelt.

In der noch leeren Tabelle finden wir unterschiedliche Elemente vor. So bilden die Spaltenköpfe die oberste Reihe der Tabelle, und die linke Spalte liefert die Zeilennumerierung. Alle übrigen Tabellenzellen stehen zur Dateneingabe zur Verfügung.

Um eine weitere Tabelle zu öffnen, wird TABELLE – *Neu* gewählt oder die erste Schaltfläche aus der Werkzeugleiste des Dateneditors angeklickt. Als mathematisch gebildete Software kann FAMOS zählen und gibt dem automatisch aktiv geschalteten Fenster die nächste freie Nummer, in unserem Fall also *Tabelle 2*. Parallel dazu reduziert sich die Tabellengröße, damit beide Tabellen sichtbar bleiben. Wird die Tabelle auf Größe der Arbeitsfläche erweitert, erscheint ihr Name in der Titelzeile des Dateneditors, der sich dann *FAMOS Dateneditor – [Tabelle 2]* nennen darf.

Hinweis: Sind mehrere Tabellen geöffnet, erfolgt der Wechsel zwischen ihnen entweder durch Hineinklicken mit der Maus oder über das Menü FENSTER und Auswahl der Zieltabelle aus der Tabellenliste, die unterhalb der Menüfunktionen angehängt und ständig aktualisiert wird (vgl. Abbildung 1.18). Diese Liste läßt sich auch per Tastatur vorwärts wie rückwärts durchblättern, wobei jeweils das zugehörige Fenster aktiviert wird. Die zugehörigen Befehle lauten `Strg` `F6` bzw. `Strg` `⇧` `F6`.

Abbildung 1.18: Das Menü Fenster listet alle vorhandenen Tabellen auf

Die weiterhin aktivierte neue Tabelle entfernen wir von der Monitorfläche, indem wir den Befehl TABELLE – *Schließen* oder den Shortcut `Strg` `F4` verwenden. Die verbleibende Tabelle vergrößern wir anschließend wieder auf Arbeitsflächengröße.

Hinweis: Wird bei Vollbilddarstellung einer Tabelle die Windows-übliche Schaltfläche zum Schließen benutzt, entfernt FAMOS alle geöffneten Tabellen aus dem Dateneditorfenster.

Ist eine Tabellenzelle aktiv geschaltet, erscheint sie nicht mehr weiß, sondern wird in der vom Anwender voreingestellten Windows-Systemfarbe markiert. Zusätzlich wird der Inhalt in einem speziellen Anzeigefeld innerhalb der horizontalen Werkzeugleiste angezeigt, was wir hier aber nicht weiter ausprobieren wollen, sondern nur zur Kenntnis nehmen. Da eine Zelle – sei sie aktiv oder nicht – naturgemäß immer Bestandteil einer Spalte ist, aktiviert FAMOS die zugehörige Spalte automatisch, sobald eine darin befindliche Zelle angeklickt und damit aktiv ist. Wir erkennen dies daran, daß der Spaltenkopf farblich invertiert dargestellt wird. In der Voreinstellung bedeutet dies, weiße Schrift vor dunkelgrauem Hintergrund anstelle schwarzer Schrift auf hellgrauem Hintergrund.

Bevor wir weitere Tabellenoperationen kennenlernen können, benötigen wir endlich Daten in den Zellen. Also wagen wir nun unseren geplanten Einlesevorgang. Um Platz für x- und y-Werte zu schaffen, versuchen wir zunächst zwei Spalten als Ziel der Importaktion aktiv zu schalten. Da dies nicht gelingt, gehen wir davon aus, daß FAMOS unseren Datensatz hinreichend gut kennt, um das notwendige selbst zu veranlassen. Wir legen also lediglich fest, daß der eingelesene Datensatz in der ersten Tabellenspalte beginnen soll und schalten dazu Spalte 1 aktiv. Anschließend wählen wir SPALTE – *Datensatz einordnen* (vgl. Abbildung 1.19). Damit öffnet sich ein Folgedialog namens *Tabellenfenster: Zeige Variable*, der uns die in dieser Sitzung verfügbaren Variablen zeilenweise anzeigt, in unserem Falle also einzig den importierten Datensatz ZUCKER (vgl. Abbildung 1.20). Diesen aktivieren wir per Mausklick und geben das *OK*.

Abbildung 1.19: *Das aufgeklappte Menü Spalte*

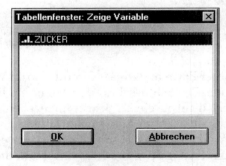

Abbildung 1.20: *Tabellenfenster: Zeige Variable mit aktivem Datensatz ZUCKER*

1.5 Importerfolge

Hoch erfreut stellen wir auf den ersten Blick fest, daß Daten in die Tabelle eingelesen wurden, und auch die Spalte trägt die Bezeichnung unserer Variablen, also ZUCKER. Bei genauerem Hinsehen machen sich aber Zweifel am Erfolg der Aktion bemerkbar. Offensichtlich ist beim Import nicht zwischen den Daten der ersten und zweiten Spalte unseres Datensatzes unterschieden worden. Die Daten stehen nämlich in einer einzigen Spalte in unserer neuen Tabelle und zwar in derjenigen Reihenfolge, die sich durch Lesen von links nach rechts und von oben nach unten ergibt (vgl. Abbildung 1.21).

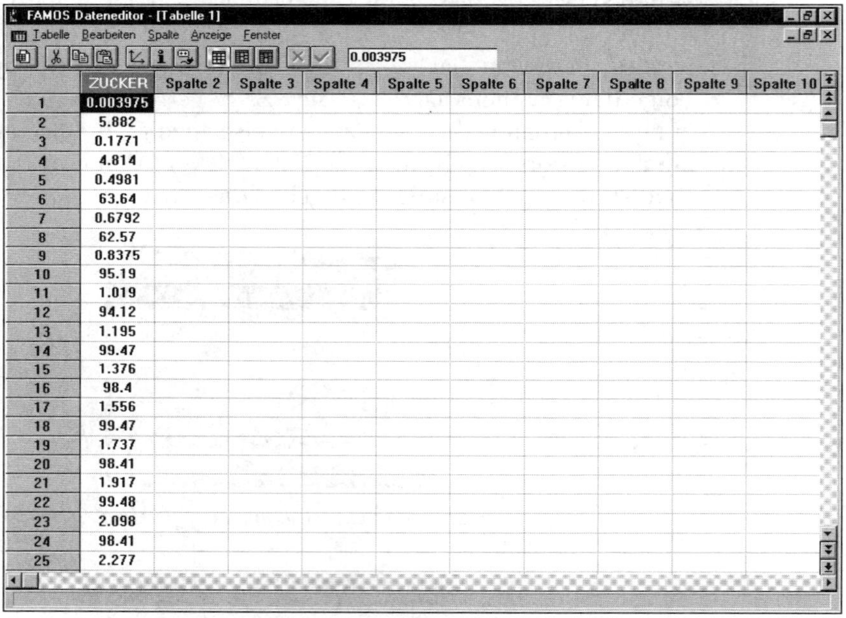

Abbildung 1.21: Datensatz ZUCKER in einer Spalte zusammengefaßt

In dieser Form muß unser Import also als wenig zufriedenstellend beurteilt werden. Der Schlüssel für den Mißerfolg liegt darin, daß im Dialog *ASCII-Format* nicht in einem Schritt angegeben werden kann, wie und auf wie viele Spalten Daten zu verteilen sind und das Programm diese Unterscheidung auch nicht selbst treffen kann. Deswegen müssen wir die Parameter in diesem Dialog etwas anders setzen und die Daten in zwei aufeinander folgenden Arbeitsschritten getrennt einlesen. Dabei werden in einem Einlesevorgang die Zeitwerte und damit die späteren x-Werte bearbeitet, der zweite sorgt für den Import der relativen Aktivitäten und damit der späteren y-Werte. Mit SPALTE – *Spalte leeren* oder SPALTE – *Spalte entfernen* löschen wir unseren fehlerhaft importierten, aber weiterhin aktivierten Datensatz ZUCKER aus der ersten Tabellenspalte. Dabei erscheint in der Kopfzeile automatisch wieder die Bezeichnung *Spalte 1*.

Hinweis: Bei unseren recht bescheidenen Datenbeständen wird nicht sichtbar, daß SPALTE – *Spalte leeren* den Spalteninhalt entfernt, ohne die Spalte selbst zu verändern, während SPALTE – *Spalte entfernen* die komplette Spalte löscht, wobei alle rechts folgenden Spalten nach links aufrücken.

Nach bewährter Windows-Methode wechseln wir mit `Alt` `↹` vom FAMOS-Dateneditor zum Applikationsfenster *FAMOS* und wählen erneut den Weg DATEI – *Laden*, um in den *Dialog Datei laden (ASCII-Format)* zu gelangen. Wir überprüfen, ob sich als Importdatei weiterhin der Dateiname ZUCKER.TXT in der entsprechenden Eingabezeile befindet und betätigen die Schaltfläche *Optionen*. In dem inzwischen bekannten Dialog *ASCII-Format* lassen wir alle Eingaben unverändert bis auf die Zeile *Lies jeden Wert*, in die wir eine 2 eintragen. Da unsere Datei nur aus zwei Spalten besteht und der erste eingelesene Wert dem ersten Zeitwert entspricht, bedeutet dies, daß es sich bei dem übernächsten Dateiwert um den nächstfolgenden Zeitwert handelt. Nach zweimaligen *OK* zur Bestätigung der Dialogeinstellungen öffnet sich nun eine Meldung im Fenster *Neuer Name*, die nachfragt, ob die schon existierende Variable ZUCKER überschrieben werden soll (vgl. Abbildung 1.22).

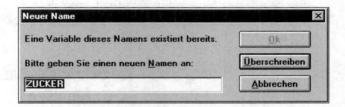

Abbildung 1.22: Nachfrage bei schon vorhandener Variablenbezeichnung

`Überschreiben` Obwohl wir auf eine Konservierung des Fehlimports im Arbeitsspeicher durchaus verzichten könnten, entscheiden wir uns nicht für den Schalter *Überschreiben*. Statt dessen nutzen wir das Angebot, unsere x-Werte eindeutig zu kennzeichnen, indem wir in die Eingabezeile die Bezeichnung ZEIT eintippen. Nach kurzer Bedenkzeit taucht unser neuer Datensatz im Bereich *Variablen* des Applikationsfensters auf (vgl. Abbildung 1.23).

Jetzt wechseln wir mit `Alt` `↹` erneut in den Dateneditor, aktivieren Spalte 1, wählen SPALTE – *Datensatz einordnen* und entscheiden uns diesmal für die Variable ZEIT, indem wir sie markieren. Das Ergebnis dieser Aktion sieht schon deutlich besser aus. Unsere Spalte trägt den Kopf ZEIT und die Zahlen entsprechen den Zeitwerten unserer Beispieldatei (vgl. Tabelle 1.1 im Anhang).

 Von der Richtigkeit können wir uns – ohne an dieser Stelle auf weitere Details einzugehen – ganz nebenbei überzeugen, indem wir nach Aktivschalten der Spalte die Befehlsfolge SPALTE – *Kurve zeigen*, die entsprechende Schaltfläche der horizontalen Werkzeugleiste oder die Taste `F4` einsetzen. Es öffnet sich ein Grafikfenster mit dem Variablennamen ZEIT als Titel. Es zeigt eine grafische Darstellung mit der Variable ZEIT als y-Wertereihe. Als

Abbildung 1.23: Aufnahme der Variable ZEIT ins Variablenfenster

Ersatz für die noch fehlenden x-Werte verwendet FAMOS automatisch die Zeilennummern aus der Datentabelle, so daß sich äquidistante x-Werte mit einem Abstand von je einer Einheit ergeben (vgl. Abbildung 1.24). Nachdem wir die hübsche Gerade in der Grafik betrachtet haben, wird das Grafikfenster mit dem Windows-Schalter geschlossen.

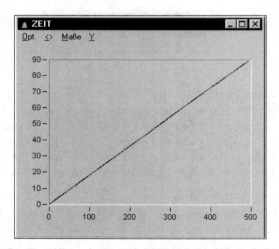

Abbildung 1.24: Darstellung der Variable ZEIT über dem Tabellenindex als x-Achse

Hinweis: Wie die Werte des Datensatzes ZEIT als x-Werte zu definieren sind, wird weiter unten angesprochen werden (vgl. Kap. 3.3).

Um auch die relativen Aktivitäten in % in unsere Tabelle zu überführen, wechseln wir mit [Alt] [↹] nochmals ins Applikationsfenster, wählen in DATEI – *Laden* erneut ZUCKER.TXT und wechseln mit der Schaltfläche *Optionen* wieder in den Dialog *ASCII-Format*. Dort sind alle zuvor eingestellten

ASCII-Parameter noch vorhanden. Wir ändern lediglich das Eingabefeld *Überlese* und tragen hier eine *1* ein. Damit erreichen wir, daß die erste gefundene Ziffernfolge – der erste x-Wert – übersprungen wird und das Einlesen mit dem ersten y-Wert beginnt. Da weiterhin nur jeder zweite Wert gelesen wird, erhalten wir bei dieser Einstellung alle Werte für die relativen Aktivitäten in % in der korrekten Reihenfolge. Nach erneutem zweimaligen *OK* zum Schließen der beiden Dialoge wird vom Fenster *Neuer Name* wieder nachgefragt, ob die Variable ZUCKER zu überschreiben sei. Da wir dies auch hier nicht beabsichtigen, geben wir in die Eingabezeile eine Datensatzbezeichnung ein, in unserem Beispiel *ACTIV*. Mit dem *OK* erscheint auch diese Variable im Applikationsfenster (vgl. Abb. 1.25).

Abbildung 1.25: Einbau des neuen Datensatzes ACTIV in die Variablenliste

 Da wir die Variable ZUCKER in dieser Sitzung nicht mehr benötigen, entfernen wir sie aus der Variablenliste. Dazu markieren wir die zugehörige Zeile durch Anklicken, und mit VARIABLE – *Entfernen* bzw. mit der als Papierkorb gekennzeichneten Schaltfläche aus der horizontalen Werkzeugleiste verschwindet sie.

Wir wechseln erneut in die Tabelle 1 des Dateneditors. Dort aktivieren wir die Spalte 2 und mit SPALTE – *Datensatz einordnen* werden die Werte der Variablen ACTIV in die Tabelle übertragen, sofern zuvor die entsprechende Zeile im Dialog *Tabellenfenster: Zeige Variable* unterlegt wurde. Nun scheint alles zu stimmen, was wir wiederum auf die Schnelle mit SPALTE – *Kurve zeigen* überprüfen (vgl. Abbildung 1.26). Nach Begutachtung schließen wir das Grafikfenster ACTIV.

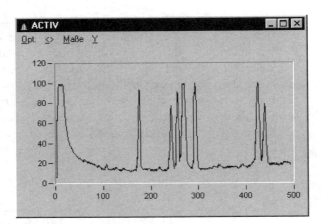

Abbildung 1.26: Relative Aktivitäten über dem Index als x-Achse

1.6 Von Zellen und Spalten

Bevor wir die Grafik nun in ein x/y-Diagramm umwandeln, die gemessenen Zeitwerte also als x und die gemessenen Aktivitätswerte als y verwenden, wollen wir uns im Rahmen dieser Schnelleinführung anschauen, wie man sich als Anwender geschickt in einer FAMOS-Tabelle bewegt. Dies geschieht mit Blick auf die nachfolgenden Projekte, da derartige Operationen immer wieder gebraucht werden und sich durch Kenntnis der entsprechenden Tastatur- und Mausbefehle viel Zeit einsparen läßt.

Soll eine einzige Spalte aktiv geschaltet werden, hilft entweder der Mausklick in den Spaltenkopf oder die Befehlsfolge SPALTE – *Spalte markieren* weiter. Da viele Programmfunktionen mit Manipulationen innerhalb der Spalten verbunden sind, ist diese automatische Aktivierung einer Spalte inklusive Zellen und Kopf sinnvoll. Klicken wir also einmal mit der Maus in eine leere Spalte bzw. in eine Zelle dieser Spalte, wird die Spalte erwartungsgemäß aktiv geschaltet, was wir auch an einer Invertierung derjenigen Zelle erkennen, die zufällig angeklickt worden ist (vgl. Abbildung 1.27). Wechselt man auf die gleiche Weise wieder in die Ausgangsspalte, hat man diese Operation rückgängig gemacht.

Sollen Bereiche, die mehrere Abschnitte einer Spalte abdecken, markiert und damit aktiv geschaltet werden, hilft der kontrollierte Mauseinsatz. Dies führt aber nur dann zu einem brauchbaren Ergebnis, wenn wir mit ANZEIGE – *Kein Zeitvergleich* zuvor den richtigen Anzeigemodus gewählt haben, was wir kurz prüfen. Wir erkennen dies an dem Haken vor der Funktion *Kein Zeitvergleich* (vgl. Abbildung 1.28).

Hinweis: Über den Einsatz der Funktion *Zeitvergleich* informiert Kapitel 3.10.

Von Zellen und Spalten

Wird nun die linke Maustaste gedrückt gehalten, läßt sich der gewünschte Ausschnitt durch Überstreichen zusammenhängender Bereiche mit dem Mauszeiger eingrenzen. Alternativ wird die ⇧-Taste gedrückt gehalten und die Markierung erfolgt mit Hilfe der Pfeiltasten.

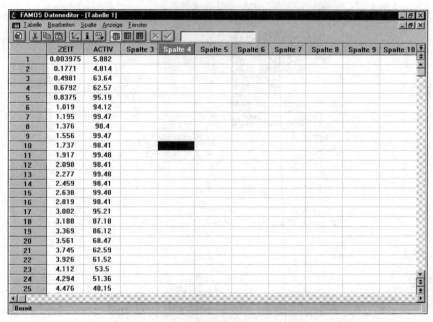

Abbildung 1.27: Wechsel in eine Zelle aktiviert zugleich die zugehörige Spalte

Abbildung 1.28: Das aufgeklappte Menü Anzeige mit aktivierten Funktionen

Hinweis: Allgemein gilt, daß die Bereiche, die unterlegt und damit aktiv geschaltet worden sind, invertiert dargestellt werden. Die einzige Ausnahme bildet die Startzelle, die mit der eingestellten Windows-Systemfarbe unterlegt ist (vgl. Abbildung 1.29).

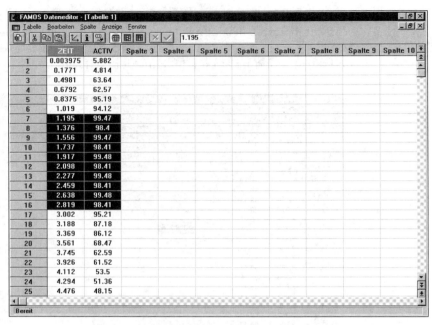

Abbildung 1.29: Invertiert dargestellte Zellen sind für Operationen markiert

Viele der Operationen zum zielgenauen und zügigen Bewegen innerhalb von Datentabellen dürften dem Anwender von anderen Programmen mit Tabellenfunktionen her bekannt sein. Insbesondere die diversen Operationen über die Schalter der Windows-spezifischen horizontalen und vertikalen Rollbalken wären in diesem Zusammenhang zu nennen. Der Vollständigkeit halber sind in der nachfolgenden Tabelle aber diejenigen noch einmal aufgelistet, die für eine grobe Orientierung innerhalb der FAMOS-Tabelle von Bedeutung sind (vgl. Tabelle 1.2). Um sich also im »Ernstfall« schnell zurechtzufinden, sollte jeder diese Befehle anhand unseres Tabellenbeispiels ausprobieren.

Weitere auf eine Tabelle anwendbare Funktionen und Operationen betreffen bekannte Windows-spezifische Befehle wie Ausschneiden, Kopieren, Einfügen und Löschen, die sowohl über die Befehlssequenzen BEARBEITEN – *Ausschneiden*, – *Kopieren*, – *Einfügen* und – *Löschen* als auch – mit Ausnahme des Löschens – über Schaltflächen durchgeführt werden können. Außerdem bietet das Menü SPALTE noch zwei Funktionen, mit denen sich Spalten entfernen und einfügen lassen. Wird SPALTE – *Neue Spalte einfügen* gewählt, so wird die angeforderte Spalte aus Sicht des vor dem Monitor sitzenden Anwenders links neben der aktiv geschalteten Spalte plaziert – in unserem Falle also links neben die Spalte ACTIV, vorausgesetzt sie ist noch arbeitsbereit (vgl. Abbildung 1.30). Um die Testspalte wieder zu entfernen, wird sie durch Anklicken einer ihrer Zellen aktiviert und mit SPALTE – *Spalte entfernen* vollständig gelöscht.

Von Zellen und Spalten

Rollbalkenschalter			bewegen den Cursor
Innere Pfeilköpfe	▲	▼	eine einzige Zelle weiter
Mittlere Pfeilköpfe	▲	▼	1/100 des gesamten Datensatzes weiter
Äußere Pfeilköpfe	↑	↓	zum oberen bzw. unteren Ende des Datensatzes
Tastaturbefehle:			
←, →, ↑, ↓			eine Zelle nach links, nach rechts, nach oben, nach unten
Bild↑, Bild↓			eine Seite nach oben, nach unten
Strg Bild↑			eine Seite nach links
Strg Bild↓			eine Seite nach rechts
Pos1			zum ersten Spaltenwert
Ende			zum letzten Spaltenwert
Strg Pos1			zur erste Spalte
Strg Ende			zur letzte Spalte

Tabelle 1.1: Mit Navigationshilfen läßt sich jeder Ort einer Tabelle schnell erreichen

Des weiteren lassen sich einzelne Tabellenwerte einfügen bzw. bestehende Tabellenwerte editieren. Dies ist übrigens immer möglich, wenn in der Statuszeile die Meldung *Bereit* zu lesen ist. Für eine Zelle trifft dies zu, sobald sie per Mausklick oder mit Hilfe der Pfeiltasten angesteuert worden ist. Dies können wir uns dort schnell veranschaulichen, indem wir in eine beliebige Zelle der Spalte 3 wechseln und eine ebenso beliebige dreistellige Zahl hineinschreiben. In der Statuszeile erscheint sofort die Meldung *Eingeben* und die Zahl kann sowohl zentriert in der Zelle als auch in dem bereits erwähnten Anzeigefeld der Werkzeugleiste bewundert werden, welches sich neben den Schaltflächen befindet. Das Ende unserer Eingabe innerhalb der

aktuellen Zelle teilen wir FAMOS mit, indem wir ⏎ drücken, das Häkchen neben dem Eingabefeld in der Werkzeugleiste anklicken oder per Mausklick oder Tastatur in eine andere Zelle wechseln. Falsche Eingaben vergißt das Programm durch Drücken von Esc oder durch Anklicken des roten Kreuzes neben dem Eingabefeld in der Werkzeugleiste.

	ZEIT	Spalte 2	ACTIV	Spalte 4	Spalte 5	Spalte 6	Spalte 7	Spalte 8	Spalte 9	Spalte 10
1	0.003975		5.882							
2	0.1771		4.814							
3	0.4981		63.64							
4	0.6792		62.57							
5	0.8375		95.19							
6	1.019		94.12							
7	1.195		99.47							
8	1.376		98.4							
9	1.556		99.47							
10	1.737		98.41							
11	1.917		99.48							
12	2.098		98.41							
13	2.277		99.48							
14	2.459		98.41							
15	2.638		99.48							
16	2.819		98.41							
17	3.002		95.21							
18	3.188		87.18							
19	3.369		86.12							
20	3.561		68.47							
21	3.745		62.59							
22	3.926		61.52							
23	4.112		53.5							
24	4.294		51.36							
25	4.476		48.15							

Abbildung 1.30: Einfügen einer Spalte

Hinweis: Nach dem Bestätigen der Eingabe, erscheint anstelle der Bezeichnung *Spalte 3* die Bezeichnung *de_1* im Spaltenkopf, und eine Schraffierung der nicht ausgefüllten Zellen deutet an, daß hier weitere Eingaben erforderlich sind, bis die Länge der benachbarten Datensätze erreicht ist.

Um den Inhalt einer aktivierten Zelle zu ändern, drücken wir [Strg][F2] oder wir klicken in der Werkzeugleiste auf das Anzeigefeld, worauf dies einen blinkenden Schreibcursor anzeigt und die Statuszeile *Ändern* meldet. Mit der [Esc]-Taste brechen wir nun diese kurze Anschauung ab.

Wie weiter vorn bereits beschrieben, entfernen wir diese Testspalte ebenso wie die daraus resultierenden zusätzlichen Variablen im gleichnamigen Bereich des Applikationsfensters.

Abbildung 1.31: Das aufgeklappte Pull-Down-Menü Bearbeiten

Auch mit Hilfe einiger einfacher Dialoge lassen sich Werte einfügen bzw. gezielt anfahren. Wenn wir unseren Zeilenindex nach unten abrollen, stellen wir fest, daß sich der Datensatz über 495 Zeilen erstreckt. Wollen wir zum Wert 300 gelangen, können wir dahin scrollen; schneller und zielsicherer gelingt diese Übung unter Zuhilfenahme der Anweisung BEARBEITEN – *Gehe zu* (vgl. Abbildung 1.31). Dazu muß die in Frage kommende Spalte wieder aktiv geschaltet sein. Der sich öffnende Dialog *Gehe zu* informiert uns unaufgefordert über die Länge des Datensatzes. In sein Eingabefeld schreiben wir die Zahl 300, geben das *OK* und schon sind wir am Ziel (vgl. Abbildung 1.32).

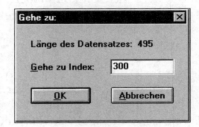

Abbildung 1.32: Mit dem Dialog Gehe zu: kommen wir sofort zur Zielzelle

Wollten wir statt dessen weitere Werte einfügen, hilft BEARBEITEN – *Werte einfügen* und der sich öffnende gleichnamige Dialog. Angenommen, es sollten nach Zeile 300 fünf weitere Zeilen eingefügt werden, so steuern wir zunächst nach obigem Verfahren die Zeile 300 an, starten BEARBEITEN – *Werte einfügen* und schreiben in das erste Eingabefeld eine 5. Soll die erste neue Zelle den Wert 200 annehmen, initialisieren wir den ersten Wert entsprechend. Sollen die nachfolgenden Werte jeweils um 50 Einheiten kleiner werden, so tragen wir in das Feld *Addieren -50* ein (vgl. Abbildung 1.33). Mit dem *OK* erscheinen ab Zeile 300 fünf neue Zellen mit den Zahlen 200, 150, 100, 50 und 0, die automatisch markiert sind. Wir nutzen diese Markierung, um die neuen Werte mit BEARBEITEN – *Ausschneiden* wieder zu entfernen und so den Originaldatensatz beizubehalten.

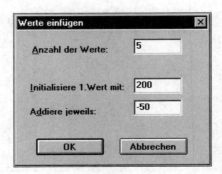

Abbildung 1.33: Einstellungsmöglichkeiten im Dialog Werte einfügen

1.7 Bühnenwechsel

An dieser Stelle angelangt haben wir schon einige Eindrücke von der Datenorganisation in FAMOS gewonnen. Etwas zu kurz gekommen sind die grafischen Darstellungen, grundlegende Schritte der Datenanalyse und die Speicherung der Ergebnisse. Mit diesen drei Themen wollen wir uns zum Abschluß dieses Kapitels in aller Kürze beschäftigen.

Hinweis: Wir wählen an dieser Stelle nur wenige praktikable Wege aus, mit denen sich die beschriebenen Operation durchführen lassen. Selbstverständlich gibt es, gerade was Grafikaufbau und Datenextraktion anbetrifft, verschiedene und unterschiedlich komplizierte Verfahren, die gestellten Aufgaben zu lösen. Einige davon werden in Folgekapiteln ausführlich vorgestellt.

1.7.1 Schaufenster

 Wir bleiben im Dateneditor-Fenster. Wenn alles glatt verlaufen ist, müßte die erste Spalte der Tabelle 1 die Werte für die Zeitwerte, also ZEIT, die zweite Spalte diejenigen für die relativen Aktivitäten, also ACTIV, enthalten. Wir aktivieren die Spalte ACTIV und rufen in erprobter Weise die Funktion zum Zeigen der Kurve auf, also am einfachsten die Schaltfläche *Kurve zeigen*. Das sich öffnende Grafikfenster ACTIV wird monitorfüllend vergrößert. Die Grafik enthält die relativen Aktivitäten in Abhängigkeit vom Zeilenindex 0 bis 495, die über einer automatisch passend skalierten x-Achse aufgetragen sind (vgl. Abb. 1.34).

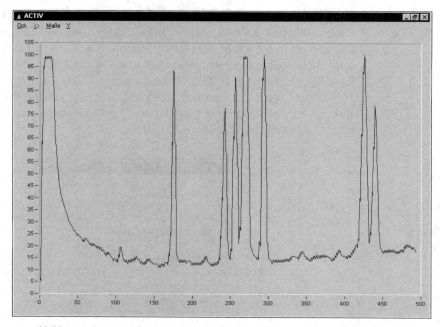

Abbildung 1.34: Kurvenverlauf von ACTIV als y-Datensatz gegen den Zeilenindex

Im Grafikfenster finden wir vier Menüs, die sich durch eine eher rudimentäre Namensgebung auszeichnen. Aus dem Optionsmenü OPT. wählen wir *Weitere Kurven* (vgl. Abbildung 1.35). Nun öffnet sich ein häufig benötigter Dialog namens *Kurven im Fenster*. Zur eindeutigen Identifizierung wird die Titelzeile dieses Dialogs vom Programm jeweils um den Namen des zugehörigen Grafikfensters erweitert, in unserem Falle also um das Wort ACTIV (vgl. Abbildung 1.36).

Hinweis: Dieser Dialog ist ein Relikt aus früheren FAMOS-Versionen. Bequemer und leistungsfähiger ist der Dialog *Weitere Datensätze im Kurvenfenster*, der sich aus dem Grafikfenster mit der rechten Maustaste starten läßt. Er wird in einem nachfolgenden Kapitel im Detail vorgestellt und sollte daher jetzt noch nicht ausprobiert werden (vgl. Kap. 3.8).

Abbildung 1.35: Das aufgeklappte Menü Opt. des Grafikfensters

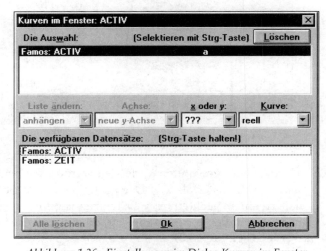

Abbildung 1.36: Einstellungen im Dialog Kurven im Fenster

Im Bereich *Die verfügbaren Datensätze* finden wir unsere beiden noch vorhandenen Variablen wieder. Da wir beide im Diagramm verwenden wollen – die Variable ZEIT als x-Achse und die Variable ACTIV als y-Achse –, werden beide markiert, wodurch beide in den Bereich *Die Auswahl* überführt, gleichzeitig unterlegt und mit einem kleinen a ergänzt werden. In diesem Bereich klicken wir nun einmal auf den Datensatz ZEIT und markieren damit die Variable. Ohne die Dialogfelder hier im einzelnen zu beleuchten, klappen wir die Liste *x oder y* auf und definieren die Variable ZEIT als *x*. Automatisch weist FAMOS nun der Variablen ACTIV y-Charakter zu. Auch im Listenfeld *Kurve* teilt uns die Software jetzt mit, daß die Daten ab sofort als x/y-Datensatz behandelt werden. Wir bestätigen den Dialog und erkennen, daß als x-Achse tatsächlich die ursprünglichen Meßintervalle aufgetragen werden (vgl. Abbildung 1.37).

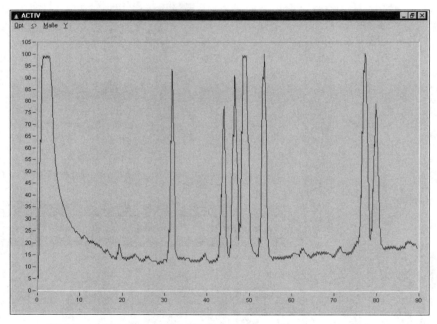

Abbildung 1.37: Austausch des Zeilenindex gegen die gemessenen Zeitwerte

Hinweis: Mit dem hier gewählten Verfahren werden die beiden Variable nur in diesem Grafikfenster als x/y-Datensatz behandelt. Sollen sie dagegen dauerhaft zu einem »echten« x/y-Datensatz vereinigt werden, kommen spezielle FAMOS-Funktionen zum Einsatz, die in einem späteren Kapitel vorgestellt werden (vgl. Kap. 3.3).

Für den nächsten Schritt verkleinern wir das Grafikfenster ACTIV und das Dateneditor-Fenster mit Tabelle 1 so, daß wir beide auf dem Monitor betrachten und problemlos zwischen ihnen und ihren Funktionen wechseln können.

1.7.2 Peaks finden

Es gibt verschiedene Methoden, grafisch wie rechnerisch, manuell oder automatisiert, Werte nach bestimmten Kriterien aus einem Datensatz herauszufischen. Eine grafisch praktikable und sehr einfache Methode stützt sich auf Sehkraft und Urteilsvermögen des Betrachters. Er markiert wichtige Punkte in der Grafik und ermittelt die zugehörigen Zahlenwerte. Zu diesem Zweck bietet FAMOS die sogenannte Rollverknüpfung an, mit deren Hilfe identische Positionen im Datensatz gleichzeitig in der Tabelle und der Grafik kenntlich gemacht werden. Das Verfahren ist zwar nur semi-quantitativ, führt aber sehr schnell zu ersten Ergebnissen.

Um eine solche Rollverknüpfung herzustellen, brauchen wir nicht nach einer Menüfunktion zu suchen. Der Weg führt über die Schaltfläche in der Werkzeugleiste des Dateneditors. Wir aktivieren den Schalter und halten die linke Maustaste gedrückt. Der Mauszeiger verwandelt sich in einen Kreis mit einem Schrägstrich, was uns zeigen soll, daß an der aktuellen Position keine Rollverknüpfung aufgebaut werden kann. Dies läßt sich ändern! Bei weiterhin festgehaltener linker Maustaste ziehen wir das neue Maussymbol in das Grafikfenster ACTIV. Dort wandelt sich der Mauszeiger in das Verknüpfungssymbol, das in Form eines Steckers plus Steckdose auch auf der gerade benutzten Schaltfläche zu bewundern ist. Wird die Maustaste jetzt losgelassen, erscheint im Grafikfenster eine vertikale Linie und in der Tabelle eine gestrichelte horizontale Linie, die die Übereinstimmung von grafischer und tabellarischer Position anzeigen. Soll eine solche Rollverknüpfung wieder aufgehoben werden, braucht nur die gedrückte und damit als aktiv gekennzeichnete Verknüpfungsschaltfläche erneut angeklickt und damit abgeschaltet zu werden.

Hinweis: Falls nicht die gesamte Kurve im Grafikfenster sichtbar sein sollte, hilft der Befehl MAßE – *Rezoom* aus dem Grafikfenster.

Wenn wir im Grafikfenster ACTIV nun mit dem Mauszeiger an die senkrechte Linie fahren, verwandelt sich das Anzeigewerkzeug erneut. Von einer vertikalen Doppellinie ausgehend weisen Pfeile jeweils nach links und rechts. Dies soll andeuten, daß bei gedrückter linker Maustaste die vertikal verlaufende Positionslinie im Grafikfenster verschoben werden kann. Wenn wir dies nun in Angriff nehmen und die einzelnen Peaks bzw. Kurvenmaxima anfahren, stellen wir zwar eine gleichzeitige Umpositionierung der horizontalen Linie im Tabellenfenster fest, müssen aber leider erkennen, daß die dort angezeigten Werte keinesfalls den Maxima entsprechen. Die Ursache ist schnell gefunden, wenn wir die Positionierungslinie im Grafikfenster z. B. in die Nähe des Wertes 20 auf der x-Achse bringen. An der Position der Horizontallinie im Tabellenfenster ist erkennbar, daß FAMOS mit dieser Zahl nämlich den Zeilenindex und nicht die von uns als x-Werte definierten Zeitwerte unserer x/y-Grafik in Verbindung bringt. Unser x/y-Diagramm scheint also nur in Beziehung auf die grafische Darstellung »echt« zu sein (vgl. Kap. 2.5 und 3.3).

| Löschen | Wir kommen zu sauberen Ergebnissen, wenn wir im Grafikfenster OPT. – *Weitere Kurven* wählen und damit den Dialog *Kurven im Fenster: ACTIV* aufrufen. Im Bereich *Die Auswahl* klicken wir die Variable ZEIT an und entfernen sie mit der Schaltfläche *Löschen*. Wir klicken die verbleibende Variable ACTIV an, worauf im Anzeigefeld *Kurve* die Alternative *reell* zu lesen ist (vgl. Abbildung 1.38).

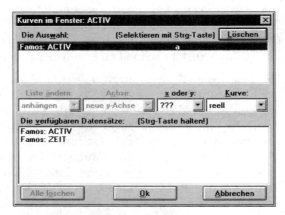

Abbildung 1.38: Umwandeln des x/y-Datensatzes in einen einfachen Datensatz

Mit dem *OK* erhalten wir wieder die dem Index gehorchende Skalierung und nun korrespondieren auch die Werte der Tabelle mit dem grafischen Verlauf. Dies läßt sich leicht prüfen, indem wir einen Peak anfahren. In der Tabelle finden wir unterhalb der gestrichelten Linie ein lokales Maximum der Variablen ACTIV mit dem zugehörigen Wert für die Registrierzeit nach Versuchsbeginn in der Variablen ZEIT (vgl. Abbildung 1.39).

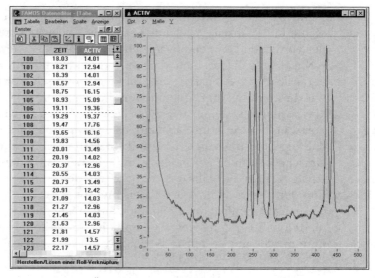

Abbildung 1.39: Übereinstimmung zwischen den Daten in Grafik und Tabelle

Nun ist der Datensatz schon ziemlich lang und die Auflösung der Grafik im Fenster entsprechend klein, so daß das optische Auffinden der Peaks ziemlich schwierig ist und stark vom Zufall bestimmt wird. FAMOS begegnet solchen Erschwernissen mit dem sogenannten Übersichtsfenster, das im Ein-/Ausgabe-Menü (<>) des Grafikfensters durch Plazieren eines Häkchens eingeschaltet wird und sofort als aktives Fenster in Erscheinung tritt (vgl. Abbildung 1.40 und 1.41). Es trägt den Titel *Übersicht: ACTIV* und ist ansonsten nicht vom »normalen« Grafikfenster zu unterscheiden, in das wir nun wieder wechseln.

Abbildung 1.40: Das Menü <> des Grafikfensters

Wir rufen MAßE – *Zoom* auf, worauf sich der Cursor in der Grafik in einen aufrecht stehenden Pfeil verwandelt. Bei gedrückter Maustaste ziehen wir damit ein kleines Rechteck um eine Peakspitze. Diese sogenannte Markise erkennen wir an der invertierten Farbdarstellung (vgl. Abbildung 1.41). Mit Freigabe der Maustaste läßt sich die Spitze nun genau betrachten und auch die Bestimmung des Maximalwerts – die wir nun nochmals ausprobieren – fällt leichter (vgl. Abbildung 1.42).

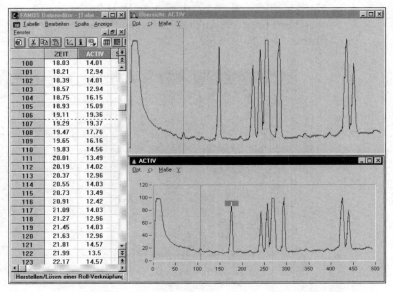

Abbildung 1.41: Die Markise kennzeichnet den zu vergrößernden Grafikausschnitt

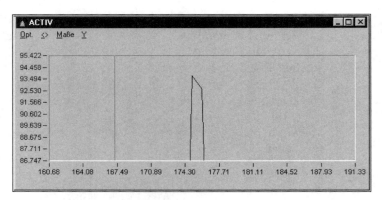

Abbildung 1.42: Kurvenausschnitt nach dem Zoom.

Beide Grafikfenster und die Tabelle sind miteinander über die Rollverknüpfung verbunden, so daß sich auch Verschiebungen im Fenster *Übersicht: ACTIV* auf die beiden übrigen Fenster auswirken. Beim Austesten dieser Verschiebeprozesse stellen wir nun fest, daß aufgrund der Winzigkeit der Markise nicht alle Peaks vollständig im gezoomten Grafikfenster sichtbar sind. Das läßt sich abstellen, indem wir mit der Befehlsfolge Y – *ACTIV* das Skalierungsfenster *y-Achse: ACTIV* öffnen (vgl. Kap. 2.9). Hier geben wir geeignete Skalenendwerte ein und wählen für *y-max=* den Wert *120* und für *y-min=* den Wert *0*. Mit dem *OK* wird Teilung der y-Achse geändert und nun finden wir alle Peaks mit Leichtigkeit (vgl. Abbildung 1.43).

Hinweis: Daß man diese Peaks auch mit Hilfe integrierter mathematischer Funktionen erwischen und auslesen kann, versteht sich für ein Datenanalyseprogramm wie FAMOS eigentlich von selbst. Aber für den Einsteiger oder für eine erste Orientierung führt – wie schon erwähnt – auch diese grafische Methode schnell zu brauchbaren Resultaten. Im übrigen läßt sich ein ähnliches Verfahren auch unter Einsatz des sogenannten Meßwertfensters durchführen (vgl. Kap. 5.3).

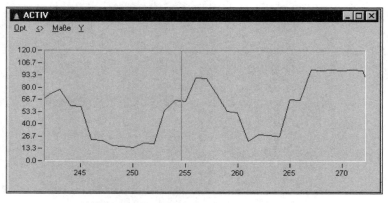

Abbildung 1.43: Geänderte Skalierung der y-Achse

1.7.3 Datenerhalt = Variablenerhalt

Zum Abschluß wollen wir noch den wichtigen Aspekt der Datensicherung anreißen. Wie oben bereits aufgelistet (vgl. Kap. 1.2), lassen sich im Verlauf einer Datenanalyse mit FAMOS diverse Dateitypen erzeugen, die neue Datensätze, Grafiken, Makros, Vorlagen etc. enthalten. Das Sichern anderer Elemente wie z. B. des Grafikfensters ist zunächst noch ausgenommen. Demzufolge schließen wir Grafikfenster und Dateneditor, um wieder zu unserem Ausgangspunkt, dem Applikationsfenster, zurückzukehren. In unserem Fall wurde nur der ASCII-Datensatz ZUCKER.TXT eingelesen und wertemäßig nicht verändert, so daß er aus der Variablenliste entfernt werden konnte. Aus der Datei ZUCKER.TXT wurden anschließend zwei Variablen bzw. Datensätze extrahiert, nämlich ZEIT und ACTIV. Um letztere zu speichern, nutzt FAMOS zwei vorgefertigte Formate, das eigentliche FAMOS- und ein ASCII-Format. Letzteres ist nur eingeschränkt einsatzfähig, da kompliziertere Dateien, die beispielsweise mehrere y-Wertereihen oder komplexe Zahlen enthalten, nicht bearbeitet werden können.

Für das Speichern bieten sich zwei Vorgehensweisen an: Sollen die Variablen nämlich einzeln gespeichert werden, darf zwischen den soeben erwähnten ASCII- und FAMOS-Formaten gewählt werden. Sollen Variablen dagegen zusammen gespeichert werden, darf ausschließlich das FAMOS-Format zum Zuge kommen.

Hinweis: Erweiterte ASCII- wie Binärformate lassen sich zusätzlich mit Hilfe von *imc*-Funktionsbibliotheken erzeugen, die über die sogenannte Kit-Schnittstelle (vgl. Kap. 4.3) auch in FAMOS zum Einsatz kommen können.

Für unseren ersten Versuch speichern wir die beiden in der Variablenliste enthaltenen Datensätze einzeln im ASCII- und zusätzlich zusammen als Paket im FAMOS-Format. Beginnen wir mit dem ersten Fall. Wir markieren die erste Variable – in unserem Fall ZEIT – und rufen die Befehlsfolge DATEI – *Einzeln speichern* auf, worauf sich ein Fenster mit dem Titel *Datei speichern (Famos-Format)* öffnet. Dieses Dialogfenster deckt sich hinsichtlich seiner Funktionen mit den üblichen Windows-Speicherdialogen. Wir klappen die Liste *Dateiformat* auf und stellen erwartungsgemäß fest, daß im Falle einer Einzelspeicherung das ASCII- oder FAMOS-Format angeboten wird. Wir entscheiden uns für ASCII (*.asc).

Um bei der von uns gewählten Sprache zu bleiben, wird dem Dateinamen die Erweiterung TXT gegeben (vgl. Abbildung 1.44). Nun aktivieren wir die Schaltfläche *Optionen*, worauf sich eine Folgedialog namens *Optionen ASCII-Speichern* einblendet, mit dem sich einige ASCII-Parameter genauer festlegen lassen.

Hinweis: Für unsere ASCII-Datensätze wählen wir hier als Erweiterung ebenfalls die Bezeichnung *.TXT, damit sie sich deutlich von den FAMOS-Dateien unterscheiden, aber hinsichtlich der Erweiterung mit den anderen importierbaren ASCII-Beispieldateien dieses Buchs übereinstimmen.

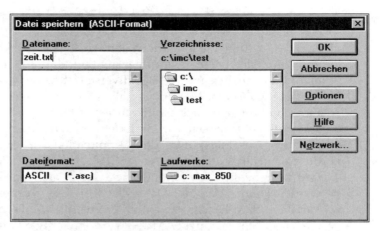

Abbildung 1.44: Der Dialog Datei speichern (ASCII-Format)

Im Bereich *Darstellung* wird festgelegt, ob die Werte als Dezimal- oder Exponentialzahlen geschrieben werden sollen. Wir belassen es bei der Voreinstellung *Gemischt* und überlassen damit FAMOS die Wahl der jeweils günstigsten Schreibweise. Als Dezimaltrennzeichen kreuzen wir wieder das *Dezimalkomma* an. Was die Nachkommastellen angeht, gehen wir auf die maximale *Genauigkeit* von 7. Vor dem Komma dürfen übrigens bis zu 99 Stellen erscheinen. Was die *minimale Breite* angeht, belassen wir es bei der voreingestellten 0. Wird das Kästchen *Header* angekreuzt, stellt FAMOS den eigentlichen Daten definierte Zusatzinformationen voran, die Name, Zeit, Größe und Achseneinheiten betreffen. Wer sich einen solchen Header einer ASCII-Datei einmal genauer ansehen möchte, sollte das entsprechende Kreuzchen plazieren.

Hinweis: Die Schaltfläche *Standard* bedeutet in diesem Zusammenhang, daß ein ASCII-Format erzeugt wird, welches mit früheren FAMOS-Versionen kooperiert.

Zu allerletzt darf noch entschieden werden, ob allein die y-Werte oder auch die dazugehörigen x-Werte – also die inzwischen bekannten Zeilennummern aus der Datentabelle – gespeichert werden sollen. Im ersten Fall wird ein einspaltiger, im zweiten ein zweispaltigen Datensatz abgelegt. Wir beschränken uns auf die Speicherung der relevanten Informationen (vgl. Abbildung 1.45). Geben wir nun für beide Dialoge das *OK*, wird die Datei im ASCII-Format gespeichert. Anschließend sollte der beschriebene Vorgang für die zweite Variable wiederholt werden. Wir können uns von der Struktur der Datensätze später durch Einlesen in einen beliebigen Texteditor überzeugen.

Einzeln gespeicherte, aber inhaltlich zusammengehörige Datensätze bzw. Variablen haben einen Nachteil: Sie lassen sich zwar als Kollektiv durch Betätigung der linken Maus- und der Strg -Taste im Fenster *Datei: Laden* selektiv markieren und von dort in einem Zuge in die Variablenliste des Applikationsfensters überführen (vgl. Kap. 2.1 und 5.1), aber dazu muß sich der Anwender an die verschwägerten Datensätze erinnern oder sie anhand von Größe und Datum identifizieren, was insbesondere bei lange zurückliegenden Arbeitssitzungen nicht immer einfach ist. Daher erscheint es vernünftiger, zusammengehörende Variablen in einer einzigen Datei zusammenzufassen und gewissermaßen als Set abzuspeichern. Dazu markieren wir ZEIT und ACTIV im Variablenfenster und sichern beide mit DATEI – *Zusammen speichern* unter dem Namen RESULT1.DAT im FAMOS-Format.

Abbildung 1.45: Einstellungen im Fenster Optionen ASCII-Speichern

Hinweis: Wird der gewünschte Dateiname ohne Erweiterung angegeben, ergänzt FAMOS ihn an dieser Stelle automatisch mit *.DAT, so daß diese Erweiterung nicht explizit eingetragen werden muß. Soll ganz auf eine Namenserweiterung verzichtet werden, genügt es, dem Dateinamen einen Punkt nachzustellen.

Die programmeigenen DAT-Dateien enthalten neben den Datensätzen automatisch auch alle relevanten Informationen, die die numerischen Daten zusätzlich begleiten wie z. B. Variablenbezeichnung, Einheiten, Kommentare oder Abtastzeiten. Mit der Zeile *Kommentar* darf der Anwender den zu speichernden Daten als Gedächtnisstütze noch einen erklärenden Text hinzufügen. Für den neuen Datensatz wäre z. B. *Chromatogramm1 des Zuckergemisches xyz* ein Vorschlag (vgl. Abbildung 1.46). Geben wir nun das *OK*, werden wir in der folgenden Sitzung beide Variablen vereint unter dem gemeinsamen Namen RESULT1.DAT in der Dateiliste wiederfinden.

Hinweis: Das FAMOS-Format ähnelt dem DASA-Standard-Format (*.DSF) der Firma Gould Inc.. Weitere Einzelheiten dazu lassen sich dem FAMOS-Handbuch entnehmen.

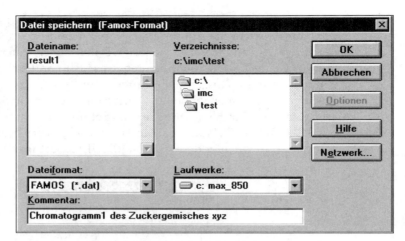

Abbildung 1.46: Speicherdialog mit Kommentarzeile

Das soll zum Einstieg genügen. In diesem ersten Kapitel haben wir einige prinzipielle FAMOS-Funktionen erarbeitet. Dazu gehört das Importieren einfacher externer Datensätze und deren Umsetzung in Variablen, das Operieren in Datentabellen sowie das Visualisieren und Speichern von Datensätzen bzw. Variablen. Einige dieser in Kurzform angesprochenen Aspekte werden in den nachfolgenden Kapiteln und Projekten vertieft, andere Funktionen und Eigenschaften des Programms neu vorgestellt.

Wir nehmen an, daß das Tagespensum erreicht ist und schließen diese Sitzung mit DATEI – *Ende*. Soll dieses Projekt fortgesetzt oder ein neues Projekt in Angriff genommen werden, muß das Programm aus Windows heraus neu gestartet werden.

Hinweis: Soll eine Arbeitssitzung neu begonnen werden, ohne zuvor FAMOS ganz zu schließen, hilft der Befehl DATEI – *Neubeginn*. Wie man auch loslegt, mit *Neubeginn* oder durch Aufruf der FAMOS-Ikone, in beiden Fällen öffnet sich das FAMOS-Applikationsfenster, ohne daß sich ein Datensatz im Bereich *Variablen* befindet.

Grafikdesign 2

Wir arbeiten mit den importierten Daten aus dem ersten Kapitel weiter und wenden uns einem Thema zu, das im Zusammenhang mit Meßwertanalysen oft im Mittelpunkt zu stehen scheint. Gemeint ist die Datenvisualisierung, und damit sind automatisch die Möglichkeiten zur individuellen Gestaltung von grafischen Darstellungen bzw. Diagrammen angesprochen. FAMOS nutzt für alle hiermit verknüpften Funktionen ein eigenes Modul namens Kurvenmanager. Er ist auch in anderen *imc*-Programmen wiederzufinden und fördert somit die Kompatibilität der verschiedenen Anwendungen.

Der Kurvenmanager übernimmt neben den reinen Präsentationspflichten eine Reihe anderer Aufgabe. So erleichtern z. B. seine Meßwerkzeuge den Zugriff auf zusätzliche Informationen. Im vorangehenden Kapitel haben wir übrigens mit dem Zoomen schon eine Funktion dieses Moduls kennengelernt (vgl. Kap. 1.7). Mit diesem Kapitel wird nun tiefer in die Vielfalt der grafischen Funktionen eingestiegen.

2.1 Kanalwahl

Wie am Ende des ersten Kapitels schon erwähnt, arbeiten wir nicht einfach weiter, sondern beginnen mit DATEI – *Neubeginn* bzw. mit dem Programmaufruf über die FAMOS-Ikone eine neue Arbeitssitzung.

Hinweis: Wer erst an dieser Stelle in die praktische Erprobung von FAMOS einsteigt, findet die im ersten Kapitel fertiggestellten Dateien auf der Buch-CD im Verzeichnis BUCH\FAMOS\PROJEKTE\1.

Wir landen wieder im leeren und nicht monitorfüllenden Applikationsfenster, das zunächst auf Bildschirmgröße erweitert wird. Mit DATEI – *Laden* oder der entsprechenden Schaltfläche aus der Werkzeugleiste erreichen wir den inzwischen bekannten Dialog *Datei laden (Famos-Format)*, um das Produkt der ersten Arbeitssitzung, nämlich die Datei RESULT1.DAT einzulesen.

Hinweis: Da RESULT1.DAT eine Datei im FAMOS-eigenen Format ist, muß der Eintrag im Eingabefeld *Dateiformat* entsprechend gesetzt sein, was an dieser Stelle überprüft werden sollte.

Wir gelangen automatisch in den Pfad C:\IMC\TEST, den wir im ersten Kapitel als Ziel und Quelle eigener Dateien angelegt haben. In der Liste *Dateiname* markieren wir die Datei RESULT1.DAT (im Auswahlfenster in Kleinbuchstaben geschrieben) als zu ladende Auswahl und finden prompt in der Kommentarzeile den selbstgewählten Text zur Dateiidentifizierung wieder, also »*Chromatogramm1 des Zuckergemisches xyz*«. Mit dem Dialog-*OK* wird RESULT1.DAT nicht sofort geladen, sondern es blendet sich ein neuer Dialog ein. Er trägt den etwas üppigen, aber selbsterklärenden Titel <RESULT1.DAT>, *Auswahl der zu ladenden Kanäle* (vgl. Abbildung 2.1).

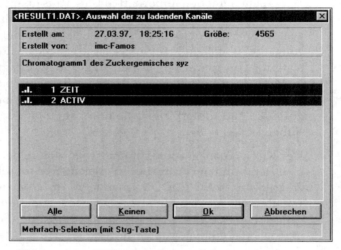

Abbildung 2.1: <RESULT1.DAT>, Auswahl der zu ladenden Kanäle

Hinweis: Sollte dieser Dialog nicht erscheinen, so muß mit DATEI – *Laden: Optionen* die Funktion *Dialog nur bei mehreren Objekten in der Datei* eingeschaltet werden (vgl. Kap. 5.1).

In diesem Dialog befinden sich alle relevanten Informationen zum Inhalt solcher Dateien, die sich aus mehreren Datensätzen zusammensetzen. So enthalten die ersten Zeilen Daten über den Speicherzeitpunkt und die Größe der Datei. Auch der Inhalt der Kommentarzeile wird hier nochmals in Erinnerung gebracht. Die wichtigste Information bezieht sich aber auf die Variablen innerhalb der Datei RESULT1.DAT. Den Angaben entnehmen wir, daß sich in dieser Datei zwei eigenständige Datensätze bzw. Variablen verbergen, die offenbar den im Dialogtitel angesprochenen ladbaren Kanälen entsprechen. Es handelt sich um die beiden alten Bekannten ZEIT und ACTIV, die vom Programm freundlicherweise bereits unterlegt und damit zur Auswahl vorgeschlagen worden sind. Mit Hilfe der Schaltflächen *Alle* oder *Keinen* oder mit der Kombination von Strg - und Maustaste läßt sich hier jede gewünschte Wahl treffen. Aufgrund der spärlichen Auswahlmöglichkeiten akzeptieren wir den Programmvorschlag und überführen mit *OK* beide Datensätze in den zuständigen Bereich des Applikationsfensters.

2.2 Viele kleine Grafikfenster

Um sich schnell einen Überblick über das Datenmaterial zu verschaffen, bietet FAMOS zwei Befehle an, die mit VARIABLE – *Zeigen* oder VARIABLE – *Zusammen zeigen* aus der Menüzeile aufgerufen werden. Praktischer erweist sich auch hier wieder der Einsatz der zuständigen Schaltflächen aus der Werkzeugleiste.

Hinweis: Für die meisten Befehle gibt es neben dem Anklicken der Menüfunktionen oder der entsprechenden Schaltflächen auch die Alternative, Tastenkombinationen als Shortcuts zu verwenden. Im vorliegenden Falle würde F4 dem Befehl *Zeigen* und ⇧ F4 *Zusammen zeigen* entsprechen. Auf die Angaben der Shortcuts wird in den nachfolgenden Funktionsbeschreibungen zumeist verzichtet, denn aller Erfahrung nach verwendet jeder Anwender nur eine sehr kleine Anzahl dieser Shortcuts, deren Auswahl sich je nach Einsatzgebiet der Software stark unterscheidet. Wer Shortcuts kennenlernen möchte, kann sie an den entsprechenden Stellen in den Programmhandbüchern finden. Vielfach lassen sie sich auch durch Aufklappen der Menüs ermitteln. Wie bei den meisten Windows-Applikationen üblich, werden Tastatur-Shortcuts nämlich auch von FAMOS den entsprechenden Menübefehlen nachgestellt.

Wir überzeugen uns, daß in der Variablenliste die Datensätze ZEIT und ACTIV unterlegt sind und betätigen die Schaltfläche *Zeigen*, worauf beide Variablen in separaten Fenstern erscheinen. Die Titelzeilen der Fenster nennen jeweils die dargestellte Variable, also ACTIV bzw. ZEIT (vgl. Abbildung 2.2).

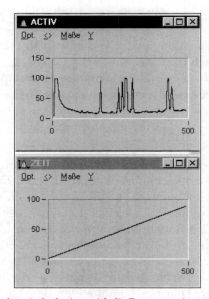

Abbildung 2.2: Mit dem Aufruf zeigen sich die Datensätze in separaten Grafikfenstern

Hinweis: Sollten die Grafikfenster z. B. durch einen Wechsel vom Applikationsfenster zum Dateneditor verschwinden, hilft die Tastenkombination [Alt][⇆] weiter, um sie durch Fensterwechsel erneut auf den Monitor zu zaubern.

Auch hier bestätigt sich, daß FAMOS alle Datensätze zunächst automatisch als y-Werte interpretiert und als x-Werte den Zeilenindex und damit die Zahl der abgetasteten Werte einsetzt (vgl. Kap. 1.5).

 Nachdem wir beide Kurven begutachtet haben, schließen wir die Grafikfenster ZEIT und ACTIV und probieren die zweite Alternative aus, indem wir die Schaltfläche *Zusammen zeigen* auf die beiden markierten Variablen anwenden. Auch diesmal erscheinen beide Kurven als y-Datensätze, nun aber in einem gemeinsamen Fenster (vgl. Abbildung 2.3). Es fällt auf, daß sich am rechten Rand ein zweites Koordinatensystem in den Vordergrund gedrängt hat, oberhalb der Grafik eine Legende erschienen ist und den Kurven automatisch verschiedene Farben zugewiesen worden sind. Nach Begutachtung schließen wir auch dieses Grafikfenster.

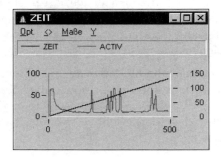

Abbildung 2.3: Beide Variablen in einem gemeinsamen Fenster

Hinweis: Die Benennung in der Titelzeile richtet sich zu diesem Zeitpunkt offensichtlich nach der Reihenfolge der Datensätze in der Variablenliste des Applikationsfensters. Steht wie in unserem Beispiel ZEIT an erster Stelle, trägt das Fenster auch diesen Namen in der Titelzeile.

2.3 Aus 1 mach 2

Bevor wir unsere grafischen Fingerübungen fortsetzen, sollten wir unsere Datensätze nochmals unter die Lupe nehmen. Um Visualisierungsmöglichkeiten und erste Kurvenmanipulationen zu demonstrieren, werden wir unsere Variable ZEIT zunächst nicht weiter einsetzen, da es sich bei ihr ja um die importierten Zeiten und damit um die eigentlichen x-Werten handelt. Statt dessen brauchen wir einen »echten« zweiten y-Datensatz. Für unsere Übungszwecke erzeugen wir uns diesen ganz einfach aus der Variablen ACTIV, indem wir zum ersten Male die Taschenrechnerfunktionen des Applikationsfensters bemühen. Im Bereich *Funktionen* ist ohne eigenes Zutun der erste Funktionsbereich *1> Trigonometrie, Logarithmus* unterlegt und damit aktiv. Das bedeutet, daß zwischen 15 vorgefertigten mathematischen Vorschriften, die sich hinter den 15 eingeblendeten Funktionsknöpfen verbergen, gewählt werden darf.

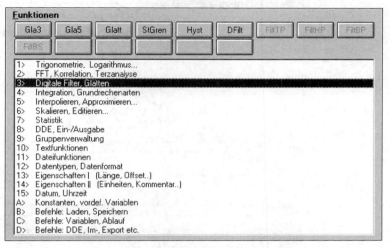

Abbildung 2.4: Belegung der Funktionsknöpfe in Position 3> Digitale Filter, Glätten

Hinweis: Wie sich der Anwender solche Funktionsknöpfe selber basteln kann und was sich noch mit diesen Knöpfen bewerkstelligen läßt, wird noch genauer beleuchtet werden (vgl. Kap. 4.5).

Hinweis: Wurde aus Neugier oder Forscherdrang bereits im Bereich *Funktionen* gearbeitet, merkt sich FAMOS die zuletzt unterlegte Auswahl und bietet sie zukünftig als erste Präferenz an.

Wir wechseln nun per Mausklick an die dritte Position der Liste *3> Digitale Filter, Glätten*, worauf die Zeile ordnungsgemäß unterlegt wird. Damit ändern die Funktionsknöpfe ihr Angebot. Von den insgesamt zehn Funktionen lassen sich hier allerdings nur sechs nutzen (vgl. Abbildung 2.4).

Hinweis: Die anderen vier werden nur tätig, wenn ein *imc*-Zusatzmodul, das sogenannte Filterentwurfsprogramm, erworben und installiert worden ist.

`Glatt` Wir klicken nun auf den dritten Funktionsknopf mit der Bezeichnung *Glatt* und registrieren einige Veränderungen in den Dialogbereichen *Operation* und *Ausgabe* (vgl. Abbildung 2.5).

Der Bereich *Ausgabe* übernimmt eine Art Hilfefunktion. Hier wird umschrieben, welche Eingaben FAMOS im Bereich *Operation* benötigt, um die gewählte Funktion ausführen zu können. Die von uns gewählte Funktion *Glatt* erwartet – ablesbar am Klammerinhalt – zwei Parameter. Interpretiert man die etwas spärlichen Informationen richtig, ist vor dem Komma der zu glättende Datensatz einzutragen, in unserem Fall also der Datensatz ACTIV.

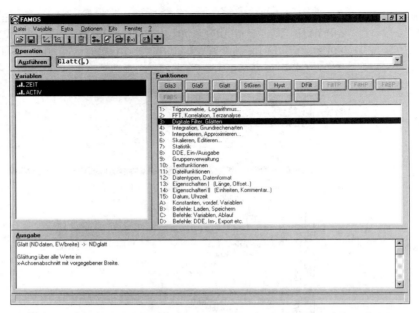

Abbildung 2.5: Veränderung der Dialogbereiche Operation und Ausgabe

Wir können diese Information per Tastatur eintippen – der Schreibcursor wurde vom Programm freundlicherweise bereits an der passenden Stelle der Eingabezeile im Bereich *Operation* plaziert – oder den Datensatz bequemer per *Drag and Drop* aus der Variablenliste ziehen.

Dabei gilt es eine Besonderheit von FAMOS zu beachten! Bewegen wir den Mauszeiger in der rechten Seite der Zeilen mit den Variablen, so präsentiert sich der Cursor im gewohnten pfeilförmigen Outfit. In dieser Form lassen sich komplette Zeilen per Maus markieren und auswählen. Bewegen wir den Zeiger aber im linken Bereich der Variablenzeilen, verwandelt er sich in die ebenfalls bekannte Windows-Zeigehand. Jetzt läßt sich der Datensatz anfassen. Bei gehaltener Maustaste wird der Mauszeiger in die Eingabezeile des Bereichs *Operation* bewegt und exakt zwischen den beiden Klammern plaziert. Beim Loslassen der Maustaste erscheint die Datensatzbezeichnung an der gewünschten Position.

Hinweis: Während des Drag bleibt die linke Maustaste gedrückt und gleichzeitig nimmt der Mauszeiger erneut eine spezifische Form an. Solange dieses zusammengesetzte Symbol aus einer Kurve in einem Koordinatensystem plus einem Halteverbotszeichen besteht, ist das Fallenlassen verboten. Zeigt sich aber dasselbe Kurvensymbol gemeinsam mit einem Mauspfeil, so ist der Drop erlaubt. Sind in der Variablenliste mehrere Datensätze für die Drag- und-Drop-Operation unterlegt, verwendet FAMOS stets den ersten als Funktionsparameter. Es darf also nur ein Datensatz auserwählt sein. Erlaubt das Ziel des Drag-Prozesses dagegen das Einfügen mehrerer Variablen, werden alle selektierten Variablen benutzt. Ein Beispiel hierfür ist das Einbinden zusätzlicher Variablen in Grafik- oder Editorfenster.

Hinweis: Es gibt noch eine weitere Möglichkeit, die Variable ACTIV in die Operationszeile zu kopieren. Da sich der Schreibcursor – wie oben beschrieben – nach Aufruf der Funktion *Glatt* schon an der richtigen Position innerhalb der Eingabezeile befindet, reicht es aus, im Variablenbereich die gewünschte Markierung zu setzen. Ein anschließender Doppelklick mit der linken Maustaste auf die unterlegte Variable befördert diese dann an die korrekte Position.

Wir markieren nun die Variable ACTIV und führen eine der zuvor beschriebenen Kopieroperation durch. Die zweite anzugebende Größe innerhalb der Klammer bezieht sich auf die Anzahl der Datenpunkte bzw. auf die Anzahl der y-Werte, die im Zuge der Glättung miteinander verrechnet werden sollen.

Hinweis: Die Funktionsknöpfe *Gla3* und *Gla5* geben solche Intervalle bereits vor. Sie glätten über jeweils drei bzw. fünf aufeinanderfolgende Werte und benötigen daher nur einen Parameter, nämlich den Namen der zu bearbeitenden Variable.

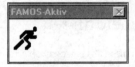

Da eine beträchtliche Datenfülle vorliegt, entscheiden wir uns für eine größere Intervallbreite von acht und geben diese Zahl innerhalb der Klammer hinter dem Komma ein. Klicken wir nun im Bereich *Operation* auf die Schaltfläche *Ausführen*, blendet sich ein kleines Anzeigefeld mit der Angabe *FAMOS-Aktiv* ein (vgl. Abbildung 2.6). Die Aktivität endet aber kurze Zeit später mit einer Fehlermeldung, in der auf eine fehlende Zuweisung hingewiesen wird (vgl. Abbildung 2.7).

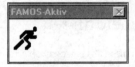

Abbildung 2.6: FAMOS-Aktiv informiert über Berechnungen im Hintergrund

Abbildung 2.7: Fehlermeldung aufgrund einer fehlenden Zuweisung

Wir bestätigen diese Fehlermeldung mit *OK*. Der eigentliche Fehler besteht darin, daß durch Glättung mit der Funktion *Glatt* ein neuer Datensatz erzeugt wird, dem wir noch keine Bezeichnung gegeben haben. Wir wählen also für die neue Variable den Namen ACTIVGLT und reichen die fehlende Angabe im Dialogbereich *Operation* nach, indem wir die Eingabe wie folgt ergänzen:

```
ACTIVGLT=Glatt(ACTIV,8)
```

Abbildung 2.8: Die um ACTIVGLT erweiterte Variablenliste

Mit dem Klick auf die Schaltfläche *Ausführen* zeigt FAMOS erneut seinen Fleiß auf dem Monitor an, und diesmal erscheint der neue Datensatz in der Liste des Bereichs *Variablen* (vgl. Abbildung 2.8).

2.4 Vorentscheidungen

Da wir auf diese Art ausreichendes Datenmaterial für das laufende Kapitel bereitgestellt haben, speichern wir nach entsprechender Markierung alle drei Variablen mit DATEI – *Zusammen speichern* unter dem Namen RESULT2.DAT im FAMOS-Format. Die Wahl eines passenden Kommentars für die zugehörige Kommentarzeile bleibt an dieser Stelle jedem selbst überlassen.

Hinweis: Für »Notfälle« befindet sich auch die Datei RESULT2.DAT im Verzeichnis BUCH\FAMOS\PROJEKTE\2 der Buch-CD.

Von den insgesamt drei Variablen in der Liste unterlegen wir nun ACTIV und ACTIVGLT und stellen sie gemeinsam in einer Grafik dar, indem wir den Befehl VARIABLE – *Zusammen zeigen* einsetzen oder besser die zugehörige Schaltfläche drücken. Wieder erhält das Fenster seinen Titel in Abhängigkeit von der Reihenfolge innerhalb der Variablenliste. Um alle folgenden Manipulationen besser verfolgen zu können, wird dieses Grafikfenster monitorfüllend erweitert (vgl. Abbildung 2.9).

Vorentscheidungen 75

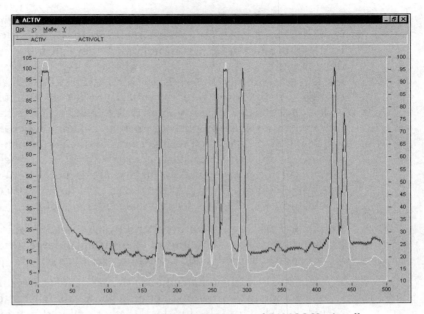

Abbildung 2.9: ACTIV und ACTIVGLT gemäß FAMOS-Voreinstellung

2.4.1 Farbenfroh

Das erste Pull-Down-Menü des Grafikfensters trägt den Titel OPT. und enthält zahlreiche Funktionen, die durch waagrechte Linien in vier Gruppen zusammengefaßt sind (vgl. Abbildung 2.10). Daß von allen Funktionen weiterführende Dialoge geöffnet werden, ist an den nachgestellten Punkten erkennbar.

Wir rollen das Feld von hinten auf und beginnen mit dem letzten Funktionsbereich. Mit dem Befehl OPT. – *Farben* gelangen wir in den Dialog *Farbeinstellung: ACTIV*, in dem wir alle Bestandteile unserer Grafik farblich verschönern dürfen. Diese Art der Dialogbezeichnung ist typisch für FAMOS. So wird hinter der Funktion des Dialogs oft diejenige Variable angezeigt, die sich an erster Stelle der aktuellen Variablenliste befindet. Diese Variable übernimmt damit eine Leitfunktion.

Abbildung 2.10: Funktionen des Menüs Opt.

Hinweis: Um die nachfolgenden Manipulationen exakt nachvollziehen zu können, sollte die Variable ACTIV in der Variablenliste vor ACTIVGLT plaziert sein. Ist dies aus unerfindlichen Gründen nicht der Fall, läßt sich ACTIVGLT mit dem Befehl VARIABLE – *Entfernen* aus dem Arbeitsspeicher löschen. Anschließend wird mit DATEI – *Laden* RESULT2.DAT geöffnet, ACTIVGLT als einzige Variable ausgewählt und mit dem *OK* vom Programm automatisch an letzter Stelle der Liste angefügt. Selbstverständlich sollten für diese Operationen wenn eben möglich die bereits bekannten Schaltflächen benutzt werden. Das Ziel läßt sich weniger umständlich erreichen, wenn in der Variablenliste die rechte Maustaste gedrückt wird. Es öffnet sich ein fliegendes Menü, das in der zweiten Zeile die alphabetische Sortierung der Variablenliste anbietet. Wird diese Zeile angehakt und damit aktiv eingeschaltet, erscheinen die Variablen in der gewünschten Reihenfolge.

Der Dialog erklärt sich für den Windows-Anwender im Prinzip selbst und braucht hier nicht in allen Einzelheiten auseinandergepflückt zu werden. In Kurzform bietet er folgende Einstellungsmöglichkeiten:

1. Der erste Bereich enthält eine aufklappbare Liste, derzufolge am Beispiel des gerade in Bearbeitung befindlichen Grafikfensters entweder Farben für den Monitor oder für den Drucker definiert werden dürfen. Die so gewählten Farben gelten für alle Grafikfenster, bleiben nach dem Verlassen des Programmes in der Datei IMCLIB.INI erhalten und werden auch nach Übergabe an andere Windows-Applikationen nicht verändert. Sollte man sich bei der Farbwahl einmal völlig verzettelt haben und sich nach den Basiseinstellungen zurücksehnen, hilft ein Klick auf die Schaltfläche *Standard!*.

2. Die eigentliche Farbwahl erfolgt mit Hilfe der zweiten Liste im darunter angesiedelten Bereich. Hier werden die zu bearbeitenden Grafikelemente angeklickt und über drei Schieberegler für die Grundfarben Rot, Grün und Blau eingefärbt. Dabei hängt die Farbwiedergabe auf dem Monitor natürlich von der Leistungsfähigkeit der verwendeten Grafikkarte ab.

3. Alle farblich einstellbaren Elemente sind in dem darunter angeordneten grafischen Symbolbereich optisch verschlüsselt wiederzufinden – man muß halt nur lange genug mit den Farben und den Grafikelementen spielen, um sie alle zu identifizieren. Dies mag jeder für sich hier oder in einem anderen Zusammenhang ausprobieren, anschließend sollte aber der Ausgangszustand wiederhergestellt werden.

An dieser Stelle wollen wir drei dauerhafte Veränderungen vornehmen. Unsere beiden Kurven sind zwar unterscheidbar, wir wollen aber die geglättete Kurve in der Monitordarstellung stärker betonen. Dazu wählen wir in der ersten Liste *Farben für Bildschirm definieren* und in der zweiten Liste wird *2. Kurve* angeklickt. Indem wir allen Schiebereglern den Wert 0 zuweisen, erhalten wir die 2. Kurve – also ACTIVGLT – in Schwarz. Die 1. Kurve, ACTIV, erhält für Rot und Grün die Werte 0 und für Blau den Wert 255, so daß sie in Blau erscheint.

Hinweis: Wir beschränken uns hier fürs erste auf zwei Kurven. Insgesamt lassen sich 12 Kurvenzüge farblich verschlüsseln. Sollen mehr angezeigt werden, setzt sich die Farbkodierung zyklisch fort.

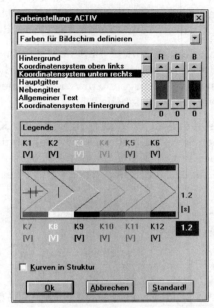

Abbildung 2.11: Monitoreinstellungen im Dialog Farbeinstellung: ACTIV

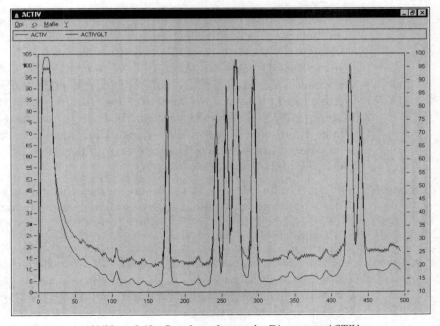

Abbildung 2.12: Geändertes Layout des Diagramms ACTIV

Auf die gleiche Weise erhält die Legende eine schwarze Umrandung, wenn wir *Legende Rahmen oben links* und *Legende Rahmen unten rechts* abarbeiten. Außerdem wird das Koordinatensystem mit den Anweisungen *Koordinatensystem oben links* und *Koordinatensystem unten rechts* in einen durchgehenden schwarzen Rahmen verwandelt (vgl. Abbildung 2.11) Mit dem *OK* setzt FAMOS unsere Wünsche um (vgl. Abbildung 2.12).

Sollen unterschiedliche Liniendarstellungen verwendet werden, so gelingt dies durch Aktivieren des Kontrollkästchens *Kurven in Struktur*. Insgesamt stehen vier Linientypen zur Auswahl, die vom Programm automatisch verteilt werden (vgl. Tabelle 2.1).

In unserem Falle wird also die schwarze Kurve ACTIVGLT als 2. Kurve fein gestrichelt gezeichnet, wenn wir das Kontrollkästchen einschalten. Wir prüfen dies kurz, kehren dann aber zum vorherigen Zustand zurück, indem wir besagtes Kontrollkästchen wieder deaktivieren.

Kurve	Linienmuster
1. Kurve	durchgezogen
2. Kurve	fein gestrichelt
3. Kurve	grob gestrichelt
4. Kurve	alternierend fein und grob gestrichelt

Tabelle 2.1: Automatische Verteilung der Linientypen

Wechseln wir mit Hilfe der obersten Liste im Dialog *Farbeinstellung: ACTIV* zum Thema *Farben für Drucker definieren*, sind alle Grafikelemente Schwarz voreingestellt. Dies ist sinnvoll, denn in den meisten Fällen wird wohl ein Schwarzweiß-Drucker die Ausgabe übernehmen. Wichtig ist, daß hier noch ein weiteres Kontrollkästchen namens *Hintergrund durchsichtig* angekreuzt werden darf, das in der Voreinstellung bereits aktiviert ist (vgl. Abbildung 2.13). Einerseits läßt sich durch diese Vermeidung eines farbigen Hintergrunds beim Drucken eine Menge Tinte oder Toner sparen, andererseits werden grafische Objekte anderer Applikationen beim Import einer FAMOS-Grafik nicht überdeckt.

Hinweis: Soll eine Grafik mit <> – *Ablage* über die Zwischenablage an andere Windows-Applikationen weitergegeben werden, müssen die dabei gewünschten Farbeinstellungen über die Rubrik *Farben für Drucker definieren* festgelegt werden.

Hinweis: Auch im Dialog Farbeinstellung läßt sich mit der rechten Maustaste ein fliegendes Menü öffnen. Es erlaubt das Speichern und Laden gelungener Farbkombinationen sowie den Austausch von Farbeinstellungen zwischen Drucker und Bildschirm (vgl. Abbildung 2.13).

Vorentscheidungen 79

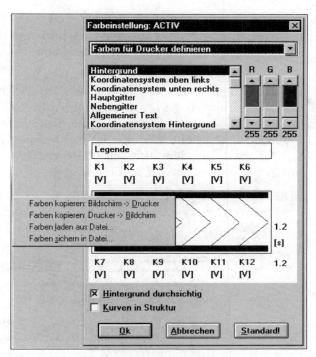

Abbildung 2.13: Druckereinstellungen im Dialog Farbeinstellung: ACTIV

Was unser Monitorbild angeht, lassen sich die beiden Datensätze nun gut unterscheiden und man erkennt an der schwarzen Kurve auch ohne Zoom-Werkzeug den Effekt der Glättung.

2.4.2 Gemischtwaren

Die nächste Funktion in der unteren Gruppe des OPT.-Menüs trägt die Bezeichnung *Voreinstellungen*. Mit dem Aktivieren dieser Funktion öffnet sich der Dialog *Voreinstellungen der Kurvenfenster* (vgl. Abbildung 2.14).

Neben den Schaltflächen *OK* und *Abbrechen* sowie einem Kontrollkästchen, das angekreuzt bleibt, um horizontale Meßcursor (vgl. Kap. 5.3) verfügbar zu machen, existieren auch hier drei Funktionsbereiche.

1. Der erste mit der Bezeichnung *Durchmesser Symbole auf dem Schirm* enthält eine aufklappbare Liste, mit der sich der Durchmesser von Datenpunktsymbolen wie z. B. Kreisen oder Rechtecken einstellen läßt. Die Vorgabe von 3 mm sollte fürs erste ausreichend sein und bleibt unverändert.

2. Im zweiten Bereich *Nach Zoom, Rezoom* läßt sich über zwei Listen festlegen, wie die Achseneinheiten nach dem Zoomen bzw. Rezoomen zu behandeln sind. Es geht darum, ob am Ende Skalierungsstriche sichtbar

und ob ihre Zahlenwerte gerundet oder nicht gerundet werden sollen. Hier entscheiden wir uns in beiden Listen für die Alternative *Eigenschaften erhalten*, so daß auch nach Zoom und Rezoom die Ausgangsverhältnisse erhalten bleiben.

3. Im dritten Bereich, *Beschriftung der Kurven auf dem Schirm*, läßt sich allen Beschriftungen des Diagramms, also z. B. den Achsenteilungen oder der Legende, ein gemeinsamer Schrifttyp zuweisen. Wird die in diesem Bereich angesiedelte Schaltfläche *Ändern* angeklickt, öffnet sich der Dialog *Schriftart*, mit dem sich Schriftattribute festschreiben lassen. Wir entscheiden uns für *Arial, 10, Schwarz*.

Die Dialoge werden bestätigt, worauf die Änderung der Schriftgröße unmittelbar sichtbar wird; die übrigen Auswirkungen unserer Voreinstellung lassen sich erst bei einem Zoom-Prozeß erkennen.

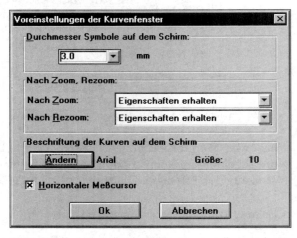

Abbildung 2.14: Geänderte Angaben im Dialog Voreinstellungen der Kurvenfenster

Hinweis: Auch diese Voreinstellungen bleiben bis zur nächsten aktiven Änderung in der FAMOS-Datei IMCLIB.INI erhalten.

Hinweis: Der dritte Voreinstellungsdialog in dieser Funktionsgruppe, der mit OPT. – *Transfer-Optionen* auf den Monitor zitiert wird, interessiert uns hier nur am Rande (vgl. Abbildung 2.15). Wer genauere Informationen benötigt, sollte das Handbuch zu Rate ziehen. Diese Voreinstellungen werden wirksam, wenn es sich um Daten handelt, die aus anderen *imc*-Applikationen nach FAMOS transferiert werden. Ferner bestimmen die Vorgaben das Verhalten von Kurvenabschnitten, die z. B. mit Hilfe der Meßcursor eingegrenzt wurden (vgl. Kap. 5.3). Es lassen sich übrigens auch Kommandos z. B. in Form von Makros bzw. Sequenzen übertragen, die dann im Bereich *Operation* des Applikationsfensters mit der Schaltfläche *Ausführen* gestartet werden. Der Austausch erfolgt Windows-konform über DDE.

Vorentscheidungen

Abbildung 2.15: Dialog Optionen Famos-Transfer: ACTIV

Insbesondere beim Übertrag von extrahierten Daten in Form von Kurvenabschnitten ist es wichtig, daß bestehende Variablen nicht überschrieben werden. Aus diesem Grund bietet das Listenfeld *Namen* des Dialogs *Optionen Famos-Transfer: ACTIV* neben der voreingestellten Alternative *Beibehalten* Möglichkeiten der automatischen Namensänderung an. So läßt sich z. B. ein Unterstrich voranstellen (vgl. Abbildung 2.15). Nachdem wir OPT. – *Transfer-Optionen* aufgerufen und uns in der geöffneten Klappliste für die Befehlsalternative '_' *voranstellen* entschieden haben, schließen wir diesen Dialog mit *OK*. Auch diese Voreinstellung wird bis zur nächsten aktiven Änderung in IMCLIB.INI aufbewahrt.

Hinweis: Wird der Name durch den vorangestellten Unterstrich zu lang, stutzt FAMOS ihn am Ende automatisch auf passende Länge.

Um weitere Funktionen des OPT.-Menüs kennenzulernen, rufen wir OPT. – *Darstellung* auf und gelangen in einen Dialog mit diversen Schaltknöpfen, Kontrollkästchen und Eingabefeldern namens *Darstellung*. Durch den Zusatz *ACTIV* wird in der Titelzeile einmal mehr der Bezug zum aktuellen Datensatz hergestellt. An unserem Beispiel lassen sich einige dieser Voreinstellungen sehr leicht demonstrieren. Andere Funktionen werden wir dauerhaft ändern und einige werden erst an anderer Stelle genauer erwähnt, da das Ausprobieren im Zusammenhang mit den beiden derzeit vorliegenden Kurven wenig sinnvoll wäre.

Im soeben geöffneten Dialog *Darstellung: ACTIV* lassen sich vier Bereiche unterscheiden, die sich alle um die Darstellung im Kurvenfenster sorgen (vgl. Abbildung 2.16).

1. Im ersten Bereich erwarten uns vier Schalter, zwischen denen gewählt werden darf:

   ▶ FAMOS-seitig angeschaltet ist die Funktion *Standard*. Dies bedeutet, daß auf einer Fläche mehrere Kurven in einem Koordinatensystem übereinander gelagert dargestellt werden können. Dies ist die Darstellungsweise, mit der wir die ganze Zeit arbeiten.

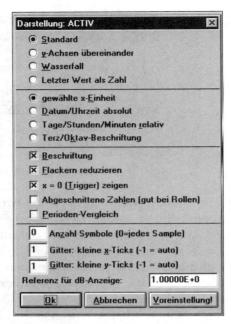

Abbildung 2.16: Geänderte Einstellungen in Darstellung: ACTIV

▶ Wird nun die Alternative *y-Achsen übereinander* eingeschaltet und das *OK* gegeben, erscheinen die Kurven in zwei übereinander angeordneten Koordinatensystemen (vgl. Abbildung 2.17).

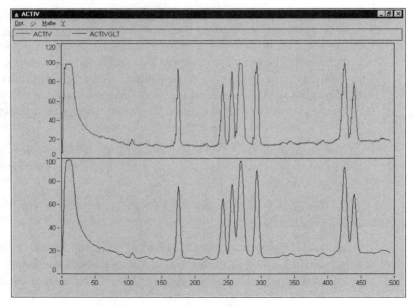

Abbildung 2.17: Kurven in der Darstellung y-Achsen übereinander

Vorentscheidungen 83

▶ Wir rufen den Dialog erneut auf und schalten die dritte Alternative *Wasserfall* ein. Mit der Bestätigung erhalten wir eine Pseudo-3D-Darstellung, die gut geeignet ist, Unterschiede im Verlauf von Kurvenscharen auf einen Blick sichtbar zu machen. Für unser Beispiel vermittelt sie einen ersten Eindruck, hinsichtlich einer inhaltlichen Aussage hilft sie dagegen wenig (vgl. Abbildung 2.18; näheres siehe Kap. 6.4).

Hinweis: Sollte FAMOS bei Umschaltung von der Wasserfalldarstellung in die Standardpräsentation die zuvor vorhandene zweite y-Achse nicht mehr anzeigen, müssen wir selbst Hand anlegen. Um zum Anfangszustand zurückzukehren, schließen wir das Grafikfenster ACTIV, markieren ACTIV und ACTVGLT in der Variablenliste des Applikationsfensters und stellen mit VARIABLE – *Zusammen zeigen* bzw. der Schaltfläche den ursprünglichen Zustand wieder her. Daß dies auch einfacher zu bewerkstelligen ist, wird weiter unten gezeigt werden (vgl. Kap. 3.8).

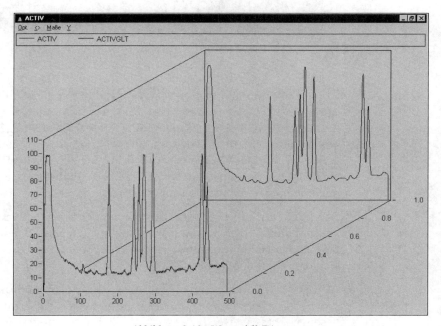

Abbildung 2.18: Wasserfall-Diagramm

▶ Zurück im Dialog schauen wir uns die letzte Alternative in diesem Bereich an, indem wir *Letzter Wert als Zahl* anklicken. Nach dem *OK* wird der jeweils letzte y-Wert der beiden Datensätze bzw. Variablen ACTIV und ACTVGLT in exponentieller Schreibweise und beeindruckender Größe auf dem Bildschirm sichtbar. Beide Werte stimmen aufgrund der Berechnung während des Glättungsprozesses natürlich nicht überein (vgl. Abbildung 2.19).

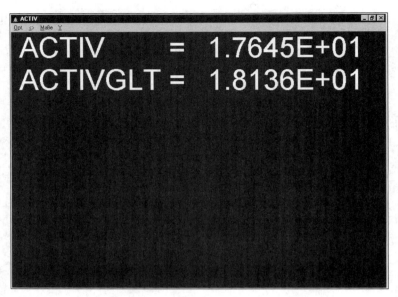

Abbildung 2.19:
Die jeweils letzten y-Werte von ACTIV und ACTIVGLT

Hinweis: Diese Funktion läßt sich sehr gut im Rahmen einer Online-Datenerfassung einsetzen, denn der letzte Meßwert ist immer der aktuelle Meßwert. Man erhält also gewissermaßen ein digitales Meßgerät, wenn man mit Hilfe einer entsprechenden Sequenz dafür sorgt, daß externes Datenmaterial bzw. Meßwerte laufend importiert werden. Für die Art der Anzeige existiert noch ein spezieller Voreinstellungsdialog, auf den hier nicht eingegangen werden soll.

2. Nachdem wir uns in diesem Bereich wieder für die Einstellung *Standard* entschieden haben, wenden wir uns dem zweiten Bereich zu, der sich mit dem Erscheinungsbild der x-Achse beschäftigt und ebenfalls vier Schalter anzubieten hat.

▶ Von FAMOS voreingestellt ist die erste Funktion mit der Bezeichnung *gewählte x-Einheit*. In unserem Fall handelt es sich dabei um die 495 eingelesenen Abtastwerte, die unserem Zeilenindex entsprechen und uns bisher auch so angeboten worden sind.

▶ Wird nun die zweite Alternative *Datum/Uhrzeit absolut* gewählt, so findet man nach dem *OK* links unterhalb der x-Achse das Datum, an dem der Datensatz entstanden ist. Bei genauerer Betrachtung der x-Achse läßt sich feststellen, daß hier etwa acht Minuten eingetragen sind. FAMOS geht also offensichtlich davon aus, daß nach dem Eröffnen des Datensatzes – in unserem Fall also kurz nach 18:25 Uhr – Meßwerte im Sekundenabstand aufgenommen wurden. Die 495 Werte entsprechen dann ziemlich genau acht Minuten (vgl. Abbildung 2.20).

Vorentscheidungen

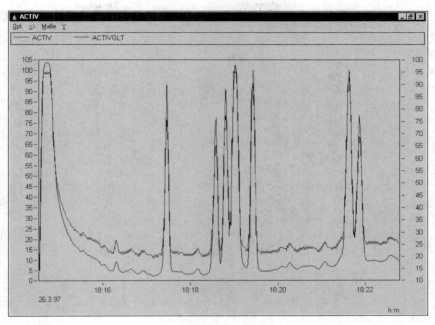

Abbildung 2.20: Darstellung der Absolutzeit auf der x-Achse

Hinweis: In Wirklichkeit wurde das Chromatogramm aber über einen Zeitraum von nahezu 90 Minuten erzeugt. Wie der Software diese Information mitgeteilt wird, werden wir weiter unten sehen (vgl. Kap. 2.8 und Abbildung 2.47).

▶ Wählen wir nun die Möglichkeit *Tage/Stunden/Minuten relativ*, zeigt sich, daß unsere Zeitüberlegung richtig war, denn die 495 Werte entsprechen hier etwas mehr als acht Minuten, wobei aber diesmal zum Zeitpunkt 0 gestartet wird (vgl. Abbildung 2.21).

▶ Das Anschauen der vierten Möglichkeit verkneifen wir uns hier, da die sogenannte *Terz/Oktav-Beschriftung* nur bei entsprechenden Schwingungskurven sinnvoll ist. Auf der x-Achse würden dann Terzen und Oktaven als Schwingungswerte gemäß DIN angezeigt. Wir schalten in diesem Bereich wieder die Voreinstellung *gewählte x-Einheit* aktiv.

3. Wir beleuchten den dritten Bereich, der insgesamt fünf aktivierbare Kontrollkästchen beherbergt. Bei diesen Funktionen handelt es sich nicht um Alternativen, sondern um kombinierbare Einstellungen.

▶ Angekreuzt und damit voreingestellt ist das erste Kontrollkästchen *Beschriftung*. Schalten wir es durch Anklicken aus und geben das Dialog-OK, haben die Kurven zwar sehr viel Platz zur Verfügung, aber Legende, Beschriftungen, Skalierungen und Koordinaten müssen wir uns denken (vgl. Abbildung 2.22). Wir lassen diese Funktion also besser angekreuzt.

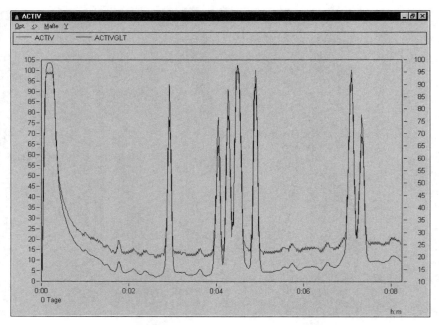

Abbildung 2.21: Skalierung der x-Achse mit relativer Zeit

▶ Auch die zweite Funktion *Flackern reduzieren* bleibt eingeschaltet. Sie wird nur bei großen Datensätzen relevant und sorgt dafür, daß die Berechnungen für die grafische Darstellung auf dem Monitor im Hintergrund ablaufen. Dadurch wird der Erfolg zwar erst nach einer gewissen Latenzzeit, aber in einem Paket sichtbar. Ist die Funktion dagegen ausgeschaltet und der Datensatz lang, werden die Daten nacheinander in kleinen Paketen für die Anzeige bereitgestellt, wodurch sich die Grafik bis zur Fertigstellung ständig verändert.

▶ Die nächste Funktion zeigt den Start- bzw. Triggerzeitpunkt an, also $x = 0$. Sie wird deswegen von FAMOS als *x = 0 (Trigger) zeigen* bezeichnet. Wir kreuzen diese Funktion an und stellen nach dem OK zunächst keine Veränderung in der Grafik fest. Um die Wirkung dieser Funktion zu erkennen, rufen wir über das Ein/Ausgabe-Menü bzw. <> – Menü das bereits vorgestellte Übersichtsfenster auf. Wir wählen also <> – *Übersichtsfenster*, worauf im Grafik- wie im Übersichtsfenster die vertikale Verschiebelinie auftaucht (vgl. Kap. 1.7). Wir bleiben im Übersichtsfenster, fassen die Verschiebelinie mit der Maus und bewegen sie bei gedrückter linker Maustaste etwas nach links. Im Grafikfenster ACTIV werden dadurch beide Kurven etwas nach rechts verschoben und bei $x = 0$ erscheint nun eine gepunktete vertikale Triggerlinie (vgl. Abbildung 2.23).

Vorentscheidungen

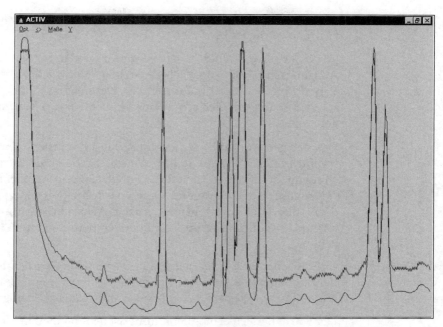

Abbildung 2.22: Monitoranzeige nach Abschalten der Funktion Beschriftung

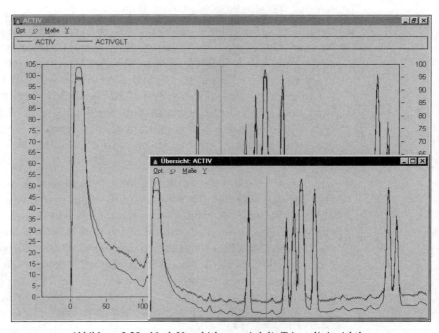

Abbildung 2.23: Nach Verschiebung wird die Triggerlinie sichtbar

Hinweis: Wem diese Triggerlinie in der Voreinstellung nicht deutlich genug ausfällt, ändert die Farbe mit OPT. – *Farben* (vgl. Kap. 2.4).

Wir schließen das Übersichtsfenster und wählen MAßE – *Rezoom*, um die Ausgangssituation wieder herzustellen. Natürlich ist die gepunktete Triggerlinie nun nicht mehr sichtbar. Da uns diese Funktion unter Umständen später nützlich sein könnte, lassen wir das Kontrollkästchen angekreuzt.

▶ Das nächste Kontrollkästchen trägt den phantasievollen Namen *Abgeschnittene Zahlen (gut bei Rollen)*. Wir unterlassen hierzu weitere Untersuchungen, denn wir werden diese Funktion zunächst nicht benötigen. Ist sie eingeschaltet, werden im Zuge von Rollprozessen (z. B. bei Verwendung des Übersichtsfensters) solche Achsenbeschriftungen, die sich noch nicht vollständig im Grafikbereich befinden, auch teilweise angezeigt.

▶ Ein Einschalten der letzten Funktion namens *Perioden-Vergleich* ist bei den vorliegenden Datensätzen wenig sinnvoll, denn sie ist für Schwingungssignale gedacht. So bleibt das Kontrollkästchen abgeschaltet.

4. Der vierte Bereich ermöglicht numerische Eingaben in vier entsprechenden Eingabefeldern und beherbergt neben den Schaltflächen *OK* und *Abbrechen* noch die Schaltfläche *Voreinstellung!*.

▶ Beginnen wir mit der Eingabezeile, in der die Anzahl der gewünschten Datenpunktsymbole festgelegt wird. Sie trägt die selbsterklärende Bezeichnung *Anzahl Symbole (0=jedes Sample)*. Voreingestellt ist die 0, so daß theoretisch jeder Datenpunkt durch ein Symbol wie z. B. Kreis oder Dreieck angezeigt wird. Bevor man solche Symbole aber tatsächlich zu Gesicht bekommt, muß in einem anderen Dialog zur Skalierung der y-Achse das gewünschte Symbol angegeben werden (vgl. Kap. 2.9). Wir belassen es bei der Voreinstellung, damit im Falle eines Falles alles auf dem Monitor erscheint.

▶ Die Eingabefelder zwei und drei in diesem Bereich können gemeinsam abgehandelt werden. Sie tragen die Bezeichnung *Gitter: kleine x-Ticks (-1 = auto)* bzw. *Gitter: kleine y-Ticks (-1 = auto)*. Mit diesen Funktionen lassen sich die Achsen also zusätzlich zu den Hauptskalenteilungen auch mit Unterteilstrichen und Gittern versehen. Wird in die Felder jeweils *-1* eingegeben, entscheidet das Programm selbständig, wie eine sinnvolle Unterteilung vorzunehmen ist. Je nach zur Verfügung stehendem Zwischenraum werden 0, 1, 4 oder 9 Unterteilungen eingefügt, was zu einer Skalenschrittweite von 1, 2, 5 oder 10 führt. Wir entscheiden uns hier jeweils für eine *1*, so daß nach dem *OK* jede Hauptteilung von x- und y-Achse nochmals in zwei Untereinheiten aufgeteilt wird (vgl. Abbildung 2.24).

Kurvenspiele

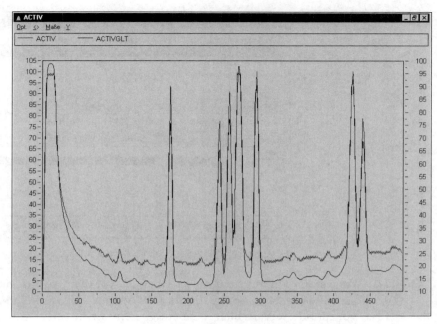

Abbildung 2.24: Skalierung mit Haupt- und Unterteilstrichen

▶ Die nächste Funktion betrifft nur Dezibeldarstellungen und ihre Bezugswerte. Da auch diese im Zusammenhang mit den vorliegenden Datensätzen nicht sinnvoll einsetzbar sind, bleibt es bei der Voreinstellung.

 ▶ Nun fehlen noch die drei Schaltflächen. Zu *OK* und *Abbrechen* erübrigen sich weitere Erklärungen. Aktivieren wir die Schaltfläche *Voreinstellung!*, so werden alle gerade gewählten Einstellungen dauerhaft in IMCLIB.INI abgelegt. Wir drücken also zuerst die Schaltfläche *Voreinstellung!* und danach *OK*, um die Einstellungen zu sichern und das Fenster *Darstellung: ACTIV* zu verlassen.

2.5 Kurvenspiele

Um weitere Funktionen des OPT.-Menüs kennenzulernen, wird OPT. – *Weitere Kurven* aufgerufen, wodurch sich der Dialog *Kurven im Fenster: ACTIV* öffnet, der uns schon einmal kurz im vorangegangenen Kapitel begegnet ist und den wir hier etwas genauer betrachten wollen (vgl. Abbildung 2.25).

Hinweis: Dieser Dialog ist ein Relikt aus früheren FAMOS-Versionen. Bequemer und leistungsfähiger ist der Dialog *Weitere Datensätze im Kurvenfenster*, der sich aus dem Grafikfenster mit der rechten Maustaste starten läßt. Er wird in einem nachfolgenden Kapitel im Detail vorgestellt und sollte daher jetzt noch nicht ausprobiert werden (vgl. Kap. 3.8).

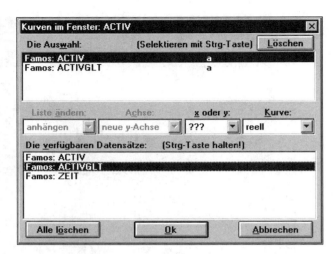

Abbildung 2.25: Dialog Kurven im Fenster: ACTIV nach dem Aufruf

Hinweis: Was ist der Hintergrund dieses Dialogs? Mit dem Aufruf, ein Grafikfenster zu öffnen, haben wir eine bestimmte Anzahl – in unserem Falle zwei – zuvor markierte Variablen in einem gemeinsamen Fenster als Kurven dargestellt. Jede Kurve besitzt eine eigene y-Achse. Der Dialog hilft, dem Fenster weitere Kurven – gegebenenfalls mit eigener y-Achse – hinzuzufügen oder bereits vorhandene zu entfernen.

Optisch wird das Dialogfenster von zwei Listenfeldern beherrscht, in denen mit der Maus in Verbindung mit der ⇧- oder Strg-Taste einzelne Variablen oder Variablengruppen selektiert werden können. In unserem Beispiel ist alles noch überschaubar, denn in der oberen Liste *Die Auswahl* befinden sich ja nur die beiden Datensätze ACTIV und ACTIVGLT, also diejenigen Variablen, die zur Zeit als Kurven sichtbar sind. In der unteren Liste namens *Die verfügbaren Datensätze* finden wir dagegen drei Datensätze, ACTIV, ACTIVGLT und ZEIT, also alle Datensätze mit denen wir im Verlauf dieser Arbeitssitzung hantiert haben. Oberhalb der Liste *Die Auswahl* befindet sich die Schaltfläche *Löschen*. Sie kann man anklicken, sobald eine Variable dieser Liste markiert und damit für nachfolgende Operationen ausgewählt ist. Zur Demonstration markieren wir den ersten Datensatz ACTIV und klicken anschließend die Schaltfläche *Löschen* an. Wie zu erwarten, verschwindet der Datensatz aus der Liste; geben wir nun das Dialog-*OK*, ist die ungeglättete Kurve auch aus der Grafik verschwunden.

Gleichzeitig haben sich eine Reihe von Umbenennungen vollzogen. Das Grafikfenster nennt sich nach der einzigen noch vorhandenen Kurve nun ACTIVGLT und auch die Dialogtitel haben sich geändert. So trägt der gerade bearbeitete Dialog beim erneuten Öffnen die Überschrift *Kurven im Fenster: ACTIVGLT*. Der erste Datensatz in der Auswahlliste scheint also eine besondere Bezugsfunktion zu besitzen.

Kurvenspiele

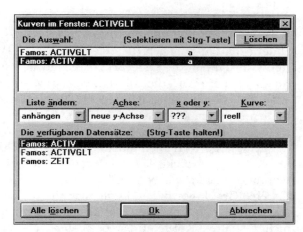

Abbildung 2.26: Umstellung und Umbenennung im Dialog Kurven im Fenster: ACTIVGLT

Wir begeben uns wieder in den Dialog und klicken in der Liste der verfügbaren Datensätze ACTIV an, wodurch dieser Datensatz erneut in die Auswahl übernommen wird, diesmal allerdings an der zweiten Position. Gleichzeitig werden die mittleren Eingabefelder im Dialog aktiviert (vgl. Abbildung 2.26).

Hinweis: Mit dem Eingabefeld *Liste ändern* lassen sich je nach gewählter Einstellung weitere Datensätze anhängen, einfügen oder ersetzen, so daß jede beliebige Datensatzreihenfolge erzielt werden kann. Wer Lust hat, kann das probieren, sollte danach aber die Ausgangsanordnung, also ACTIVGLT in der ersten Zeile, ACTIV in der zweiten Zeile der Auswahlliste, wieder herstellen.

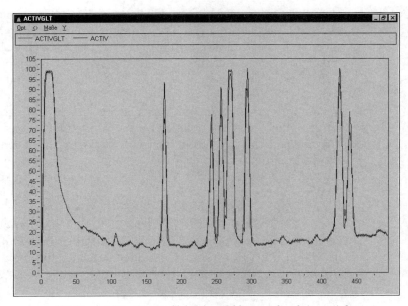

Abbildung 2.27: Die Grafik bei der Wahl von Achse: keine y-Achse

Wir klicken in der oberen Liste den ersten Datensatz ACTIVGLT an und stellen fest, daß jetzt die Eingabefelder *Liste ändern* und *Achse* gesperrt sind. Unterlegen wir dagegen die zweite Zeile ACTIV, so werden beide Felder frei. Wir klappen die Liste *Achse* auf und haben die Wahl zwischen zwei Möglichkeiten. Wird die Alternative *neue y-Achse* gewählt, erscheint in der Auswahlliste ein kleines *a* neben ACTIV und zeigt damit an, daß dieser Variablen eine eigene Achse zugewiesen wurde. Wir geben das *OK* und erhalten unsere altbekannte Darstellung. Diesmal sind allerdings – entsprechend der geänderten Variablenreihenfolge – die y-Achsen vertauscht. Wiederum in den Dialog zurückgekehrt, wählen wir nun die Alternative *keine y-Achse*, worauf das kleine *a* neben ACTIV verschwindet und wir nach dem Dialog-OK eine Grafik vorfinden, in der sich die Kurven eine gemeinsame Achse teilen müssen. In unserem Falle erkennen wir das daran, daß geglättete und nicht geglättete Kurve nun so erscheinen, als seien sie übereinander projiziert (vgl. Abbildung 2.27).

Abermals ins Dialogfenster zurückgekehrt, markieren wir nun in der oberen Auswahlliste beide Datensätze, ACTIVGLT und ACTIV, wobei weiterhin ACTIVGLT mit, ACTIV ohne *a* gekennzeichnet sind. Automatisch erscheinen im Eingabefeld *Achse* drei Fragezeichen, womit FAMOS unklare Verhältnisse andeutet und alles so beläßt wie zuvor. Wir stellen noch einmal die Ausgangsverhältnisse her, indem wir ACTIV unterlegen, für *Achse: neue y-Achse* wählen und dann das *OK* geben.

Hinweis: Das Erzeugen einer gemeinsamen y-Achse läßt sich in der Praxis auf viel elegantere Weise lösen. Sind unsere Ausgangsverhältnisse wieder vorhanden, haben wir also wieder beide Kurven ACTIVGLT und ACTIV mit eigenen y-Achsen vorliegen, so lassen sich beide Achsen per *Drag and Drop* miteinander verschmelzen. Dazu klicken wir die linke y-Achse an, worauf sich der Mauszeiger in einen Pfeil verbunden mit einem Ordnersymbol wandelt, sobald er in die Grafikfläche, also nach rechts gezogen wird. Bei gedrückter linker Maustaste ziehen wir das Maussymbol und damit die Achse zur rechten Seite, lassen sie über der zweiten fallen und erhalten auf der linken Seite des Diagramms eine gemeinsame Achse. Wir rufen OPT. – *Weitere Kurven* auf und überzeugen uns, daß sich auf diesem Weg die gleichen Einstellungen ergeben, wie wir sie zuvor mit Hilfe des Dialogs festgelegt haben. Wir machen unsere Aktion abermals rückgängig, stellen also wieder die Ausgangssituation her. Diesmal ergreifen wir nach dem gleichen Muster die rechte y-Achse mit der Maus, lassen sie über der linken y-Achse fallen und rufen erneut OPT. – *Weitere Kurven* auf. Falls wir es noch nicht an der Veränderung von Fenstertitel und Legende bemerkt haben sollten, zeigt es uns der Dialog an: ACTIVGLT und ACTIV haben in der oberen Auswahlliste ihre Positionen getauscht. ACTIV steht nun wieder an erster Stelle und ist damit zur Kurve mit besonderer Bezugsfunktion geworden (vgl. Abbildung 2.25).

Wir geben ACTIVGLT die eigene y-Achse zurück und stellen damit die Ausgangssituation mit zwei y-Achsen und ACTIV als erster Variable in der Liste und damit als Bezugskurve wieder her.

Wir wenden uns den letzten beiden Eingabefeldern dieses Dialogs zu, also *x oder y* und *Kurve* Um unnötige Irritationen zu vermeiden, schauen wir uns zuerst den Eintrag in *Kurve* an: Unabhängig davon, ob ACTIVGLT, ACTIV oder beide unterlegt sind, findet sich unter *Kurve* stets die Angabe *reell*, und das Listenfeld *x oder y* zeigt *???*. Das bedeutet nichts anderes, als daß die Variablen in der oberen Auswahlliste als y-Datensätze angesehen werden. Dabei entspricht der Zeilenindex einer Anzahl von x-Werten, die mit einer bestimmten Abtastrate erzeugt worden sind. Wenn wir nun in der Liste *Die verfügbaren Datensätze* alle drei zur Zeit vorhandenen Variablen markieren, wird auch die Variable ZEIT in die obere Liste aufgenommen. Geben wir jetzt das *OK*, erkennen wir – wie bereits im vorangehenden Kapitel angedeutet –, daß auch diese Variable als y-Datensatz interpretiert wird, obwohl die darin enthaltenen Daten unsere extern eingelesenen Zeitwerte und damit x-Werte repräsentieren (vgl. Abbildung 2.28).

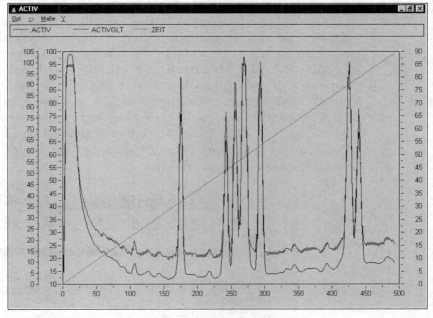

Abbildung 2.28: Die Einstellung Kurve: reell interpretiert alle Variablen als y-Datensätze

Hinweis: Man beachte, daß auch dieser Datensatz zunächst mit einer eigenen y-Achse versehen wird.

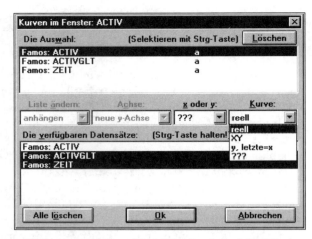

Abbildung 2.29: Auswahlmöglichkeiten in der Liste Kurven

Zurück im Dialog klappen wir die Liste *Kurve* auf und finden außer der Angabe *reell* und den drei Fragezeichen für unklare Verhältnisse noch die Auswahlmöglichkeiten *xy* und *y, letzte=x* (vgl. Abbildung 2.29).

Gerade die letzte Funktion sollte uns hier interessieren, da sie genau unseren aktuellen Voraussetzung, sprich der Reihenfolge unserer Variablen in der Auswahlliste entspricht. Denn die hier eingetragenen Datensätze AC-TIVGLT und ACTIV liefern zwei y-Wertereihen und die letzte aufgelistete Variable ZEIT enthält die x-Werte. Wir unterlegen die drei Datensätze in der oberen Auswahlliste und klicken *y, letzte=x* an. Obwohl in der Liste *Kurve* zunächst nur die bekannten drei Fragezeichen zu sehen sind, stellen wir mit Freude fest, daß FAMOS die Wertereihen jetzt offenbar richtig interpretiert. Dies wird an den zusätzlichen Markierungen mit *yl* für die y-Datensätze und *lx* für den x-Datensatz deutlich.

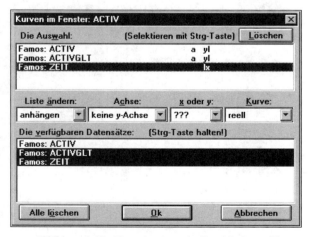

Abbildung 2.30: Veränderungen im Bereich Auswahl

Klicken wir die Datensätze in der Auswahlliste einzeln an, zeigt *Kurve* für die y-Werte die Eigenschaft *y, letzte=x* an. Außerdem besitzen beide eine eigenständige Achse. Wird jedoch nur die x-Wertereihe ZEIT angeklickt, interpretiert FAMOS diese Variable als *reell* ohne eigene Achse (vgl. Abbildung 2.30).

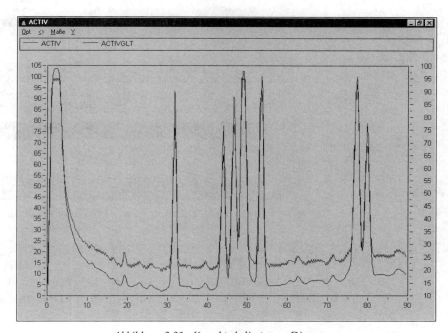

Abbildung 2.31: Korrekt skaliertes xy-Diagramm

Geben wir nun das Dialog-*OK* erhalten wir wieder unsere beiden Kurven ACTIV und ACTIVGLT mit separaten, optimal skalierten y-Achsen und die Skalierung der x-Achse zeigt die importierten Zeitwerte (vgl. Abbildung 2.31).

Hinweis: Wie sich festlegen läßt, daß es sich bei den Einheiten der x-Achse um Minuten handelt, wird später vorgeführt (vgl. Kap. 3.1).

Obwohl an dieser Stelle ohne Bedeutung, öffnen wir den Dialog *Kurven im Fenster: ACTIV* noch einmal, um uns eine zusätzliche, mit dem *OK* zunächst unbemerkt durchgeführte Veränderung in der oberen Auswahlliste anzusehen. Dort hat FAMOS Eigeninitiative bewiesen und unsere Variablen – was ja durchaus richtig ist – als zwei xy-Datensätze interpretiert. Dies verdeutlicht zum einen die neue Anordnung innerhalb der Liste, zum anderen werden jetzt im Bereich *Kurve* alle Variablen als Bestandteil von xy-Datensätze beschrieben, und in der Klappliste *x oder y* sind jeweils die richtigen Zuordnungen ablesbar (vgl. Abbildung 2.32). Wir verlassen den Dialog mit *Abbrechen*.

Hinweis: Die Funktion *xy* unterscheidet sich von der Funktion *y, letzte=x* im Prinzip nur dadurch, daß die Eigenschaft *xy* zwei aufeinander folgenden Datensätzen zugewiesen werden kann.

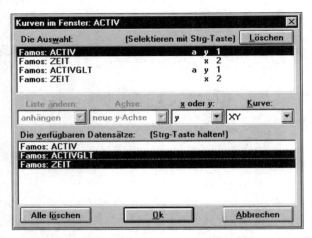

Abbildung 2.32: Neu organisiert: Der Bereich Auswahl

2.6 Legenden stricken

Der nächste Aspekt betrifft die sogenannte Legende. Zur ihrer individuellen Gestaltung wird OPT. – *Legende* aufgerufen, und es öffnet sich der Dialog *Legende: ACTIV* (vgl. Abbildung 2.33).

Abbildung 2.33: Dialog Legende: ACTIV nach Änderung

Neben den Windows-üblichen Schaltflächen finden wir hier verschiedene Einstellungsmöglichkeiten auf vier Bereiche verteilt.

1. Die Liste *Anwesenheit der Legende* läßt vier Alternativen zu. Die Legende wird *Automatisch*, *Bei mehr als 1 Kurve*, *Nie* oder *Immer* angezeigt. Da eine Legende die Identifizierung der dargestellten Datensätze erleichtert, wählen wir die Möglichkeit *Immer*.

2. Im Bereich *Lage der Legende* hält die Liste die vier Vorschläge *Oben*, *Oben über jedem Koordinatensystem einmal*, *Links* und *Links neben jedem Koordinatensystem* bereit. Wir wählen hier *Oben*.

3. Zum Thema *Texte der Legende* werden zwei Listen und ein Kontrollkästchen angeboten.

    ▶ In der ersten Liste wird festgelegt, was in der Legende angezeigt werden soll. Die Alternativen sind selbsterklärend und brauchen daher an dieser Stelle nicht einzeln aufgelistet zu werden. Da zuviel Information in der Legende die Diagrammfläche reduziert und die Übersichtlichkeit verringert, entscheiden wir uns bescheiden für *Kanalname (ohne Gruppenname)*.

    ▶ Das zweite Listenfeld kümmert sich darum, wie die Legende angezeigt werden soll, was insbesondere bei umfangreichem Text mit mehreren Zeilen oder Spalten wichtig wird. Entscheidet man sich hier für eine feste Zeilen- oder Spaltenanzahl, ist eine entsprechende Zahleneingabe erforderlich. Wir wählen *Immer 1 Zeile*. Als besonders praktisch für die Arbeit am Monitor erweist sich die Funktion *Texte in der Farbe der Kurven*, die wir durch Anklicken des entsprechenden Kontrollkästchens einschalten. Jetzt werden sowohl in der Legendenzeile, als auch bei der Beschriftung der y-Achsen die Farben der zugehörigen Kurve verwendet, was die optische Zuordnung dieser Elemente erheblich erleichtert.

4. Im Bereich *Attribute der Legende* stehen noch einmal zwei Kontrollkästchen zur Wahl, mit denen der Anwender bestimmt, ob die Legende mit dem zuvor farblich definierten Rahmen erscheinen soll (vgl. Kap. 2.4) und ob zusätzlich zum Legendentext ein in Farbe und Typ passendes Linienstück gezeichnet werden soll. Diese beiden Kästchen lassen wir angekreuzt.

Da wir diese Einstellungen bis auf weiteres verwenden wollen, aktivieren wir zunächst die entsprechende Schaltfläche, die diesmal zur Abwechslung den Namen *Voreinstellung(.ini)!* trägt, und geben anschließend das *OK*. Auf den ersten Blick hat sich wenig geändert, allerdings sind nun alle Grafikbausteine, die mit ACTIV korrespondieren blau eingefärbt, Grafikelemente, die mit ACTIVGLT in Verbindung stehen, sind dagegen schwarz (vgl. Abbildung 2.34).

Hinweis: Der zweite Funktionsbereich besteht aus nur einer Funktion, wird mit OPT. *– Einstellungen Ablage* aufgerufen und führt in den Dialog *Einstellungen: Grafik in Ablage / Drucken*. Wie der Titel vermuten läßt, handelt es sich um Einstellungen für Grafiken, die über die Zwischenablage weitergeben oder an den FAMOS-internen Druckbildgenerator übermittelt werden sollen. Die einzelnen Funktionen werden wir in einem späteren Kapitel kennenlernen, wenn es darum geht, das Layout für eine publikationsreife Arbeit festzulegen (vgl. Kap. 4.6). Der dritte Funktionsbereich des OPT. – Menüs bietet weitere drei Voreinstellungen an. Die Funktionen im Bereich *3D* werden weiter unten im Zusammenhang an einem passenden Beispiel vorgestellt werden (vgl. Kap. 6.4).

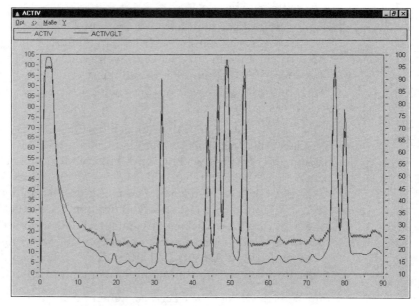

Abbildung 2.34: Veränderte Legende und Beschriftungsfarbe

2.7 Sonderpunkte

Um systematisch weiterzugehen, wäre als nächstes der Dialog *Marker-Definition: ACTIV* abzuhandeln, der mit OPT. – *Marker-Definition* auf den Bildschirm gezaubert wird. Solange man das Kontrollkästchen *Voreinstellung bearbeiten* nicht ankreuzt, bleiben in diesem Dialog alle Eingabefelder unzugänglich (vgl. Abbildung 2.35). Die Eingabefelder wären nur dann mit Daten gefüllt, wenn wir bereits in einem Grafikfenster einen Marker eingebaut hätten. Einen solchen Marker kann man als eine Art Sprechblase beschreiben. Mit Hilfe eines modifizierbaren Linienzuges zeigt sie auf einen Punkt einer Kurve, den der Anwender für besonders wichtig hält. Wir wollen uns überraschen lassen und beginnen mit der Gestaltung unseres Markers, ohne bisher überhaupt einen gesehen zu haben.

Sonderpunkte

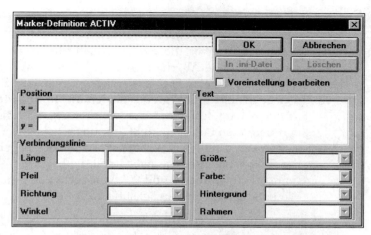

Abbildung 2.35: Der leere Dialog Marker-Definition: ACTIV

Dazu wird das Kontrollkästchen *Voreinstellung bearbeiten* angekreuzt, worauf sich die Felder mit den Daten der von FAMOS festgelegten Standard-Voreinstellung füllen (vgl. Abbildung 2.36).

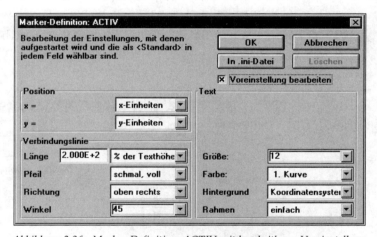

Abbildung 2.36: Marker-Definition: ACTIV mit bearbeitbarer Voreinstellung

Neben den Windows-Schaltflächen finden wir drei Bereiche mit verschiedenen Eingabemöglichkeiten vor.

1. Der erste Bereich *Position* legt für x- wie y-Richtung getrennt fest, wie Positionsangaben für den Marker zu interpretieren sind. Zur Wahl stehen absolute Einheiten oder prozentuale Angaben. Entscheidet man sich für den zweiten Fall, entspricht die untere linke Ecke des Koordinatensystems dem Wert 0 %, für die rechte obere Ecke sind 100 % anzugeben. Absolute Werte dürften bei dieser Funktion wohl mehr interessieren, also belassen wir es bei der Voreinstellung *x*- bzw. *y-Einheiten*.

2. Im Bereich *Verbindungslinie* werden Angaben zur Form des auf den markierten Punkt zeigenden Grafikelementes erfragt. Das Ausmaß dieses Zeigers wird über die zweigeteilte Liste *Länge* bestimmt, die einige selbsterklärende Alternativen zuläßt. Wir wählen hier *10 % der x-Achse* als Maß. Im Bereich *Pfeil* lassen sich verschiedene Zeigerformen wählen, u. a. auch ein Kreis. Wir entscheiden uns für die Pfeilform *groß, voll*. Mit *Richtung* wird festgelegt, aus welcher Position der Zeiger auf den zu markierenden Punkt zustrebt. Für unser Beispiel erweist sich *unten links* als günstig. Unter *Winkel* läßt sich schließlich angeben, welche Neigung der Zeiger zur x-Achse haben soll, wobei alle 5°-Schritte zwischen 0° (parallel zur x-Achse) und 90° (senkrecht zur x-Achse) einstellbar sind. Wir entscheiden uns zunächst für *25°*.

3. Nun müssen noch einige Einstellungen im Bereich *Text* vorgenommen werden. Wählen wir *Größe: 10* und *Farbe: grün* beziehen sich diese Angaben auf die Systemschrift, die wir zuvor mit OPT. – *Voreinstellungen* festgelegt haben. Mit *Hintergrund* ist die Füllfarbe des Textfelds gemeint, das den Markertext aufnimmt. Bei grüner Schrift mag ein dunkler Hintergrund schick aussehen, er verdeckt aber möglicherweise die dahinter verlaufenden Kurvenzüge. Deshalb entscheiden wir uns für *durchsichtig*. Als Rahmen wünschen wir es ein wenig verspielt und wählen *doppelt*.

Um unsere Voreinstellungen in ICMLIB.INI zu speichern, klicken wir nun die Schaltfläche *In .ini-Datei* an und beenden die Voreinstellungen mit *OK* (vgl. Abbildung 2.37).

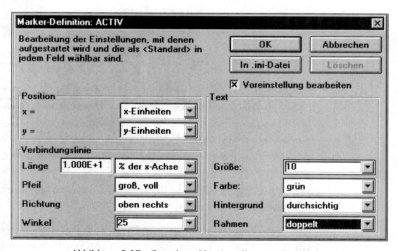

Abbildung 2.37: Geänderte Voreinstellungen für Marker

Jetzt wollen wir die ersten FAMOS-Marker auf den Monitor zaubern und etwas mit ihnen spielen. Ausgangspunkt ist wie gehabt das Grafikfenster AC-TIV, welches nach wie vor aktiv geschaltet ist. Sowohl die ursprüngliche als auch die geglättete Kurve unserer Chromatographiewerte zeigen bei der sogenannten Retentions- bzw. Verzögerungszeit von etwa 32 min einen ersten deutlichen Gipfel, der neudeutsch auch Peak genannt wird. Wir wollen die beiden Maxima mit einem Marker hervorheben und damit gleichzeitig die zugehörigen Wertepaare bestimmen.

Nun dürfte es bei der gegenwärtigen Darstellungsweise ziemlich schwierig sein, die beiden Maximalwerte exakt zu treffen. Also nehmen wir zunächst eine Ausschnittvergrößerung vor. Wir wählen MAßE – *Zoom* und ziehen mit dem inzwischen bekannten aufrecht stehenden Pfeilcursor eine Markise um beide Maxima. Sie sollte einen x-Achsenbereich von maximal 5 min abdecken (vgl. Abbildung 2.38).

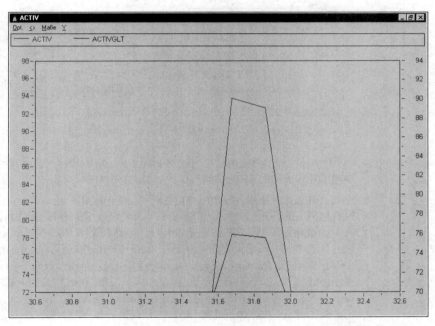

Abbildung 2.38: Ausschnittvergrößerung zur Peakbestimmung mit Hilfe von Markern

Die Spitze der Peaks erstreckt sich über zwei Abtastwerte, wobei offensichtlich jeweils der linke den Maximalwert darstellt. Dabei liegt das Maximum der blauen Kurve ACTIV über dem der schwarzen, geglätteten Version ACTIVGLT. Wir rufen MAßE – *Marker setzen* auf, woraufhin sich der Cursor wieder in einen Pfeil mit angefügtem Ordnersymbol verwandelt. Wir fahren mit dem Pfeil genau an das Maximum der blauen Kurve und setzen den Marker durch Mausklick. Es blendet sich der zuvor definierte Marker ein und gleichzeitig öffnet sich der uns vertraute Dialog *Marker-Definition: ACTIV* (vgl. Abbildung 2.39).

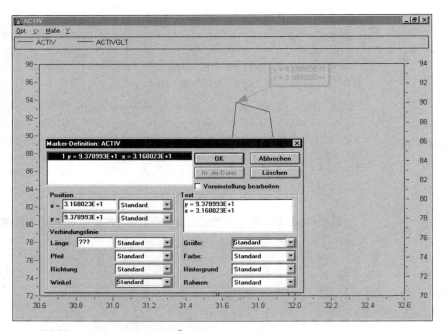

Abbildung 2.39: Marker plus Änderungen im Dialog Marker-Definition: ACTIV

Hinweis: Sollte der Marker nicht vollständig innerhalb der Abeitsfläche liegen, braucht uns dies zunächst keine Sorgen zu machen.

Im automatisch geöffneten Dialog sind nun alle zuvor bearbeiteten Eingabefelder mit dem Eintrag *Standard* versehen. Sie entsprechen somit unseren gespeicherten Vorgaben die jetzt aus IMCLIB.INI übernommen werden. Um drei Dinge ist der Dialog bereichert worden. So erscheinen die Koordinaten des per Marker angefahrenen Diagrammpunkts einmal im oberen Listenfeld links neben den Windows-Schaltflächen, dann im Bereich *Position* neben $x=$ und $y=$ und außerdem noch im Bereich *Text*. Bevor wir uns über die Bedeutung weitere Gedanken machen, wollen wir den zweiten Marker setzen.

Da wir mit dem ersten zufrieden sind, schließen wir den Dialog mit *OK* und rufen MAßE – *Marker setzen* zum zweiten Mal auf, um die Pfeilspitze des Markiercursors diesmal genau an das entsprechende Maximum der schwarzen Kurve zu positionieren. Mit dem Mausklick öffnet sich der Dialog *Marker-Definition: ACTIV* erneut (vgl. Abbildung 2.40).

Nun erklären sich die eingefügten Koordinateninformationen von selbst. Der Bereich oben links neben den Windows-Schaltern stellt eine Markerliste dar, in der in Verbindung mit Maus- und Strg-Taste zwischen den vorhandenen Zeigern gewählt werden darf. Auf diese Art lassen sich die Markereigenschaften einzeln oder gemeinsam bearbeiten. Überflüssige Marker werden mit der Schaltfläche *Löschen* entfernt. Markieren bzw. unterlegen wir

Sonderpunkte

nun beide Marker in der oberen Liste, wandeln sich die Eingaben für die Koordinaten im Bereich Position in die bekannte *???*-Darstellung, um anzudeuten, daß die Position zweier unterschiedlicher Marker nicht durch ein Koordinatenpaar angegeben werden kann.

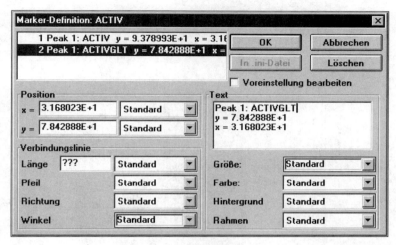

Abbildung 2.40: Der um Text erweiterte Dialog nach dem Setzen von zwei Markern

Interessanter dürfte jedoch der Bereich *Text* sein, in dem die von FAMOS automatisch eingetragenen Koordinatenwerte editiert oder auch ergänzt werden dürfen. Wir wählen den ersten Marker durch Unterlegen der entsprechenden Zeile aus, setzen den Cursor an die erste Position der ersten Zeile im Bereich *Text*, fügen mit der Kombination [Strg][↵] einen Zeilenumbruch ein und schreiben in die so erzeugte erste Zeile als Gedächtnisstütze *Peak1: ACTIV*. Analog verfahren wir mit dem zweiten Marker, nur versehen wir diesen mit dem Text *Peak1: ACTIVGLT*. Wir bestätigen den Dialog mit *OK*; in die Grafik zurückgekehrt ist ersichtlich, daß neben den Koordinaten nun auch der Erweiterungstext aufgenommen und die Größe des Rahmens automatisch angepaßt worden ist. Mit MASSE – *Rezoom* bilden wir die Kurven nun wieder vollständig auf dem Monitor ab (vgl. Abbildung 2.41).

Hinweis: Der Befehl MASSE – *Wie vor Zoom!* darf an dieser Stelle nicht eingesetzt werden, da ansonsten alle Marker gelöscht werden, weil sie vor dem Zoom-Vorgang noch nicht vorhanden waren.

Wurde alles bis hierher richtig eingestellt, kommen sich die beiden Markerflächen sehr nahe, und es könnte bei ähnlichen Kurven mit noch viel enger zusammenliegenden und zu markierenden Punkten schwierig werden zu entscheiden, welcher Marker zu welcher Kurve und zu welchem Kurvenpunkt gehört. Also wählen wir die andere Darstellungsweise der Kurven, indem wir uns mit OPT. – *Darstellung* anstelle des bisherigen *Standard* für *y-Achsen übereinander* entscheiden und die neue Wahl bestätigen (vgl. Abbildung 2.42).

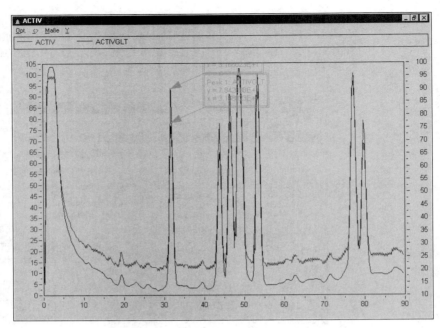

Abbildung 2.41: Kurven mit beiden Markern

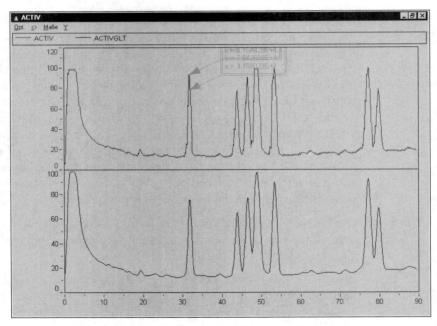

Abbildung 2.42: Markerpositionen bei übereinander liegenden y-Achsen

Sonderpunkte

Nun sehen wir zwar deutlich, welcher Marker das Maximum der blauen Kurve kennzeichnet, aber den zur schwarzen gehörenden Marker müssen wir offensichtlich noch per Hand an die rechte Stelle rücken.

Hinweis: Auch die Marker wurden von FAMOS automatisch der ersten Variablen unserer Liste zugeordnet, was im nachhinein eine manuelle Positionierung erforderlich macht. Diese Verschiebeaktion am Monitor ist nur möglich, wenn die Einstellung *Kurven übereinander* gewählt ist.

Für die Umorganisation wählen wir MAßE – *Marker bewegen*, woraufhin sich der Cursor nochmals in neuem Outfit präsentiert und sich in einen Pfeil verbunden mit einem Ring verwandelt. Dieses Gebilde fahren wir an die Pfeilspitze des zu verschiebenden Markers. Dort angelangt werden vier kleine Quadrate sichtbar, was uns darauf aufmerksam macht, daß nun der gesamte zur Pfeilspitze gehörenden Marker verschoben werden darf. Sobald diese Quadrate erscheinen, wird die Maustaste gedrückt und festgehalten, wodurch der Marker an den Mauszeiger geheftet und verschoben wird. Auch hier verwandelt sich der Cursor und erscheint nun als Kreuz mit vier Pfeilspitzen.

Mit gedrückter Maustaste ziehen wir nun den Marker in das untere Koordinatensystem ungefähr an die richtige Stelle. Öffnen wir mit OPT. – *Marker-Definition* wieder den Dialog, erkennen wir sofort, daß die zuvor bestimmten Marker-Koordinaten durch diesen Verschiebeprozeß nicht verändert worden sind.

Daß sich an unseren zuvor festgelegten Markereinstellungen auch jetzt noch leicht Änderungen vornehmen lassen, überprüfen wir anhand der Markerausrichtung, die noch nicht optimal erscheint. Dazu unterlegen wir in der linken oberen Liste des Dialogs *Marker-Definition: ACTIV* beide Marker, weisen ihnen unter *Verbindungslinie*: *Richtung* die Orientierung *unten links* zu und geben das *OK* (vgl. Abbildung 2.43).

Mit OPT. – *Darstellung* wechseln wir im Dialog wieder zu *Standard* und geben uns mit der erreichten Darstellung zufrieden.

Hinweis: Je nach Grafikauflösung kann sich das Ergebnis der Bemühungen etwas unterscheiden, so daß in Einzelfällen auch nach Durchführung der beschriebenen Arbeiten kein optimales Ergebnis erzielt wird. Abhilfe schafft dann eine Änderung der y-Achsenskalierung (vgl. Kap. 2.9) oder eine erneute Anpassung der Markerdefinitionen.

Hinweis: Wir haben auf diese Art Koordinaten von Peaks ausgelesen und könnten jetzt alle anderen Peaks ebenso bearbeiten. Die Methode eignet sich jedoch nicht zur Meßwerterfassung, da es sich bei den Markern nur um reine Textelemente handelt und die so ermittelten Daten nicht als Variable zur Verfügung stehen. Die Markerangaben sind nur mit der Grafik verbunden und liefern damit nur eine optische Zusatzinformation.

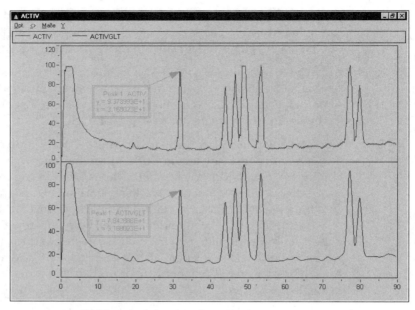

Abbildung 2.43: Umgestellt sind beide Marker nun lesbar

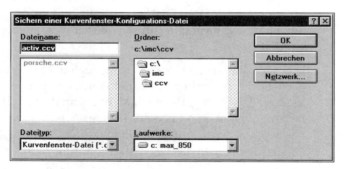

Abbildung 2.44: Der Dialog zur Sicherung der Grafikkonfiguration

An dieser Stelle angelangt, sollten wir das Ergebnis speichern, um auch nach den weiteren Grafikmanipulationen auf den augenblicklichen Stand zurückgreifen zu können. Dazu müssen wir uns noch einmal in das Ein/Ausgabemenü <> begeben. Wir wählen also <> – *Sichern unter*, worauf sich der Dialog *Sichern einer Kurvenfenster-Konfigurations-Datei* öffnet. Dieser Dialog bedarf keiner weiteren Erklärungen, da er jedem Windows-Anwender in dieser Form bekannt sein dürfte (vgl. Abbildung 2.44).

Als Dateiname vorgeschlagen wird die Grafikfensterbezeichnung, also ACTIV – diesmal übrigens wieder klein geschrieben –, die vom Programm beim Speichern automatisch mit der Erweiterung *.CCV versehen wird. Mit dem *OK* werden in dieser Datei alle die Grafik bestimmenden Einstellungen gespeichert. Nicht gespeichert werden Datensätze und die daraus erzeugten Kurvenzüge.

Abbildung 2.45: Sicherheitsabfrage bei bereits vorhandener Datei

Hinweis: Sollte eine Konfigurationsdatei namens ACTIV.CCV schon bestehen, erfolgt selbstverständlich eine Sicherheitsabfrage (vgl. Abbildung 2.45).

2.8 Achsenkontrolle

Bevor wir weiter über unser Peakerfassungsproblem philosophieren, wollen wir die notwendigen Einstellungen an den Achsen vornehmen. Mit MAßE – *x-Achse* gelangen wir in einen übersichtlichen Dialog namens *x-Achse: ACTIV*. In diesem Fenster darf der Anwender sich in vier eigenständigen Untermenüs tummeln, die aus der Menüleiste geöffnet werden (vgl. Abbildung 2.46).

Abbildung 2.46: Die Skalierung der x-Achse erfolgt in einem Fenster mit Untermenüs

Neben diesen Menüfunktionen enthält das Fenster lediglich Schaltflächen für *OK* bzw. *Abbrechen*. Eine Zeile am unteren Rand des Fensters liefert einige Informationen zu den aktiv gesetzten Einträgen in den einzelnen Menüs.

1. Wir beginnen mit dem ersten Untermenü BEREICH, in dem vier Alternativen aktiviert werden dürfen. Wie in der Informationszeile und im geöffneten Menü abzulesen ist, bevorzugt FAMOS die automatische Bereichseinstellung (vgl. Abbildung 2.47, links). Wir brauchen auch hier nicht alle Möglichkeiten durchzuspielen, da sie selbsterklärend und dem Datenverarbeiter, an den sich das Programm wendet, mit Sicherheit bekannt sind. Wir wählen einfach *Feste Vorgabe: x-min, x-max*, woraufhin sich drei Eingabefelder einblenden. Da es sich bei unserem Chromatogramm

um einen Versuch unter standardisierten Bedingungen handelt, braucht die Zeitachse nicht variabel zu sein, und wir definieren den Maximalwert *x-max = 90* und das Minimum *x-min = 0*. Da es uns ausreicht, alle 30 min eine Zahl an die Achsen zu schreiben, tragen wir neben *Markierungen* = eine 4 ein, bevor wir bestätigen (vgl. Abbildung 2.47, rechts).

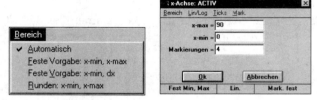

Abbildung 2.47: *Bereich-Menü und Einstellungen in den Eingabefeldern Feste Vorgabe*

Hinweis: Wie schon angedeutet, lassen sich die anderen Funktionen auch ohne Hilfe erschließen. Wer sie sofort ausprobieren möchte, sollte anschließend den jetzt vorhandenen Zustand wiederherstellen. Und um es nochmals zu wiederholen: Wie die Einheit *min* in die Grafik kommt, wird später abgehandelt (vgl. Kap. 3.1).

2. Im Untermenü LIN/LOG läßt sich zwischen linearer, logarithmischer und Dezibel-Darstellung wählen. Wir belassen es bei der Einstellung *Linear* und spielen auch nicht weiter herum, weil es bei den daraus resultierenden Umrechnungen zu Rundungen kommen kann, die wir dann beim Zurücksetzen wieder korrigieren müßten.

3. Weiter geht es mit den Teilstrichen! Das Diagramm, auf dem unser Beispiel basiert (vgl. Abbildung 1.1), sah nur die Angaben 0, 30 und 60, aber nicht die 90 vor. Im Menü BEREICH bei *Markierungen* eine 3 anstelle von 4 einzutragen, liefert keine Lösung, da wir dann 0, 45 und 90 als Skalierungsergebnis erhalten würden. Um die Skalierung des Originals an die x-Achse zu bringen, versuchen wir es nun einmal mit dem Menü TICKS, das für die Skalierungsstriche zuständig ist. Voreingestellt ist die Alternative *Ticks am Achsenende*. Wechseln wir zu *Ticks frei*, stellen wir fest, daß sich Teilstriche mit Hilfe der Klappliste *Ticks alle* entweder automatisch festlegen lassen (*auto*), oder daß die Einheiten zwischen den Teilstrichen eingegeben werden dürfen (*[Einheiten]*). Geben wir hier *30* Einheiten ein, ändert sich nach dem *OK* am Ergebnis nichts, die 90 taucht also auf.

4. Auch das Menü MARK. hilft jetzt nicht weiter, denn sobald im Menü *Ticks* die Wahl auf *Ticks frei* gefallen ist, besteht hier nur noch die Möglichkeit, zu automatisch festgelegten Teilstrichen zurückzukehren. Die 90 am Skalenende bleibt also weiter erhalten.

Eine einfache wenn auch nicht ganz legitime Lösung besteht darin, im Menü BEREICH x-max = 89.9 zu setzen, worauf die 90 nach Dialogbestätigung verschwindet. Wird 89.99 als Maximalwert gewählt, taucht die 90 aber wieder auf, da FAMOS für die grafische Anzeige offensichtlich rundet.

Hinweis: Diese Rundung hat nichts mit der Einstellung für die Zehnerpotenzen zu tun. Befindet man sich im Dialog *x-Achse: ACTIV* und klickt innerhalb der Dialogfläche die rechte Maustaste, öffnet sich ein Auswahlfeld, in dem festgelegt wird, wie die Zahlen zu erscheinen haben, z. B. immer als dritte oder sechste Zehnerpotenz. Voreingestellt ist die Einstellung *auto*, bei der wir es hier belassen (vgl. Abbildung 2.48).

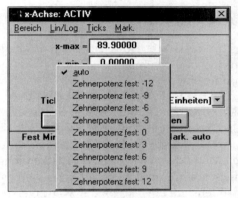

Abbildung 2.48: Auswahlmöglichkeiten für Potenzdarstellungen

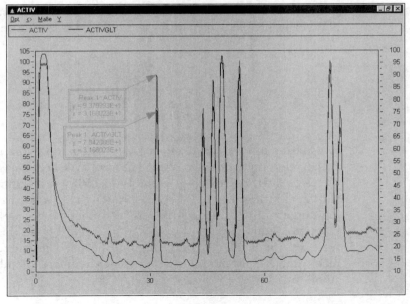

Abbildung 2.49: Diese Darstellung der x-Achse deckt sich mit der Vorgabe im Original

Damit die Übereinstimmung der x-Achse mit dem Original (vgl. Abbildung 1.1) möglichst vollständig ist, wechseln wir mit OPT. – *Darstellung* noch einmal in den Dialog *Darstellung: ACTIV* und setzen *Gitter: kleine x-Ticks* auf *0*, so daß die Unterteilstriche verschwinden (vgl. Abbildung 2.49).

Damit unser Grafiklayout nicht verloren geht, sollte an dieser Stelle die Konfiguration des Kurvenfensters noch einmal mit <> – *Speichern unter* unter dem Namen ACTIV.CCV gespeichert werden. Dabei muß der Warnhinweis bezüglich der bereits vorhandenen Datei bestätigt werden (vgl. Abbildung 2.45).

2.9 Nach x kommt y

Was für die x-Achse gilt, trifft auch für die y-Achse zu, und in Sachen Funktionsauswahl geht hier sogar noch etwas mehr. Üblicherweise besitzen Diagramme eine x-Achse, beherbergen aber – wie hier – oft mehrere y-Datensätze. Da die Extremwerte unserer Datensätze nicht identisch sind, hat FAMOS bei der automatischen Skalierung unterschiedliche Ergebnisse erzielt. Dies führt zu zwei unterschiedlich skalierten y-Achsen. Die bequemste Art, y-Achsen ineinander zu überführen, haben wir mit der *Drag-and-Drop*-Methode weiter oben bereits kennengelernt (vgl. Kap. 2.5). Die dabei umgesetzten Funktionen zur Achsenanpassung finden wir im Y-Menü des Grafikfensters ebenso wieder wie diverse Skalierungsmöglichkeiten. Halten wir uns an die Originalvorlage (vgl. Abbildung 1.1), brauchen wir keine y-Achse. Andererseits wäre es vielleicht zweckmäßig, zumindest den 100 %-Wert anzuzeigen. Außerdem sollten die beiden Kurven gleich skaliert vorliegen, um den Glättungseinfluß besser abschätzen zu können.

Abbildung 2.50: Geöffnetes Y-Menü

Wir klicken also im Grafikfenster das Y-Menü an, worauf sich ein kleines Zusatzfeld öffnet, mit dem festgelegt wird, welche y-Achse welches Datensatzes zu bearbeiten ist (vgl. Abbildung 2.50). Wir beginnen mit der ersten Kurve und rufen Y – *ACTIV* auf, worauf sich der analog zum x-Achsendialog aufgebaute Dialog *y-Achse: ACTIV* öffnet. Neben den vier bereits bekannten Menüs BEREICH, LIN/LOG, TICKS und MARK. finden wir noch ein weiteres Menü mit der Bezeichnung MUSTER. Diesem zugeordnet ist die rechte untere Zelle der Informationszeile am unteren Rand des Dialogs (vgl. Abbildung 2.51).

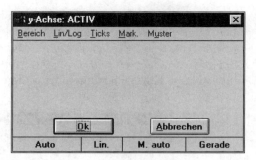

Abbildung 2.51: Der Dialog y-Achse: ACTIV

Ein weiterer Unterschied zwischen den Dialogen für die Skalierung von x- und y-Achsen besteht darin, daß einige Menüs zur Behandlung der y-Achse mehr Funktionen enthalten.

1. Wir begeben uns in das erste Pull-Down-Menü BEREICH (vgl. Abbildung 2.52). Hier finden wir im Vergleich zum Dialog für die x-Achse einen Funktionsbereich mehr vor, der die beiden Elemente *Gilt für alle Achsen* und *Alle übrigen Achsen wie Basisachse* beinhaltet. Letztere haken wir schon einmal an. ACTIV ist die erste Kurve in der Variablenliste und wird demzufolge auch als Basiskurve bezeichnet, womit sie die oben erwähnte Sonderfunktion erhält. Wenn wir also erreichen wollen, daß ohne weiteres Zutun die Skalierung von ACTIV mit ACTIVGLT übereinstimmen soll, hilft diese Funktion. Die Alternative besagt im Prinzip nichts anderes, nur gehen die dort getroffenen Einstellungen nicht von der Basiskurve aus.

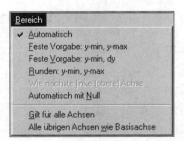

Abbildung 2.52: Erweiterungen des Bereich-Menüs für y-Achsen

Wir öffnen BEREICH erneut und finden im oberen Funktionsbereich ebenfalls zwei zusätzliche Funktionen, nämlich *Automatisch mit Null* und *Wie nächste linke (obere) Achse*. Automatisch skaliert FAMOS, indem der gesamte zur Verfügung stehende y-Bereich für die Darstellung einer Kurve genutzt wird, so daß der Nullwert der y-Achse nicht immer sichtbar ist. *Automatisch mit Null* sorgt für ständige Null-Präsenz. Die andere Funktion führt zu dem gleichen Ergebnis wie das Verschmelzen von Achsen mit *Drag and Drop*. Diese Funktion erscheint in unserem Beispiel gesperrt, weil die Bezugsachse – an deren Skalierung wir gerade arbeiten – noch fehlt. Deswegen entscheiden wir uns genau wie bei der x-Achse mit der Funktion *Feste Vorgabe: y-min, y-max* zunächst einmal für eine feste Skalierung, setzen *y-max* = 100 und *y-min* = 0, behalten zunächst die eingestellten 22 Markierungen bei und geben das OK.

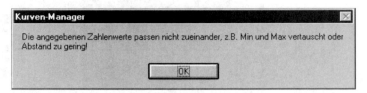

Abbildung 2.53: Fehlermeldung bei falscher Min/Max-Eingabe

Hinweis: Stellen wir uns dumm und tragen *y-min* = 105 ein, bemerkt FAMOS nach dem Dialog-*OK* den Fehler und macht uns – höflich aber bestimmt – mit einem Fenster namens *Kurven-Manager* darauf aufmerksam, daß mit Minimal- und Maximalwert irgend etwas nicht stimmen kann (vgl. Abbildung 2.53).

2. Im zweiten Menü LIN/LOG lassen wir die Voreinstellung *Linear* unverändert und nehmen nur zur Kenntnis, daß auch hier eine Funktion dazugekommen ist. Sie ermöglicht die Weitergabe der Skalierungsinformationen an alle anderen y-Achsen und trägt die Bezeichnung *Gilt für alle Achsen*.

3. Das Menü *Ticks* gleicht seinem Gegenstück für x-Achsen aufs Haar. Wir entscheiden uns für *Ticks frei* und wählen für *Ticks alle* anstelle der Vorgabe (*auto*) die manuelle Eingabe der benötigten Einheiten. Da nur Null und 100 erscheinen sollen, schreiben wir eine *100* in das Eingabefeld und bestätigen den Dialog.

Hinweis: Soll 100 nicht erscheinen, reicht es, in das Eingabefeld *Ticks alle* einen Wert oberhalb des Skalenendwertes, also z. B. *110* einzutragen.

Hinweis: Beim nächsten Öffnen des Dialogs *y-Achse: ACTIV* werden uns die Einstellungen aus BEREICH und TICKS unaufgefordert gemeinsam präsentiert. Wir brauchen die entsprechenden Menüs als von nun an nicht mehr zu öffnen, um Veränderungen vorzunehmen (vgl. Abbildung 2.54). Praktisch, nicht wahr?

4. Am MARK.-Menü sind keine Änderungen erforderlich. Wir bemerken allerdings auch hier die neu hinzugekommene Funktion *Gilt für alle Achsen*.

Abbildung 2.54: Dialog y-Achse: ACTIV mit Vorgaben

Bevor wir uns dem neuen Menü MUSTER zuwenden, geben wir erst einmal das *OK*, um unsere bisherigen Skalierungsbemühungen zu begutachten. Wie wir sehen, sind wir unserem Original schon recht nahe gekommen. Mit OPT. – *Darstellung* schalten wir auch hier noch die einzige Unterskalierung aus, indem wir *Gitter: kleine y-Ticks=0* eingeben und den Dialog mit *OK* schließen (vgl. Abbildung 2.55).

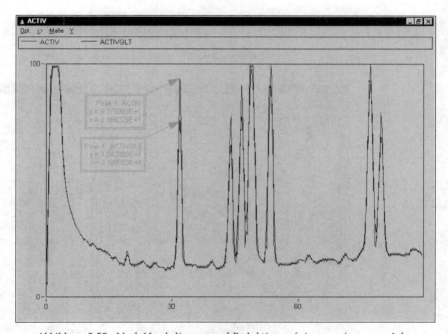

Abbildung 2.55: Nach Umskalierung und Reduktion auf eine gemeinsame y-Achse

Hinweis: An dieser Stelle sichern wir unsere Konfiguration erneut unter ACTIV.CCV, damit uns nichts verlorengeht.

5. Wir öffnen noch einmal den Dialog *y-Achse: ACTIV*, gehen aber diesmal einen schnelleren Weg, indem wir den Mauszeiger im Bereich der Achse plazieren und mit der linken Maustaste doppelklicken. Rechts in der

Informationszeile am unteren Rand des Dialogs finden wir die Angabe *Gerade*, die sich offensichtlich auf die Auswahl im Menü MUSTER bezieht. Wir öffnen dieses Pull-Down-Menü und erkennen, daß hier die grafische Darstellung unserer Kurven verändert werden darf (vgl. Abbildung 2.56).

Abbildung 2.56: Das Angebot im Pull-Down-Menü Muster

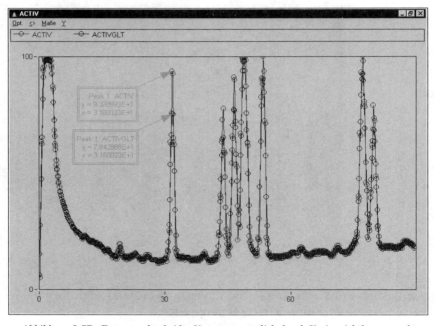

Abbildung 2.57: Datenpunkte beider Kurven zusätzlich durch Kreise sichtbar gemacht

Als kleine Demonstration entscheiden wir uns für *Kreise*, worauf sich die Liste schließt. Wir klappen das Menü noch einmal auf und haken die Position *Gilt für alle Linien* an. Nach Bestätigung von *y-Achse: ACTIV* sind die Verbindungen der Datenpunkte wie vorher vorhanden, aber zusätzlich ist jeder Datenpunkt beider Kurven durch einen Kreis sichtbar gemacht. Da unsere Kurven aus jeweils 495 Datenpunkten bestehen, ist diese Darstellung allerdings ein wenig verwirrend.

Hinweis: Ein Datenpunktsymbol wird automatisch in die Linienprobe der Legende eingebaut (vgl. Abbildung 2.57).

Daher wird mit OPT. – *Darstellung* der zuständige Dialog aufgerufen und die Menge der Datenpunkte vermindert. Das Eingabefeld *Anzahl Symbole* hatten wir im Rahmen der Voreinstellungen nicht geändert und aufgrund der eingetragenen *0* werden alle Symbole gezeigt. Geben wir hier beispielsweise eine *50* ein, wird die Symbolzahl auf etwa 10 % reduziert. Mit dem *OK* zeigt sich der Erfolg in der Grafik (vgl. Abbildung 2.58).

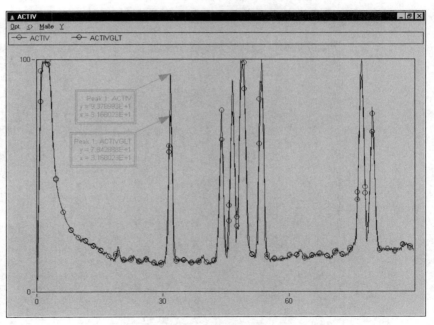

Abbildung 2.58: Die reduzierte Anzahl der Datenpunktsymbole

Aber wie unschwer zu erkennen ist, eignet sich diese Darstellungsweise für unser Beispiel wenig und sie liefert auch keine weiteren Informationen, so daß wir den vorherigen Zustand wieder herstellen: In OPT. – *Darstellung* wird das Eingabefeld *Anzahl der Symbole* wieder mit einer *0* versehen und im Menü MUSTER des Dialogs *y-Achse: ACTIV* wählen wir anstelle der *Kreise* die *Gerade* und *Gilt für alle Linien*.

Schneller ist ein anderer Weg! Wir rufen <> – *Laden* auf, worauf sich der nicht weiter zu kommentierende Dialog *Laden einer Kurvenfenster-Konfigurations-Datei* öffnet. Wir wählen aus der Liste den Dateinamen ACTIV.CCV und erhalten mit *OK* die zuletzt gespeicherte Konfiguration und damit den Zustand vor der Musterung.

Hinweis: Natürlich lassen sich den einzelnen Kurven auch unterschiedliche Symbole zuweisen. Dazu müssen die Variablen ACTIV und ACTIVGLT über das Y-Menü einzeln aufgerufen werden, und in MUSTER darf die Funktion *Gilt für alle Linien* nicht mit einem Haken versehen sein. Ebenso lassen sich Symbole für Datenpunkte darstellen, ohne daß zusätzliche Verbindungslinien vorhanden sind. Dazu wird in MUSTER die Funktion *Nur Symbole* bemüht.

Nun haben wir es fast geschafft. Wir überzeugen uns noch vom Glättungserfolg in ACTIVGLT, indem wir einen Ausschnitt der Grundlinie näher unter die Lupe nehmen. Mit MASSE – *Zoom* ziehen wir nach dem schon bekannten Verfahren eine Markise über einem Abschnitt der Grundlinie auf und vergrößern ihn damit. Die Zacken von ACTIV wurden sichtbar reduziert (vgl. Abbildung 2.59).

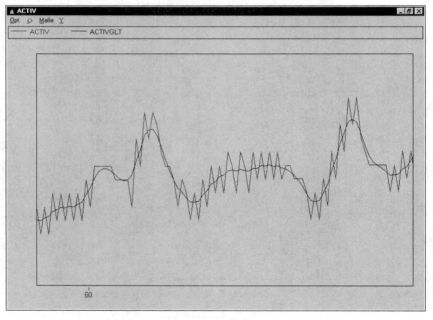

Abbildung 2.59: Glättungserfolg sichtbar gemacht

Um wieder die ganze Grafik auf dem Monitor zu sehen, würde man wie schon oben MASSE – *Rezoom* eingeben. Aber Vorsicht! Wie ein Doppelklick auf die y-Achse und das anschließende Öffnen des Menüs BEREICH anzeigt, hat FAMOS beim Zoomen zwar die von uns gewählte feste Vorgabe der

Skalenendwerte beibehalten, das zugehörige Fenster *y-Achse: ACTIV* zeigt aber, das neue Werte eingetragen wurden. Wir brechen daher den Dialog ohne Bestätigung ab und klicken MAßE – *Wie vor Zoom!* an. Nun stimmt die Skalierung und auch die Marker sind wieder auf dem Monitor zu bewundern, denn sie gehören zu der Grafikkonfiguration, die vor dem Zoomen vorhanden war.

Wer nun mit dem nächsten Kapitel fortfahren möchte, läßt FAMOS geöffnet. Wer sich eine Pause gönnt und erst später wieder einsteigen möchte, schließt die Sitzung, um die drei Datensätze ZEIT, ACTIV und ACTIVGLT bei der nächsten Arbeitssitzung aus RESULT2.DAT zu laden. Wird anschließend auch noch die Grafikvorlage ACTIV.CCV geöffnet, läßt sich am gleichen Punkt wieder in das Geschehen eingreifen, um sich dann im Detail mit dem Begriff der Variablen und ihren Eigenschaften auseinanderzusetzen.

Hinweis: Für »Notfälle« befinden sich die Dateien RESULT2.DAT und ACTIV.CCV im Verzeichnis BUCH\FAMOS\PROJEKTE\2 der Buch-CD. Bei Bedarf sollten sie der Einfachheit halber mit den üblichen Utilities in die FAMOS-Verzeichnisse für Daten bzw. Kurvenfenster-Konfigurations-Dateien kopiert werden.

Variablen und mehr 3

Auch in diesem Kapitel werden wir uns weiter mit der grafischen Aufarbeitung und Analyse der zuvor behandelten Datensätze beschäftigen und in diesem Zusammenhang neue Variablen erzeugen. Doch bevor dieses Thema genauer beleuchtet wird, sollen zunächst einmal die Variablen, die ein zentrales Element von FAMOS sind, im Mittelpunkt stehen. Erinnern wir uns: Bisher haben wir im Text den Begriff Variable mit dem Ausdruck Datensatz gleichgesetzt. Genau genommen ist das nicht richtig. Die Variable spielt nämlich nicht nur eine Rolle als Lieferant ganzer Datensätze. Vielmehr sind mit dem Variablenbegriff zahlreiche Zusatzfunktionen und -informationen verknüpft, die über die Bereitstellung schlichter Zahlenwerte bzw. Daten weit hinausgehen.

3.1 Personalien

Sollten wir uns eine kleine Pause gegönnt haben, um uns von dem vorangegangenen Projekt zu erholen, erreichen wir – wie gehabt – über die Windows-Oberfläche das Applikationsfenster. Nachdem die Datei RESULT2.DAT geladen worden ist, wählen wir ZEIT, ACTIV und ACTIV-GLT als *zu ladende Kanäle* und lassen sie per Schaltfläche gemeinsam als Liniendiagramm darstellen.

Um jetzt auch unser mühsam erzeugtes Layout auf den Bildschirm zurückzuholen, vergrößern wir zunächst das Grafikfenster ZEIT und greifen dann über <> – *Laden* auf die Kurvenfenster-Konfigurations-Datei ACTIV.CCV zurück, die wir im vorherigen Kapitel gespeichert haben. Die Variable ZEIT verschwindet aus dem Diagramm, das Grafikfenster nimmt wieder den vertrauten Namen ACTIV an und auch die Marker finden sich jetzt wieder auf ihren angestammten Plätzen (vgl. Abbildung 2.55).

Hinweis: Die Variable ZEIT muß geladen werden, da sie für die korrekte Skalierung der x-Achse erforderlich ist. Findet FAMOS diese Variable nicht vor, verschwinden beim Laden der Kurvenfenster-Konfigurations-Datei ACTIV.CCV beide Liniendiagramme aus dem Grafikfenster.

Konditionsstarke Leser, die ohne Unterbrechung von Kapitel 2 nach 3 wechseln, sollten zum Start ebenfalls das monitorfüllende Grafikfenster ACTIV vorfinden.

Hinweis: Für »Notfälle« befinden sich die Dateien RESULT2.DAT und ACTIV.CCV im Verzeichnis BUCH\FAMOS\PROJEKTE\2 der Buch-CD. Bei Bedarf sollten sie der Einfachheit halber mit den üblichen Utilities in die FAMOS-Verzeichnisse für Daten bzw. Kurvenfenster-Konfigurations-Dateien kopiert werden.

3.1.1 Kleine Nachbesserung

Mit dem zuständigen Windows-Schalter lassen wir ACTIV nun schrumpfen und schieben das resultierende Minifenster in die rechte untere Bildschirmecke. Bei genauerem Hinsehen fällt auf, daß bei der Verkleinerung zwar alle Bauelemente der Grafik angepaßt werden, nicht aber die Marker, was bedauerlich, aber offensichtlich unvermeidlich ist (vgl. Abbildung 3.1).

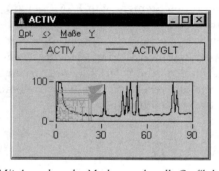

Abbildung 3.1: Mit Ausnahme der Marker werden alle Grafikelemente verkleinert

Wir finden unsere Vermutung bestätigt, wenn wir das Fenster ACTIV etwas vergrößern. Wieder werden alle Grafikelemente mit Ausnahme der Marker proportional angepaßt. Da diese Programmeigenschaft bei kommenden Größenänderungen der Grafik stören würde, wollen wir fürs erste auf die Marker verzichten und bauen uns auf die Schnelle eine neue Konfigurationsdatei ohne Marker. Dazu wählen wir im aktiven Grafikfenster den Befehl Opt. – *Marker-Definition* und unterlegen in der oberen linken Auswahlliste des Dialogs *Marker-Definition: ACTIV* die beiden definierten Marker (vgl. Kap. 2.7). Mit der Schaltfläche *Löschen* und anschließendem *OK* wird die Grafik von beiden Markern befreit. Um bei Bedarf wieder auf die Marker zurückgreifen zu können, speichern wir unsere neue Konfiguration unter einem anderen Namen. Wir verwenden die Befehlsfolge <> – *Sichern unter* und nennen die Kurvenfenster-Konfigurations-Datei MARKER0.CCV (vgl. Abbildung 3.2).

Hinweis: Eine Sache fällt noch auf und sorgt für etwas Verwunderung. Wenn das Grafikfenster auf dem Monitor verkleinert wird, kann sich – ob durch die verwendete Hardware verursacht oder durch Zahlenrundungen der Software sei dahingestellt – auf der x-Achse wieder die Zahl *90* in den Vordergrund drängen (vgl. Abbildung 3.1), obwohl wir diese zuvor mit dem etwas unprofessionellen Skalierungstrick unsichtbar gemacht hatten (vgl. Kap. 2.8). Auch hier läßt sich aber mit MAßE – *x-Achse* erneut ein geeigneter Maximalwert finden, der die letzte Teilstrichbeschriftung zum Verschwinden bringt. In unserem Fall erwies sich z. B. die Eingabe von *89.5* als wirksam.

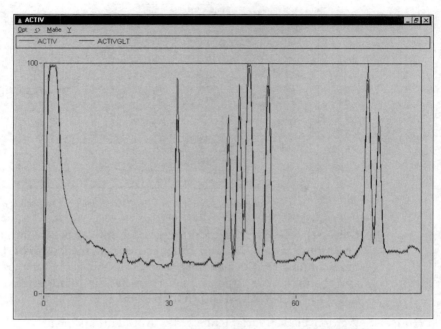

Abbildung 3.2: ACTIV.CCV ohne Marker wird MARKER0.CCV

3.1.2 Kennung

Wir schließen das Grafikfenster ACTIV auf Windows-Art, wechseln in das FAMOS-Applikationsfenster und unterlegen in der Liste die Variable ACTIV, indem wir sie auf der rechten Seite der Variablenliste anklicken. Mit VARIABLE – *Eigenschaften* gelangen wir in das Dialogfenster *Eigenschaften*, in dem vier verschiedene Register zur Auswahl stehen. Automatisch öffnet sich das erste namens *Kennwerte*. in die Register *Struktur*, *Anzeige* und *Datenformat* darf durch Anklicken der entsprechenden Registerfahne gewechselt werden (vgl. Abbildung 3.3).

Im Register *Kennwerte* lassen sich neben fünf Windows-Schaltflächen insgesamt elf Eingabefelder bewundern. Während die Schaltflächen OK, *Abbrechen* und *Hilfe* zugänglich sind, sind die Vorwärts- bzw. Rückwärts-Scroll-Schaltflächen gesperrt. Der Grund ist einfach: Es wurde nur eine Variable ausgewählt, um Eigenschaften anzeigen zu lassen, also ist das Vorwärts- oder Rückwärtsblättern durch die Variablenliste zur Zeit nicht möglich.

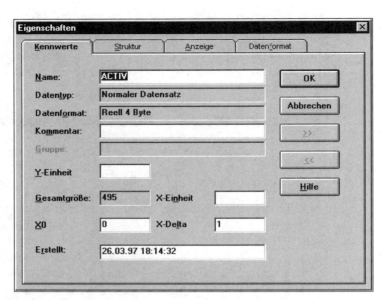

Abbildung 3.3: Kennwerte-Register im Dialog Eigenschaften

Das erste Feld *Name* ist ordnungsgemäß mit der Bezeichnung des markierten Datensatzes gefüllt und zudem editierbar. Insgesamt darf die Variablenbezeichnung 255 Zeichen lang sein. Unsere Bezeichnung ACTIV erscheint zu abstrakt. Wir tragen statt dessen die eindeutigere Bezeichnung CHROMATOGRAMM1_ORIGINAL ein.

Hinweis: Werden in der Variablenliste des Applikationsfensters mehrere Variablen unterlegt, erscheinen beim Dialogaufruf stets die Eigenschaften der Bezugskurve, die an erster Stelle der Liste steht.

Das Feld *Datentyp* ist grau unterlegt, ebenso die Felder *Datenformat* und, etwas weiter unten, *Gesamtgröße*. FAMOS zeigt damit an, daß diese Felder nicht editierbar sind.

Zum Thema *Datentyp* erhalten wir die Information *Normaler Datensatz*. Was aber bedeutet in diesem Zusammenhang »normal"? Üblicherweise geht FAMOS davon aus, daß Datensätze durch Aufzeichnung von Meßwerten in regelmäßigen Zeitabständen erzeugt werden. Praktisch ist dieses Standardverfahren, weil lediglich die y-Werte (Meßwerte) nicht aber alle einzelnen x-Werte gespeichert werden müssen. Zur vollständigen Protokollierung der x-Werte begnügt sich FAMOS mit der Aufzeichnung des Startzeitpunkts der Meßreihe sowie des regelmäßigen Intervalls zwischen den einzelnen x-Werten bzw. des sogenannten Inkrements. Die einzelnen x-Werte werden dann bei Bedarf durch Addition des Inkrements rechnerisch ermittelt. Würde die Messung beispielsweise bei einem x-Wert von 23 starten, das Inkrement wäre eins und die Anzahl der y-Werte 15, dann wäre dem letzten y-Wert automatisch der x-Wert 37 zugeordnet.

Hinweis: Anstelle dieser »normalen« Datensätze lassen sich Variablen aber auch als xy-Datensätze (vgl. Kap. 2.5) grafisch anzeigen. Wie »echte« xy-Datensätze in FAMOS zu definieren und konstruieren sind, wird weiter hinten gezeigt werden (vgl. Kap. 3.3).

Das sich im Dialog anschließende und ebenfalls nicht editierbare Feld trägt die Bezeichnung *Datenformat* und enthält die Angabe *Reell 4 Byte*. Wie dem FAMOS-Handbuch entnommen werden kann, braucht sich der Anwender um Zahlenformate nur wenige bis gar keine Gedanken zu machen, da vom Programm intern mit Zahlenwerten gearbeitet wird, die unabhängig vom tatsächlichen Ein- oder Ausgabeformat sind. Welche Auswahlmöglichkeiten hinsichtlich der Zahlenformate bestehen, wird etwas weiter hinten in diesem Kapitel im Zusammenhang mit dem gleichnamigen Register *Datenformat* erläutert werden (vgl. Kap. 3.5).

In der nächsten Eingabezeile darf ein Kommentar zur vorliegenden Variablen abgegeben werden. Unser Datensatz CHROMATOGRAMM1_ORIGINAL enthält die unbehandelten Rohdaten des Chromatogramms. Entsprechend lautet ein Vorschlag für den Kommentar *Originaldatensatz zu Chromatogramm1*.

Die Eingabezeile *Gruppe* bleibt leer, da wir diesen Datensatz bisher keiner Gruppe zugeordnet haben. Was es mit solchen Gruppen auf sich hat, wird weiter hinten demonstriert werden (vgl. Kap. 3.4).

Im nächsten Eingabefeld, *Y-Einheit*, tragen wir endlich die schon schmerzhaft vermißte Skalierungsgröße ein. Das Besondere an der Vergabe von Einheiten besteht darin, daß FAMOS die physikalisch-technisch wichtigen erkennt und bei mathematischen Operationen auch miteinander verrechnet, vorausgesetzt es handelt sich um SI-Einheiten. Das Einheiten-Erkennungssystem basiert auf den SI-Grundeinheiten Ampere [A], Candela [cd], Kelvin [K], Kilogramm [Kg] Meter [m] und Sekunde [s]. Sich daraus ableitende und weitere ineinander überführbare Dimensionen lassen sich in allen Einzelheiten den Tabellen im Handbuch entnehmen und brauchen hier nicht im Detail aufgelistet zu werden. Zu erwähnen sind nur wenige Syntaxregel, z. B., daß das Zeichen ^ gefolgt von einer Zahl als Exponentenschreibweise zu verstehen ist oder *1/Einheit* den Reziprokwert einer Einheit angibt. Zu den Einheiten, die zwar ebenfalls von FAMOS erkannt, aber bei Verrechnungen nicht beachtet werden, gehört neben Grad, Rad, Dezibel oder gar der einheitenlosen Zahl auch die hier einzusetzende Angabe für die y-Achse, nämlich %.

Hinweis: Natürlich darf vom Anwender jede beliebige Bezeichnung als Einheit in das Feld *Y-Einheit* eingetragen werden – demnach auch *Mohrrüben pro Hase*. Nur sollte diese Bezeichnung erstens nicht länger als 255 Zeichen sein, und es darf zum zweiten nicht erwartet werden, daß FAMOS derartige Einheiten erkennt und korrekt miteinander verrechnet.

Das nicht editierbare Feld *Gesamtgröße* enthält die numerische Angabe *495* und zeigt damit die Größe des Datensatzes an, der – erinnern wir uns an die Zeilennummern im FAMOS-Dateneditor – im vorliegenden Beispiel aus 495 Datenpunkten besteht.

Das daneben angesiedelte Feld *X-Einheit* erwartet die entsprechende Dimensionierungsanweisung für die x-Achse. Chromatogramme spiegeln zeitliche Abläufe wider und werden in Minuten gemessen. Wir tragen hier also *min* ein, wobei zu bemerken ist, daß Minuten keine SI-Einheit darstellen und folgerichtig von FAMOS nicht erkannt oder verrechnet werden. Wie zuvor angesprochen, würde vom Programm die Sekunde als SI-Zeiteinheit automatisch erkannt werden.

Als nächste Eingabe wird ein *X0* erwartet. Dabei handelt es sich um eine Verschiebung der Startkoordinaten eines Datensatzes in Richtung positiver oder negativer x-Werte. Was darunter zu verstehen ist, läßt sich anhand eines neuen Grafikfensters sehr leicht erkennen. Starten wir also einen kleinen Test: Wir tragen in dieses Feld den Wert *-100* ein und bestätigen den Dialog mit *OK*, worauf wir uns im Applikationsfenster wiederfinden. In der Variablenliste stellen wir erste Veränderung fest, denn gemäß unserer Angabe im Register *Kennwerte* wurde der Datensatz ACTIV in CHROMATOGRAMM1_ORIGINAL umbenannt. Das Ergebnis unserer Startwertverschiebung läßt sich sofort begutachten, nachdem VARIABLE – *Zeigen* oder die entsprechende Schaltfläche aktiviert und das sich öffnende Grafikfenster monitorfüllend vergrößert worden ist (vgl. Abbildung 3.4).

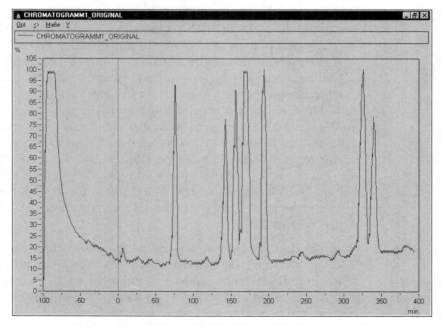

Abbildung 3.4: CHROMATOGRAMM1_ORIGINAL mit x-Offset

Die wieder gemäß Voreinstellung eingeblendeten Skalierungen der x- und y-Achse brauchen uns hier nicht weiter zu interessieren. Sie lassen sich wie zuvor beschrieben bei Bedarf individuell anpassen. Entsprechend unserer Angaben im Register *Kennwerte*, finden wir in diesem Diagramm die Einheiten % für die y-Achse und *min* für die x-Achse vor. Der x-Offset wird daran erkennbar, daß die Achse automatisch um 100 Einheiten in den negativen Bereich erweitert und im positiven entsprechend gekappt worden ist. Nun reduzieren wir die Größe des Grafikfensters und schieben es in die rechte untere Monitorecke.

Hinweis: Ist das Grafikfenster so klein, daß die Titelzeile nicht mehr vollständig eingeblendet werden kann, wird der Titel automatisch gekürzt und das Fehlende durch drei Punkte angedeutet. Außerdem kann sich in Einzelfällen auch bei dieser Aktion die Skalierung der Achsen verändern (vgl. Abbildung 3.5).

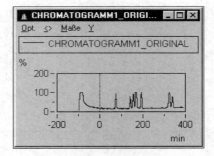

Abbildung 3.5: Automatisch verkürzte Titelzeile des Grafikfensters

Ist dies zur Kenntnis genommen worden, wechseln wir mit [Alt][⇆] ins Applikationsfenster, markieren – falls erforderlich – die Variable CHROMATOGRAMM1_ORIGINAL, öffnen mit VARIABLE – *Eigenschaften* erneut die Registerkarte *Kennwerte* des Dialogs *Eigenschaften* und reduzieren den $X0$-Offset wieder auf 0.

Unterhalb von $X0$ befindet sich die editierbare Eingabezeile *Erstellt*. Dort wird die Geburt des Datensatzes mit Datum und Uhrzeit festgehalten. Wer extreme Arbeitszeiten vortäuschen möchte, trägt hier z. B. für die Zeit *23:30:00* ein. Ansonsten dürften Änderungen an dieser Stelle nur von untergeordneter Bedeutung sein.

Anders verhält es sich mit der noch fehlenden Eingabezeile rechts neben $X0$, die die Bezeichnung *X-Delta* trägt. Um ihre Funktion kennenzulernen, wollen wir etwas weiter ausholen und schließen den Dialog mit der Schaltfläche *OK*, damit unsere bisherigen Änderungen erhalten bleiben. Aus dem Applikationsfenster heraus wird mit EXTRA – *Datensatz-Editor* bzw. der entsprechenden Schaltfläche der Werkzeugleiste der FAMOS-Dateneditor geöffnet, der in Spalte 1 automatisch die derzeit markierte Variable

CHROMATOGRAMM1_ORIGINAL anzeigt. Wir klicken *Spalte 2* an, um sie zu aktivieren. Nach Aufruf von SPALTE – *Datensatz einordnen* öffnet sich der Dialog *Tabellenfenster: Zeige Variable*, in dem ZEIT unterlegt und das OK gegeben wird. Nun können wir unsere 495 Abtastzeitpunkte in der umbenannten Spalte ZEIT genauer unter die Lupe nehmen.

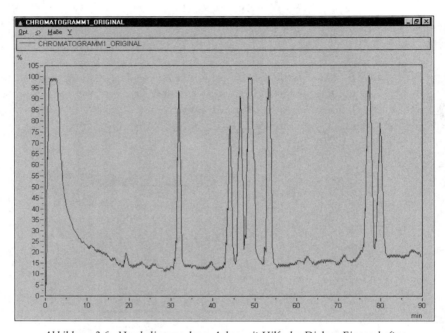

Abbildung 3.6: Umskalierung der x-Achse mit Hilfe des Dialogs Eigenschaften

Wir wollen hier nicht all zu pingelig sein, da es nachfolgend nur um die Vorstellung eines Funktionsprinzips geht. So können wir mit einigermaßen gutem Gewissen den ersten Wert als 0 und den letzten, also den 495-ten Wert als 90 ansehen. Sind diese Werte ermittelt, schließen wir den Dateneditor. Zum wiederholten Male öffnen wir jetzt die Registerkarte *Kennwerte* des Dialogs *Eigenschaften*. Voreingestellt finden wir im Feld *X-Delta* die Zahl 1. Dies bedeutet, FAMOS geht zur Zeit von einem Abtastintervall bzw. einem Inkrement von exakt einer Einheit aus. Da wir wissen, daß die 495 Abtastwerte bei vertretbarer Rundung 90 min entsprechen, können wir hier das tatsächliche Inkrement eintragen. Wir bestimmen unser Inkrement zu 90 / 495 = *0.1818*, tragen diesen Wert in das Feld *X-Delta* ein, geben das OK, wechseln mit [Alt][⇆] in das Grafikfenster CHROMATOGRAMM1_ORIGINAL und vergrößern es.

Hinweis: Auch bei dieser Eintragung muß ein Dezimalpunkt verwendet werden. Wird ein Komma eingegeben, läßt sich der Dialog nicht mit OK beenden. Statt dessen macht FAMOS durch einen Warnton und durch Markierung der entsprechenden Eingabezeile auf den Fehler aufmerksam.

Nun ist sofort zu erkennen, daß wir über die Änderung des Inkrements eine andere Möglichkeit gefunden haben, die x-Achse gemäß unserer Vorstellung zu skalieren (vgl. Abbildung 3.6; vgl. Kap. 2.8). Nach Begutachtung schließen wir dieses Grafikfenster.

3.1.3 Noch mehr Übereinstimmung

Ins Applikationsfensters zurückgekehrt unterlegen wir im Bereich *Variablen* zusätzlich zu CHROMATOGRAMM1_ORIGINAL den Datensatz ACTIVGLT, um danach die Schaltfläche VARIABLE – *Zusammen zeigen* zu aktivieren. Im frisch erzeugten Diagramm herrscht logischerweise ein wenig Unordnung, da die Kennwerte beider Variablen und damit die Skalierungen für die Datensätze CHROMATOGRAMM1_ORIGINAL und ACTIVGLT nicht übereinstimmen (vgl. Abbildung 3.7).

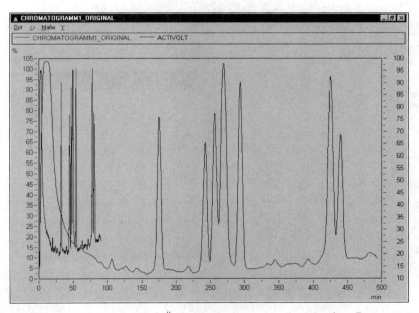

Abbildung 3.7: Uneinigkeit nach Änderung der Kennwerte eines einzelnen Datensatzes

Um diese Unordnung zu beseitigen, schließen wir das Grafikfenster, und vom Applikationsfenster aus wird noch einmal VARIABLE – *Eigenschaften* aufgerufen. Da wir noch immer zwei Variablen unterlegt haben, ist diesmal jeweils eine der beiden Scroll-Schaltflächen einsatzfähig, so daß wir jeweils zur vorherigen oder nächsten Variable umschalten können. Vom Programm automatisch aufgerufen wird zunächst natürlich wieder die Basisvariable CHROMATOGRAMM1_ORIGINAL.

Aktivieren der Vorwärts-Scroll-Taste führt den Variablenwechsel herbei. In der Eingabezeile *Name* erscheint die Bezeichnung ACTIVGLT und die übrigen Felder enthalten die zugehörigen Kenndaten dieses Datensatzes. Wir taufen auch diesen Datensatz um und nennen ihn zur besseren Unterscheidung ab sofort CHROMATOGRAMM1_GEGLÄTTET. Da der Datensatz über ein Glättungsintervall von acht Datenpunkten errechnet wurde, tragen wir diese Information als Gedächtnisstütze in das Feld *Kommentar* ein. Der Vorschlag für den Kommentar lautet demnach: *Glättung über 8 Datenpunkte.* Alles andere wird analog zum Basisdatensatz abgeändert, also *Y-Einheit* in %, *X-Einheit* in *min*, *X0* bleibt *0*, und *X-Delta* erhält den Wert *0.1818*. Danach wird das *OK* gegeben. In der Variablenliste ist nun ACTIVGLT in CHROMATOGRAMM1_GEGLÄTTET umbenannt worden (vgl. Abbildung 3.8). Drücken der Schaltfläche VARIABLE – *Zusammen zeigen* bringt nun beide Kurven mit richtiger x-Achsenskalierung und gemäß Voreinstellung mit eigenen y-Achsen in der Dimensionierung % auf den Monitor (vgl. Abbildung 3.9).

Abbildung 3.8: Umbenennung der ursprünglichen Variablen ACTIV und ACTIVGLT

Dies soll für diese kleine Veranschaulichung reichen. Deswegen schließen wir nun auch dieses Grafikfenster, belassen aber die beiden neu benannten Datensätze unterlegt in der Variablenliste.

Damit haben wir das Register *Kennwerte* im Dialog *Eigenschaften* abgearbeitet, und es wird erneut VARIABLE – *Eigenschaften* aufgerufen, um die zweite Registerfahne *Struktur* anzuklicken. Hier sind bis auf die Schaltflächen OK, *Abbrechen* und *Hilfe* sowie eine der beiden Scroll-Schaltflächen und die Eingabezeile *Name* mit der Angabe der Basisvariablen CHROMATOGRAMM1_ORIGINAL alle Eingabefelder grau unterlegt und somit gesperrt (vgl. Abbildung 3.10). Wechselt man mit Hilfe der aktivierbaren Scroll-Schaltfläche zur zweiten Variablen, sieht der Dialog mit Ausnahme der Angabe in der Zeile *Name* nicht anders aus.

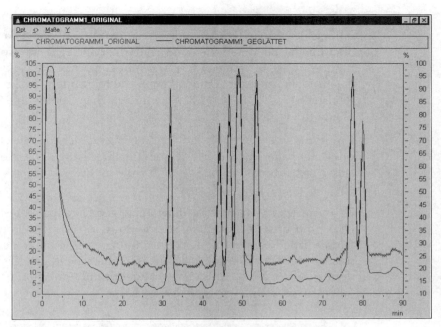

Abbildung 3.9: Anpassung der Koordinatensysteme beider Datensätze

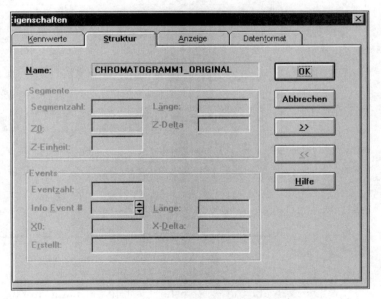

Abbildung 3.10: Funktionen im Register Struktur

Dies ist durchaus sinnvoll, da in diesem Dialog nur Funktionen für strukturierte Variablen zugänglich sind. Strukturiert bedeutet in diesem Zusammenhang, daß es sich bei einer Variablen nicht um eine Wertereihe eines einzigen Ursprungs und damit um einen zusammenhängenden Datensatz handelt, sondern um verschiedene Datensatzpakete. Diese können in zwei unterschiedlichen Formen vorliegen, nämlich als sogenannte Segmente oder Events. Sie unterscheiden sich darin, daß Segmente – per FAMOS-Definition – gleiche Länge besitzen. Damit entspricht die Gesamtwerteanzahl einem Vielfachen der Segmentlänge. Die relevanten Größen lassen sich im Register *Struktur* im Bereich *Segmente* angeben, sofern eine Segmentierung überhaupt vorliegt.

Events als zweite Strukturierungsart besitzen nicht die gleiche Werteanzahl pro Datenpaket und differieren somit in ihrer Länge. Die relevanten Größen lassen sich – für jeden einzelnen Event – im Bereich *Events* angeben, sofern eine entsprechende Struktur vorliegt.

Da unser Datensatz nur aus einem einzigen Datenpaket besteht, hat dieser Dialog für unser Beispiel keine Bedeutung. Also wechseln wir unmittelbar in das dritte Register mit der Bezeichnung *Anzeige*, ohne den Dialog *Eigenschaften* mit *OK* zu schließen. Wie an einigen nicht gesperrten Eingabefeldern zu sehen ist, lassen sich vorhandene Funktionen mit unseren Beispieldaten ausprobieren (vgl. Abbildung 3.11).

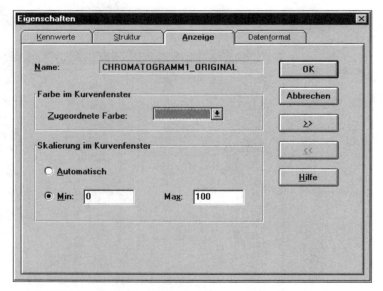

Abbildung 3.11: Geänderte Einstellungen im Register Anzeige

Die Aufgabe dieses Registers besteht darin, das mit der Voreinstellung festgelegte Erscheinungsbild eines Datensatzes im Kurvenfenster nachträglich zu verändern. Die fünf Windows-typischen Schaltflächen kennen wir bereits. Sie bedürfen keiner weiteren Erläuterung.

- In der Eingabezeile *Name* erscheint die Bezeichnung der Basisvariable, also CHROMATOGRAMM1_ORIGINAL. Sie wird aus dem Register *Kennwerte* übernommen, so daß in diesem Register keine Änderungen möglich sind.

- Im zweiten Bereich, *Farbe im Kurvenfenster*, finden wir eine Auswahlliste, die zur Zeit für die *zugeordnete Farbe* die Einstellung *auto* zeigt. FAMOS sagt uns damit, daß die Kurve zunächst in der Farbe erscheinen wird, die wir zuvor mit OPT. – *Farben* im Grafikfenster festgelegt haben (vgl. Kap. 2.4). Klappen wir die Liste auf, steht eine Windows-typische Farbpalette zur Verfügung. Wird der Mauszeiger jetzt auf eine beliebige Farbe bewegt, erscheinen die RGB-Zahlenwerte dieser Farbe am unteren Rand der Palette. Wir entscheiden uns für einen Grünton und klicken die sechste Zelle der dritten Zeile innerhalb der Farbpalette an, die den Werten $R = 0$, $G = 192$ und $B = 0$ entspricht. Als Bestätigung unserer Aktion erscheint daraufhin ein grünes Farbband in der Eingabezeile *Zugeordnete Farbe*.

- Über die beiden Eingabefelder im Bereich *Skalierung im Kurvenfenster* läßt sich die Basisskalierung verändern. Aktiv geschaltet ist zunächst der Schalter *automatisch*. Wir wollen dies nun dauerhaft verändern und den zuvor getroffenen Einstellungen im Grafikfenster bzw. der Vorlage MARKER0.CCV angleichen. Dazu wird zunächst der namenlose Schaltknopf für die Festeinstellung angeklickt, der sich links neben dem Eingabefelder *Min* befindet. Jetzt verlieren die zugehörigen Eingabefelder ihre graue Farbe und dürfen manuell ausgefüllt werden. Für *Min* wählen wir den Wert *0* und für *Max* den Wert *100*. Mit der entsprechenden Schaltfläche springen wir jetzt zum Datensatz CHROMATOGRAMM1_GEGLÄTTET. Wir wechseln auch hier zur manuellen Skalierung und wählen für *Min* und *Max* dieselben Werte.

3.2 Immer im Bilde

Um das Resultat dieser Aktionen anzuschauen, wird es Zeit, ein Dialog-*OK* zu geben. Diesmal erzeugen wir die beiden Kurven nicht mit VARIABLE – *Zusammen zeigen* oder der entsprechenden Schaltfläche, sondern bedienen uns einer etwas eleganteren, weil schnelleren Methode, indem wir EXTRA – *QuickView-Fenster* mit einem Haken versehen. Auf dem Monitor erscheint ein Grafikfenster mit der Titelzeile *Quick-View*, das die in der Variablenliste des Applikationsfensters unterlegten Datensätze anzeigt. Wir erkennen, daß sich Skalierung und Farbe der Kurvenzüge gegenüber der Grundeinstellung verändert haben. Die linke wie rechte y-Achse sind nun übereinstimmend zwischen *0* und *100* skaliert, und auch die gewünschten Dimensionen sind vermerkt.

Hinweis: Das Quick-View-Fenster hat den Vorteil, daß sich Datensätze auf die Schnelle per Mausklick betrachten lassen. Um dies zu demonstrieren, klicken wir jetzt den Datensatz ZEIT in der Variablenliste des Applikationsfensters an und wählen ihn damit aus. Mit dieser neuen Auswahl wird auch die Darstellung im Quick-View-Fenster aktualisiert, so daß jetzt der Verlauf der Variablen ZEIT begutachtet werden kann. Klicken wir einen anderen Datensatz an, erscheint dieser ebenfalls sofort in der Schnellansicht. Markieren wir für einen weiteren Test mit gedrückter Maustaste alle Variablen, zeigt die Schnellansicht unsere drei Datensätze gemeinsam an.

Wie bereits die Menüzeile vermuten läßt, stehen dem Anwender im Quick-View-Fenster alle Funktionen der bisher genutzten Grafikfenster zur Verfügung. Wenn nachfolgend also etwas betrachtet werden soll, reicht häufig die Schnellansicht aus.

Bevor wir mit VARIABLE – *Eigenschaften* den Dialog zum letzten Male öffnen, unterlegen wir in der Variablenliste des Applikationsfensters nochmals die beiden Datensätze CHROMATOGRAMM1_ORIGINAL und CHROMATOGRAMM1_GEGLÄTTET und klicken dann im Dialog *Eigenschaften* die letzte Registerfahne *Datenformat* an (vgl. Abbildung 3.12).

Hinweis: Es fällt auf, daß die Schnellansicht im Gegensatz zu den bisher verwendeten Grafikfenstern nicht automatisch mit dem Dialogaufruf in den Hintergrund gedrängt wird, sondern mit dem Applikationsfenster verbunden bleibt. Ein ähnliches Verhalten läßt sich auch für »normale« Kurvenfenster erreichen, wenn mit OPTIONEN – *Anzeige* der Dialog *Optionen Anzeige* geöffnet und das Schaltkästchen *Nie vom Hauptfenster verdeckt* angekreuzt wird.

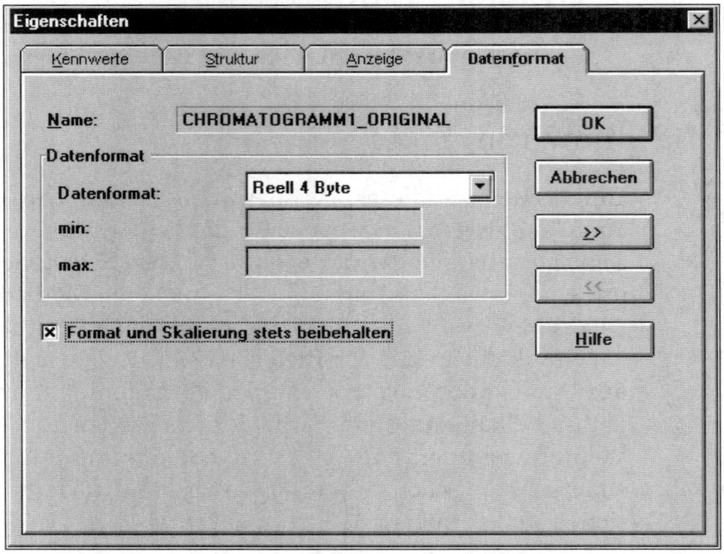

Abbildung 3.12: Geänderte Einstellungen im Register Datenformat

Wieder erscheint die erste Variable bzw. der Basisdatensatz CHROMATO-GRAMM1_ORIGINAL in der Eingabezeile *Name*. Die Klappliste *Datenformat* zeigt die aktuelle Datenstruktur an, nämlich *Reell 4 Byte*. Dieses Feld bleibt in der Regel unverändert. Sollte man sich für ein anderes Format entscheiden, wird von den neun Auswahlmöglichkeiten der Liste die gewünschte angeklickt. Die Eingabefelder *min* und *max* geben die Extrema des jeweiligen Wertebereichs an, die aber nur bei ganzzahligen Datenformaten berechnet und ausgegeben werden, um eine Optimierung der Auflösung zu erleichtern. In unserem Falle sind diese beiden Funktionen gesperrt.

Am Ende dieses Registers befindet sich ein Kontrollkästchen. Sollen die einmal festgelegten Parameter hinsichtlich Datenformat und Skalierung im nachhinein nicht mehr abgewandelt werden, muß dieses Kästchen angekreuzt werden, was wir sicherheitshalber tun. Mit der Vorwärts-Scroll-Schaltfläche wechseln wir zum Datensatz CHROMATOGRAMM1_GE-GLÄTTET und kreuzen dieses Kästchen auch hier an, um schließlich das *OK* zu geben.

Hinweis: Enthalten die Datensätze komplexe Zahlen, erscheinen im Register *Datenformat* zwei Bereiche zur Einstellung desselben. Der erste ist dann für den Betrag und der zweite für die Phase zuständig.

An dieser Stelle angekommen wird das Quick-View-Fenster mit dem Windows-Schalter geschlossen. Alternativ läßt sich auch das Häkchen an der Funktion durch erneuten Aufruf von EXTRA – *QuickView-Fenster* entfernen. Um den aktuellen Stand zu erhalten, unterlegen wir alle Variablen im Applikationsfenster und sichern die Konstellation mit DATEI – *Zusammen speichern* unter RESULT3.DAT im FAMOS-Format. Um auch die Änderungen der Kurvenfenster-Konfigurations-Datei zu sichern, markieren wir nochmals die beiden Variablen CHROMATOGRAMM1_ORIGINAL und CHROMATOGRAMM1_GEGLÄTTET, stellen sie gemeinsam als monitorfüllendes Liniendiagramm dar und speichern diese Konfiguration mit <> – *Sichern unter* als MARKER1.CCV. Anschließend wird das Grafikfenster geschlossen. Wem es fürs erste reicht, der kann an dieser Stelle unterbrechen und das Programm verlassen.

3.3 Variablenspiele

Unser eigentliches Ziel, nämlich die Extraktion der Maxima, wollen wir noch ein Weilchen zurückstellen. Statt dessen sollen noch einige Ergänzungen zum Begriff der Variable in FAMOS vorgenommen werden.

Wurde die Sitzung nicht unterbrochen, geht es mit DATEI – *Neubeginn* nahezu nahtlos weiter. Wiedereinsteiger erreichen denselben Status durch Anklicken der FAMOS-Ikone. Mit DATEI – *Laden* bzw. der gleichnamigen Schaltfläche wird anschließend in beiden Fällen RESULT3.DAT geöffnet. Das gesamte Angebot an *zu ladenden Kanälen*, also die Datensätze ZEIT,

CHROMATOGRAMM1_ORIGINAL und CHROMATOGRAMM1_GE-
GLÄTTET, wird akzeptiert, so daß diese in der bekannten Reihenfolge im
Bereich *Variablen* des Applikationsfensters auftauchen.

Die dort angezeigten Symbole bzw. Logos vor den eigentlichen Datensatzbezeichnungen stimmen überein und bedeuten in FAMOS, daß es sich in allen Fällen um sogenannte normale Datensätze handelt (vgl. auch Abbildung 3.8). Um das im vorherigen Abschnitt erzeugte Diagramm zurückzuerhalten, werden alle Variablen per Schaltfläche gemeinsam angezeigt und über die Funktion <> – *Laden* des Grafikfensters mit der Kurvenfenster-Konfigurations-Datei MARKER1.CCV verbunden.

Hinweis: Weder RESULT3.DAT noch MARKER1.CCV enthalten die Information *Format und Skalierung stets beibehalten*, die wir vor kurzem im Register *Datenformat* des Dialogs *Eigenschaften* festgelegt haben! Dies läßt sich zu diesem Zeitpunkt leicht feststellen, wenn das Grafikfenster verkleinert, im Applikationsfenster das Register *Datenformat* des Dialogs *Eigenschaften* geöffnet und das Variablensortiment per Scroll-Schaltfläche durchgeblättert wird. Eine dauerhafte Speicherung dieser Voreinstellung ist also offensichtlich nicht möglich. Sollte die entsprechende Programmfunktion im Verlauf zukünftiger Beispiele erforderlich sein, werden wir im Text ausdrücklich darauf hinweisen, so daß uns diese kleine Unstimmigkeit zunächst nicht besonders irritieren muß und wir den Dialog *Eigenschaften* und das Grafikfenster fürs erste schließen können.

Wie bereits angesprochen, bestehen normale Datensätze aus einer y-Wertereihe, die sich in eine einzige Spalte des FAMOS-Dateneditors einlesen läßt. Der Abstand der einzelnen Meßwerte wird von FAMOS als konstant angesehen, daher reicht es vielfach aus, die Werte auf die Schnelle über dem Zeilenindex aufzutragen. Durch Nutzung der vordefinierten Funktionstasten im Bereich *Funktionen* des Applikationsfensters bzw. der Eingabezeile im Bereich *Operation* in Kombination mit der Schaltfläche *Ausführen*, lassen sich aber nicht nur diverse andere Datensatztypen, sondern auch solche Variablen erzeugen, die anstelle numerischer Angabe die Eigenschaften eines Datensatzes oder auch nur Text enthalten. Einige dieser Variablen wollen wir uns jetzt näher ansehen.

3.3.1 Variable ohne Wert

Im Bereich *Variablen* des Applikationsfensters unterlegen wir ausschließlich den Datensatz ZEIT, der sich – wie wir inzwischen wissen – grafisch als eine Gerade darstellen läßt, die die x-Achse nicht schneidet.

Hinweis: Um uns nochmals davon zu überzeugen, nutzen wir unser kürzlich erworbenes Wissen, rufen mit EXTRA – *QuickView-Fenster* die Schnellansicht auf, verkleinern das Fenster nach Windows-Art und schieben es bis auf weiteres in die rechte untere Ecke, um mögliche optische Verwirrungen in Grenzen zu halten.

Erhält man bei einer auf einen Datensatz angewandten Rechenoperation keinen einzigen Wert als Ergebnis, so liegt ein leerer Datensatz vor. FAMOS besitzt im Bereich *Funktionen* eine Anweisung, die unmittelbar einsichtig solch ein Ergebnis liefern kann. Um sie kennenzulernen, unterlegen wir Position 7> *Statistik*, worauf 12 der insgesamt 15 Funktionsknöpfe neu belegt werden. Die vierte Schaltfläche trägt jetzt die Bezeichnung *Alle0* (vgl. Abbildung 3.13). Wie uns der Text im Bereich *Ausgabe* nach den Anklicken von *Alle0* wissen läßt, übernimmt diese Funktion die Bestimmung aller Nullstellen eines Datensatzes.

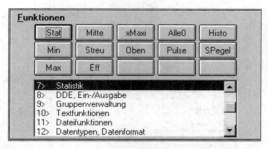

Abbildung 3.13: Belegung der Funktionstasten im Bereich 7> Statistik

Gleichzeitig mit dem Anklicken von *Alle0* erscheint in der Eingabezeile des Bereichs *Operation* die Funktionsbezeichnung gefolgt von je einer sich öffnenden und schließenden Klammer, zwischen denen ein blinkender senkrechter Strichcursor auf erforderliche weitere Eingaben aufmerksam macht. Als mit Sicherheit nullstellenfreies Beispiel überführen wir aus der Variablenliste den Datensatz ZEIT per Doppelklick in die rechte Hälfte der Variablenzeile an die Cursorposition zwischen den Klammern. Da wir eine neue Variable erzeugen wollen, müssen wir ihr einen Namen zuweisen. Dazu ist eine Erweiterung der Eingabezeile erforderlich. Wir plazieren den Strichcursor per Mausklick am Anfang der Eingabezeile und ergänzen diese per Tastatur. Da die neue Variable den Namen LEER tragen soll, muß die vollständige Anweisung lauten:

```
LEER=Alle0(ZEIT)
```

Nun wird die Schaltfläche *Ausführen* aktiviert, worauf sich das Fleißkärtchen mit dem Titel FAMOS-Aktiv öffnet. Wenig später macht uns das inaktivierte Fleißkärtchen gemeinsam mit einer Fehlermeldung darauf aufmerksam, daß FAMOS einen unerlaubten Variablennamen entdeckt hat (vgl. Abbildung 3.14).

Wir bestätigen die Fehlermeldung mit *OK*. Freundlicherweise ist der Schreibcursor in der Eingabezeile von *Operation* auf unseren Variablennamen LEER gesprungen und hat den ersten Buchstaben blau unterlegt. Daraus ist zu schließen, daß LEER wohl eine FAMOS-interne Bedeutung besitzt. Wir müssen uns also einen anderen Namen für die neue Variable einfallen lassen und nennen sie einfach NIX, so daß die geänderte Eingabe nun lautet:

```
NIX=Alle0(ZEIT)
```

Abbildung 3.14: Fehlermeldung bei unerlaubtem Variablennamen

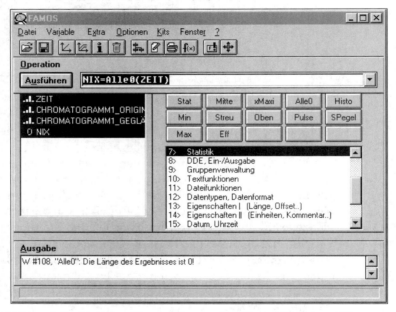

Abbildung 3.15: Korrigierte Eingabezeile, neue Variable und Hinweis auf Wertemangel

Anklicken der Schaltfläche *Ausführen* führt zu fleißigem Rechnen, und im Handumdrehen kann die neue Variable NIX in der Variablenliste des Applikationsfensters bewundert werden. Das Fehlen jeglicher Werte wird in diesem Falle durch eine 0 vor dem Variablennamen und durch einen entsprechenden Hinweis im Bereich *Ausgabe* mitgeteilt (vgl. Abbildung 3.15).

Einen weiteren Hinweis liefert das weiterhin geöffnete Quick-View-Fenster. Denn obwohl auch der neu gebildete Datensatz im Applikationsfenster automatisch unterlegt wurde, ist er selbst in bildschirmfüllender Schnellansicht nicht zu entdecken. Wir verkleinern die Schnellansicht wieder. Anschließend klicken wir nochmals die Variable NIX an, um dem Programm

Variablenspiele 137

deutlich zu machen, daß wir nur sie grafisch darstellen wollen. NIX wird daraufhin zwar in der Legende des Quick-View-Fensters aufgeführt, aber ein Liniendiagramm ist nach wie vor nicht zu entdecken – zweifelsfrei ein weiterer Hinweis auf akuten Datenmangel. Letzte Sicherheit bringt EXTRA – *Dateneditor* bzw. die Betätigung der entsprechenden Schaltfläche. In der sich öffnenden Tabelle gehört dem Datensatz NIX offensichtlich die erste Spalte. Diese enthält erwartungsgemäß keinen einzigen Wert, wie die drei Fragezeichen überdeutlich klarstellen (vgl. Abbildung 3.16). Nach Begutachtung wird der Dateneditor mit dem Windows-Schalter geschlossen.

Abbildung 3.16: Die Spalte NIX im FAMOS Dateneditor ist leer

Da NIX in der Variablenliste noch immer unterlegt ist, können wir zur weiteren Absicherung VARIABLE – *Eigenschaften* aufrufen und die Registerfahne *Kennwerte* näher untersuchen. FAMOS teilt uns an dieser Stelle mit, daß es sich um einen normalen Datensatz im *Datenformat: Reell 4 Byte* handelt, der sich allerdings durch eine *Gesamtgröße* von 0 auszeichnet (vgl. Abbildung 3.17). Wir haben also tatsächlich einen leeren Datensatz erzeugt. Nachdem dies jetzt abgesichert ist, wird der Dialog *Eigenschaften* mit der Schaltfläche *Abbrechen* verlassen.

Hinweis: Nahezu alle FAMOS-Funktionen kopieren, sofern möglich, die Eigenschaften der Ausgangs- bzw. Parametervariable. Daher entsprechen z. B. die Angaben zu Datum und Uhrzeit für die Variable NIX den entsprechenden Werten des Mutterdatensatzes (vgl. z. B. Abbildung 3.17). Eine Ausnahme bilden solche Funktionen, die neue Datensätze ohne Einbeziehung vorhandener errechnen. Ein Beispiel hierfür ist der Befehl

```
RAMPE(0,1,100)
```

Er erzeugt einen neuen Datensatz mit 100 Werten, der mit 0 beginnt und ein Inkrement von 1 aufweist. In der grafischen Darstellung ergibt sich dabei eine Strecke mit der Steigung 1.

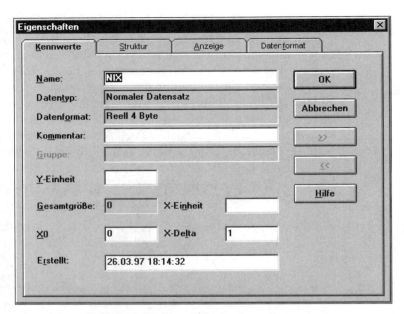

Abbildung 3.17: Kennwerte eines leeren Datensatzes

3.3.2 Einzelkind

Das Ergebnis mancher Berechnungen oder Datensatzanalysen besteht in einem einzelnen Wert, der eine bestimmte charakteristische Aussage über den Datensatz macht. So dürfte es häufig von Interesse sein, den absolut größten oder kleinsten Wert bzw. das absolute Maximum oder Minimum einer Wertereihe zahlenmäßig zu erfassen. Die zuständigen Funktionsknöpfe befinden sich zufälligerweise ebenfalls in der Abteilung *7> Statistik* des Bereichs *Funktionen*.

Wir leeren die Eingabezeile im Feld *Operation*, indem der bestehende Eintrag per Maus vollständig unterlegt wird. Durch diese Markierung gestatten wir den nachfolgenden Eingaben, den bisherigen Text zu überschreiben. Wer es nicht glaubt, kann nach der Markierung auch die `Entf`-Taste drücken und so dasselbe Ziel etwas umständlicher erreichen. Danach klicken wir den sechsten Schaltknopf *Min* an, und der Befehl mit nachgestellter leerer Klammer erscheint in der Eingabezeile. Nun überführen wir – in gleicher Weise wie zuvor – per Doppelklick den Datensatz CHROMATOGRAMM1_GEGLÄTTET an die Cursorposition zwischen den Klammern.

Hinweis: Selbstverständlich zeigt die weiterhin geöffnete Schnellansicht unmittelbar nach dem Anklicken den Datensatz CHROMATOGRAMM1_GEGLÄTTET an. Dies soll uns aber nicht weiter stören.

Variablenspiele 139

Nun wird die Eingabezeile noch durch die Bezeichnung der neuen Variable ergänzt, die wir SINGLE taufen wollen. Unsere korrekte Eingabeanweisung im Bereich *Operation* lautet diesmal also:

```
SINGLE=Min(CHROMATOGRAMM1_GEGLÄTTET)
```

Nach dem Aktivieren der Schaltfläche *Ausführen* erscheint sofort die Variable SINGLE in der Variablenliste, und auch sie wird automatisch unterlegt. Daß es sich bei diesem Datensatz um einen einzelnen Wert handelt, verdeutlicht das vorangestellte Würfelsymbol. Die nachgestellte Klammer enthält den ermittelten Zahlenwert. Das gesuchte absolute Minimum im Datensatz CHROMATOGRAMM1_GEGLÄTTET besitzt dieser Angabe zufolge den y-Wert *11.6121* (vgl. Abbildung 3.18).

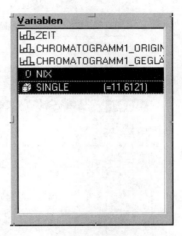

Abbildung 3.18: Kennwerte eines leeren Datensatzes

Hinweis: Erscheint der Zahlenwert nicht hinter der Variablenbezeichnung, so hilft es, mit OPTIONEN – *Anzeige* den gleichnamigen Dialog zu öffnen und im Bereich *Variablenliste* das Kontrollkästchen *Einzelwerte mit Inhalt* anzukreuzen. Nach Bestätigung des Dialogs erfolgt die gewünschte Ergänzung der Variablenliste (vgl. auch Abbildung 3.34).

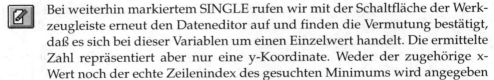
Bei weiterhin markiertem SINGLE rufen wir mit der Schaltfläche der Werkzeugleiste erneut den Dateneditor auf und finden die Vermutung bestätigt, daß es sich bei dieser Variablen um einen Einzelwert handelt. Die ermittelte Zahl repräsentiert aber nur eine y-Koordinate. Weder der zugehörige x-Wert noch der echte Zeilenindex des gesuchten Minimums wird angegeben (vgl. Abbildung 3.19).

Auch dies läßt sich leicht nachweisen, nachdem wir die Tabelle des Dateneditors wieder geschlossen haben. Klicken wir nämlich wie zuvor die unterlegte Variable SINGLE nochmals an, sollte diese in grafischer Darstellung im Quick-View-Fenster sichtbar werden. Bei genauem Hinsehen erkennen wir einen einzelnen winzigen Datenpunkt in unmittelbarer Nähe der linken y-Achse. Wir wechseln ins Quick-View-Fenster und rufen mit Y – *Single* den Dialog *y-Achse: SINGLE* auf. In *Muster* haken wir die Alternative *Dicke Punkte* an, bestätigen den Dialog mit *OK* und finden unseren Einzelwert in der Schnellansicht nun erheblich leichter (vgl. Abbildung 3.20). Nach Betrachtung wählen wir wieder die zuvor eingestellte Alternative *Geraden* und entfernen damit automatisch den Haken an der Funktion *Dicke Punkte*.

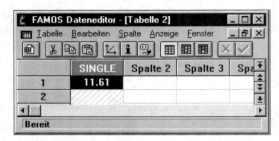

Abbildung 3.19: Inhalt der Spalte SINGLE im Dateneditor

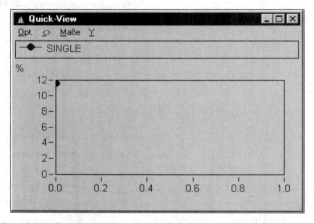

Abbildung 3.20: Das Quick-View-Fenster zeigt einen y-Wert ohne x-Koordinate

Endgültig bestätigt wird die Einsamkeit des Wertes durch Anklicken von SINGLE in der Variablenliste mit nachfolgendem Aufruf der *Kennwerte* im Dialog *Eigenschaften*. Es handelt sich diesen Angaben zufolge um einen Datensatz der *Gesamtgröße: 1*. Wieder findet sich in *Datentyp* die Angabe *normaler Datensatz*, diesmal aber im *Datenformat: Reell 8 Byte* (vgl. Abbildung 3.21). Nachdem die Informationen abgefragt sind, wird der Dialog geschlossen.

Variablenspiele 141

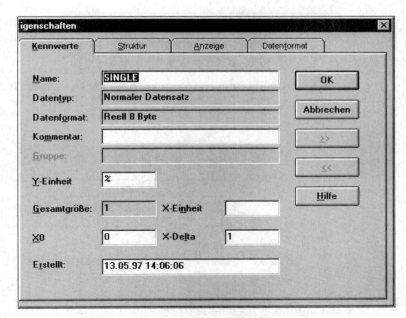

Abbildung 3.21: Kennwerte eines einzahligen Datensatz

3.3.3 Metamorphose

Es gibt aber noch weitere Möglichkeiten, unterschiedliche Variablentypen zu erzeugen, wobei eine Tatsache unbedingt näher erläutert werden muß. Bisher haben wir x/y-Datensätze nur im Zusammenhang mit grafischen Umsetzungen kennengelernt. Datensätze mit echten x/y-Kennwerten haben wir damit allerdings noch nicht ins Leben gerufen.

Für Interessierte: Dies ist schnell gezeigt. Wenn man die Variable CHROMATOGRAMM1_ORIGINAL anklickt, im Quick-View-Fenster mit OPT. – *Weitere Kurven* den Dialog *Kurven im Fenster: Quick-View* öffnet, als zweite Auswahl die Variable ZEIT hinzunimmt, die erste Variable als *y*, die zweite als *x* definiert (vgl. Kap. 2.5) und den Dialog mit *OK* absegnet, ergibt sich beileibe keine x/y-Verbindung zwischen den beiden Datensätzen. Durch diese Vorgehensweise wurden die Variablen nämlich hinsichtlich ihrer Eigenschaften absolut nicht verändert. Den Beweis liefert der Aufruf VARIABLE – *Eigenschaften* aus dem Applikationsfenster heraus. Bezüglich der Kennwerte sind hier keine Hinweise auf eine x/y-Abhängigkeit erkennbar. Nach Begutachtung wird der Dialog geschlossen.

Um aus den Variablen CHROMATOGRAMM1_ORIGINAL als y und ZEIT als x echte x/y-Koordinatenpaare zu zaubern, muß man sich also offensichtlich etwas anderes einfallen lassen, und wir greifen dazu erneut auf den eingebauten Funktionenvorrat zurück. Als erstes wird in den Bereich *Funktionen* des Applikationsfensters gewechselt und zur Position *12> Datentypen, Datenformat* gesprungen. Eventuell muß das Fenster der

Schnellansicht dabei etwas verkleinert oder verschoben werden, um den entscheidenden Bereich des Applikationsfensters sichtbar zu machen. Mit vorgefertigten Operationen belegt finden wir diesmal 14 der 15 Funktionstasten. Die dritte trägt die vielversprechende Bezeichnung *XYvon*. Sie verwandelt sogenannte normale Datensätze in x/y-Pärchen (vgl. Abbildung 3.22).

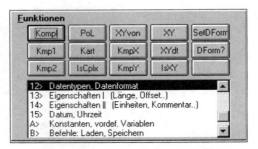

Abbildung 3.22: Funktionstasten des Bereichs 12> Datentypen, Datenformat

Wir entfernen nach einer der bereits vorgestellten Methoden den Inhalt der Eingabezeile im Bereich *Operation* und ersetzen ihn per Mausklick auf die ausgewählte Funktionstaste *XYvon*. Wieder gilt es jetzt, die nachgestellten Klammern mit den richtigen Parametern zu füllen. Wie die Anweisung im Bereich *Ausgabe* vermuten läßt, sollen die Variablen x und y in die Klammer überführt werden. Daher klicken wir zunächst nur die Variable ZEIT an und starten diesmal eine Drag-und-Drop-Operation, indem der Mauszeiger in das linke Drittel der unterlegten Zeile geführt wird. Prompt erscheint das Windows-Händchen. Klicken und Festhalten der linken Maustaste verwandelt den Mauszeiger in das bereits vorgestellte Symbol zum Plazieren von Variablen, sobald der Bereich *Variablen* verlassen wird. Hat der Mauszeiger die Eingabezeile erreicht, verwandelt er sich erneut, um uns zu verdeutlichen, daß jetzt ein Fallenlassen der Variable erlaubt ist. Sobald die Position zwischen öffnender Klammer und Komma präzise erreicht ist, wird die Maustaste freigegeben und schon befindet sich die Variable am rechten Ort. Mit der zweiten einzutragenden Variablen CHROMATOGRAMM1_ORIGINAL verfahren wir genauso, nur plazieren wir sie hinter dem Komma. Da auch bei dieser Aktion eine neue Variable ins Leben gerufen wird, muß ihr eine Bezeichnung zugewiesen und vor den Funktionsbefehl geschrieben werden. XYECHT mag auch später noch ein guter Hinweis sein, so daß die vollständige Eingabezeile lautet:

    XYECHT=XYvon(ZEIT,CHROMATOGRAMM1_ORIGINAL)

Nachdem die Schaltfläche *Ausführen* aktiviert worden ist, setzt FAMOS das Gewünschte in die Tat um. Die Namensgebung kollidiert offensichtlich mit keiner programminternen Anweisung, und sofort erscheint in der Variablenliste ein weiteres neues Symbol mit der Bezeichnung XYECHT (vgl. Abbildung 3.23).

Variablenspiele

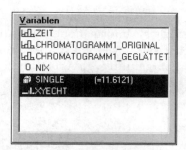

Abbildung 3.23: Einbau eines »echten« X/Y-Datensatzes in die Variablenliste

Ob die Zuordnung der Wertereihen beim Einsatz des Befehls *XYvon* richtig war, läßt sich leicht überprüfen, indem wir – nach Entfernung der evtl. zusätzlich vorhandenen Markierung von SINGLE – die Variable XYECHT mit Hilfe der zuständigen Schaltfläche des Applikationsfensters in den FAMOS-Dateneditor überführen.

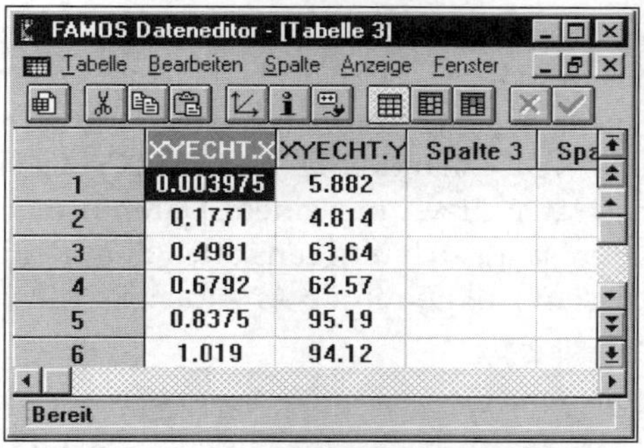

Abbildung 3.24: Der Dateneditor erkennt die x- und y-Komponenten

Hinweis: Wurde der Dateneditor nach vorausgehenden Manipulationen nicht geschlossen, sondern lediglich verkleinert, zeigt er zunächst noch den alten Datenbestand an. In diesem Fall entfernen wir alle gefüllten Spalten, indem nach dem Anklicken jeweils der Befehl SPALTE – *Spalte entfernen* benutzt wird. Sind schließlich alle geleert, aktivieren wir *Spalte 1*, öffnen mit SPALTE – *Datensatz einordnen* den Dialog *Tabellenfenster: Zeige Variable*, markieren XYECHT und geben das *OK*.

In der Tabelle sind zwei Spalten sichtbar, die die Namen der Komponenten des xy-Datensatzes tragen, nämlich XYECHT.X und XYECHT.Y. An den Zahlenwerten läßt sich unschwer feststellen, daß unsere x/y-Zuordnung richtig war, so daß wir den Dateneditor schließen können (vgl. Abbildung 3.24).

Daß XYECHT aus zwei Komponenten besteht, läßt sich auch auf andere Art feststellen. Wird nämlich im Bereich *Variablen* des Applikationsfensters die rechte Maustaste gedrückt, so lassen sich vier Anzeigemöglichkeiten anklicken. Aktivieren wir *Zeige Komponenten*, so erhalten wir im Bereich *Variablen* zusätzliche Informationen und die beiden Komponenten XYECHT.Y und XYECHT.X werden direkt unterhalb der zugehörigen Variable XYECHT aufgeführt (vgl. Abbildung 3.25).

Abbildung 3.25: Fliegendes Menü zur Gestaltung der Variablenliste

Auch wenn wir uns die beiden Komponenten nacheinander einzeln in der wieder vergrößerten Schnellansicht vor Augen führen, erkennen wir, daß eine korrekte Zuordnung getroffen wurde. XYECHT.X liefert wieder die von der Variablen ZEIT her bekannte Gerade, und der Verlauf von XYECHT.Y entspricht CHROMATOGRAMM1_ORIGINAL.

Endgültige Gewißheit bekommen wir auf inzwischen bekannte Weise. Nach Markierung von XYECHT in der Variablenliste rufen wir VARIABLE – *Eigenschaften* auf. Sofort erkennen wir, daß sich der Datentyp verändert hat. Laut Angabe handelt es sich bei XYECHT um ein XY-Datensatz, der aus zwei Datensätzen mit einem Datenformat von jeweils *Reell 4 Byte* besteht. Letzteres läßt sich übrigens auch dem Register *Datenformat* entnehmen, das in diesem Fall getrennte Angaben für die x- und y-Komponente des Datensatzes liefert.

Hinweis: Im Register *Kennwerte* erscheinen im Falle eines x/y-Datensatzes drei durch die Vorsilbe *Par* abgewandelte Eingabefelder. Während sich die übrigen Angaben auf den gesamten x/y-Datensatz beziehen, werden hier noch Zusatzinformationen zur x- bzw. y-Komponente des x/y-Datensatzes untergebracht.

Durch Betätigung der Schaltfläche *Abbrechen* wird wieder ins Applikationsfenster gewechselt. Im Bereich *Operation* nehmen wir eine kleine, aber folgenreiche Änderung vor. In der Eingabezeile steht noch unsere Anweisung zur Erzeugung der echten x/y-Variablen. Diese wird nun ein wenig editiert. XYECHT ersetzen wir durch YVIEL und vertauschen die Reihenfolge der Parametervariablen innerhalb der Klammer, also wird CHROMATOGRAMM1_ORIGINAL vor das Komma gezogen und ZEIT an die zweite Stelle gesetzt. Die Eingabe lautet somit:

```
YVIEL=XYvon(CHROMATOGRAMM1_ORIGINAL,ZEIT)
```

Hinweis: Eingefleischte Windows-Profis dürfen zur Umorganisation der Eingabezeile selbstverständlich auch die bekannten Tastatur-Shortcuts für *Ausschneiden* und *Kopieren*, also [Strg][X] und [Strg][V] verwenden.

Variablenspiele 145

 Nach dem *Ausführen* finden wir in der Variablenliste des Applikationsfensters ein weiteres Set von Datensätzen, wieder mit einem neuen Symbol, das für einen sogenannten Kennliniendatensatz steht (vgl. Abbildung 3.28). Die Besonderheit dieses Datensatzes besteht darin, daß er keine – wie der Mathematiker sagt – monotonen Eigenschaften besitzt, d. h., jedem x-Wert können mehrere y-Werte zugeordnet sein. Wir haben zwar lediglich x- und y-Achse vertauscht, aber wenn man sich das Ergebnis in der Schnellansicht betrachtet, indem man bei geöffnetem Quick-View-Fenster YVIEL nochmals anklickt, trifft die Aussage offensichtlich zu (vgl. Abbildung 3.26).

Hinweis: Die gleichen Informationen erhält man, wenn man die inzwischen bekannten Daten und ihre x- bzw. y-Zuordnung im Tabellenfenster des FAMOS-Dateneditors unter die Lupe nimmt.

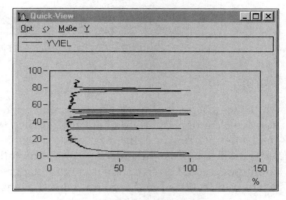

Abbildung 3.26: Kennliniendatensatz

Wird in der Variablenliste des Applikationsfensters YVIEL angeklickt und noch einmal in die *Kennwerte* des Dialogs *Eigenschaften* gewechselt, ist an den Eingabefeldern für die Einheiten unschwer erkennbar, daß x- und y-Achse vertauscht wurden.

Wichtiger ist aber, daß FAMOS die nicht mehr eindeutige Zuordnung zwischen je einem x- und y-Wert durch den Zusatz *(Kennlinie)* im Eingabefeld *Datentyp* anzeigt (vgl. Abbildung 3.27). Nach Kenntnisnahme verlassen wir den Dialog mit *Abbrechen*.

Daß der Erzeugung von Kennlinien normalerweise sinnvollere Zusammenhänge zugrundeliegen und oft komplexere Berechnungen vorausgehen, versteht sich von selbst. Genauer auf das Wesen von Kennlinien einzugehen, würde uns aber zu weit vom Thema abbringen, so daß wir uns zur Veranschaulichung des Darstellungsprinzips mit diesem zugegebenermaßen an den Haaren herbeigezogenen Beispiel zufriedengeben wollen.

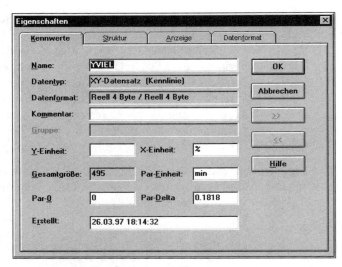

Abbildung 3.27: In der Rubrik Datentyp wird auf eine Kennlinie hingewiesen

3.3.4 Komplexe

Ähnliches gilt auch für unseren nächsten Versuch. Hier wollen wir ebenfalls nur den Weg demonstrieren, wie zwei reelle Datensätze zu einem komplexen Datensatz zusammengefaßt werden. Daß unser vorhandenes Datenmaterial in diesem Zusammenhang wenig sinnvoll ist, braucht uns dabei nicht zu interessieren. Durch den hier eingeschlagenen Weg vermeiden wir nämlich zumindest das Jonglieren mit verschiedensten Datensätzen und behalten so leichter den Überblick.

Wir nutzen also das vorhandene Ausgangsmaterial erneut, um diesmal die Konstruktion eines komplexen Datensatzes zu starten. Dazu markieren wir wieder die noch vorhandene Anweisung in der Eingabezeile von *Operation* und wechseln zu Position *12> Datentypen, Datenformat* des Bereichs *Funktionen*. Diesmal klicken wir die erste Funktionsschaltfläche *Kompl* an, worauf die unterlegte Anweisung in der Eingabezeile verschwindet und durch die gewählte Funktion mit den obligatorischen Klammern ersetzt wird.

Vor dem Komma in der Klammer plazieren wir mit der inzwischen eingeübten Drag-und-Drop-Methode den Datensatz CHROMATOGRAMM1_ ORIGINAL. In unserem späteren komplexen Datensatz repräsentiert dieser Teil dann den Betrag. Hinter das Komma schreiben wir *90* und bestimmen damit die Phase zu diesem Wert. Als Namen für den neuen Datensatz wählen wir SCHEIN, so daß der gesamte Ausdruck lautet:

```
SCHEIN=Kompl(CHROMATOGRAMM1_ORIGINAL,90)
```

Mit dem *Ausführen* zeigt sich auch dieser Datensatz mit einem neuen Symbol in der Variablenliste. Die Ergänzung (BP) hinter der Variablenbezeichnung SCHEIN bezieht sich auf die Darstellungsform als Betrag und Phase (vgl. Abbildung 3.28).

Variablenspiele

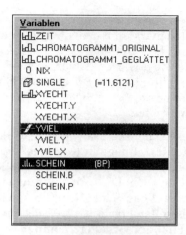

Abbildung 3.28: Kennzeichnung eines komplexen Datensatzes (Betrag/Phase)

Wir markieren ausschließlich SCHEIN, aktivieren mit der vorgesehenen Schaltfläche den Dateneditor und finden Betrag und Phase in zwei Spalten als Datensätze bzw. Komponenten des komplexen Datensatzes. Zur Unterscheidung tragen sie die eindeutigen Bezeichnungen SCHEIN.B und SCHEIN.P, wobei jeder Wert in SCHEIN.P unserer eingegebenen Phasenlage, nämlich $90°$ entspricht (vgl. Abbildung 3.29).

Hinweis: Auch für das Überführen einer Variablen in den Dateneditor gibt es eine Drag-und-Drop-Operation. Dazu wird das Dateneditorfenster geöffnet und gegebenenfalls geleert. Wie gehabt wird eine Variable in der Liste des Applikationsfensters markiert und an der linken Seite mit dem Handsymbol gegriffen. Dabei wird das Dateneditorfenster in den Hintergrund gedrängt und ist unsichtbar, wenn zuvor das Applikationsfenster monitorfüllend gewesen ist. Während die linke Maustaste mit der angehängten Variablen gedrückt bleibt, wird die Tabelle jetzt mit [Alt][↹] wieder nach vorne geholt und die Variable durch Freigabe der Maustaste in der gewünschten Spalte plaziert.

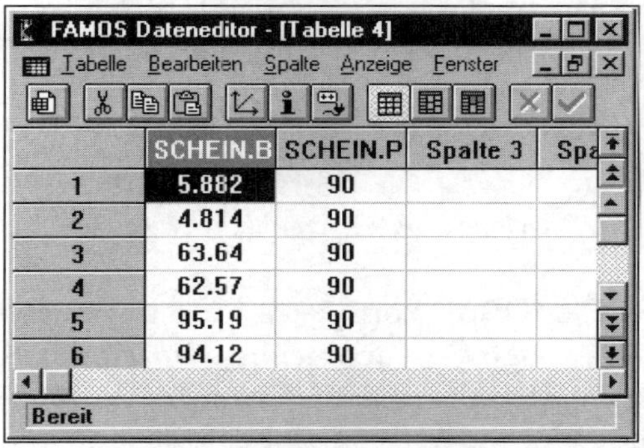

Abbildung 3.29: Automatische Anzeige der Komponenten im Tabellenkopf

Wir lassen den Dateneditor geöffnet, wechseln mit [Alt][⇆] ins Applikationsfenster, markieren in der Variablenliste SCHEIN und wählen routinemäßig den Aufruf VARIABLE – *Eigenschaften*. Das Register *Kennwerte* zeigt unter *Datentyp* wie erwartet, daß es sich diesmal um einen *komplexen Datensatz* in der Darstellungsweise *Betrag/Phase* handelt. Beide Komponenten besitzen das *Datenformat: Reell 4 Byte*. Nach Kenntnisnahme wird der Dialog mit *Abbrechen* verlassen.

Komplexe Datensätze lassen sich als Betrag/Phase (BP), als Dezibel/Phase (DP) und Real/Imaginär (RI) angeben. Die entsprechende Überführung erfolgt jeweils mit Hilfe spezieller Funktionen. Das folgende Beispiel sollte jeder durchspielen. Die Umwandlung eines komplexen Datensatzes in Form von Betrag/Phase nach Real/Imaginär gelingt mit der Funktion *Kart*, die ebenfalls unter Position *12> Datentypen, Datenformat*, und zwar auf dem siebten Funktionsschalter zu finden ist.

Um sie auszuprobieren, wird die Eingabezeile in *Operation* markiert und *Kart* angeklickt, worauf die Eingabezeile überschrieben wird. In die sich einblendende Klammer überführen wir den komplexen Datensatz SCHEIN mit der zuvor beschriebenen Drag-und-Drop-Methode. Als Namen wählen wir diesmal SCHEIN2, so daß die Anweisung lauten sollte:

    SCHEIN2=Kart(SCHEIN)

Hinweis: In der den Autoren vorliegenden FAMOS-Version führte dieser Einbau des aus zwei Komponenten bestehenden komplexen Datensatzes SCHEIN (BP) zu einer eigenmächtigen Informationsreduktion von Seiten des Programms. Denn nur der Realanteil, also die Komponente SCHEIN.B, wurde per Drag und Drop an die entsprechende Position der Eingabezeile überführt. Kommt man auf die Idee, die Funktion dennoch mit der Schaltfläche *Ausführen* zu starten, erscheint eine Fehlermeldung, mit der sich FAMOS über einen unzulässigen Parametertyp beschwert (vgl. Abbildung 3.30). In dieser Situation hilft nur die Bestätigung der Fehlermeldung und eine manuelle Korrektur der Eingabezeile. Erst dann funktioniert alles einwandfrei.

Abbildung 3.30: Fehlermeldung bei falscher Parameterwahl für die Funktion Kart

Hat FAMOS die korrigierte Anweisung schließlich ordnungsgemäß abgearbeitet, zeigt die Variablenliste im Applikationsfenster SCHEIN2 mit dem gleichen Symbol für einen komplexen Datensatz, das sich auch vor SCHEIN findet. Geändert hat sich allerdings die nachgestellte Ergänzung, die jetzt mit (RI) auf Real- und Imaginärkomponente hinweist (vgl. Abbildung 3.31).

Variablenspiele 149

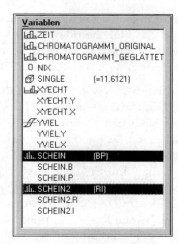

Abbildung 3.31: Symbolische Darstellung eines komplexen Datensatzes (Real/Imaginär)

Wir haben nun eine Menge Variablen inklusive der zugehörigen Subkomponenten in der Liste angesammelt, so daß bei niedriger Bildschirmauflösung möglicherweise der Schiebeschalter zur Variablensuche bemüht werden muß. Wir verschaffen uns mehr Übersicht, wenn mit OPTIONEN − *Anzeige* der gleichnamige Dialog geöffnet, dort im Bereich *Variablenliste* das Kontrollkästchen *Komponenten zeigen* abgeschaltet und der Dialog bestätigt wird (vgl. Abbildung 3.32). Will man sich diese wieder in der Liste anzeigen lassen, können sie auf die gleiche Art zurückgeholt werden.

Abbildung 3.32: Variablenliste nach Abschalten der Komponentenanzeige

Hinweis: Wie wir bereits gesehen haben, läßt sich das An- und Abschalten der Komponenten auch einfacher bewerkstelligen! Im Applikationsfenster schieben wir den Mauszeiger in den Bereich *Variablen* und klicken hier die rechte Maustaste. Es blendet sich ein fliegender Dialog ein, welcher vier Manipulationen in der Variablenliste zuläßt. Die letzte lautet *Zeige Komponenten*. Wird diese Funktion durch Klick der linken Maustaste aktiviert, werden sie angezeigt. Wird das Häkchen dagegen durch nochmaliges Anklicken entfernt, erscheinen nur noch die Datensatzbezeichnungen, ohne Auflistung der Einzelkomponenten (vgl. Abbildung 3.25).

In der reduzierten Darstellung innerhalb der Variablenliste sind die Komponenten nun nicht mehr sichtbar, und wir überprüfen wie schon zuvor, ob es sich wirklich um komplexe Datensätze handelt. Dazu öffnen wir per Schaltfläche den Dateneditor, in dem sich noch immer die Komponenten des Datensatzes SCHEIN befinden. Der Inhalt beider Spalten wird nach bekannter Manier mit SPALTE – *Entfernen* gelöscht, und wir markieren anschließend die leere erste Spalte. Mit SPALTE – *Datensatz einordnen*, Auswahl von SCHEIN2 im Dialog *Tabellenfenster: Zeige Variable* und Bestätigung des Dialogs erscheinen Real- und Imaginärteil als Datensätze in zwei Tabellenspalten mit den eindeutigen Bezeichnungen SCHEIN2.R und SCHEIN2.I. Daß es sich in der Tat wieder um einen komplexen Datensatz handelt, bekommen wir auch diesmal bestätigt, wenn wir den Dateneditor schließen, in der Variablenliste des Applikationsfensters SCHEIN2 unterlegen, wie gehabt VARIABLE – *Eigenschaften* aufrufen und im Register *Kennwerte* nachschauen. Hier ist jetzt ein *komplexer Datensatz* in der Darstellungsweise *Real-/Imaginärteil* mit dem Format *Reell 4 Byte* vermerkt. Ist alles gelesen, verlassen wir den Dialog mit *Abbrechen*.

3.3.5 Zauberworte

Damit ist unsere Reise durch die Variablenfamilie aber noch nicht beendet. Von Daten und Kurven unabhängig sind sogenannte Textvariablen, die bis zu 255 Zeichen enthalten dürfen. Sie repräsentieren somit keinen Mengentext, sondern dienen dazu, u. a. andere Dateien zu organisieren oder die Parameter für die Anwendung bestimmter Funktionen zur Verfügung zu stellen. Eine unmittelbar einsichtige Verwendung finden sie in automatisch ablaufenden Sequenzen. Als Variable verschlüsselt lassen sich hier mit Hilfe einer Textvariable zum Beispiel Dateinamen oder auch Festplattenverzeichnisse angeben.

Wie zu Anfang festgelegt (vgl. Kap. 1.2), befinden sich unsere relevanten Dateien im Pfad C:\IMC\TEST. Um dieses Verzeichnis in einer Variablen, sagen wir in WODAT, zu verschlüsseln, genügt es, den Text zwischen Anführungszeichen in die Eingabezeile des Bereichs *Operation* zu schreiben und mit einer Variablenzuweisung zu versehen. Also überschreiben wir die Eingabezeile mit:

```
WODAT="C:\IMC\TEST"
```

 Aktivieren der Schaltfläche *Ausführen* läßt die Textvariable WODAT sofort mit eigenem Symbol in der Variablenliste des Applikationsfensters glänzen (vgl. Abbildung 3.33).

Variablenspiele 151

Abbildung 3.33: Textvariable in der Variablenliste

Hinweis: Erscheint der Inhalt der Textvariablen nicht hinter der Variablenbezeichnung, so hilft es, mit OPTIONEN – *Anzeige* den gleichnamige Dialog zu öffnen und im Bereich *Variablenliste* das Kontrollkästchen *Texte mit Inhalt* anzukreuzen. Mit Bestätigung des Dialogs erfolgt die gewünschte Ergänzung in der Variablenliste (vgl. Abbildung 3.34).

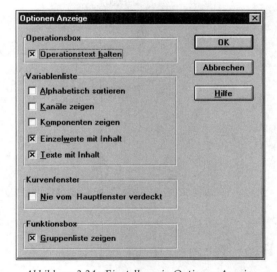

Abbildung 3.34: Einstellung in Optionen Anzeige

Erneut wird zur Variablenliste im Applikationsfenster gewechselt und nur die soeben gebastelte Textvariable angeklickt. Da keine Daten vorliegen, zeigt uns die Schnellansicht in diesem Falle logischerweise nichts, was auf den Inhalt der Variablen schließen ließe. Wir versuchen es mit dem Befehl oder der Schaltfläche VARIABLE – *Zeigen*, worauf sich lediglich ein bescheidenes Anzeigefenster einblendet, dessen Titel der Variablenbezeichnung, also in unserem Fall WODAT, entspricht. In diesem Fenster wird der soeben eingegebenen Text präsentiert (vgl. Abbildung 3.35).

Abbildung 3.35: Anzeige des Inhalts einer Textvariablen

Das kleine Fenster wird per Windows-Schalter geschlossen, und mit VARIABLE – *Eigenschaften* zitieren wir zur letzten Überprüfung der Variablencharakteristika einmal mehr den Dialog *Eigenschaften* auf den Monitor. Da es sich um die Eigenschaften einer Textvariablen dreht, ist von den vier Registern nur *Kennwerte* zugänglich, und da es sich bekanntermaßen um eine Einzelvariable und nicht um eine Gruppe handelt, dürfen nur in drei der vier möglichen Eingabezeilen Veränderungen vorgenommen werden, was wir uns hier verkneifen. Der Dialog informiert uns darüber, daß es sich bei der Variablen um den *Typ: Text* in der *Länge: 11*, gemeint sind Zeichen, handelt (vgl. Abbildung 3.36).

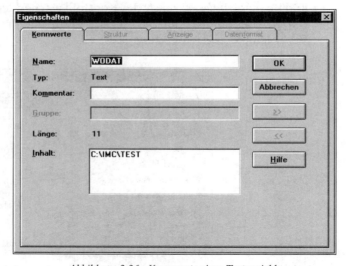

Abbildung 3.36: Kennwerte einer Textvariable

3.4 Familienzusammenführung

Da nichts verändert wurde, dürfen wir den Dialog mit *Abbrechen* verlassen, um uns noch eine weitere Variablenmanipulation vor Augen zu führen. Dabei lernen wir eine Eigenschaft kennen, die in den Kennwerten bisher immer gesperrt war, nämlich die Gruppenzugehörigkeit. Gruppierte Variablen präsentieren sich in Variablenlisten ebenfalls mit eigenen Symbolen, stellen funktionell aber keine neuen Gebilde dar, sondern fassen vorhandene Datensätze gewissermaßen unter einem Dach zusammen, wobei übergeordnete Bezeichnungen vergeben werden dürfen. Diese Funktion erweist sich besonders dann als sinnvoll, wenn verwandte Datensätze aus einer oder mehreren Komponenten sortiert und verwaltet werden sollen.

Zu Demonstrationszwecken hatten wir die beiden komplexen Datensätze SCHEIN und SCHEIN2 aus jeweils zwei Komponenten – Betrag/Phase bzw. Real/Imaginär – erzeugt. Da der Mensch in Schubladen denkt, sollen diese nun unter dem Namen KOMPLEXE vereint werden. Dazu müssen die zu verbindenden Variablen, also SCHEIN und SCHEIN2, unterlegt sein. Anschließend rufen wir VARIABLE – *Zusammenfassen* auf und das kleine Fenster *Kanäle zusammenfassen* blendet sich ein. Neben den Schaltflächen *OK* und *Abbrechen* enthält es nur eine einzige Eingabezeile. Der Windows-typische abwärts weisende Pfeil am Ende der Zeile zeigt uns, daß hier eine Klappliste geöffnet werden kann, der sich die Namen bereits vorhandener Gruppen entnehmen lassen. Da noch keine Gruppen angelegt wurden, tragen wir den gewünschten Gruppennamen, also KOMPLEXE, per Tastatur direkt in diese Zeile ein (vgl. Abbildung 3.37).

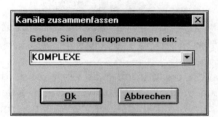

Abbildung 3.37: Das Fenster Kanäle zusammenfassen

Mit dem *OK* finden wir diese Gruppenbezeichnung nun anstelle der Ausgangsvariablen in der Variablenliste des Applikationsfensters. Vorangestellt ist ein Windows-Ordnersymbol als Gruppenkennzeichnung (vgl. Abbildung 3.38).

Abbildung 3.38: Gruppe in der Variablenliste

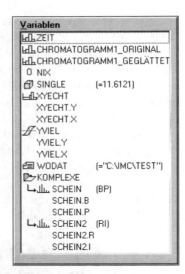

Abbildung 3.39: Anzeige von Kanälen und Komponenten in der Variablenliste

Sollen die Bestandteile von Gruppen in der Variablenliste sichtbar und damit bearbeitbar werden, wird durch Klicken der rechten Maustaste innerhalb der Variablenliste erneut das fliegende Menü geöffnet und die Funktion *Zeige Kanäle* eingeschaltet. Daraufhin präsentiert sich KOMPLEXE in der Liste mit dem Windows-Symbol für einen geöffneten Ordner und zeigt SCHEIN und SCHEIN2 jetzt als untergeordnete Kanäle bzw. Variablen an. Alle Details werden aufgelistet, wenn zusätzlich *Zeige Komponenten* aktiviert ist (vgl. Abbildung 3.39). Schön hierarchisch angeordnet lassen sich nun die geschachtelten Ebenen bewundern. Soll nur der Inhalt einer einzelnen Gruppe sichtbar werden, hilft ein Doppelklick mit der linken Maustaste auf das Gruppensymbol in der Variablenliste.

Da sich inzwischen eine beträchtliche Anzahl von Variablen, Kanälen und Komponenten angesammelt hat, verbessern wir die Übersicht, indem wir die Haken an den beiden Funktionen *Zeige Kanäle* und *Zeige Komponenten* wieder entfernen.

Hinweis: Anstelle des fliegenden Dialoges hätte man auch diesmal den Weg über OPTIONEN – *Anzeige* wählen können. Im Bereich *Variablenliste* des Dialogs *Optionen Anzeige* müssen dazu die etwas anders benannten aber funktionsanalogen Kontrollkästchen *Kanäle zeigen* bzw. *Komponenten zeigen* an- bzw. abgeschaltet werden (vgl. Abbildung 3.40).

Hinweis: Will man die Gruppierung dauerhaft wieder loswerden, hilft – nach Markierung einer gruppierten Variable – der Befehl VARIABLE – *Expandieren* weiter, worauf die Gruppenbezeichnung einschließlich des zugehörigen Symbols aus der Variablenliste des Applikationsfensters gelöscht wird. Für unsere weitere Arbeit lassen wir die Gruppierung jedoch unangetastet.

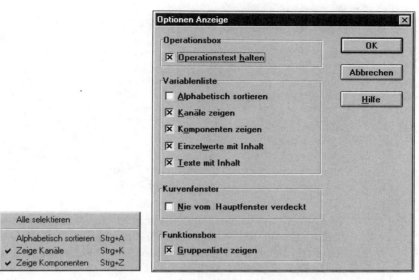

Abbildung 3.40: Gewisse Übereinstimmungen: Fliegendes Menü und Optionen Anzeige

3.5 Werte – mal so, mal so

Zum Thema Variablen gehören auch einige Informationen bezüglich der zum Einsatz kommenden Datenformate und damit verbunden der Hinweis, wie Datenmaterial in FAMOS behandelt und gespeichert werden darf. Im Register *Kennwerte* des Dialogs *Eigenschaften* haben wir unter der Überschrift *Datenformat* mit den Bezeichnungen *Reell 4 Byte* und *Reell 8 Byte* bereits zwei Hinweise erhalten, daß diesbezüglich mehrere Möglichkeiten existieren (vgl. z. B. Abbildung 3.3 und 3.21). Bei internen Berechnungen arbeitet das Programm stets mit größtmöglicher Genauigkeit und verwendet hierzu eine exponentielle Darstellung in Form reeller Zahlen. Von zusätzlichem Interesse für den Anwender dürften die speichersparenden Integerformate sein. Handelt es sich um digitale Daten, also ausschließlich um die Werte null und eins, bekommt die aus digitalen Daten bestehende Variable sogar ein eigenes Datensatzsymbol.

Wir wollen nun nicht extra einen digitalen Datensatz erzeugen, um uns kurz das Symbol anzusehen. Statt dessen markieren wir die Variable ZEIT und rufen per Schaltfläche den Dateneditor auf. Die erste Spalte ZEIT ist aktiv. Mit SPALTE – *Spalte markieren* und dem anschließenden Befehl BEARBEITEN – *Kopieren* bzw. der entsprechenden, jedem Windows-Anwender vertrauten Schaltfläche erzeugen wir ein Duplikat des Datensatzes in der Zwischenablage. Wir klicken die zweite Spalte an, schalten sie damit aktiv und benutzen BEARBEITEN – *Einfügen* bzw. die von anderen Windows-Anwendungen her bestens bekannte Schaltfläche. Unter der automatisch vergebenen Bezeichnung DE_1 (in Dateneditor und Applikationsfenster stets klein geschrieben; vgl. z. B. Abbildung 3.41 und 3.42) finden wir in der zweiten Spalte den verdoppelten Datensatz.

Typ	Spezifizierung	Genauigkeit
reell	4 Byte	7 signifikante Dezimalstellen
	8 Byte	15 signifikante Dezimalstellen
ganzzahlig (mit/ ohne Vorzeichen)	1 Byte	$2^8 - 1$
	2 Byte	$2^{16} - 1$
	4 Byte	$2^{32} - 1$
	Digital	Werte 0 und 1

Tabelle 3.1: FAMOS-Datenformate im Überblick

Mit [Alt] [⇆] in den Bereich *Variablen* des Applikationsfensters zurückgekehrt, finden wir auch hier DE_1 markiert. Mit VARIABLE – *Eigenschaften* wird der bekannte Dialog geöffnet und diesmal die Registerfahne *Datenformat* angeklickt. In der Klappliste *Datenformat* entscheiden wir uns für *Digital* (vgl. Abbildung 3.41). Die Eigenschaften aller hier verfügbaren Zahlenformate sind in Tabelle 3.1 zusammengestellt.

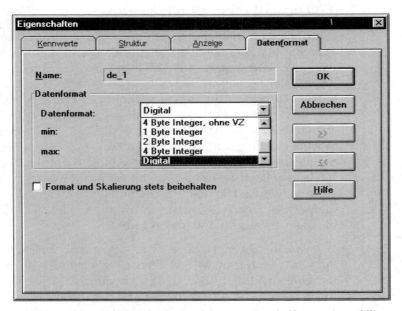

Abbildung 3.41: Umdefinieren des Datenformats mit aufgeklappter Auswahlliste

⊓⊔ Mit dem Dialog-*OK* erscheint endlich das neue Symbol in der Variablenliste. Rufen wir noch einmal den Dateneditor auf, zeigt sich die Digitalisierung in der Spalte DE_1 auch numerisch. Offensichtlich wurden alle Werte die unter 0.5 lagen durch *0*, alle darüber durch *1* ersetzt (vgl. Abbildung 3.42).

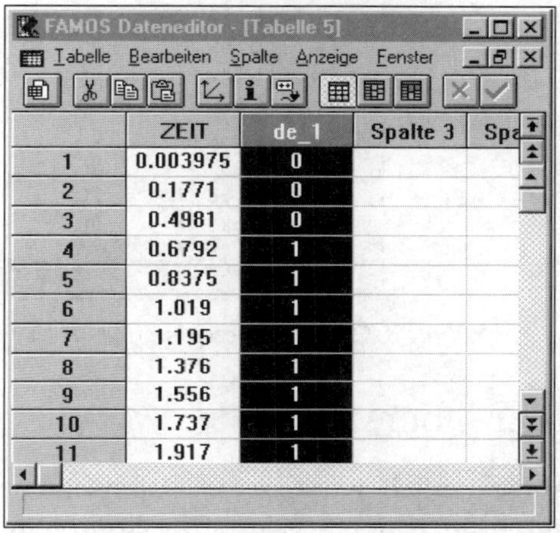

Abbildung 3.42: Digitalisierungsergebnis im Dateneditor

An dieser Stelle schließen wir den Dateneditor mit dem Windows-Schalter und kehren ins Applikationsfenster zurück. Wir haben gesehen, daß Variablen komplizierter strukturiert sein können, als man auf den ersten Blick annimmt.

Wenn es auf der einen Seite Möglichkeiten gibt, Variablen zu übergeordneten Einheiten zusammenzufassen, sollten auch Möglichkeiten bestehen, innerhalb eines Datensatzes auf untergeordnete Einheiten, d. h. Einzelwerte zuzugreifen. Dies ist der Fall und läßt sich über die Zeilennumerierung bzw. den Zeilenindex verwirklichen. Auch dies wollen wir hier nur kurz anreißen, da ausführlichere Beispiele bei Bedarf der Programmdokumentation zu entnehmen sind.

Wir markieren KOMPLEXE und öffnen den Dateneditor erneut, um uns nochmals den Inhalt dieser Variablen vor Augen zu führen.

Hinweis: Obwohl Kanäle und Komponenten der Variable KOMPLEXE in der Variablenliste des Applikationsfensters nicht gesondert geöffnet wurden, erscheinen die einzelnen Datensätze ordnungsgemäß in der Tabelle und die Spaltenköpfe führen die entsprechenden Datensatzbezeichnung auf (vgl. Abbildung 3.43).

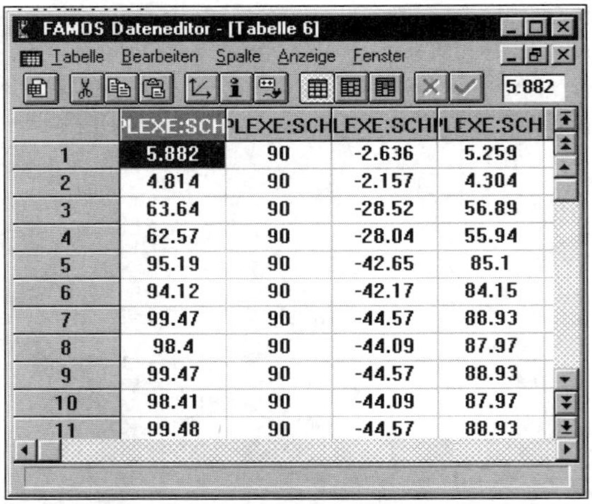

	PLEXE:SCH	PLEXE:SCH	LEXE:SCH	LEXE:SCH
1	5.882	90	-2.636	5.259
2	4.814	90	-2.157	4.304
3	63.64	90	-28.52	56.89
4	62.57	90	-28.04	55.94
5	95.19	90	-42.65	85.1
6	94.12	90	-42.17	84.15
7	99.47	90	-44.57	88.93
8	98.4	90	-44.09	87.97
9	99.47	90	-44.57	88.93
10	98.41	90	-44.09	87.97
11	99.48	90	-44.57	88.93

Abbildung 3.43: Spaltenbezeichnungen überragen die voreingestellte Spaltenbreite

3.6 Mehr Übersicht

Wahrscheinlich werden die Datensatzbezeichnungen jetzt die Breite der Spalten überragen, da nun die komplette Bezeichnung der langen Variablenverschachtelung untergebracht werden muß, also z. B. KOMPLEXE:SCHEIN.B. Will man die Spalten verbreitern, hilft im Fenster des Dateneditors der Befehl ANZEIGE – *Optionen* weiter. Es öffnet sich der Dialog *Tabellenfenster: Optionen Anzeige*, der vier Registerfahnen beherbergt. Diese sollen hier nicht im einzelnen vorgestellt werden. Uns interessiert im automatisch aktivierten Register *Daten* der Bereich *Spaltenbreite* mit der einzigen Einstellungsmöglichkeit *Breite*. Erweitern wir diese mit der Rolleiste auf *24* Stellen, sollte nach dem *OK* alles sichtbar sein (vgl. Abbildung 3.44).

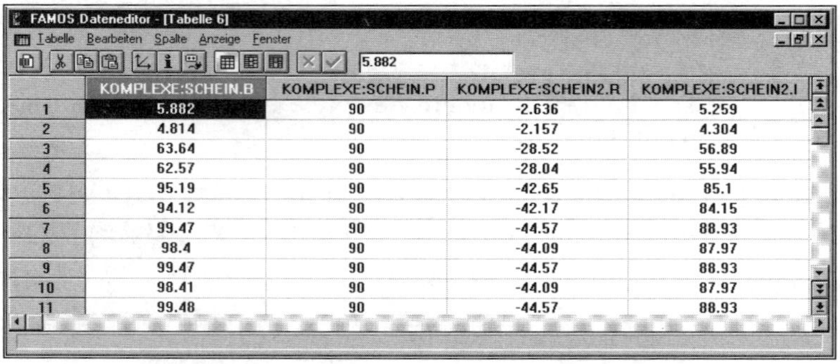

	KOMPLEXE:SCHEIN.B	KOMPLEXE:SCHEIN.P	KOMPLEXE:SCHEIN2.R	KOMPLEXE:SCHEIN2.I
1	5.882	90	-2.636	5.259
2	4.814	90	-2.157	4.304
3	63.64	90	-28.52	56.89
4	62.57	90	-28.04	55.94
5	95.19	90	-42.65	85.1
6	94.12	90	-42.17	84.15
7	99.47	90	-44.57	88.93
8	98.4	90	-44.09	87.97
9	99.47	90	-44.57	88.93
10	98.41	90	-44.09	87.97
11	99.48	90	-44.57	88.93

Abbildung 3.44: Änderung der Spaltenbreite

Hinweis: Diese Änderung der Spaltenbreite läßt sich wieder einmal viel eleganter und vor allem schneller durchführen. Dazu wird der Mauszeiger einfach im Tabellenkopf an eine beliebige Spaltentrennlinie gefahren, worauf er sich in einen senkrechten Strich mit nach links und rechts weisenden Pfeilen verwandelt. Nun wird die linke Maustaste gedrückt und gehalten, so daß die Spaltentrennlinie hervorgehoben erscheint. Solange die Maustaste gedrückt bleibt, läßt sich jetzt die Spaltenbreite durch Verschieben des Mauszeigers vergrößern bzw. verkleinern. Wird die Taste freigegeben, nehmen alle übrigen Spalten automatisch dieselbe Breite an.

Nun schließen wir die Schnellansicht sowie alle eventuell noch vorhandenen Grafikfenster. Wir wechseln mit [Alt][⇆] wieder in den Dateneditor, aktivieren wenn nötig die erste Spalte KOMPLEXE:SCHEIN:B und wählen danach in der horizontalen Werkzeugleiste des Dateneditors die Funktion SPALTE – *Kurve zeigen* bzw. die bereits bekannte zugehörige Schaltfläche.

Mit der ebenfalls dort zu findenden Rollverknüpfungsschaltfläche stellen wir – wie schon zuvor ausgeführt (vgl. Kap. 1.7) – per Drag und Drop (Schaltfläche mit der linken Maustaste gedrückt halten und den Mauscursor im Grafikfenster *Komplexe: Schein* fallen lassen) die Verbindung zwischen dem Dateneditor und dem Grafikfenster her, das wir anschließend etwas vergrößern. Jetzt verordnen wir der x-Achse des Grafikfensters mit MAßE – *x-Achse* einen Maximalwert von *90* sowie ein Minimum von *0* und geben das *OK*. Die Skalierungen der y-Achse belassen wir der Einfachheit halber unverändert.

Hinweis: Sollte bei den nachfolgenden Wechseln zwischen Grafik- und Editorfenster eines der Fenster unbeabsichtigt in den Hintergrund geraten, läßt es sich mit [Alt][⇆] wieder nach vorn holen.

Die senkrechte Markierungslinie im Grafikfenster läßt sich jetzt mit dem Verschiebecursor an beliebiger Stelle der Kurve SCHEIN.B plazieren. Parallel dazu werden die Zahlenkolonnen im Dateneditor automatisch so ausgerichtet, daß die gestrichelte Linie unmittelbar oberhalb des in der Grafik markierten, zugehörigen y-Werts erscheint.

Hinweis: Da die gestrichelte Markierungslinie im Dateneditor-Fenster festliegt und beim Verschieben der Grafikmarkierung lediglich die Zahlenkolonnen unter dieser Markierungslinie hindurchgescrollt werden, lassen sich Werte vom Anfang eines Datensatzes in Einzelfällen nicht präzise auslesen.

3.7 Erster Meßerfolg

Im Grafikfenster fahren wir mit dem Markierungscursor für den Rollprozeß zum Beginn des ersten Peaks, der bei etwas über 30 min liegt. Im Tabellenfenster läßt sich nun leicht ablesen, daß dieser erste Peak etwa beim Datenpunkt mit der Zeilennummer *172* beginnt, bei Zeilennummer *179* endet und sein Maximum bei Zeilennummer *176* erreicht (vgl. Abbildung 3.45).

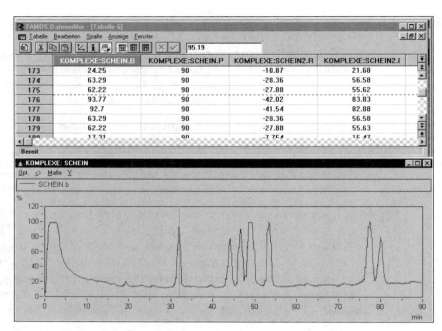

Abbildung 3.45: Lage des ersten Maximums im Chromatogramm

Mit Hilfe der jetzt bekannten Zeilennummer können wir dieses Peakmaximum nun als neue Einzelwertvariable auslesen. Nach dem Wechsel ins Applikationsfenster schreiben wir dazu einfach in die Eingabezeile des Bereichs *Operation*:

```
PEAK1=KOMPLEXE:SCHEIN[176].B
```

Wir aktivieren die Schaltfläche *Ausführen* und schon erscheint der Wert 93.7711 als Variable PEAK1 in der Liste. Nun wird in der Variablenliste ausschließlich PEAK1 markiert, und mit der Funktion bzw. der Schaltfläche VARIABLE – *Zeigen* erhalten wir die numerische Ausgabe dieses Zahlenwerts im Grafikfenster *Peak1*, das wir nach Begutachtung schließen.

Hinweis: Zum Zugriff auf eine bestimmte Zeilennummer muß diese – wie das Beispiel zeigt – in eckige Klammern eingeschlossen werden. Sollen per Zeilenindex Einzelwerte aus Datensätzen extrahiert werden, die sich aus Komponenten zusammensetzen oder gruppiert sind, so muß der Zeilenindex vor der Komponentenkennzeichnung – in unserem Fall ».B« – plaziert werden. Die Trennung zwischen Gruppen- und Variablenbezeichnung erfolgt durch einen Doppelpunkt. Besteht der bearbeitete Datensatz aus nur einer Komponente, wird der in eckige Klammern gesetzte Zeilenindex einfach dem Variablennamen nachgestellt. Um dies auszuprobieren, tragen wir in die Eingabezeile des Bereichs *Operation* ein:

```
PEAK2=CHROMATOGRAMM1_ORIGINAL[176]
```

Mit *Ausführen* erhalten wir die gewünschte Variable PEAK2, deren Wert PEAK1 entspricht. Dies war nicht anders zu erwarten, da die Datensätze CHROMATOGRAMM1_ORIGINAL und KOMPLEXE:SCHEIN.B im Laufe dieses Kapitels voneinander abgeleitet wurden und deshalb bezüglich der Zeilennummern und der zugehörigen y-Werte identisch sind. Da sie keine zusätzlichen Informationen enthält, löschen wir die Variable PEAK2, indem wir sie im Applikationsfenster markieren und VARIABLE – *Entfernen* aufrufen oder die Schaltfläche *Papierkorb* bemühen.

Hinweis: In unserer Variablenliste existiert noch eine zweite Variable als Einzelwert, nämlich die zuvor erzeugte Variable SINGLE. Wenn wir die [Strg]-Taste drücken, diese Variable jeweils durch Anklicken der rechten Seite der Zeile gemeinsam mit PEAK1 unterlegen und erneut VARIABLE – *Zeigen* aufrufen, erscheint ein weiteres Grafikfenster, das den Titel *Single* trägt. Wählen wir für die beiden jetzt unterlegten Einzelwerte aber die Funktion VARIABLE – *Zusammen zeigen*, erscheinen beide Werte in einem gemeinsamen Grafikfenster, das ebenfalls *Single* heißt. Was wir für Kurven bereits beobachtet haben, gilt also auch hier: Die in der Liste am weitesten oben stehende Variable ist für die Namensgebung des Fensters zuständig (vgl. Abbildung 3.46).

Abbildung 3.46: Gemeinsame Anzeige von Einzelwerten im Grafikfenster

Die Möglichkeit, Variablen über den Zeilenindex zu erzeugen, haben wir damit angerissen und wollen es auch dabei belassen, da weitere Beispiele bei Bedarf den Handbüchern entnommen werden können.

Hinweis: Soll eine Folge von y-Werten in eine neue Variable geschrieben werden, gelingt dies nicht mit dem gerade benutzten Verfahren. Statt dessen kommt die Funktion *Gren* aus der Gruppe *6> Skalieren, Editieren* des Bereichs *Funktionen* zum Einsatz (vgl. Kap. 5.4).

Bevor wir noch eine kleine Betrachtung zum Variablenjonglieren anhängen, forsten wir mit der Tastenkombination [Alt][↹] die geöffneten Fenster durch und schließen alle bis auf das Applikationsfenster.

3.8 Hier kommt die Maus

Häufig will der Anwender bestimmte Datensätze aus dem vorhandenen Variablenpool zusammen anzeigen und zu dauerhaften Diagrammen verbinden. Um dies zum Abschluß noch zu demonstrieren, reicht der vorhandene Datensatzvorrat inzwischen allemal aus. Wir wollen also an dieser Stelle darauf zurückkommen, wie sich weitere Kurven in ein Diagramm integrieren lassen. Ob wir hierfür die Schnellansicht oder ein reguläres Grafikfenster aufrufen, macht keinen Unterschied. Damit es fixer geht, unterlegen wir zum wiederholten Male CHROMATOGRAMM1_ORIGINAL und CHROMATOGRAMM1_GEGLÄTTET, öffnen mit EXTRA – *QuickView-Fenster* die Schnellansicht und bringen die beiden Liniendiagramme durch Laden der Konfigurationsdatei MARKER1.CCV in die gewünschte Form.

Die bereits ausprobierte Möglichkeit, mit Datensätzen bzw. Variablen zu jonglieren, besteht darin, mit OPT. – *Weitere Kurven* den Dialog *Kurven im Fenster* aufzurufen (vgl. Kap. 2.5). Da wir hier mit der Schnellansicht arbeiten, lautet die Bezeichnung in unserem Fall *Kurven im Fenster: Quick-View*.

Abbildung 3.47: In Grafikfenstern öffnet die rechte Maustaste dieses fliegende Menü

Abbildung 3.48: Der Dialog Weitere Datensätze im Kurvenfenster

Wir schließen diesen Dialog mit *Abbrechen* und wählen einen anderen Weg. FAMOS hat sich offensichtlich wie jedes andere Programm ständig weiterentwickelt, wohl ein Grund, weswegen ein zusätzlicher, dazu erweiterter

Dialog für die Durchführung der von uns geplanten Arbeiten existiert. Im Unterschied zum Menüaufruf wird dieser ausschließlich per Maus bedient. Sobald wir unsere Schnellansicht auf Monitorgröße erweitert haben, wird mit der rechten Maustaste in das Grafikfenster geklickt, woraufhin sich ein fliegender Dialog mit den drei Alternativen *Navigator*, *Kommunikator* und *Weitere Datensätze im Kurvenfenster* öffnet. Wir fahren die letzte Funktion mit dem Mauszeiger an und aktivieren sie per Klick (vgl. Abbildung 3.47).

Es erscheint der Dialog *Weitere Datensätze im Kurvenfenster*. Schon die Aufteilung in verschiedene Bereiche läßt vermuten, daß hier verschiedenste Manipulationsmöglichkeiten zur Auswahl stehen. Die Zusammenfassung all dieser Bereiche unter einer einzigen Registerfahne namens *Weitere D.* schürt den Verdacht, daß geplant ist, diesen Dialog auszubauen und durch weitere Register zu ergänzen. Doch unterlassen wir das Spekulieren. Das vorhandene Register dient offensichtlich dazu, Datensätze, Koordinatensysteme und Achsen zu konfigurieren (vgl. Abbildung 3.48).

Hinweis: Wer das System ausreizen möchte, nimmt erfreut zur Kenntnis, daß sich maximal 40 Koordinatensysteme überlagern lassen, wobei jedem Koordinatensystem eine oder mehrere y-Achsen mit beliebiger Skalierung zugeordnet werden dürfen.

3.8.1 Rahmenbedingungen

Im oberen Bereich des Dialogs *Weitere Datensätze im Kurvenfenster* befinden sich in einer Zeile angeordnet die unerläßlichen Schaltflächen *OK* und *Abbrechen*. Hinter der Schaltfläche ➔ *.Ini* verbergen sich weitere Auswahlmöglichkeiten. Wird sie angeklickt, öffnet sich ein kleines Menü. Es ermöglicht die Rückkehr zur *Standardeinstellung* sowie das *Lesen* und *Schreiben* eigener Dialogseiten. Klicken wir hier *Schreiben* an, teilt uns FAMOS in einem Folgedialog mit, daß die derzeit angezeigte Dialogseite gespeichert werden soll. Wird diese Programmvermutung durch Anklicken von *Diese Dialogseite* bestätigt, erfragt FAMOS folgerichtig, ob hierzu die *.INI-Datei* oder eine *Wählbare Datei* verwendet werden soll (vgl. Abbildung 3.49).

Abbildung 3.49: Langer Weg bis zur endgültigen Entscheidung

Fällt die Entscheidung für *Wählbare Datei*, öffnet sich ein Dialogfenster mit dem Titel *Sichern einer Setup-Datei*, in dem Name, Pfad und Laufwerk für die Ablage der aktuellen Kurven- und Achsenkonfiguration angegeben werden muß. Die entsprechenden Dateien erhalten durchgehend die Namenserweiterung *.SET. Mit *Abbrechen* verlassen wir diesen Dialog ohne Speicherung und gelangen zurück zum Ausgangspunkt *Weitere Datensätze im Kurvenfenster*.

Hinweis: Auf diesem Wege gespeicherte Setup-Dateien lassen sich später mit der Schaltfläche ➔ *.Ini* und der Funktion *Lesen* über ein ähnliches Dialogfenster wieder laden.

Hinweis: Bei dem Dialog *Weitere Datensätze im Kurvenfenster* scheint es sich um eine recht neue Errungenschaft von FAMOS zu handeln. Auffällig ist z. B., daß den einzelnen Schaltern und Funktionen, zusätzlich zu den gewohnten Erklärungen in der Statuszeile am unteren Monitorrand, Hilfetexte mitgegeben wurden, die sich unaufgefordert in den Vordergrund drängen, sobald der Mauszeiger für längere Zeit unschlüssig auf einem der Schalter oder Dialogfelder geparkt wird (vgl. Abbildung 3.50).

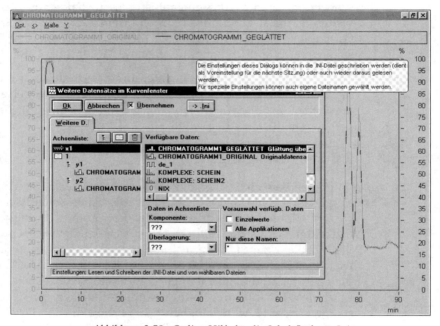

Abbildung 3.50: Online-Hilfe für die Schaltfläche ➔.Ini

Wir schließen das Fenster *Weitere Datensätze im Kurvenfenster* und verkleinern das Grafikfenster für einen kurzen Moment, um noch einmal die Menüfunktionen des Applikationsfensters zu betrachten. Mit OPTIONEN – *Datenmanager* gelangen wir in den Dialog *Einstellungen Datenmanager, Hilfe, Verzeichnisse* mit den drei gleichnamigen Registerfahnen. Wir klicken *Hilfe* an und können hier die Anzeigeparameter für die Online-Hilfe, also z. B. Schriftattribute, Farben und Verzögerungszeiten, nach eigenem Geschmack einstellen. Wird nichts geändert, entscheidet FAMOS selbst, erkennbar an den Einträgen *auto*. Geänderte Parameter werden mit *OK* übernommen, wenn das entsprechende Kontrollkästchen *Übernehmen* angekreuzt ist (vgl. Abbildung 3.51). Sind die individuellen Einstellungen abgeschlossen, wird die Schnellansicht wieder monitorfüllend vergrößert und – wie oben beschrieben – mit der rechten Maustaste erneut der Dialog *Weitere Datensätze im Kurvenfenster* aufgerufen. Falls das Erscheinungsbild der Online-Hilfe verändert wurde, lassen sich die Auswirkungen nun bewundern.

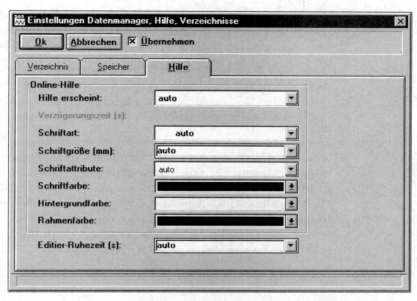

Abbildung 3.51: Voreinstellungsdialog zur Online-Hilfe

3.8.2 Herantasten

Nun wenden wir uns den eigentlichen Funktionsbereichen in der Registerfahne *Weitere D.* dieses Dialoges zu, die neben einigen Eingabe- bzw. Listenfeldern wiederum drei Schaltflächen beherbergt. Die Funktion der dritten Schaltfläche, *Papierkorb*, dürfte von anderen Anwendungen bzw. von der Variablenliste des Applikationsfensters her bekannt sein. Hier entfernt sie die im Bereich *Achsenliste* markierten Variablen, Achsen oder Koordinatensysteme. Den gleichen Zweck erfüllt die Betätigung der Entf -Taste. FAMOS-spezifisch sind die ersten beiden Schaltflächen. Nummer eins symbolisiert eine skalierte y-Achse, Nummer zwei ein Koordinatensystem. Damit soll mitgeteilt werden, daß mit Aktivierung dieser Schaltflächen entweder eine neue y-Achse oder ein ganz neues Koordinatensystem in das Grafikfenster eingefügt wird. Bevor wir dies praktisch durchexerzieren, verschaffen wir uns Klarheit über die restlichen Bereiche des Dialogs und zäumen dabei das Pferd von hinten auf.

▶ Im Bereich *Vorauswahl verfügb. Daten* lassen sich zwei Kontrollkästchen einschalten und in einem Eingabefeld Eintragungen vornehmen. Diese drei Funktionen helfen bei der Selektion von Variablen, denn sie legen fest, welche Datensätze für die nachfolgenden Manipulationen zur Verfügung stehen sollen. Die hier definierte Auswahl beeinflußt die Liste im Bereich *Verfügbare Daten* und hilft auf diese Weise, den Überblick innerhalb sehr großer Datensatzsammlungen zu verbessern. Unsere Variablenausbeute ist zwar groß, aber noch überschaubar, so daß wir uns keinerlei Beschränkungen unterwerfen wollen. Also kreuzen wir *Einzelwerte* an, um bei Bedarf auch solche Datensätze in der Liste betrachten zu können, die aus einem einzigen Wert bestehen.

Hinweis: Mit dieser Aktion werden z. B. die Variablen SINGLE und PEAK1 in die Liste *Verfügbare Daten* aufgenommen, die dort vorher nicht aufgeführt waren. Dies läßt sich durch Spielen mit dem Schalter *Einzelwerte* und anschließendes Durchblättern der verfügbaren Daten leicht überprüfen.

▶ *Alle Applikationen* brauchen wir nicht zu aktivieren, da damit automatisch auch Variablen angezeigt werden, die aus anderen externen *imc*-Erfassungssystemen wie beispielsweise FRAME, MUSYCS oder µ-MUSYCS stammen (vgl. Einleitung). Zur besseren Übersicht wird die Variablenbezeichnung beim Ankreuzen dieser Funktion um den Namen des jeweiligen Herkunftsprogramms ergänzt. Wird – wie in unserem Fall – an dieser Stelle kein Kreuz plaziert, listet FAMOS nur diejenigen Variablen auf, die momentan geladen sind.

Hinweis: Abgesehen von anderen *imc*-Applikationen, die mit FAMOS kooperieren, erzeugt FAMOS auch selbst Einzelwerte. Zusätzlich zu den bereits gesehenen (vgl. Kap. 3.3) fallen in diese Kategorie z. B. Laufvariablen, die bei der Konstruktion rekursiver Sequenzen Verwendung finden. Diese grafisch darzustellen, dürfte aber nur in Einzelfällen von Interesse sein. Zudem sind uns Sequenzen bisher noch nicht begegnet, so daß wir dieses Thema zunächst nicht weiter verfolgen wollen.

▶ Mit dem Feld *Nur diese Namen* lassen sich Datensätze anhand ihrer Bezeichnung selektieren, wobei Jokerzeichen, die sogenannten Wildcards, verwendet werden dürfen. Ein *?* steht in diesem Zusammenhang für ein beliebiges Einzelzeichen, während * eine Zeichenfolge repräsentiert, deren Länge nicht festgelegt ist. Tragen wir hier CHROMATOGRAMM1_G* ein, reduziert sich die Liste *Verfügbare Daten* sofort auf CHROMATOGRAMM1_GEGLÄTTET und den zugehörigen Kommentar. Wir lassen dieses Feld leer, um alle vorhandenen Datensätze sehen zu können.

Hinweis: Ein leeres Eingabefeld *Nur diese Namen* interpretiert FAMOS offensichtlich genauso wie die Eingabe des zuvor dort plazierten *.

▶ Wir wenden den Blick ein wenig nach links und betrachten den Bereich *Daten in Achsenliste* mit den beiden Klapplisten *Komponente* und *Überlagerung*. Mit diesen Listen lassen sich im Bereich *Achsenliste* ausgewählte bzw. markierte Variablen gezielt beeinflussen. In der Klappliste *Komponenten* sind die in Tabelle 3.2 aufgelisteten Darstellungsmöglichkeiten vorgesehen. Sie bestimmen, welche Komponenten markierter Variablen grafisch dargestellt werden.

Auswahl	Bedeutung
.x	nur x-Komponente
.y	nur y-Komponente
.r	Realteil
.i	Imaginärteil
.b	Betrag
.p	Phase
Datensatz	komplette Variable (z. B. X/Y- oder Ortskurven)
???	ungleiche Eigenschaften der markierten Variablen

Tabelle 3.2: Bedeutung der Auswahlmöglichkeiten im Bereich Komponenten

▶ Mit der Klappliste *Überlagerung* läßt sich den im Bereich *Achsenliste* ausgewählten Datensätzen eine neue Rolle innerhalb der Grafik zuweisen, sofern die beiden Variablen jeweils nur aus einer Komponente bestehen, bisher eine gemeinsame y-Achse besitzen und hintereinander aufgelistet sind. Die Klappliste stellt im einzelnen die in Tabelle 3.3 aufgelisteten Möglichkeiten für Überlagerungen zur Verfügung.

Auswahl	Bedeutung
keine	keine Überlagerung
x von xy	fungiert als x-Komponente
y von xy	fungiert als y-Komponente
x, y, x, y, ...	fungieren alternierend als x und y (bei vielen Datensätzen)
y, x, y, x, ...	fungieren alternierend als y und x (bei vielen Datensätzen)
???	ungleiche Eigenschaften selektierter Variablen

Tabelle 3.3: Bedeutung der Auswahlmöglichkeiten im Bereich Überlagerung

Die hier gewählte Art der Überlagerung wird im Bereich *Achsenliste* des Registers *Weitere D.* durch vorangestellte Symbole verdeutlicht und dem Anwender auf einen Blick vermittelt. Dies wollen wir uns einmal kurz anschauen. Leider ist das Dialogfenster *Weitere Datensätze im Kurvenfenster* nicht gerade klein, so daß ein großer Teil der dahinter liegenden Schnellansicht verdeckt ist. Wir brauchen aber für das Nachfolgende nicht mehr alle einstellbaren Funktionen zugänglich zu haben. Deshalb wird das Dialogfenster soweit in die rechte untere Ecke geschoben, daß die Namen unserer beiden Chromatogramm-Variablen gerade noch unterscheidbar sind.

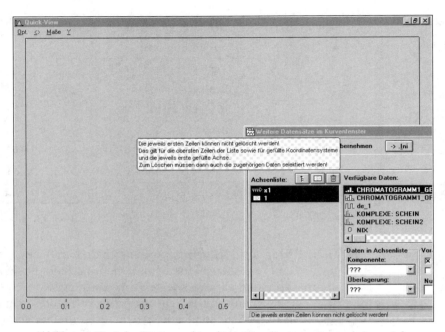

Abbildung 3.52: Jedes Diagramm braucht ein Koordinatensystem und eine x-Achse

▶ Jetzt bereiten wir noch den Bereich *Achsenliste* vor, der die beiden derzeit im Fenster dargestellten Variablen enthält. Indem wir alles, was dort aufgelistet ist, mit gedrückter linker Maustaste markieren und mit der Schaltfläche *Papierkorb* in denselben entsorgen, versuchen wir, in diesem Bereich Leere zu schaffen. Dies gelingt aber offensichtlich nicht vollständig! Wie der prompt eingeblendeten Online-Hilfemeldung zu entnehmen ist, lassen sich die beiden ersten Zeilen in der *Achsenliste* nicht löschen. Die verbliebenen Symbole verraten uns, daß immer eine x-Achse *x1* mit einem Koordinatensystem 1 im Grafikfenster vorhanden sein muß, was wir auch an dem hinter dem Dialogfenster liegenden Grafikfenster unschwer erkennen können (vgl. Abbildung 3.52).

3.8.3 Wo bestimmt was

Wie schon angedeutet, ist dieser Dialog für den Mausbetrieb konzipiert. Dies gilt insbesondere für das Hin- und Herschieben von Achsen, Koordinatensystemen und Variablen, das in diesem Dialogfenster ausschließlich nach der Drag-und-Drop-Methode bewerkstelligt wird. Um die Funktionsweise besser zu verstehen, probieren wir einige Möglichkeiten aus:

Hinweis: Nachfolgend werden mehrere Fälle durchgespielt, die es notwendig machen, daß die Änderungen im Bereich *Achsenliste* immer wieder rückgängig gemacht werden müssen. Dazu sollte, wie zuvor beschrieben, stets die Schaltfläche *Papierkorb* in Aktion treten.

In der Liste *Verfügbare Daten* wird der Datensatz CHROMATOGRAMM1_ ORIGINAL markiert und nach der inzwischen erprobten Methode mit der Maus per Drag und Drop in *Achsenliste* fallengelassen. Dabei ist es nicht gleichgültig, an welcher Position die gedrückte Maustaste freigegeben und die Variable fallengelassen wird, so daß der gesamte Vorgang etwas Übung erfordert.

Zur Erinnerung
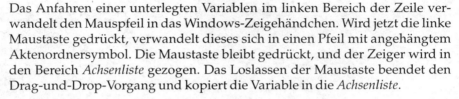

Das Anfahren einer unterlegten Variablen im linken Bereich der Zeile verwandelt den Mauspfeil in das Windows-Zeigehändchen. Wird jetzt die linke Maustaste gedrückt, verwandelt dieses sich in einen Pfeil mit angehängtem Aktenordnersymbol. Die Maustaste bleibt gedrückt, und der Zeiger wird in den Bereich *Achsenliste* gezogen. Das Loslassen der Maustaste beendet den Drag-und-Drop-Vorgang und kopiert die Variable in die *Achsenliste*.

Wir greifen zwei Positionen heraus: Geschieht das Freigeben der Maustaste im Zielgebiet in einem Moment, in dem sich der Mauszeiger mit dem Ordnersymbol im Bereich unterhalb des Symbols für das Koordinatensystem 1 befindet, wird die ausgewählte Variable automatisch im Koordinatensystem 1 eingeordnet, was an dem neu hinzukommenden y-Achsensymbol *y1* erkennbar ist. Um zum Anfangszustand zurückzukehren, werden die beiden hinzugekommenen Zeilen unterlegt und mit der Schaltfläche *Papierkorb* entfernt.

Als zweites Beispiel wird nun die gleiche per Drag und Drop eingefangene Variable neben dem Symbol für die Achse *x1* oder dem Symbol für das Koordinatensystem *1* fallengelassen. Diesmal entsteht automatisch ein weiteres Koordinatensystem mit der automatisch vergebenen Nummer 2 (vgl. Abbildung 3.53).

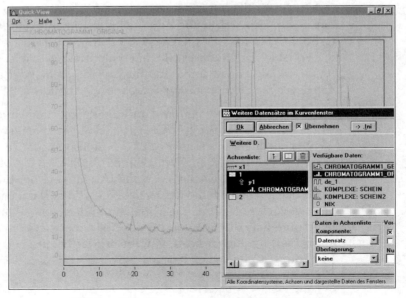

Abbildung 3.53: Drag und Drop verändert die Achsenliste

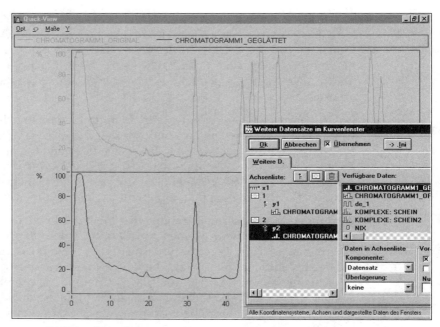

Abbildung 3.54: Übereinander angeordnete Koordinatensysteme mit Variablen

Da noch keine Variablen in dieses Koordinatensystem eingetragen wurden, hat ihm FAMOS nur sehr sparsame Dimensionen zugewiesen. So ist es lediglich an einem neu hinzugekommenen schwarzen Strich zu erkennen, der jetzt in Höhe des y-Werts 0 im Grafikfenster sichtbar ist. Sobald dem neuen Koordinatensystem Variablen zugeordnet werden, trennt dieser Strich die beiden übereinander angeordneten Koordinatensysteme. Um dies auf die Schnelle zu demonstrieren, markieren wir z. B. CHROMATOGRAMM1_GEGLÄTTET in *Verfügbare Daten* und plazieren die Variable in der *Achsenliste* unterhalb des zweiten Koordinatensystems. Im Grafikfenster werden daraufhin zwei übereinander gestapelte Koordinatensysteme gleicher Größe sichtbar (vgl. Abbildung 3.54).

Nach den bereits bekannten Aufräumarbeiten mit Hilfe des Papierkorbs wollen wir nun im Bereich *Achsenliste* eine Variablenanordnung erzeugen, die uns aus dem vorherigen Kapitel bestens bekannt sein sollte. Wir überführen also die beiden Variablen CHROMATOGRAMM1_GEGLÄTTET und CHROMATOGRAMM1_ORIGINAL in das Koordinatensystem 1 und stellen sie mit einer gemeinsame y-Achse *y1* dar. Dazu markieren wir in der Liste *Verfügbare Daten* beide Variablen und setzen sie dann per Drag und Drop unterhalb des Symbols für das Koordinatensystem 1 ab. In der Grafik erscheinen daraufhin beide Kurven in der bereits bekannten Form (vgl. Abbildung 3.55).

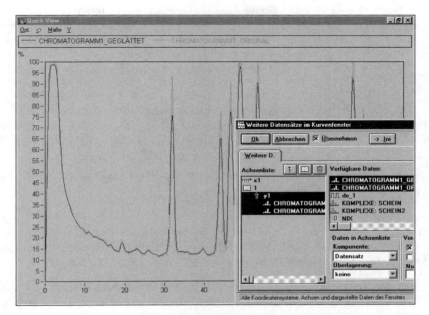

Abbildung 3.55: Beide Variablen im selben Koordinatensystem

Auch für die Zuordnung zwischen Variablen und y-Achsen gibt es diverse Drag-und-Drop-Verfahren, von denen wir einige vorstellen wollen. Soll z. B. jede Variable unseres Diagramms eine eigene y-Achse bekommen, gibt es verschiedene Möglichkeiten, dies zu erreichen. Drücken wir die Schaltfläche *y-Achse*, verwandelt sich der Mauszeiger wieder in einen Pfeil mit Ordner. Die mit dem Mauszeiger verbundene neue y-Achse wird nun bei festgehaltener linker Taste per Drag und Drop an die gewünschte Position gezogen und fallengelassen. Wird sie dabei unter die beiden Variablen gezogen, haben wir nur eine rechte y-Achse erzeugt, ohne ihr eine Variable zuzuordnen, und unsere beiden Datensätze gehören weiterhin zu *y1*. Die neue Achse können wir also getrost in den Papierkorb werfen.

Wird eine neue Achse nach demselben Verfahren in der *Achsenliste* oberhalb der beiden Variablen plaziert, ordnet FAMOS beide Variablen *y2*, also der neuen rechten y-Achse zu, und *y1* wird Variablen-frei. Löschen wir *y2* erneut, kehren beide Variablen zu *y1* zurück.

Setzen wir jetzt eine neue y-Achse auf der unteren Variable ab, gehört diese zu *y2* und die obere Variable bleibt bei *y1*.

Das läßt sich in ähnlicher Weise wiederholen, indem man die Schaltfläche *Koordinatensystem* ins Spiel bringt. Wir betrachten bezüglich der verschiedenen Manipulationen – nach dem Löschen der y-Achse 2 – nur den Fall, daß wir ein neues Koordinatensystem zwischen die beiden Variablen schieben, die unter einer gemeinsamen y-Achse *y1* firmieren. Mit dem Loslassen der linken Maustaste erscheinen in der Grafik die übereinander angeordneten Koordinatensysteme *1* und *2* jeweils mit zugehöriger y-Achse *y1* bzw. *y2*.

Nachdem alles in den Papierkorb geworfen worden ist, so daß nur die elementaren Bausteine x-Achse *x1* und Koordinatensystem *1* zurückbleiben, vereinen wir CHROMATOGRAMM1_GEGLÄTTET und CHROMATOGRAMM1_ORIGINAL im Koordinatensystem *1* erneut unter einer y-Achse *y1*.

In Verbindung mit den Einstellungen im Bereich *Daten in Achsenliste* lassen sich noch viele Kombinationsmöglichkeiten verwirklichen. Als Beispiel wollen wir eine der beiden Variablen als x-Achse unseres Diagramms verwenden. Wir markieren CHROMATOGRAMM1_GEGLÄTTET in der Achsenliste und entscheiden uns im Bereich *Überlagerung* für *x von xy*.

Hinweis: Um die beiden langen Variablennamen in der Achsenliste zweifelsfrei unterscheiden zu können, ist eventuell eine Vergrößerung des Dialogs *Weitere Datensätze im Kurvenfenster* notwendig. Sie gelingt in Windows-typischer Weise durch Anklicken einer seitlichen Dialogbegrenzung und anschließendes Verschieben bei festgehaltener linker Maustaste.

Sofort zeigt sich in der Achsenliste vor der Variablen das Symbol für die gewünschte x-Achse gefolgt von einem Ausrufungszeichen auf rotem Grund. Es macht darauf aufmerksam, daß unsere Überlagerung noch nicht vollständig gelungen ist (vgl. Abbildung 3.56). Ursache ist die bisher noch fehlende Definition einer y-Achse.

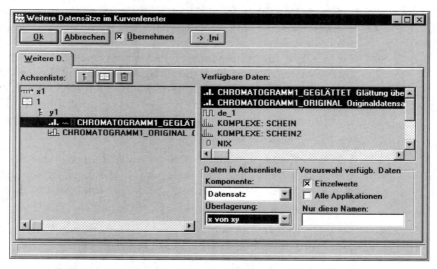

Abbildung 3.56: Hinweis auf eine unvollständig definierte Überlagerung

Wir ergänzen das Fehlende, indem wir in der Achsenliste CHROMATOGRAMM1_ORIGINAL unterlegen und uns in *Überlagerung* diesmal für *y von xy* entscheiden. Das Ausrufungszeichen verschwindet

Hier kommt die Maus

und wird durch einen Bogen als Verknüpfungssymbol ersetzt. Daß das grafische Ergebnis dieser Manipulation beim vorliegenden Datenmaterial nicht recht überzeugt, wollen wir an dieser Stelle übersehen (vgl. Abbildung 3.57).

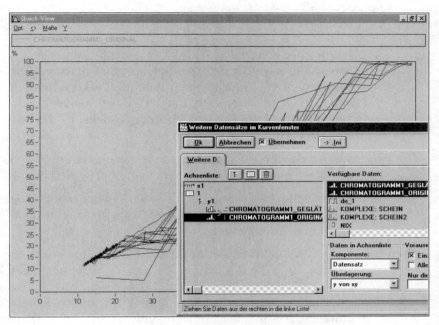

Abbildung 3.57: Verknüpfung zweier Variablen

Hinweis: Es gibt noch einen anderen Sonderfall, der in *Achsenliste* mit einem auffälligen Symbol kenntlich gemacht wird: Werden nämlich – nach einem Wechsel ins Applikationsfenster – bisher in der Grafik dargestellte Variablen gelöscht, wird ihr Fehlen nach Rückkehr zu *Weitere Datensätze im Kurvenfenster* durch ein Totenkopfsymbol hervorgehoben.

Hinweis: Dasselbe Ergebnis wie gerade läßt sich erreichen, wenn Variablen, die in der Achsenliste hintereinander angeordnet sind, gemeinsam markiert und dann mit den Überlagerungsfunktionen $x, y, x, y,..$ bzw. $y, x, y, x, ...$ versehen werden. Diese Funktionen sind besonders dann sinnvoll, wenn ein großes Sortiment von Variablen auf einen Schlag bearbeitet werden soll. Stehen nicht alle zu überlagernden Variablen innerhalb der Achsenliste in einer Reihe, taucht auch hier das Ausrufungszeichen auf und bittet um Änderung der Variablenanordnung per Drag und Drop.

So, dies waren einige Beispiele für die Manipulationsmöglichkeiten im Dialog *Weitere Datensätze im Kurvenfenster*. Wir markieren die Variablen in der Achsenliste und wählen im Bereich *Daten in Achsenliste* als *Überlagerung: keine*, so daß die beiden Chromatogramme in der schon so oft gesehenen

Form vorliegen. Zum Abschluß dieses Kapitels wollen wir jetzt endlich die Peaks unserer Kurve sauber bestimmen, indem wir uns noch einmal der schon vorgefertigten Funktionen im gleichnamigen Bereich des Applikationsfensters bedienen.

3.9 Peakextrakte

Wir brechen den Dialog *Weitere Datensätze im Kurvenfenster* ab und schließen danach die Schnellansicht, um freien Zugriff auf das Applikationsfenster zu bekommen. Wir werden versuchen, die Peakmaxima auf zweierlei Arten automatisch zu extrahieren. Dazu beginnen wir diesmal mit der geglätteten Version der Originaldaten, also der Variablen CHROMATOGRAMM1_-GEGLÄTTET.

Hinweis: Warum sich diese geglättete Form besser eignet, ergibt sich aus der Struktur der Daten und wird weiter hinten in diesem Kapitel deutlich.

Im Bereich *Funktionen* gibt es diverse Funktionsknöpfe, deren Bezeichnung darauf schließen läßt, daß sie zur Lösung des Problems, nämlich der Peakextraktion geeignet sind.

Hinweis: Bei der Bestimmung der Peaks von Chromatogrammen interessieren zwei Größen. Über die Peakamplitude und die unter dem Peak liegende Fläche lassen sich quantitative Aussagen zur gefundenen Substanz machen. Die sogenannte Retenzionszeit, d. h. die Zeit zwischen dem Einbringen des Testgemisches in den Chromatographen und dem Auftreten des Signals am Detektor, gibt Auskunft über die Art der gefundenen Substanz. Man benötigt zur Beurteilung der Peaks also zumindest die x- und y-Koordinaten, wenn man an dieser Stelle einmal von der Flächenbestimmung unterhalb der Peaks absehen will.

3.9.1 Zeitpunkte

Wir unterlegen also in der Variablenliste des Applikationsfensters den Datensatz CHROMATOGRAMM1_GEGLÄTTET und öffnen mit EXTRA – *QuickView-Fenster* die Schnellansicht, die wir verkleinern und unten rechts auf dem Monitor plazieren. Auf eine erneute Verknüpfung mit der Grafikvorlage MARKER1.CCV können wir diesmal verzichten und uns mit den Voreinstellungen zufrieden geben. Im Bereich *Funktionen* interessieren wir uns wieder für die Position *7> Statistik* und dort ganz besonders für den dritten, achten und zehnten Schaltknopf mit den Bezeichnungen *xMaxi*, *Oben* und *SPegel*.

Nun können wir uns ad hoc nicht genau vorstellen, wozu diese Funktionen nützlich sind. Um lästiges Blättern in Handbuch und Hilfefunktion zu sparen, markieren wir einfach die eventuell noch vorhandenen Eintragungen in der Eingabezeile des Bereichs *Operation* und klicken dann auf *xMaxi*, worauf der Befehl mit den einzusetzenden Parametern in der Eingabezeile erscheint. Dem Bereich *Ausgabe* entnehmen wir jetzt, daß die Funktion zwei Eingaben erwartet, nämlich den zu bearbeitenden Datensatz und einen Schwellwert (vgl. Abbildung 3.58).

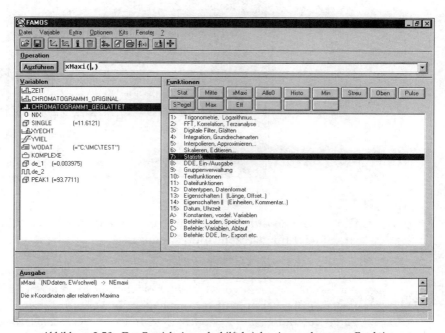

Abbildung 3.58: Der Bereich Ausgabe hilft bei der Anwendung von Funktionen

Oberhalb dieses Schwellwerts werden alle relativen Maxima und damit die von uns gesuchten Peaks bestimmt. Da auch mit dieser Datenextraktion eine Variable ins Leben gerufen wird, muß ihr ein Name zugewiesen werden. Die Daten gehen aus der vorbehandelten Variablen hervor, so daß sich der Name PEAKGLATT anbietet. Bei dem in die Klammer einzusetzende Datensatz handelt es sich selbstverständlich um die geglättete Kurve.

Die außerdem einzusetzende Schwelle, oberhalb der gesucht werden soll, bestimmen wir durch einen Blick auf die Schnellansicht. Dazu vergrößern wir das Fenster soweit, daß an der y-Achse eine Skalierung in Zehnerschritten sichtbar wird. Mit MAßE – *Gitter* holen wir uns eine optische Hilfe auf den Monitor. Jetzt läßt sich mit einem Blick erkennen, daß alle Peaks erfaßt werden, wenn die Schwelle oberhalb von *60 %* liegt (vgl. Abbildung 3.59). Wenn alles gut geht, sollten sieben relevante Peaks detektiert werden. Das zusätzliche sehr breite Maximum, das innerhalb der ersten 10 Minuten liegt, ist unwichtig, denn es handelt sich hierbei nicht um eigentliche Meßwerte, sondern nur um das Lösungsmittel, welches das System verläßt und natürlich ebenfalls vom Detektor bemerkt wird. Dies kann FAMOS aber nicht wissen, so daß auch hier eine Peakdetektion erfolgen dürfte.

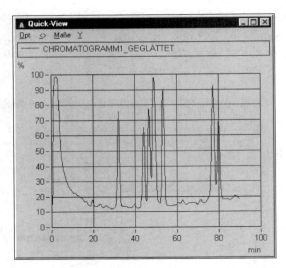

Abbildung 3.59: Gitterlinien helfen bei der Festlegung der Schwelle

Damit haben wir alle Parameter zusammen, und die endgültige Formulierung in der Eingabezeile muß lauten:

```
PEAKGLATT=xMaxi(CHROMATOGRAMM1_GEGLÄTTET,60)
```

Nach dem Drücken von *Ausführen* erscheint die neue Variable in markierter Form in der Variablenliste. Wir haben im Verlauf dieser Sitzung den Umgang mit dem Dialog *Weitere Datensätze im Kurvenfenster* kennengelernt, also sollten wir ihn auch benutzen. Aus der Schnellansicht heraus gelangen wir mit Hilfe von rechter Maustaste und fliegendem Menü in den Dialog. Aus dem Bereich *Verfügbare Daten* überführen wir die neue Variable per Drag und Drop in das einzige Koordinatensystem mit seiner einsamen y-Achse, indem wir PEAKGLATT unten anhängen (vgl. Kap. 3.8) und mit *OK* in die Grafik schicken (vgl. Abbildung 3.60).

Betrachtet man das neue Diagramm, liegt aufgrund des stetigen Anstiegs die Vermutung nahe, daß hier nicht y-Werte, sondern wieder x- also Zeitwerte bestimmt wurden. Wir forschen nach und öffnen zu diesem Zweck per Schaltfläche den Dateneditor. Da noch nicht alles Gewünschte angezeigt wird, leeren wir alle Spalten und überführen mit SPALTE – *Datensatz einordnen*, dem sich öffnenden Dialog *Tabellenfenster: Zeige Variable* und der Strg-Taste die Datensätze ZEIT, CHROMATOGRAMM1_GEGLÄTTET und PEAKGLATT auf einen Schlag in den Editor. Wenn man die Größenordnung der Werte von ZEIT und PEAKGLATT vergleicht, wird die Vermutung gestützt, daß es sich bei den extrahierten Werten um Zeitwerte handelt, die nun als y-Werte behandelt werden, denn die letzten sieben Werte stimmen gut mit den x-Koordinaten der eigentlichen Peaks überein. Aufgetragen werden diese Werte offensichtlich wieder einmal gegen den Zeilenindex, der hier nur neun Werte umfaßt (vgl. Abbildung 3.61).

Peakextrakte

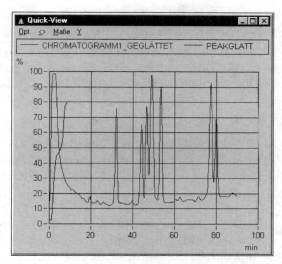

Abbildung 3.60: Nicht ganz überzeugend: PEAKGLATT im Quick-View-Fenster

	ZEIT	OMATOGRAMM1_GEGLÄT	PEAKGLATT	Spal
1	0.003975	14.87	1.818	
2	0.1771	27.51	2.182	
3	0.4981	47.43	31.82	
4	0.6792	65.37	44.18	
5	0.8375	81.69	46.54	
6	1.019	91.13	49.09	
7	1.195	96.16	53.45	
8	1.376	98.23	77.45	
9	1.556	98.79	79.99	
10	1.737	98.92		
11	1.917	98.96		
12	2.098	98.92		

Abbildung 3.61: Die Spalte PEAKGLATT enthält die x-Koordinaten der Peaks

Hinweis: Ein Blick in die *FAMOS-Referenz: Funktionen und Befehle* oder ein etwas genaueres Lesen des Hilfetextes zu *xMaxi* im Bereich *Ausgabe* bringt endgültige Klarheit darüber, daß mit dem Befehl *xMaxi* alle x-Werte der relativen Maxima ausgelesen werden.

Wir schließen den Dateneditor. Im Dialog *Weitere Datensätze im Kurvenfenster* entfernen wir mit Hilfe der Schaltfläche *Papierkorb* die Variable PEAKGLATT aus dem Bereich *Achsenliste* und mit dem Dialog-*OK* auch aus der Schnellansicht.

Hinweis: Man könnte sich jetzt in gleicher Form der Funktion *Oben* zuwenden. Die Syntax ist nahezu identisch, aber im Unterschied zum Befehl *xMaxi* werden hiermit alle Punkte oberhalb der angegebenen Schwelle herausgefischt. Da wir unser Ziel auf diese Art also auch nicht erreichen können, verzichten wir hier auf eine praktische Erprobung.

3.9.2 Fischen und zeigen in einem

Noch unbefriedigend ist die Tatsache, daß bei Datenextraktion und -umsetzung herausgelesenen x-Werte im neuen Datensatz wie y-Werte behandelt und somit auch gegen den Index als x-Achse aufgetragen werden. Man könnte für die neun Werte der neuen Variablen PEAKGLATT zwar mit Hilfe von VARIABLE – *Eigenschaften* als *X-Delta* ein größeres Intervall wählen, so daß die Lauflängen aller Datensätze übereinstimmen. Dabei blieben jedoch weiterhin äquidistante Zeitintervalle erhalten. Dies wäre selbstverständlich Unsinn, da die x-Werte der Peaks eben nicht äquidistant vom Gaschromatographen ausgespuckt werden, was im übrigen – wenn es denn doch der Fall wäre – von jedem chemischen Analytiker mit permanenten Freudentänzen quittiert werden würde.

Folglich muß ein anderer Weg gesucht werden, der keine reellen, sondern xy-Datensätze erzeugt. Eine Lösung liefert z. B. der Befehl *SPegel*, der ebenfalls zur Rubrik 7> *Statistik* gehört.

Im Quick-View-Fenster sollte CHROMATOGRAMM1_GEGLÄTTET noch sichtbar sein, anderenfalls wird der Datensatz aus der Variablenliste erneut dorthin überführt. Im Bereich *Operation* wird die Eingabezeile mit `Entf` geleert und als Ersatz *SPegel* durch Aktivieren des entsprechenden Knopfes im Bereich *Funktionen* eingefügt. Die Kommata in den Klammern lassen erkennen, daß insgesamt acht Parameter als Eingabe erwartet werden, eine stattliche Menge, die etwas mehr Auseinandersetzung mit diesem Befehl verlangt (vgl. Abbildung 3.62).

Die anzugebenden Parameter für diesen Befehl lassen sich entweder im Bereich *Ausgabe* durchscrollen oder aber man zieht in diesem Falle das Handbuch zu Rate. *SPegel* steht – wie in der Eingabezeile zu lesen ist – für die Funktion *SuchePegel* und extrahiert Werte, die bestimmte Schwellen- und Anstiegsbedingungen erfüllen. Wir tragen nun die einzelnen Funktionsparameter ein und beginnen an der ersten Position innerhalb der Klammer.

1. An der ersten Stelle muß der zu bearbeitende Datensatz eingegeben werden, also wird per Drag und Drop unser alter Bekannter CHROMATOGRAMM1_GEGLÄTTET hierher gebracht.

Peakextrakte

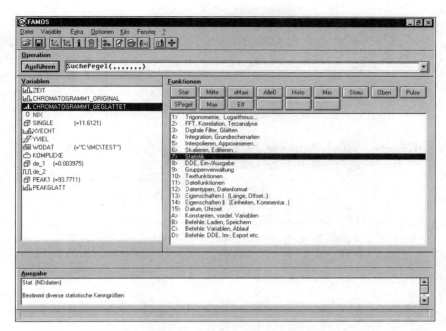

Abbildung 3.62: Die noch jungfräuliche Funktion SPegel mit Kommentar in Ausgabe

2. Die nächste Eingabe interpretiert eine Pegelbedingung, genauer gesagt eine kodierte Vorschrift für die Behandlung gefundener Grenzwerte. So bedeutet *0*, dieser Grenzwert oder Pegel ist unerheblich. Sollen Werte unterhalb bzw. oberhalb einer Grenze untersucht werden, ist eine *1* bzw. *2* einzutragen. Ein Intervall, innerhalb bzw. außerhalb dessen zu suchen ist, wird mit einer *3* bzw. *4* verschlüsselt. Uns interessieren hier – wie schon zuvor – Werte oberhalb einer bestimmten Grenze. Also wird als Pegelbedingung eine *2* eingetragen.

3. Die zu extrahierenden Werte sollen oberhalb von 60 liegen. Diese Tatsache wird FAMOS durch Eintragung einer *60* an der dritten Position mitgeteilt.

4. Da eine zusätzliche Eingrenzung, durch die ein Intervall definiert würde, hier entfällt, erhält der vierte Parameter als Eintrag eine *0*.

5. Eine weitere Verschlüsselung betrifft den sogenannten Anstieg der Kurve. Ist er ohne Bedeutung, reicht eine *0*, soll er kleiner bzw. größer als ein bestimmter Wert sein, muß man sich für eine *1* bzw. *2* entscheiden. Liegt der Anstieg innerhalb bzw. außerhalb eines Intervalls, hilft die *3* bzw. *4*. Wir wollen einen Anstieg innerhalb einer noch zu definierenden Bandbreite zulassen, also schreiben wir eine *3* an die entsprechende Position der Eingabezeile.

6. Für den unteren Wert des Anstiegsintervalls wählen wir *-15*.

7. Als oberen Wert des Anstiegsintervalls wählen wir +15.

8. Bleibt noch die letzte Klammereingabe. Mit *0* oder *1* läßt sich hier entscheiden, ob alle Werte extrahiert werden sollen, die die formulierten Bedingungen tatsächlich erfüllen, oder ob nur diejenigen Werte extrahiert werden sollen, bei denen ein Übergang in die Teilmenge erfolgt, die alle Bedingungen erfüllt. Wir wollen alle Werte und wählen entsprechend eine *0*.

Hinweis: Wie die Autoren ausgerechnet auf die beiden Werte -15 und +15 für den Anstieg gekommen sind, wird etwas weiter unten klar, basiert aber auf der vielfach bewährten Versuch-und-Irrtum-Methode, die immer dann zum Tragen kommt, wenn pures Nachdenken nicht zum gewünschten Erfolg führt.

Was nun noch fehlt, ist wieder einmal die Zuweisung der neuen Variablenbezeichnung. Da uns die gewählten Parameter ein schönes Ergebnis liefern werden, wählen wir noch einmal die Bezeichnung PEAKGLATT und überschreiben damit die bestehende Variable. Damit lautet die komplette Eingabe:

```
PEAKGLATT=SuchePegel(CHROMATOGRAMM1_GEGLÄTTET,2,60,0,3,
-15,15,0)
```

Nach Betätigung von *Ausführen* arbeitet FAMOS den Befehl ab. In der Schnellansicht wird – inzwischen routinemäßig – die rechte Maustaste gedrückt, per Dialog *Weitere Datensätze im Kurvenfenster* wird PEAKGLATT an die Achsenliste angehängt und mit dem *OK* in die Grafik integriert (vgl. Abbildung 3.63).

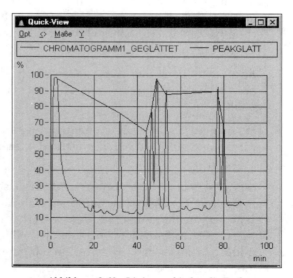

Abbildung 3.63: Linien verbinden die Peaks

Peakextrakte 181

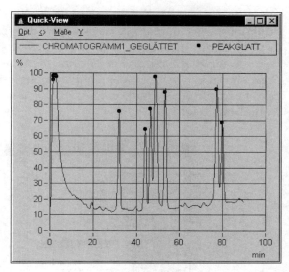

Abbildung 3.64: Jedes errechnete Maximum eines Peaks ist markiert

PEAKGLATT stellt jetzt lediglich eine Linie dar, die die Maxima der Peaks verbindet. Das läßt sich – wie wir wissen – optisch schnell verbessern. Wir rufen also im Grafikfenster mit Y – *Peakglatt* den Dialog *y-Achse: Peakglatt* auf und wählen im Menü MUSTER nacheinander die Alternativen *Dicke Punkte* und *Nur Symbole*. Mit dem OK sieht das Ergebnis schon ganz manierlich aus. Mit OPT. – *Voreinstellungen* öffnen wir noch den Dialog *Voreinstellungen der Kurvenfenster* und stellen den *Durchmesser der Symbole auf dem Schirm* auf 2 mm ein. In dieser Form sind die Maxima der Peaks nun ausreichend deutlich markiert (vgl. Abbildung 3.64).

Wer nun überprüfen möchte, wie sich Veränderungen im Anstiegsintervall auswirken, der möge die entsprechenden Parameter in der Eingabezeile des Bereichs *Operation* ändern. Mit *Ausführen* wird das Ergebnis sofort in der Schnellansicht sichtbar. Zur Fortsetzung des Kapitels sollte aber wieder zu den vorgegebenen Parametern zurückgekehrt werden.

Hinweis: Derartige Experimente bieten gleichzeitig die Möglichkeit, ein weiteres FAMOS-Werkzeug, den Formel-Assistent, kennenzulernen. Wir rufen ihn also mit EXTRA – *Formel* – *Assistent* auf und erhalten umgehend eine Auflistung aller FAMOS-Funktionen, die sich per Schalter in verschiedenen Sortierungen anzeigen läßt (vgl. Abbildung 3.65).

Wir können hier die Zeile *Suche nach Pegel/Anstieg* markieren und anschließend die Schaltfläche *Parametrieren* anklicken, um Unterstützung bei der Parameterwahl zu erhalten. Praktischer ist häufig ein anderer Weg: Dazu schließen wir den gerade geöffneten Formel-Assistent per Windows-Schaltfläche, markieren die Eingabezeile *Operation* und klicken den Funktionsknopf *SPegel* nochmals an. Anschließend plazieren wir die Schreibmarke mit Hilfe der Maus in der Eingabezeile des Bereichs *Operation* innerhalb der Funktionsbezeichnung *SuchePegel*. Wird jetzt die Tastenkombination ⇧ F1 gedrückt, so öffnet sich der Formel-Assistent in einem anderen Gewand. Denn diesmal bietet er uns für jeden Parameter der Funktion *Suche-Pegel* ein Eingabefeld an, das die Parameterfestlegung durch aussagekräftige Beschriftungen und einige Klapplisten erheblich erleichtert (vgl. Abbildung 3.66).

Abbildung 3.65: Der Formel-Assistent zeigt eine Auflistung aller FAMOS-Funktionen

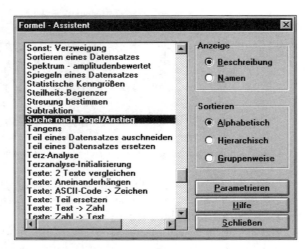

Abbildung 3.66: Der Formel-Assistent hilft beim Parametrieren von Funktionen

Sind alle gewünschten Parameter eingetragen, läßt sich die Funktion einschließlich aller erforderlichen Parameter mit ➔ *OpBox* in die Eingabezeile übertragen oder mit *Ausführen* direkt umsetzen. Da der Formel-Assistent dabei nicht geschlossen wird, lassen sich auf diese Art diverse Parameterkombinationen schnell und irrtumsfrei ausprobieren.

Für Interessierte: Wer die Funktion *SuchePegel* umgehen oder schlicht ein weiteres Verfahren zur Extraktion der Maxima ausprobieren möchte, kommt – bei Wahl derselben Schwellenlage – auch mit folgenden drei Anweisungen zum Ziel:

```
XPEAK=xMaxi(CHROMATOGRAMM1_GEGLÄTTET,60)
YPEAK=Wert(CHROMATOGRAMM1_GEGLÄTTET, XPEAK)
XYPEAK=xyvon(XPEAK,YPEAK)
```

Dabei bestimmt *xMaxi* die x-Koordinaten aller relativen Maxima oberhalb des Schwellwerts 60 und legt sie als neue Variable XPEAK ab. Die Funktion *Wert* bestimmt die y-Koordinaten zu diesen x-Werten und speichert sie als YPEAK. Zum Abschluß verknüpft *XYvon* die beiden neuen Variablen zum echten x/y-Datensatz XYPEAK, der die Koordinaten der gesuchten Maxima enthält.

3.10 Auf einen Blick

Nach Abschluß dieser Spielereien markieren wir im Bereich *Variablen* des Applikationsfensters PEAKGLATT und öffnen den Dateneditor per Schaltfläche. Da es sich diesmal um einen echten xy-Datensatz handelt, sind x- und y-Werte in den Spaltenköpfen an den Erweiterungen .X und .Y erkennbar. Wir schauen uns in diesem Zusammenhang noch schnell eine weitere Besonderheit von FAMOS an, nämlich die relative Darstellung der zeitlichen Bezüge relevanter Daten zueinander. Dazu ordnen wir den Datensatz CHROMATOGRAMM1_GEGLÄTTET, der aus 495 Abtastpunkten besteht, in die nächste leere Spalte ein (vgl. Kap. 1.4). Um jetzt zu prüfen, welche Werte FAMOS mit der Funktion *SuchePegel* und den von uns gesetzten Parametern gefunden hat, lassen wir die Tabellenwerte in anderer Form anzeigen.

 Die horizontale Werkzeugleiste im Dateneditor enthält zu diesem Zweck eine Gruppe von drei Schaltflächen, die Zeitvergleiche zulassen und korrekte Zeitbezüge innerhalb einer Tabelle herstellen. Voreingestellt ist die Schaltfläche *Kein Zeitvergleich*. Entsprechend wird die vorliegende Tabelle gegenwärtig angezeigt (vgl. Abbildung 3.67). Wir erreichen diese Darstellungsweise auch, indem wir die Befehlsfolge ANZEIGE – *Kein Zeitvergleich* verwenden und an die Funktion einen entsprechenden Haken setzen.

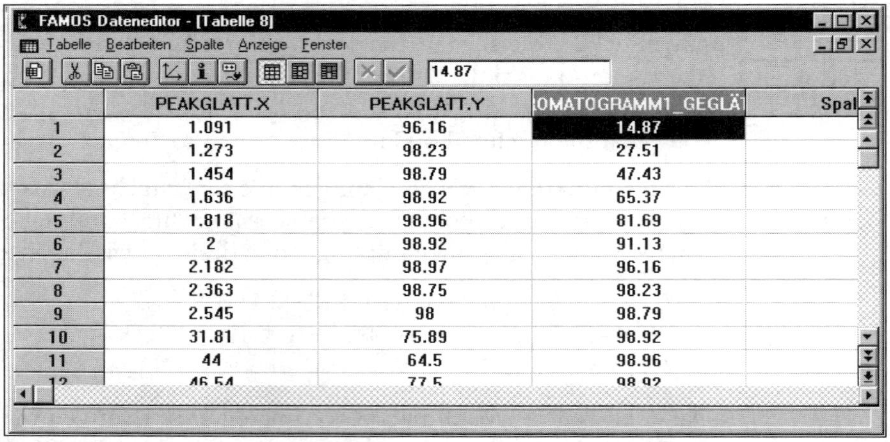

Abbildung 3.67: Tabellenausschnitt ohne Zeitvergleich

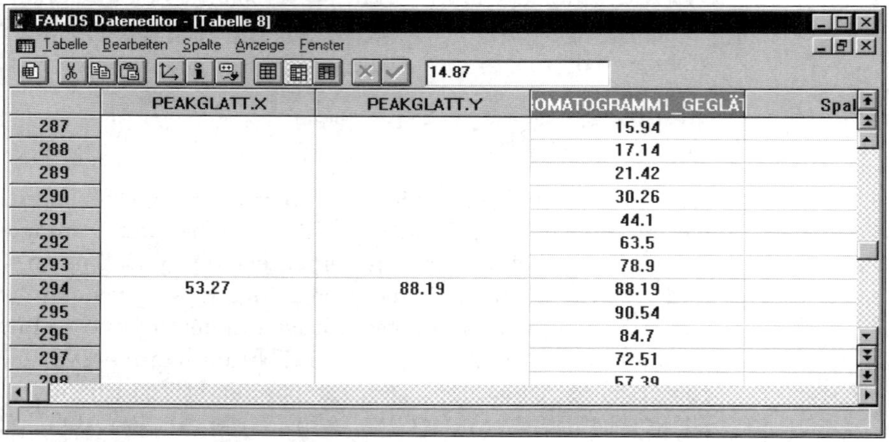

Abbildung 3.68: Zeitrichtig relative Darstellung des Peaks beim Abtastwert 294

Wir aktivieren die zweite Möglichkeit ANZEIGE – *Zeitrichtig relativ* bzw. die zweite Schaltfläche der Dreiergruppe. Werden jetzt mit dem vertikalen Rollbalken die Tabellenzeilen abgefahren, erkennt man, daß gleiche x-Werte, d. h. gleiche Abtastwerte, einander zeitrichtig gegenüberstehen, da die Höhen der Tabellenzeilen entsprechend angepaßt werden. Vergleicht man die Werte für die Maxima, zeigt sich, daß die automatische Peakbestimmung mittels Festlegung der oberen Grenze und des Anstiegs zu geringen Abweichungen führen kann. So liegt ein errechnetes Maximum z. B. beim Abtastwert 294 und damit um genau einen Indexwert neben dem wahren Maximum, das beim Abtastwert 295 zu finden ist (vgl. Abbildung 3.68). Der Hauptgrund für diese Abweichung dürfte in der von uns formulierten Anstiegsbedingung zu suchen sein.

Hinweis: Eine so geringe zeitliche Abweichung kann bei dieser Datenanalyse in Kauf genommen werden, da die Retenzionszeit, also die Zeit nach der ein Peak stellvertretend für eine Substanz sichtbar wird, normalerweise in Minuten angegeben wird. Sollte die Auflösung in Einzelfällen nicht reichen, muß die Abtastrate der betreffenden Messung erhöht werden.

Die dritte Alternative *Zeitrichtig absolut* brauchen wir hier nicht zu berücksichtigen, da bei dieser Darstellung neben den Abtastzeiten auch sogenannte Triggerzeiten berücksichtigt werden, die bei unseren Datensätzen nicht vorhanden sind.

Damit wir den Peakextraktionserfolg auch optisch genießen können, stellen wir jetzt noch eine Rollverknüpfung zwischen Dateneditor und Schnellansicht her. Dazu plazieren wir zunächst beide Fenster überlappungsfrei auf dem Monitor, drücken dann die zuständige Schaltfläche im Dateneditor, ziehen den sich wandelnden Mauszeiger in die Schnellansicht und lassen dort die linke Maustaste los.

Hinweis: Damit das Grafikfenster nicht laufend verschwindet, wird das Applikationsfenster auf minimale Größe verkleinert und so positioniert, daß es weder Tabelleneditor noch Grafikfenster überlappt. Ferner sollte sichergestellt werden, daß das Kontrollkästchen *Nie vom Hauptfenster verdeckt* des Bereichs *Kurvenfenster* angekreuzt wurde, was sich durch Aufruf von OPTIONEN – *Anzeige* des Grafikfensters im gleichnamigen Dialog überprüfen läßt.

Wir wechseln in die Schnellansicht, fahren mit der Maus an den vertikalen Liniencursor, worauf sich der Mauszeiger in die zwei charakteristischen Pfeile verwandelt. Wir greifen den Cursor, indem die linke Maustaste gedrückt bleibt. Durch Verschieben der Linie nach links und rechts läßt sich nun jedes Maximum anfahren, und der von FAMOS extrahierte Peak ist in der Tabelle anhand der gestrichelten horizontalen Linie leicht zu finden (vgl. Abbildung 3.69).

Wer an dieser Stelle angekommen eine Antwort auf die Frage haben möchte, warum die geglättete Kurve für diese Analyse herangezogen wurde, kann sich dies mit dem inzwischen erarbeiteten Wissen eigentlich selbst beantworten, indem er unsere Operation

```
PEAKGLATT=SuchePegel(CHROMATOGRAMM1_GEGLÄTTET,2,60,0,3,
-15,15,0)
```

abwandelt in

```
PEAKORIGINAL=SuchePegel(CHROMATOGRAMM1_ORIGINAL,2,60,0,3,
-15,15,0)
```

und genau die gleiche Darstellung wie zuvor wählt, die gefundenen Koordinaten also als *Dicke Punkte* zeichnen läßt. Nun werden viel mehr vermeintliche Maxima gefunden, die mit Sicherheit keine echten Peaks repräsentieren (vgl. Abbildung 3.70).

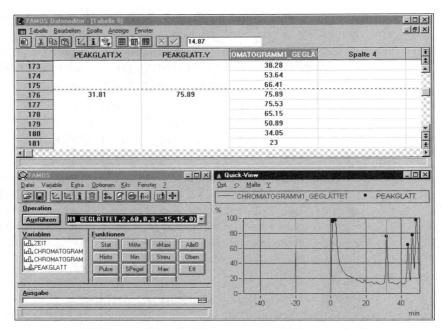

Abbildung 3.69: Rollverknüpfung von Dateneditor und Grafik

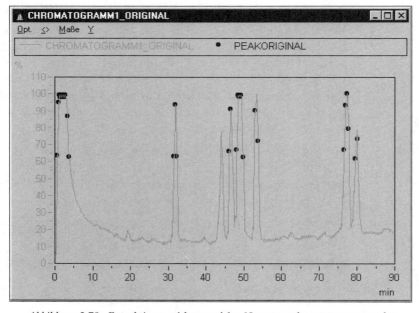

Abbildung 3.70: Extraktionsverfahren auf den Ursprungsdatensatz angewendet

Warum dies so ist, wird sofort ersichtlich, wenn wir mit MAßE – Zoom eine passende Stelle der Überlagerung von CHROMATOGRAMM1_ORIGINAL und der soeben erhaltenen Variablen PEAKORIGINAL, z. B. den mit mehreren Punkten markierten Peak bei 49 min, vergrößern. Die zusätzlich bestimmten Maxima beruhen auf Störungen, die sich als überlagerte Schwingung bemerkbar machen und leider den gleichen Extraktionsparametern genügen wie die echten Peaks (vgl. Abbildung 3.71).

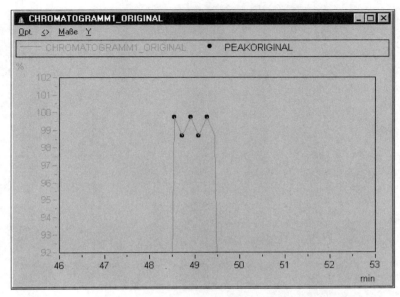

Abbildung 3.71: Störpeaks im Original führen zu fehlerhaft detektierten Maxima

Hinweis: Aus diesem Grund ist es in solchen Fällen anzuraten, die Kurven zunächst einmal zu glätten. Die Lage der Maxima wird dadurch wenig beeinflußt, solange die Peaks einigermaßen scharf und symmetrisch verlaufen. Je nach Glättungsfaktor tauchen aber Probleme auf, wenn die Ordinatenwerte der Maxima exakt bestimmt werden müssen, denn die Amplituden der geglätteten Kurven sind durchweg kleiner. Zu diesem Zweck läßt sich aber bei Bedarf auf den Ursprungsdatensatz zurückgreifen.

Dies soll nun aber für diese Sitzung reichen. Falls später noch einmal etwas wiederholt werden soll, wäre es von Nutzen, alle erzeugten Variablen vorrätig zu halten. Wir schließen also Quick-View-Fenster und Dateneditor. In der Variablenliste des Applikationsfensters werden anschließend alle Variablen markiert, und mit DATEI – *Zusammen speichern* legen wir die Daten unter dem Dateinamen RESULT4.DAT ab.

Im nächsten Kapitel sollen uns zwei neue Aspekte beschäftigen. Zum einen liegt die Frage nahe, wie sich einfache Routineabläufe, wie z. B. die gerade durchgeführte Extraktion von Maxima, für wiederkehrende Untersuchungen in ersten bescheidenden Ansätzen automatisieren lassen und zum zweiten, wie wir unsere im ersten Kapitel vorgestellte Vorgabe (vgl. Abbildung 1.1) für den Druck mit dem richtigen Layout und den erforderlichen Zusatzobjekten versehen.

Schneller und schöner 4

Der ausschließlich wissenschaftlich ausgerichtete Datenanalysator gibt sich in der Regel mit den bisher gewonnenen Ergebnissen zufrieden. Ihn freut es in erster Linie, daß Untersuchungsreihen reproduzierbare Resultate liefern, und er wünscht sich für seine täglich anfallenden Routinearbeiten Möglichkeiten zur Erhöhung der Bearbeitungsgeschwindigkeit. Die Institution, der er angehört, verfolgt dagegen oft noch andere Ziele, denn sie muß Ergebnisse überzeugend verkaufen. Daher geht es ihr darum, das in Form von Daten vorliegende neue Wissen deutlich und repräsentativ zu dokumentieren und darüber hinaus mit Zusatzinformationen zu versehen. Erst in diesem Zustand werden Abbildungen und Zusammenhänge für Kongreßbesuche, Publikationen oder Arbeitspapiere selbsterklärend und überzeugen auch Geldgeber und Kunden. Mit anderen Worten: Die Analyseergebnisse sind so zu gestalten, daß Problem, Methoden, Resultate, etc. auf einen Blick erfaßbar sind.

In solchen Fällen reicht es nicht aus, im Kurvenfenster vorhandene Koordinatensysteme mit Hilfe eines Druckers zu Papier zu bringen. Vielmehr ist es erforderlich, Detailvergrößerungen und ganze Diagramme zu kombinieren, Ergebnisse mit Tabellen zu untermauern, das alles mit erklärenden Bildern und Textsequenzen zu erläutern oder mit Firmenlogos Urheberansprüche zu signalisieren. Wie nicht anders zu erwarten, hält FAMOS auch für derartige Arbeiten ein spezielles Modul bereit, welches die Gestaltung des Druckbildes bzw. des Layouts einer solchen Gesamtdokumentation übernimmt.

4.1 Automatisierungsmodul

Doch bevor wir uns das in FAMOS 3.1 völlig überarbeitete Modul zur Seitengestaltung näher ansehen, soll ein weiterer kleiner Exkurs eingeschoben werden. Dabei wollen wir nochmals einige wichtige Funktionen von FAMOS anreißen, ohne uns mit allen Einzelheiten dieses Themenbereichs zu beschäftigen. Denn mit dem Thema Sequenzen bzw. Makros ließe sich, wie auf den folgenden Seiten deutlich werden wird, problemlos ein ganzes Buch füllen.

Wir beschränken uns also wieder auf eine prinzipielle Betrachtung. Wenn man sich die letzten Kapitel noch einmal vor Augen führt, haben wir mehr oder weniger ausführlich und beileibe nicht immer gradlinig, darauf hingearbeitet, die Peaks unseres Chromatogramms zu bestimmen. Dabei sollte deutlich geworden sein, daß selbst bei Wahl des rationellsten Verfahrens eine Vielzahl von Arbeitsschritten durchgeführt werden muß, bevor das gewünschte Resultat sichtbar wird. Sollen derartige Analysen also z. B. im Rahmen von Serienuntersuchungen regelmäßig durchgeführt werden, dürfte der von uns bisher verfolgte Weg der Datenextraktion wenig geeignet sein. Eher wünschte sich der Anwender, Routineanalysen in einem automatisierten Prozeß ablaufen zu lassen, der nur wenige manuelle Eingriffe erfordert. Bevor wir uns als Hilfsmittel eine solche Sequenz selbst zusammenstricken, müssen die wichtigsten Definitionen und Werkzeuge bekannt sein.

Frei programmierbare Routineabläufe innerhalb einer bestehenden Software basieren in der Regel auf einer programminternen Makrosprache, weswegen solche automatisch ablaufenden Regieanweisungen auch Makros genannt werden. In der FAMOS-Sprache tragen makroprogrammierte Prozesse eine andere Bezeichnung, sie heißen hier Sequenzen. Ihnen darf im Grunde eine beliebig komplexe Struktur verpaßt werden, die Verschachtelungen, Verzweigungen und logische Abfragen integriert. Bausteine der Sequenzen sind die vom Hersteller mitgelieferten Funktionen, Konstanten und Befehle.

Wie gehabt wird FAMOS aus der Windows-Oberfläche heraus geöffnet und das Applikationsfenster monitorfüllend vergrößert. Damit zukünftige Grafikfenster nicht hinter dem Applikationsfenster verschwinden wird mit OPTIONEN – *Anzeige* überprüft, ob das Schaltkästchen *Nie vom Hauptfenster verdeckt* eingeschaltet ist.

Um sich Sequenzen zusammenbasteln zu können, müssen spezielle Werkzeuge auf der Monitoroberfläche präsent sein. Also warten wir mit dem Laden einer Variablen noch ein wenig. Mit dem Befehl EXTRA – *Sequenz-Editor*, der Taste [F8] oder mit der zugehörigen Schaltfläche der horizontalen Werkzeugleiste öffnen wir zunächst das Arbeitsfenster des Sequenz-Editors. Es trägt den Titel *FAMOS Sequenz – [unbenannt1]*. Wir verbreitern das Fenster und ordnen es so an, daß es das rechte untere Viertel des Applikationsfensters überdeckt (vgl. Abbildung 4.1).

Neben fünf Menüs mit den Bezeichnungen DATEI, BEARBEITEN, AUSFÜHREN, ANZEIGE und FENSTER finden wir auch hier eine eigenständige horizontale Werkzeugleiste mit insgesamt elf Schaltflächen (vgl. Abbildung 4.2).

Hinweis: Das Menü ANZEIGE ist ebenso eine Neuheit von FAMOS 3.1 wie die siebte Schaltfläche mit dem Druckersymbol.

Automatisierungsmodul 191

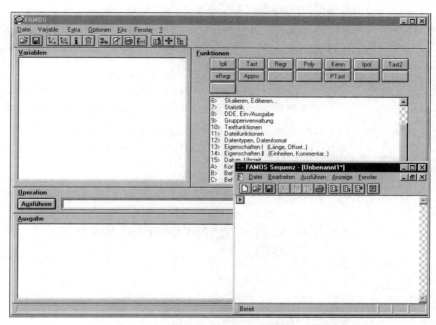

Abbildung 4.1: Leeres Sequenz-Fenster auf der Arbeitsfläche

Abbildung 4.2: Werkzeugleiste des Sequenz-Editors in der Standardanzeige

Die Schaltflächen der beiden ersten Gruppen sind jedem Windows-Anwender geläufig und führen die Befehle *Neu*, *Laden* und *Speichern* sowie *Ausschneiden*, *Kopieren*, *Einfügen* und *Drucken* aus. Damit lassen sich die Zeilen im Texteingabefeld des Sequenzfensters genauso behandeln wie in einem beliebigen Textverarbeitungssystem. Die Einsatzgebiete der übrigen vier Schaltflächen werden wir weiter unten kennenlernen. Innerhalb der Arbeitsfläche fällt noch eine weitere kleine Schaltfläche links neben dem blinkenden Cursor auf, die auf die Position der aktiven Zeile hinweist und demzufolge als Positionszeiger bezeichnet wird.

Um das Fenster mit einer funktionsfähigen Sequenz zu füllen, sind einige Regeln zu beachten. Jede Zeile enthält eine Anweisung und wird mit der ⏎-Taste abgeschlossen. Je nach Komplexitätsgrad der Sequenz kann sich eine solche Folge von Arbeitsanweisungen über eine beeindruckende Anzahl von Zeilen erstrecken. Um sich in einem umfangreichen Gebilde zurechtzufinden und beispielsweise bestimmte Anweisungen nachträglich editieren zu können, lassen sich die einzelnen Zeilen gezielt ansteuern bzw. anspringen. Dies simulieren wir nun auf denkbar einfache Art. Wir schreiben hinter den blinkenden Cursor einen beliebigen Buchstaben, z. B. ein *s*, und beenden die Zeile mit ⏎. Der Schreibcursor hüpft daraufhin in die nächste Zeile. Wiederholen wir dies noch fünfmal, stehen sechs kleine s untereinander. Der Cursor befindet sich in der leeren siebten Zeile, während der Positionszeiger seinen Platz in Zeile 1 nicht verlassen hat.

Mit einem Einfachklick der linken Maustaste oder mit Hilfe der Pfeiltasten setzen wir den Cursor zum Spaß vor das s in der vierten Zeile, um in dieser Zeile etwas hinzuzufügen, zu löschen oder sonstwie zu editieren.

Hinweis: Benutzer von Textverarbeitungssystemen müssen sich bei älteren FAMOS-Versionen etwas umstellen. Wird nämlich im Sequenzfenster links neben eine Zeile geklickt, wandert der Cursor beileibe nicht vor das erste Zeichen der entsprechenden Zeile. Erfolg bringt in diesem Fall nur das direkte Anklicken des ersten Zeichens der Zeile.

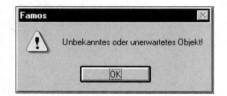

Abbildung 4.3: Fehlermeldung nach Aufruf einer unbekannten Anweisung

Klicken wir nun die vierte Zeile doppelt an oder drücken ⟨Alt⟩⟨↵⟩, so springt der Positionszeiger vor diese Zeile. Sie ist damit zur sogenannten aktiven Zeile geworden, d. h., die Anweisung in dieser Zeile kann zum Abarbeiten an FAMOS weitergeleitet werden. Obwohl unser s mit einiger Sicherheit keine brauchbare Anweisung darstellt, beauftragen wir FAMOS mit der Arbeit, indem wir ⟨Strg⟩⟨↵⟩ drücken. Wie nicht anders zu erwarten war, erhalten wir umgehend eine Fehlermeldung, die uns über ein unbekanntes Objekt, gemeint ist das kleine s, unterrichtet (vgl. Abbildung 4.3). Mit dem *OK* entfernen wir diese Meldung vom Monitor und gelangen zurück zur Eingabefläche des Sequenzfensters.

Nachdem wir diesen kleinen Vorabtest abgeschlossen haben, wird der Inhalt des Sequenzfensters nicht mehr benötigt. Wir markieren alle Zeilen nach Windows-Art mit Hilfe der festgehaltenen linken Maustaste und entfernen sie mit BEARBEITEN – *Ausschneiden*, der entsprechenden Schaltfläche oder aber mit BEARBEITEN – *Löschen*.

Hinweis: Viel bequemer startet der Anwender das Abarbeiten einer oder mehrerer Zeilen mit den Schaltflächen der dritten Gruppe. Wir sollten uns deshalb angewöhnen, in Zukunft nur noch diesen Weg zu beschreiten. Im einzelnen bedeuten die Schaltflächen:

AUSFÜHREN - *Starten*: Der Positionszeiger springt zur ersten Zeile des Sequenzfensters und die gesammte Sequenz wird ohne Unterbrechung automatisch abgearbeitet.

 AUSFÜHREN - *Fortsetzen*: Die Ausführung der Sequenz beginnt mit derjenigen Zeile, die mit dem Positionszeiger gekennzeichnet ist. Von dieser aktiven Zeile an wird der komplette Rest der Sequenz abgearbeitet.

 AUSFÜHREN - *Zeile* ausführen: Der Positionszeiger befindet sich in einer aktiven Zeile und nur diese wird abgearbeitet.

Jetzt wollen wir uns an die Programmierung einer sinnvollen Sequenz machen. Die zu bewältigende Aufgabe kennen wir schon zur Genüge, denn es geht erneut darum, die Gipfel bzw. Peaks eines Originalchromatogramms zu bestimmen, diesmal allerdings ohne größere manuelle Eingriffe. Wieder einmal sollen an dieser Stelle nur einige prinzipielle Schritte aufgezeigt werden, da die perfekte Lösung für die gestellte Aufgabe im Rahmen dieses Buchs nicht dargestellt werden kann.

Hinweis: Wer sich weitere Sequenzen anschauen möchte, öffnet aus dem Sequenzfenster heraus mit DATEI – *Laden* den Dialog *Famos-Sequenz laden* und sucht sich aus der Klappliste *Dateiname* ein weiteres, werkseitig mitgeliefertes Beispiel heraus, ohne dies jedoch zu verändern oder gar abzuspeichern. Außerdem finden sich im Kapitel 6 weitere Beispiele für Sequenzen und ihre Wirkungen.

4.2 Step by step

So, jetzt geht's aber los! Zunächst brauchen wir eine Variable, mit der hantiert werden kann. Wir gehen davon aus, daß alle von der Sequenz zu bearbeitenden Dateien stets im FAMOS-Format vorliegen. Dieses Wissen geben wir an die Software weiter, indem wir den Befehl

```
FAMOS
```

 verwenden. Dies wird also in die erste Eingabezeile des Sequenzfensters eingetippt und mit [↵] bestätigt, worauf der Schreibcursor in der nächsten leeren Zeile wiederzufinden ist. Wir drücken die Schaltfläche zur Einzelschrittbearbeitung oder erteilen den Befehl AUSFÜHREN – *Einzelschritt* und können keine aufregenden Veränderungen feststellen, denn wir brauchen erst einmal eine Variable. Wenn wir uns zurückerinnern, trug der erste Datensatz, mit dem wir uns beschäftigt haben, den Namen ACTIV. Er repräsentiert den Originaldatensatz für unser Chromatogramm. Zusammen mit der Variablen ZEIT wurde ACTIV im Verlauf des ersten Kapitels in der Datei RESULT1.DAT gespeichert und sollte daher in unserem selbst angelegten Pfad C:\IMC\TEST vorhanden sein.

Hinweis: Für »Notfälle« befindet sich die Datei RESULT1.DAT im Verzeichnis BUCH\FAMOS\PROJEKTE\4 der Buch-CD.

Soll RESULT1.DAT geladen werden, kommt der Befehl *LADEN* zum Einsatz. Als Parameter werden Pfad und Name der zu ladenden Datei erwartet, so daß die nächste Eingabezeile lauten muß:

```
LADEN C:\IMC\TEST\RESULT1
```

Hinweis: Bei der Angabe des Parameters kann auf die Erweiterung *.DAT verzichtet werden, da wir das gewünschte Format bereits in der ersten Zeile der Sequenz festgelegt haben.

Auch diese Zeile wird mit ⏎ abgeschlossen. Anschließend klicken wir erneut die Schaltfläche zur Einzelschrittbearbeitung an. Prompt tauchen die Variablen ZEIT und ACTIV im Bereich *Variablenliste* des Applikationsfensters auf (vgl. Abbildung 4.4).

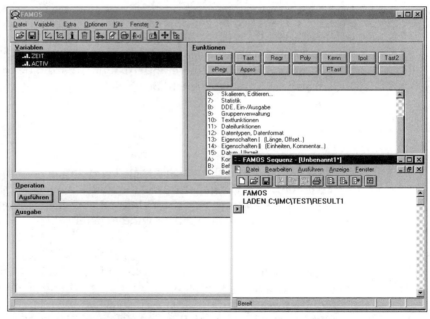

Abbildung 4.4: ZEIT und ACTIV per Sequenz in die Variablenliste überführt

Soll ACTIV sichtbar gemacht werden, stimmt die Bezeichnung des zuständigen Befehls weitgehend mit dem Menüaufruf im Applikationsfenster überein. Um die Variable grafisch darzustellen, genügt folglich die Eingabe von:

```
ZEIGEN ACTIV
```

Die Zeile wird mit [↵] abgesegnet und per Schaltfläche einzeln ausgeführt, worauf sich das Diagramm in einem Grafikfenster namens *ACTIV* einblendet. Wir schieben das Diagramm an eine Position, die das Sequenzfenster nicht verdeckt (vgl. Abbildung 4.5).

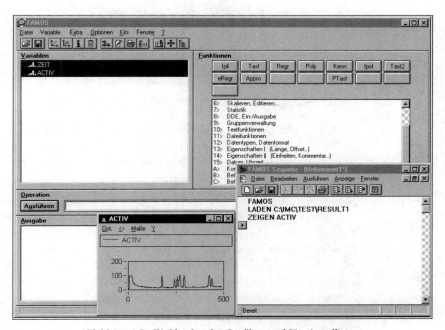

Abbildung 4.5: Einblenden der Grafik gemäß Voreinstellungen

Wie schon erwähnt, wollen wir hier nicht alle Aktionen der vorausgehenden Kapitel bis ins kleinste wiederholen. So beschränken wir uns auf eine Änderung in der Skalierung der y-Achse, die fest auf einen Bereich zwischen *0* und *100* eingestellt werden soll. Dafür sorgt eine Eingabe mit Hilfe des Funktionsknopfes *AnzY*. Er versteckt sich im Bereich *Funktionen* des Applikationsfensters unter Position *14> Eigenschaften II (Einheiten, Kommentar)* an vierter Stelle. Wir klicken diesen Funktionsknopf mit der Maus an.

Hinweis: Wenn das Sequenzfenster geöffnet ist, befördert das Anklicken eines Funktionsknopfes aus dem Bereich *Funktionen* die entsprechende Anweisung unmittelbar in das Sequenzfenster, und zwar an die aktuelle Position des Cursors. Die sonst übliche Übertragung in das Eingabefeld des Bereichs *Operation*, die wir bereits kennengelernt haben, entfällt dabei.

Die Anweisung benötigt drei Parameter. Anzugeben sind Datensatz, Minimum der y-Achse und Maximum der y-Achse. Komplett muß die vierte Zeile also lauten:

```
SetAnzeigeY(ACTIV,0,100)
```

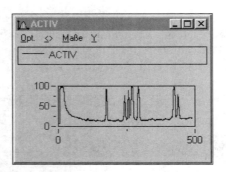

Abbildung 4.6: Umskalieren mit SetAnzeigeY

Nach Eingabe der Parameter plazieren wir den Cursor am Ende der aktuellen Zeile, bestätigen die Anweisung mit [↵] und führen sie als Einzelschritt aus. Auch in der aktuellen Mini-Version des Grafikfensters ACTIV ist die Umskalierung sichtbar (Abbildung 4.6).

Hinweis: Selbstverständlich funktioniert der Befehl auch dann, wenn er mit seinen Parametern »zu Fuß« in das Sequenzfenster eingetippt wird. Hilfestellung leisten die Angaben des Manuals *FAMOS-Referenz: Funktionen und Befehle*. Tips und Hilfe hinsichtlich der benötigten Parameter liefert auch der Bereich *Ausgabe*, der allerdings bei niedriger Bildschirmauflösung zunächst durch Verschieben des Sequenz- oder Grafikfensters sichtbar gemacht werden muß. Befindet sich der Cursor innerhalb der Anweisung *SetAnzeigeY*, läßt sich außerdem mit [⇧][F1] der Formel-Assistent starten (vgl. Kap. 3.9). Um die Parameter aus den Eingabefeldern ins Sequenzfenster zu übertragen, ist in diesem Fall die Schaltfläche → *Sequenz* anzuklicken. Anschließend wird der Formel-Assistent mit *Schließen* beendet. Bevor allerdings die so erzeugte Anweisung ausgeführt werden darf, müssen überflüssige Kommata und Klammern entfernt werden (vgl. Abbildung 4.7).

Die nächsten zwei Schritte handeln wir auf einmal ab. Sie haben eher kosmetischen Charakter und dienen zur Demonstration prinzipieller Möglichkeiten der Sequenzprogrammierung. Nehmen wir an, die automatisch zugeordnete Kurvenfarbe von ACTIV gefällt uns nicht. Wir möchten also eine Wunschfarbe definieren. Diese wollen wir nicht nur dieses eine Mal verwenden, sondern immer verfügbar haben, um bei Bedarf mit ihr zu färben. Dafür lohnt es sich, eine Farbvariable ins Leben zu rufen. Sie soll IMMER1 heißen und eine Mischung aus Blau und Grün sein. Mit dem Befehl *RGB* weisen wir IMMER1 passende Farbwerte zu, also kein Rot, d. h. *0*, aber ein bißchen Grün und Blau, sagen wir für beide den Wert *124*. Als fünfte Anweisung geben wir demnach

```
IMMER1=RGB(0,124,124)
```

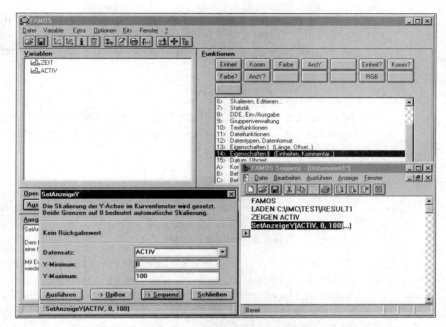

Abbildung 4.7: Der Formel-Assistent hinterläßt Reste, die nur manuell zu entfernen sind

ein und bestätigen die Zeile. Um diese neu kreierte Farbe der Variable ACTIV zuzuweisen, ist – ebenfalls aus dem 14. Funktionensortiment – der dritte Funktionsknopf *Farbe* zuständig. Mit ihm kopieren wir die Anweisung *SetFarbe* in das Sequenzfenster. Jetzt muß der Befehl aber noch erfahren, welcher Datensatz und welche Farbvariable gemeint ist, was sich durch folgende Ergänzungen erreichen läßt:

```
SetFarbe(ACTIV,IMMER1)
```

 Wir bestätigen auch diese Zeile und lassen die beiden jüngsten Anweisungen mit AUSFÜHREN – *Fortsetzen* oder der entsprechenden Schaltfläche gemeinsam bearbeiten, worauf der Positionszeiger in die erste Zeile des Sequenzfensters springt und ACTIV im Grafikfenster die gewünschte Farbe annimmt.

Hinweis: Mit dem Farbwechsel taucht IMMER1 als Einzelwertvariable in der Variablenliste des Applikationsfensters auf. Für unsere Peakbestimmung hat sie keine Bedeutung, wohl aber für FAMOS, das sich mit ihrer Hilfe an unsere Farbwünsche erinnert.

Wie wir wissen, gelingt unsere Peakextraktion am besten, wenn ein geglätteter Datensatz als Ausgangsmaterial zur Verfügung steht. Daß die Anweisung für den Glättungsprozeß auf dem dritten Funktionsknopf *Glatt* von Position *3> Digitale Filter, Glätten* zu finden ist, wissen wir bereits (vgl. Kap. 2.3). Wenn wir annehmen, daß das für unser Problem verwendete

Glättungsintervall von *8* auch weiterhin brauchbar ist, und wenn wir der geglätteten Kurve den Namen BESSER1 geben wollen, dann müssen wir die per Funktionsknopf in das Sequenzfenster kopierte Anweisung etwas modifizieren. Wir schreiben

```
BESSER1=Glatt(ACTIV,8)
```

und bestätigen. Um auch diese Kurve sofort zu begutachten, lassen wir das Ergebnis mit *ZEIGEN* als Diagramm darstellen. Dazu geben wir

```
ZEIGEN BESSER1
```

ein und bestätigen auch diese Zeile.

Hinweis: Im unteren Teil des Bereichs *Funktionen* finden sich in Position *B> Befehle: Laden, Speichern* und in Position *C> Befehle: Variablen, Ablauf* Funktionsknöpfe für das Laden und Zeigen.

Mit einem Doppelklick an die vorletzte Zeile befördern wir den Positionszeiger des Sequenzfensters zu unseren neuesten Eingaben und lassen sie dann einzeln ausführen. Im ersten Schritt erscheint BESSER1 in der Variablenliste und ist markiert. Wird jetzt der Anzeigebefehl abgearbeitet, blendet sich ein weiteres Grafikfenster namens *Besser1* ein, das wir an eine weniger störende Position verschieben (vgl. Abbildung 4.8).

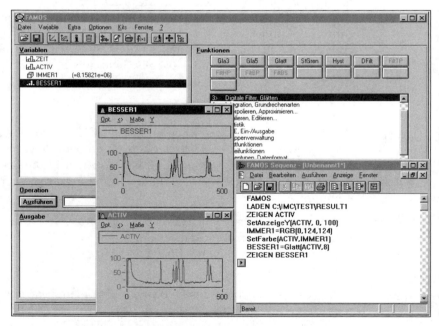

Abbildung 4.8: BESSER1 erscheint in einem eigenen Grafikfenster

Da das Grafikfenster *ACTIV* nicht mehr benötigt wird, schließen wir es per Sequenzanweisung, was sich mit dem zweiten Funktionsknopf *Entf* in Position *C> Befehle: Variablen, Ablauf* erreichen läßt. Die entsprechende Eingabe lautet:

```
ENTFERNEN ACTIV
```

Sie wird bestätigt und als Einzelschritt ausgeführt. Anschließend schieben wir das Grafikfenster *BESSER1* an die ehemalige Position von *ACTIV*.

Hinweis: Beim Ausführen von *Entfernen* verschwindet die Variable aus der Variablenliste und mit ihr das zugehörige Grafikfenster.

Auch der Kurve im Grafikfenster *BESSER1* weisen wir nach dem bereits erprobten Verfahren unsere Lieblingsfarbe zu, indem wir die Anweisung

```
SetFarbe(BESSER1,IMMER1)
```

eingeben, bestätigen und ausführen. Was jetzt noch fehlt, sind die korrekten zeitlichen Bezüge auf der x-Achse, denn die aufgetragene Skalierung *0* bis *500* sagt nichts über die wahre Aufzeichnungsdauer des Chromatogramms aus. Wenn wir uns erinnern, hatten wir die *495* Abtastwerte in eine korrekt skalierte x-Achse verwandelt, indem wir im Dialog *Eigenschaften* für *X-Delta* den Wert *0.1818* eingesetzt haben (vgl. Kap. 3.1). Den entsprechenden Funktionsbefehl finden wir im Bereich *Funktionen* an Position *13> Eigenschaften I (Länge, Offset)* auf dem zweiten Funktionsknopf mit der Bezeichnung *Xdel*. Bei dieser Operation entsteht eine neue Variable. Da wir die alte BESSER1 nicht mehr benötigen werden, können wir diese im selben Arbeitsschritt überschreiben lassen. Dazu muß die nächste Sequenzzeile folgenden Eintrag enthalten:

```
BESSER1=Xdel(BESSER1,0.1818)
```

Wird die Eingabe bestätigt und die neue Zeile abgearbeitet, ergibt sich die gewünschte Umskalierung der x-Achse (vgl. Abbildung 4.9).

Wir wissen inzwischen, daß es sich bei diesen Einheiten um Minuten handelt und verzichten hier auf diesbezügliche Eingaben, da dies wenig Neues bringen würde. Viel wichtiger scheint dagegen zu sein, ob es uns gelingt, die Peaks mit dem zehnten Funktionsknopf *SPegel* in *7> Statistik* des Bereichs *Funktionen* bzw. mit der Funktion *SuchePegel* automatisch zu extrahieren. Wenn wir die neu zu bildende Variable sinnig AUTOPEAK1 nennen, brauchen wir – wie schon einmal durchexerziert – das Ganze nur so zu formulieren (vgl. Kap. 3.9):

```
AUTOPEAK1=SuchePegel(BESSER1,2,60,0,3,-15,15,0)
```

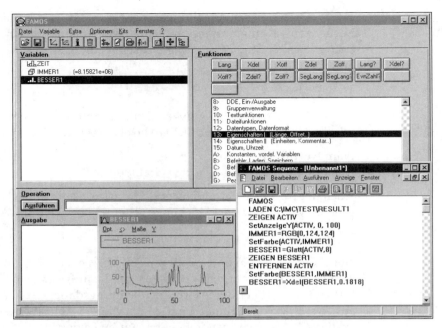

Abbildung 4.9: Umskalierung der x-Achse per Sequenzanweisung

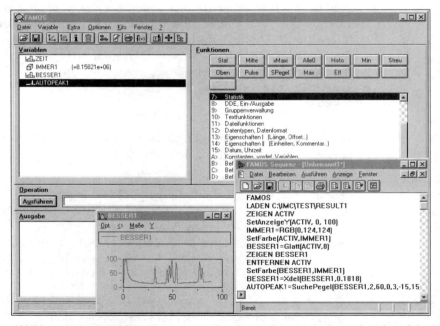

Abbildung 4.10: AUTOPEAK1 ist zwar vorhanden, im Diagramm aber noch nicht sichtbar

Bestätigen wir diese Eingabe und klicken wir die Schaltfläche für Einzelschrittbearbeitung an, erscheint der neue Datensatz AUTOPEAK1 im Bereich *Variablen* (vgl. Abbildung 4.10). Der Inhalt des Grafikfensters *BESSER1* verändert sich dagegen nicht.

4.3 Ohne Kits läuft nichts

Um AUTOPEAK1 zur Plazierung von Markierungspunkten an den Peaks von BESSER1 zu verwenden, haben wir bisher auf den Dialog *Weitere Datensätze im Kurvenfenster* zurückgegriffen. Wollen wir das gleiche per Sequenz erreichen, müssen wir ein bisher noch nicht verwendetes Funktionssortiment einsetzen und uns die Wirkungsweise der FAMOS-Kit-Funktionen ansehen. Dazu wird im FAMOS-Applikationsfenster KITS – *Kurven* aufgerufen, worauf 13 Funktionen mit unaussprechlichen Bezeichnungen angeboten werden (vgl. Abbildung 4.11).

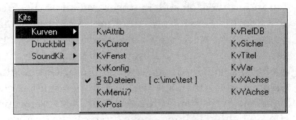

Abbildung 4.11: Funktionspalette Kits – Kurven

Mit ihnen lassen sich alle Eigenschaften von Kurvenfenstern fernsteuern. Unserem Bedarf entspricht die Funktion *KvYAchse*, die in einem Grafikfenster eine y-Achse mit zugehöriger Variable definiert.

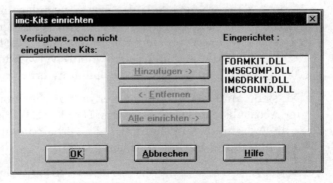

Abbildung 4.12: Dialog imc-Kits einrichten

Hinweis: Die Kits *Kurven*, *Druckbild* und *Sound* werden bei der Programminstallation automatisch eingerichtet. Somit öffnen sich beim Anklicken der Oberbegriffe automatisch entsprechende Folgemenüs. OPTIONEN – *Kits einrichten* öffnet den Dialog *imc-Kits einrichten*, über den sich weitere Kits hinzufügen und vorhandene entfernen lassen (vgl. Abbildung 4.12). Nach einem flüchtigen Blick auf diesen Dialog sollte er mit *Abbrechen* verlassen werden. Bei Kit-Befehlen leistet weder der Bereich *Ausgabe* des Applikationsfensters noch der Formel-Assistent Hilfestellung. Zur Ermittlung der gewünschten Parameter und ihrer Reihenfolge muß also die FAMOS-Dokumentation zu Rate gezogen werden, in unserem Fall der Band *Kurvenmanager Reportgenerator Dateiassistent*.

Wir klicken die Funktion an, und in der aktuellen Zeile des Sequenzfensters erscheint der Ausdruck *KvYAchse(, , , , , ,)*. Es sind also insgesamt sieben Eingaben gefordert.

An der ersten Stelle erwartet FAMOS den Namen des Grafikfensters, das verändert werden soll, in unserem Fall ist dies *BESSER1*. An Position 2 muß die neu ins Fenster aufzunehmende Variable, also *AUTOPEAK1* eingetragen werden. Als dritter Parameter läßt sich bei Bedarf eine zweite Komponente für x/y-Darstellungen festlegen. Wir benötigen diesen Parameter nicht und geben daher einfach 0 ein. Die Positionen 4 und 5 erfragen die Skalenendwerte einer neu einzufügenden y-Achse. Da wir die bereits vorhandene Achse auch für AUTOPEAK1 verwenden wollen, reicht auch in diesen beiden Fällen jeweils die Eingabe von 0.

Schwieriger wird es mit dem sechsten Parameter. Seinen endgültigen Wert müssen wir nämlich durch Addition zahlreicher Teilbeträge bestimmen, die sich aus mehreren umfangreichen Tabellen im Handbuch ablesen lassen. Die Summe dieser Werte ist eindeutig, und FAMOS erkennt hieran »auf einen Blick« eine Vielzahl von Anwenderwünschen. Wollen wir für die neue Variable die vorhergehende y-Achse verwenden, erhält der Parameter den Ausgangswert 400. Um AUTOPEAK1 mit Symbolen, aber ohne Linien darzustellen, erhöhen wir den bisherigen Wert des Parameters um weitere 5000. Da wir dicke Punkte als Symbole verwenden wollen, sind weitere 70000 zu addieren, so daß sich ein Gesamtwert von *75400* ergibt.

Der siebte und letzte Parameter erfragt die Position der neuen Variable in der Achsenliste des Grafikfensters. Damit AUTOPEAK1 als letzte Variable in die Achsenliste aufgenommen wird, erhält dieser Parameter den Wert -2. Die vollständige Eingabezeile lautet somit:

```
KvYAchse(BESSER1,AUTOPEAK1,0,0,0,75400,-2)
```

Wird sie eingegeben, bestätigt und abgearbeitet, markieren die gewünschten dicken Punkte jeden automatisch ermittelten Peak (vgl. Abbildung 4.13).

Um das Ganze besser begutachten zu können, wollen wir das Grafikfenster *BESSER1* monitorfüllend darstellen. Im Normalfall würde man zu diesem Zweck einfach den entsprechenden Windows-Schalter benutzen, doch im Zusammenhang mit unserer Sequenz müssen wir erneut eine Kit-Funktion bemühen. Mit KITS – *Kurven* öffnen wir das Auswahlmenü und entscheiden uns für *KvPosi*. Diese Funktion definiert Lage und Größe eines Kurvenfensters.

Wir klicken die Funktion an, und in der aktuellen Zeile des Sequenzfensters erscheint der Ausdruck *KvPosi(, , , ,)*. Diesmal sind also nur fünf Parameter erforderlich. Sie beziehen sich auf den Namen des Kurvenfensters, auf die x/y-Koordinaten der linken oberen Fensterecke sowie auf Fensterbreite und -höhe. Letztere ergeben sich aus der aktuellen Grafikauflösung des verwendeten Monitors: Die Fläche eines Standard-VGA-Bildschirms hat eine Ausdehnung von 640 * 480 Pixel. Soll ein Kurvenfenster die gesamte Fläche eines solchen Monitors ausfüllen, sind also diese beiden Werte für Fensterbreite und -höhe einzutragen.

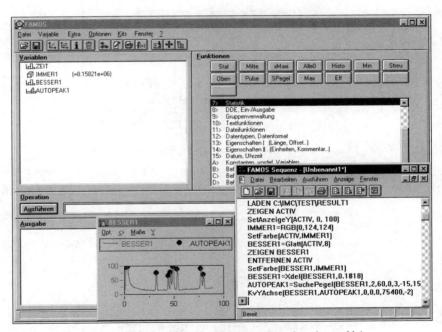

Abbildung 4.13: Grafikfenster Besser1 – Komplett aber zu klein

Hinweis: Alle Abbildungen dieses Buchs basieren auf einer Auflösung von 800 * 600 Pixel!

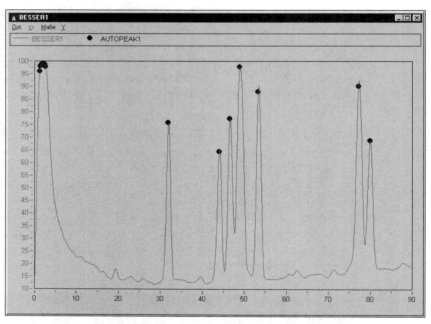

Abbildung 4.14: Per Sequenz erzeugtes bildschirmfüllendes Diagramm

Um also das Grafikfenster *BESSER1* monitorfüllend anzeigen zu lassen, geben wir die VGA-Auflösung als Parameter ein:

```
KvPosi(BESSER1,0,0,800,600)
```

Dann bestätigen wir und lassen die Anweisung bearbeiten (vgl. Abbildung 4.14).

Hinweis: Wer mit Standard-VGA-Auflösung arbeitet, verwendet den Befehl

```
KvPosi(BESSER1,0,0,640,480).
```

Benutzer höherer Auflösungen ändern die Anweisung entsprechend.

4.4 Alles auf einmal

Bei der schrittweisen Ausführung erledigt unsere Sequenz also all das, was wir in den vorangegangenen Kapiteln noch von Hand tun mußten. Insofern ist jetzt ein guter Zeitpunkt, das Produkt unserer Mühen zu speichern. Wir verkleinern dazu das Grafikfenster per Windows-Schalter und wählen im Sequenzfenster den Befehl DATEI – *Speichern* oder die entsprechende Schaltfläche. Mit dem Aufruf öffnet sich der Dialog *FAMOS-Sequenz speichern*. Das hier angebotene Dateiverzeichnis enthält eine Reihe vorgefertigter *imc*-Sequenzen (vgl. Kap. 1.2). Alle tragen die Erweiterung *.SEQ. Wir verwenden einen neuen Namen und speichern unsere Sequenz als PEAK_EX.SEQ.

Soll diese Sequenz später auf andere Datensätze bzw. Chromatogramme angewendet werden, ist das Sequenzfenster zu öffnen und die Sequenz zu laden. Mit AUSFÜHREN – *Starten*, [F7] oder der entsprechenden Schaltfläche sollte die Sequenz ihre Arbeit aufnehmen. Alternativ wird der Befehl *Sequenz* in die Eingabezeile von *Operation* eingetragen. Als einzigen Parameter benötigt er den Namen der auszuführenden Sequenz (vgl. Kap. 4.5).

Ob unsere Sequenz auch bei unterbrechungsfreier Ausführung einwandfrei funktioniert, muß eine Endkontrolle zeigen. Dazu räumen wir die Monitorfläche auf, indem wir das Grafikfenster *Besser1* und das Sequenzfenster schließen und mit der Schaltfläche *Papierkorb* alle Variablen aus der Variablenliste entfernen. Mit EXTRA – *Sequenz-Editor* oder per Schaltfläche öffnen wir erneut das Sequenzfenster und holen PEAK_EX.SEQ mit DATEI – *Laden* auf die Arbeitsfläche zurück. Da sich der Positionszeiger automatisch vor der ersten Zeile befindet, können wir die Sequenz mit AUSFÜHREN – *Starten*, [F7] oder per Schaltfläche zur Arbeit auffordern. Nach kurzer Bedenkzeit erscheint das zuvor in Einzelschritten erzielte Ergebnis erneut bildschirmfüllend.

Hinweis: Besitzer langsamer Hardware können alle dabei erledigten Einzelschritte visuell verfolgen.

Nach Kenntnisnahme wird das Grafikfenster per Schaltfläche verkleinert. In der Variablenliste des Applikationsfensters markieren wir die Variablen BESSER1 und AUTOPEAK1 und öffnen mit EXTRA – *Datensatz-Editor* oder per Schaltfläche die Datentabelle. Sie zeigt ebenfalls die Daten der extrahierten Peaks. Dies wird – wie schon zuvor ausführlich dargestellt (vgl. Kap. 3.10) – besonders deutlich, wenn wir mit der Funktion ANZEIGE – *Zeitrichtig relativ* bzw. der entsprechenden Schaltfläche eine zeitlich relativierte Darstellungsweise wählen (vgl. Abbildung 3.68). Nach Durchsicht der Tabelle und Begutachtung darf der Dateneditor geschlossen werden.

Damit haben wir unsere Originalmessung noch einmal in groben Zügen analysiert, diesmal allerdings automatisch mit Hilfe einer Sequenz. Wir haben dabei bewußt darauf verzichtet, detailliert auf alle Schritte einzugehen und alle Aktionen in die Sequenz zu übernehmen, mit denen wir den Datensatz ACTIV bzw. CHROMATOGRAMM1_ORIGINAL in den ersten Kapiteln traktiert haben.

Als nächstes wollen wir uns eine Neuerung von FAMOS 3.1 ansehen. Dazu kehren wir in das Sequenzfenster zurück, rufen ANZEIGE – *Schriftart Drucken* auf, wählen im eingeblendeten Dialog *Schriftart Arial, 12* und bestätigen. Wird nun im Sequenzfenster DATEI – *Seitenansicht* gewählt, läßt sich ein Blick auf das druckfertig formatierte Protokoll unserer Sequenz werfen. Wird der Mauszeiger über die Seite geführt, mutiert er zu einer Lupe. Zwei Klicks mit der linken Maustaste, etwas Schieben mit den Rollbalken oder eine Vergrößerung des Fensters führt uns die Anweisungen der Sequenz nochmals vor Augen (vgl. Abbildung 4.15). Dann schließen wir Druckbild-, Sequenz- und Grafikfenster per Windows-Schalter und leeren auch den Bereich *Variablen* des Applikationsfensters.

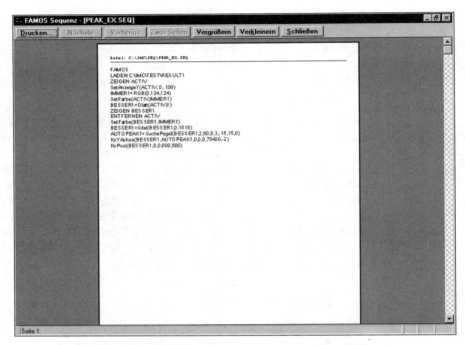

Abbildung 4.15: Komplette Sequenz in der gezoomten Druckbildanzeige

Hinweis: Die beschriebene Druckbildfunktion ist in FAMOS 3.0 noch nicht enthalten!

Was nach der automatischen Extraktion mit den Daten in der Variablen AUTOPEAK1 geschieht, ob sie in einer Sequenz weiterverarbeitet, ausgelesen, gedruckt oder sonstwie verwendet werden, soll dem Anwender überlassen bleiben. Weitere Schritte, die Sequenz noch offener zu gestalten, würden z. B. darin bestehen, den Dateinamen nicht explizit einzubauen, sondern in Form eines Parameters zu verschlüsseln. Da wir in diesem Rahmen nicht alles durchspielen können, verkneifen wir uns dies, denn mit solchen Verfeinerungen lassen sich beliebig komplizierte Konstruktionen erzeugen.

Bevor wir nun nochmals mit dem ursprünglichen Datensatz ACTIV arbeiten und den Reportgenerator füttern, um unsere selbstgewählte Vorgabe zu erfüllen (vgl. Abbildung 1.1), wollen wir zum letzten Male einen kleinen Zwischenschritt einschieben und zeigen, wie unsere Sequenz mit Hilfe eines Funktionsknopfs aus dem Bereich *Funktionen* des Applikationsfensters noch komfortabler aufgerufen werden kann. Denn das Anlegen eines solchen benutzerdefinierten Knopfes erweist sich als relativ einfach.

4.5 Knopfkiste

Zum besseren Verständnis: Bevor wir mit dem Knopfspiel beginnen, schreiben wir in die Eingabezeile des Bereichs *Operation* diejenige Anweisung, mit der unsere soeben erzeugte Sequenz aufgerufen werden kann, denn dies entspricht genau dem Aufruf, den später auch unser Funktionsknopf ausführen muß. Wie wir weiter unten sehen werden, rechnet FAMOS ganz fest mit solchen freundlichen Vorbereitungen. Wir geben also in die Eingabezeile *Operation* den Befehl zum Sequenzaufruf und als Parameter den Pfad und die Bezeichnung unserer Sequenz ein:

    SEQUENZ C:\IMC\SEQ\PEAK_EX

Abbildung 4.16: Leerer Dialog zur Definition von Funktionsknöpfen

Aus dem Applikationsfenster heraus wird dann OPTIONEN – *Knöpfe definieren* aufgerufen, worauf sich ein Dialog namens *Funktionsknöpfe: Gruppen definieren* öffnet. Der Dialog zeigt 15 leere Funktionsknöpfe, fünf Schaltflächen sowie eine zu Beginn gesperrte Auswahlliste plus Eingabezeile, in die eine *Bezeichnung in Gruppenliste* eingetragen werden soll (vgl. Abbildung 4.16)

Beginnen wir wieder einmal von unten. Mit dem Anklicken der Schaltfläche *Gruppe anlegen* erhält die winzige Klappliste den Eintrag G>. Dieses Feld ist nicht editierbar, sondern FAMOS regelt die Vergabe der Buchstaben automatisch. Jeder hier eingetragene Buchstabe repräsentiert eine Gruppe von maximal 15 Funktionsknöpfen, die den darüber angesiedelten Schaltern entsprechen. Mit dem neuen Buchstaben wird also eine weitere Zeile an die Liste der Themenbereiche von *Funktionen* im Applikationsfenster angehängt. Jedem Buchstaben läßt sich eine Erläuterung zuordnen, damit in der Liste deutlich wird, welche Funktionen hier zusammengefaßt zu finden sind.

Hinweis: Wenn man ein weiteres Mal die Schaltfläche *Gruppe anlegen* anklickt, erscheint automatisch ein H> als neue Gruppenkennzeichnung, erneutes Klicken führt zum I>, bis schließlich die letzte mögliche Gruppe Z> erreicht wird. Mit *Gruppe löschen* lassen sich Gruppen wieder entfernen, allerdings nur bis einschließlich G>. Da im Bereich *Funktionen* bisher nur Positionen bis zum Buchstaben D> vergeben sind, hält *imc* offensichtlich noch ein stattliches Sortiment von Funktionsknöpfen für den Eigenbedarf zurück.

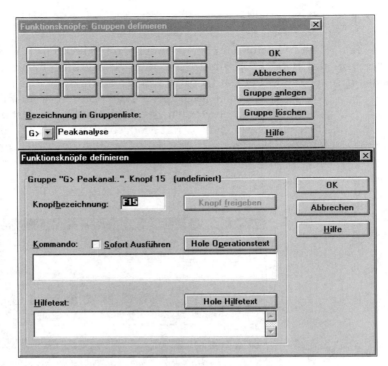

Abbildung 4.17: Funktionsknöpfe definieren

Wir wollen in Gruppe G> unsere Sequenz zur Peakextraktion unterbringen und können uns durchaus vorstellen, daß sich im Laufe der Zeit noch weitere Verfahren zur Peakanalyse finden lassen, so daß unsere Sequenz PEAK_EX.SEQ lediglich den ersten Ansatz darstellt. Also bezeichnen wir die gesamte Gruppe als *G> Peakanalyse* und aktivieren von den 15 Funktionsknöpfen denjenigen, den wir mit unserer Sequenz belegen wollen. Den ersten Knopf zu wählen, wäre wohl logisch, wir entscheiden uns zum Spaß aber für Knopf 15.

Wir klicken also im Dialog den letzten leeren Funktionsknopf im Sortiment *G> Peakanalyse* an, worauf sich der Folgedialog *Funktionsknöpfe definieren* öffnet (vgl. Abbildung 4.17). Die erste Zeile des Dialogs weist darauf hin, daß in Gruppe *G> Peakanalyse* der Knopf 15 zu definieren ist. Die Bezeichnung des Knopfes übernimmt das darunter angesiedelte Eingabefeld, das noch mit der Standardbezeichnung des 15. Funktionsknopfes, *F15*, bezeichnet ist. Hier tragen wir einen beliebigen, nur nicht zu langen Knopfnamen ein, z. B. *Peaks*.

Hinweis: Ist der Knopf einmal angelegt, verliert die daneben positionierte Schaltfläche *Knopf freigeben* ihren gesperrten Status und löscht im Falle des Anklickens alle Informationen, die mit dem jeweiligen Funktionsknopf verknüpft sind. Auf diese Weise läßt sich der Funktionsknopf jederzeit mit einer anderen Vorschrift belegen.

Knopfkiste

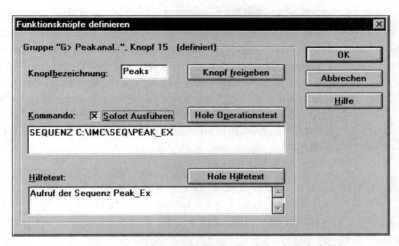

Abbildung 4.18: Einstellungen im Dialog Funktionsknöpfe definieren

Unterhalb von *Knopfbezeichnung* herrscht mit zwei Eingabefeldern, einem Kontrollkästchen und zwei Schaltflächen buntes Treiben. Das obere Eingabefeld trägt die Bezeichnung *Kommando*. Hier wird derjenige Anweisungstext oder die Befehlsfolge eingetragen, die später per Knopfdruck ausführbar sein soll. Da wir rechtzeitig die gewünschte Anweisung in den Bereich *Operation* des Applikationsfensters eingetragen haben, können wir jetzt die Schaltfläche *Hole Operationstext* anklicken, um das Eingabefeld zu füllen. Sofort erscheint der gewünschte Sequenzaufruf und wird mit unserem Knopf verheiratet. Da wir möchten, daß die Sequenz nach dem Anklicken des Funktionsknopfs zügig abläuft, aktivieren wir zusätzlich das Kontrollkästchen *Sofort Ausführen*. Ob wir einen erklärenden *Hilfstext* für unseren Knopf formulieren, ist eigentlich unerheblich. Für uns würde es vielleicht ausreichen, *Aufruf der Sequenz Peak_Ex* in das Eingabefeld zu schreiben (vgl. Abbildung 4.18).

Nun brauchen wir die beiden Dialoge nur noch mit *OK* abzusegnen, und prompt ist im Bereich *Funktionen* des Applikationsfensters die Position *G> Peakanalyse* unterlegt und den Funktionsknopf Nummer 15 mit *Peaks* bezeichnet. Für einen letzten Test löschen wir die Befehlszeile im Bereich *Operation*, klicken den neu erzeugten Funktionsknopf an und wieder erscheint das Grafikfenster *BESSER1* in der zuvor beschriebenen Form monitorfüllend auf dem Bildschirm (vgl. Kap. 4.3 und Abbildung 4.14).

Hinweis: Unmittelbar nach Anklicken des Funktionsknopfs *Peaks* erscheint der von uns angegebene Hilfetext im Bereich *Ausgabe* des Applikationsfensters.

4.6 Öffentlichkeitsarbeit

Wir haben nun die wesentlichen Dinge analysiert und wollen endlich unsere Vorgabe erfüllen, indem wir das vor Jahren veröffentlichte Chromatogramm so originalgetreu wie möglich reproduzieren. Anschließend sollen noch einige zusätzliche Verschönerungen eingebaut werden. Wir schließen also das Grafikfenster, leeren die Variablenliste, laden die Datei RESULT1.DAT, führen uns die beiden enthalten Variablen per Schaltfläche *Variable zeigen* erneut vor Augen und verbinden sie mit der Grafikkonfiguration MARKER0.CCV.

Hinweis: Daß in der Legende statt CHROMATOGRAMM1_ORIGINAL der alte Variablenname ACTIV zu lesen ist, stört nicht weiter, da wir die Legende ohnehin entfernen werden.

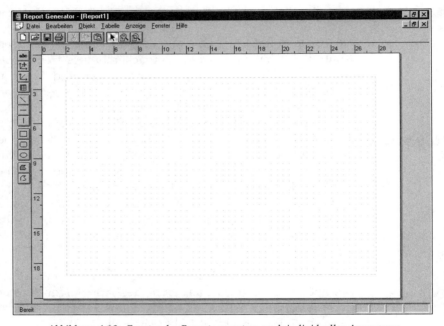

Abbildung 4.19: Fenster des Reportgenerators nach individueller Anpassung

 Mit EXTRA – *Reportgenerator* bzw. der funktionsgleichen Schaltfläche öffnen wir anschließend das Layoutmodul. Es erscheint in einem eigenständigen Fenster, das den Titel *Report Generator – [Report1]* trägt (vgl. Abbildung 4.19).

4.6.1 Grafiktransport

Die hier verfügbaren Funktionen für Layout und Druck verteilen sich auf sieben Menüs. Mit einiger Sicherheit dürften die meisten aus anderen Windows-Anwendungen bekannt sein. Zu den obligatorischen gehören fast alle Funktionen in *Datei, Bearbeiten, Fenster* und *Hilfe*. Andere werden nur von Benutzern speziellerer Anwendungssoftware wiedererkannt. So sind einigen die Funktionen des OBJEKT-Menüs von diversen Grafik- und Bildverarbeitungsprogrammen geläufig, denn sie finden sich in ähnlicher Form z. B. bereits in *MS-Paintbrush, -Paint* und *-Draw*. Reportgenerator-Funktionen zur Erzeugung von Tabellen sind allen Anwendern solcher Windows-Programme ein Begriff, die tabellarische Objekte erzeugen, also z. B. *Word für Windows, Excel* oder mathematisch-statistische Software.

Abbildung 4.20: Register Raster des Dialogs Voreinstellungen für Dokument

Zunächst einmal sorgen wir dafür, daß alle Schaltflächen und Werkzeuge im Fenster zur Verfügung stehen. Dazu haken wir im Menü ANZEIGE alle vier Funktionen der dritten Gruppe an, also *OLE-Objekte zeigen, Werkzeugleiste oben, Werkzeugleiste links* und die *Statuszeile*. Als nächstes öffnen wir in der zweiten Gruppe des ANZEIGE-Menüs die Funktion *Eigenschaften Raster*, worauf sich der Dialog *Voreinstellungen für Dokument* und darin automatisch das Register *Raster* öffnet. Hier setzen wir die Rasterweite für x- wie y-Richtung auf *5 mm* und schalten – falls erforderlich – das Kontrollkästchen *Raster anzeigen* ein (vgl. Abbildung 4.20).

Ist dies geschehen, klicken wir die Registerfahne *Seiteneinrichtung* an und ändern nur die *Orientierung* der Seite in *Quer* (vgl. Abbildung 4.21). Um das Register *Info* brauchen wir uns an dieser Stelle nicht zu kümmern, denn seine Funktionen lassen sich bei Bedarf problemlos selbst erschließen. Mit *OK* wird der Dialog verlassen und der Reportgenerator bildschirmfüllend dargestellt (vgl. Abbildung 4.19).

Hinweis: Der für dieses Buch vorliegende und noch unfertige Reportgenerator weist eine leichte Redundanz auf. Wer DATEI – *Dokument Info* oder den unmittelbar darunter angesiedelten Menüpunkt DATEI – *Seite einrichten* wählt, öffnet nämlich ebenfalls die gerade vorgestellten drei Register zur Bearbeitung.

Nach diesen Voreinstellungen zeigt das Fenster des Reportgenerators unterhalb der Menüzeile eine horizontale Werkzeugleiste mit zehn Schaltflächen und an der linken Seite eine vertikale Werkzeugleiste mit zwölf Schaltern. Den unteren Abschluß bildet die Statuszeile. In der Mitte wird eine komplette Druckseite im Querformat angezeigt. Die reine Arbeitsfläche ist am Raster erkennbar. Weiß und ohne Raster erscheint der eingestellte Seitenrand. Links und oben finden wir Lineale für Höhe und Breite, die die Orientierung auf der Seite erleichtern.

Abbildung 4.21: Register Seiteneinrichtung

Objekte wie Bilder, Tabellen, Grafiken oder Texte lassen sich nur auf der gerasterten Fläche plazieren. Als erstes Objekt, welches in einem ansprechenden Layout an den Drucker zu übergeben ist, würde man wohl in den meisten Fällen ein oder mehrere Diagramme mit den zugehörigen Koordinatensystemen auswählen. Wie befördern wir also den Inhalt des Grafikfensters *ACTIV* an seinen Platz?

Öffentlichkeitsarbeit 213

Hinweis: Bei den nachfolgenden Wechseln zwischen Applikations- und Grafikfenster sowie dem Reportgenerator sind verschiedene Varianten denkbar. War beim Öffnen des bildschirmfüllenden Grafikfensters *ACTIV* das Schaltkästchen *Nie vom Hauptfenster verdeckt* aus dem Dialog *Optionen Anzeige* eingeschaltet, sind Applikations- und Grafikfenster fest miteinander verbunden. Mit [Alt] [⇆] läßt sich in diesem Fall lediglich zwischen FAMOS und dem Reportgenerator umschalten. Wird dabei FAMOS gewählt, erscheint das bildschirmfüllende Grafikfenster. Das darunterliegende Applikationsfenster wird erst sichtbar, nachdem das Grafikfenster verkleinert worden ist. War die genannte Funktion dagegen nicht aktiv, sind Reportgenerator, Applikations- und Grafikfenster in vollkommen unabhängigen Fenstern untergebracht, zwischen denen mit [Alt] [⇆] gewechselt werden muß. Erfolgt der Wechsel per Maus, verschwindet das bisher aktive Fenster im Hintergrund und muß dann mit [Alt] [⇆] zurückgeholt werden.

Auch auf die soeben gestellte Frage gibt es wieder einmal mehrere Antworten. Ein Lösungsweg führt unter Einsatz der entsprechenden Menüfunktionen über die Zwischenablage. Um ihn auszuprobieren, wechseln wir zum Grafikfenster. Beim Anklicken von <> – *Ablage* wird die Grafik kommentarlos in die Zwischenablage kopiert. Nach Rückkehr zum Reportgenerator plaziert BEARBEITEN – *Einfügen* bzw. die entsprechende Schaltfläche das Diagramm einschließlich Legende auf der Druckseite. Gleichzeitig erscheinen die Windows-typischen Ankerquadrate, mit denen sich die Grafik in gewohnter Weise verschieben und skalieren läßt (vgl. Abbildung 4.22)

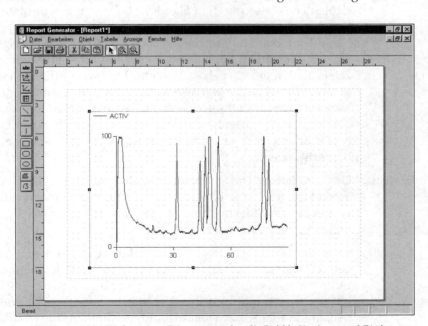

Abbildung 4.22: Einbau eines Diagramms über die Befehle Kopieren und Einfügen

Hinweis: Die beliebten Tastenkombinationen [Strg][C] und [Strg][V] erledigen diese Aufgabe selbstverständlich genauso gut.

Wir entfernen das aktive Grafikobjekt, was sich am schnellsten mit der [Entf]-Taste bewerkstelligen läßt. Da es um einiges komfortabler ist, mit Drag und Drop zu arbeiten, sollten wir dies als weitere Möglichkeit ausprobieren. Dazu ist allerdings eine gewisse Vorbereitung erforderlich. Wir müssen nämlich einen Objektrahmen auf der Druckseite einrichten und FAMOS mitteilen, welche Art von Objekt hier untergebracht werden soll. Mit dem Anklicken von OBJEKT – *Kurve* oder der entsprechenden Schaltfläche der vertikalen Werkzeugleiste verwandelt sich der Mauszeiger in ein kleines Fadenkreuz, das sichtbar wird, sobald der Mauszeiger in den Bereich der Druckseite geführt wird. Wir halten die linke Maustaste gedrückt und ziehen nach Art einer Markise einen Objektrahmen auf, der automatisch acht Ankerpunkte erhält. Gleichzeitig verwandelt sich der Mauszeiger in ein Handsymbol mit Drop-Verbotszeichen. Ein Klick mit der linken Maustaste bringt das Fadenkreuz zurück, so daß sich bei Bedarf ein weiterer Rahmen erzeugen läßt. Wir setzen durch nochmaligen Mausklick auf die Druckseite den Rahmen fest und der Mauszeiger nimmt wieder seine übliche Gestalt an.

Hinweis: Der Rahmen läßt sich natürlich durch Anklicken jederzeit wieder aktiv schalten und nach Windows-Art skalieren.

Wir wechseln ins Applikationsfenster und klicken im linken Bereich der Variablenliste – also mit dem Handsymbol – den gewünschten Datensatz an. Per Drag und Drop mit gleichzeitiger Betätigung von [Alt][🖐] wird die Variable an den Mauszeiger gekoppelt und der Reportgenerator wieder in den Vordergrund geholt. Sobald wir den Drop-Verbot anzeigenden Mauszeiger in den gerade gebastelten Objektrahmen führen, verwandelt er sich erneut. Wir geben die Maustaste frei, worauf die Grafik in den Rahmen fällt. Dabei werden x- und y-Achse mit unserem Objektrahmen zur Deckung gebracht, so daß Achsenbeschriftungen und Legende außerhalb des vorgegebenen Rahmens liegen. Besonders auffällig ist die sehr geringe Größe der Beschriftungen.

Hinweis: Der gerade beschriebene Vorgang gelingt unabhängig davon, ob der Rahmen aktiv geschaltet ist oder nicht. Die Grafik wird in jedem Falle in den vorgesehenen Objektrahmen aufgenommen, sobald sich der Mauszeiger innerhalb seiner Grenzen befindet.

Sollte der Objektbereich nicht mehr aktiv sein, also keine Ankerpunkte zeigen, klicken wir zur Aktivierung einmal in den Rahmen und lassen die Grafik anschließend mit der [Entf]-Taste, mit BEARBEITEN – *Löschen*, BEARBEITEN – *Ausschneiden* oder mit der Schaltfläche *Ausschneiden* wieder verschwinden, um in aller Kürze weitere Einfügetechniken kennenzulernen. Denn mit der gleichen Drag-und-Drop-Methode in Verbindung mit [Alt][⇥] kommen wir auch dann zum Ziel, wenn wir im Grafikfenster aus dem Legenden- oder Grafikbereich heraus starten oder die gewünschte Variable in der Kopfzeile des Dateneditorfensters markieren. Voraussetzung ist in beiden Fällen, daß die so ausgewählte Variable als Grafik in einem Grafikfenster auf dem Monitor vorhanden ist und auf der Druckseite ein Objektrahmen angelegt wurde.

Bevor wir auch dies ausprobieren, wollen wir das Diagramm etwas stärker an die Layoutvorgaben des Originals anpassen (vgl. Abbildung 1.1). Um das Aussehen der Vorlage zu erreichen, muß z. B. die Legende entfernt werden und offensichtlich ist auch die Beschriftung der Achsenteilstriche etwas zu winzig ausgefallen. Da entsprechende Korrekturmöglichkeiten im Reportgenerator nicht vorhanden sind, muß dies alles vor der Gestaltung der Druckseite im Grafikfenster geschehen.

Wir legen also auf der Druckseite erneut einen Objektrahmen an. Dann wechseln wir ins Grafikfenster, öffnen mit OPT. – *Legende* den entsprechenden Dialog, wählen aus der Liste *Anwesenheit der Legende* die Alternative *Nie* und bestätigen. Dieser Weg ist uns schon einmal begegnet und daher bekannt (vgl. Kap. 2.6). In dieser Form wollen wir das Diagramm auf die Druckseite überführen. Dazu klicken wir im Grafikfenster diesmal die linke Maustaste, bewegen sie ein wenig bis ein Ordnersymbol an den Mauszeiger gekoppelt wird, halten sie gedrückt und wechseln mit [Alt][⇥] zum Reportgenerator. Dort angekommen geben wir die Maustaste über dem Objektrahmen frei und lassen so die Grafik auf der Seite fallen. Wir aktivieren das Objekt und schieben die Grafik in die linke obere Ecke der Druckseite. Der obere Diagrammrahmen ist zwei Rasterschritte vom Seitenrand entfernt und neben der y-Achse sollen drei Rasterschritte frei bleiben.

Hinweis: Dabei ist es hilfreich, ANZEIGE – *Rasterung ein* zu aktivieren, wodurch sich Objekte nur noch an der Rasterung ausrichten lassen.

Mit Hilfe des rechten unteren Windows-Ankers skalieren wir die Grafik nun etwa auf eine Breite von *15 cm* und eine Höhe von *10 cm* und setzen sie per Mausklick in dieser Form auf der Seite fest (vgl. Abbildung 4.23).

Hinweis: Wird die Grafik über die Seitenränder hinaus nach außen verschoben oder vergrößert, deckt der weiße Rand die Grafik entsprechend ab (vgl. Abbildung 4.24).

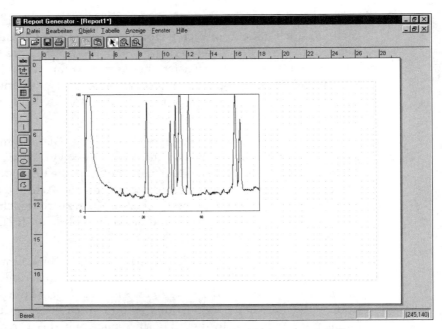

Abbildung 4.23: Nach der ersten Positionierung und Skalierung

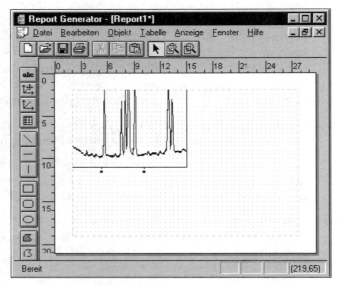

Abbildung 4.24: Verschiebungen über den Seitenrand hinaus werden sofort sichtbar

4.6.2 Grafiklayout

Bisher haben wir uns nur wenige Gedanken über die Optik des Diagramms gemacht. So blieb auch völlig unbeachtet, welche Gestaltungsvorgaben das Diagramm erfüllen sollte, um der Vorlage möglichst nahe zu kommen. Aber selbstverständlich bietet FAMOS auch für dieses Aufgabengebiet einige Voreinstellungsmöglichkeiten an, die wir noch nicht näher betrachtet haben.

Wenn wir uns also jetzt der Gestaltung der Grafik zuwenden wollen, müssen wir im Grafikfenster, in dem die Variable ACTIV dargestellt ist, die Funktion OPT. – *Einstellungen Ablage* wählen und damit den Dialog *Einstellungen: Grafik in Ablage/Drucken* öffnen. Dort begegnen uns einige Eingabefelder und eine Fülle von Schaltern, u. a. auch die Schaltfläche *Weitere>>*. Wir klicken sie an und stellen eine Erweiterung des Dialogs um diverse neue Eingabefelder fest (vgl. Abbildung 4.25).

Hinweis: Ähnliche Voreinstellungsdialoge wurden im Menü OPT. des Kurvenfensters schon bearbeitet. Diese bezogen sich jedoch primär auf funktionelle Parameter. Dazu gehörten beispielsweise die Art der Skalierung, die Anordnung der Legende oder das Einblenden von Markern (vgl. Kap. 2.4).

Viele dieser Einstellungen sind selbsterklärend und brauchen nicht in allen Einzelheiten beschrieben zu werden. Dies gilt insbesondere für die Wahl der Schriftart und -größe, den Symboldurchmesser oder die Abmessungen des Koordinatensystems. Wenn wir uns einmal die voreingestellte Schriftart anschauen, stellen wir fest, daß es sich um *Arial, 8* handelt. Wir wechseln mit [Alt][↹] noch einmal in den Reportgenerator, in dem sich unsere skalierte Grafik befindet. Die Schrift scheint hier um einiges zu klein zu sein.

 Um der Sache auf den Grund zu gehen, drücken wir in der horizontalen Werkzeugleiste die Schaltfläche für das Lupenwerkzeug, worauf sich der Cursor wieder einmal verwandelt – diesmal in einen dicken aufrechten Pfeil mit angeklebter Lupe.

Wenn wir nun mit diesem Cursor eine Markise aufziehen, die den x-Wert *60* und einen Teil der Kurve einschließt, bestätigen die jetzt deutlich sichtbaren Größenverhältnisse unsere Vermutung. Wir machen die Vergrößerung mit dem entsprechenden Schalter der Werkzeugleiste rückgängig und wechseln wieder in unseren Dialog. Dort klicken wir die Schaltfläche *Schriftart:* an, korrigieren in einem neu geöffneten Dialog die Größe der Schrift auf *16* und geben zweimal das *OK*, um die beiden offenen Dialoge zu schließen. Wechseln wir nun wieder zum Reportgenerator, läßt sich keine Veränderung feststellen. Die aktuellen Dialogeinstellungen beeinflussen bereits kopierte Diagramme also nicht direkt. Veränderungen werden erst sichtbar, wenn wir einen Doppelklick auf das Kurvenobjekt in der Layoutseite setzen, den Mauszeiger so in das Handsymbol mit Drop-Verbotszeichen verwandeln und mit diesem einen Klick ins Grafikfenster setzen. FAMOS aktualisiert dabei das Kurvenobjekt, und die Vorgaben des Dialogs *Einstellungen: Grafik in Ablage/Drucken* werden beachtet. Bei Bedarf läßt sich durch einen Klick in ein anderes Grafikfenster auch eine neue Grafik in den Objektrahmen einbauen.

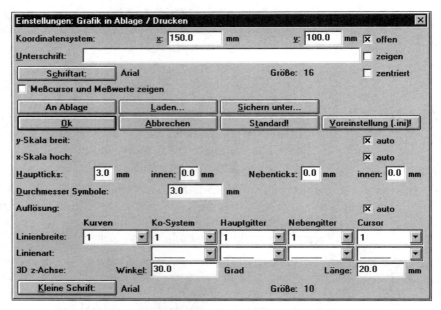

Abbildung 4.25: Geänderte Einstellungen im Ablage-Dialog

Hinweis: Wird die Grafik im Reportgenerator skaliert, ändert sich die Größe aller Beschriftungen automatisch um den gleichen Faktor.

Nach Durchführung der entsprechenden Aktionen wechseln wir wieder ins Grafikfenster und öffnen nochmals den Einstellungsdialog für die Ablage in der erweiterten Form. Nun haben wir das Prinzip erkannt. Im Grafikfenster sollten im Idealfall alle Layoutwünsche bereits berücksichtigt sein, bevor die Übertragung auf die Druckseite erfolgt. Wenn hierzu die Vorstellungskraft fehlt, bleibt nur die Versuch-und-Irrtum-Methode. Man ändert etwas im Dialog, aktualisiert das Kurvenobjekt im Reportgenerator und beurteilt das Resultat.

Doch kommen wir zu den Einstellungen zurück. Als nächstes interessieren die vier ankreuzbaren Kontrollkästchen oberhalb der doppelten Schaltflächenleiste. *Offen* bezieht sich hier auf das Erscheinungsbild des Koordinatensystems und bedeutet, daß es oben und rechts nicht durch eine Linie geschlossen wird. Wir kreuzen dieses Kästchen an. Die Eingabezeile *Unterschrift* ermöglicht es, in Verbindung mit dem Kästchen *zeigen* einen weiteren Kommentar unterhalb der x-Achsenbeschriftung anzubringen. Nach dem Ankreuzen darf ein maximal 60 Zeichen langer Text formuliert werden, der dann mit Datum und Uhrzeit erscheint. Diese Funktion bleibt hier abgeschaltet. Das nächste Kästchen mit der Bezeichnung *zentriert* schreibt Text bzw. Teilstrichbeschriftungen exakt in die Mitte der Achsen bzw. Teilstriche. Dieses Kontrollkästchen muß in unserem Fall genauso wenig aktiv sein wie *Meßcursor und Meßwerte zeigen*.

Hinweis: Letzteres einzuschalten, macht nur Sinn, wenn ein Meßwertfenster geöffnet ist. Dann werden nämlich zusätzlich zu den Meßcursorn auch Meßergebnisse eingeblendet und erscheinen unterhalb der x-Achse.

Kommen wir in aller Kürze zu den sieben bzw. acht in einer Doppelreihe angeordneten Schaltflächen: *Laden*, *Sichern unter*, *OK* und *Abbrechen* bedürfen keines weiteren Kommentars. Die Schaltfläche *Weitere>>* haben wir ebenfalls schon kennengelernt. Sie leitet die Dialogerweiterung ein, um dann selbst zu verschwinden. *Standard!* und *Voreinstellung (.ini)!* sind uns als inzwischen fortgeschrittene FAMOS-Anwender ebenfalls ein Begriff. Die erste Schaltfläche greift auf die FAMOS-Voreinstellung zurück, die zweite speichert geänderte Einstellungen in der Datei IMCLIB.INI. Bleibt nur noch *An Ablage*. Mit dieser Schaltfläche lassen sich Kurven aus dem Grafikfenster in die Zwischenablage überführen.

Hinweis: Die geänderte Voreinstellungen aus dem Dialog *Einstellungen: Grafik in Ablage/Drucken* werden in Dateien mit der Erweiterung *.SET gespeichert.

Nun wenden wir uns dem Funktionskreis zu, der unterhalb der doppelten Schaltflächenleiste vorzufinden ist. Mit den angekreuzten Kontrollkästchen *auto* für die automatische x/y-Skala finden wir uns ab und betrachten die Einstellungen für die *Hauptticks* bzw. die Skalierungsstriche. Letztere werden für gewöhnlich im Koordinatensystem nach außen zeigend plaziert. Die hier voreingestellte Länge der *Hauptticks* setzen wir auf *3 mm*. In das Koordinatensystem selbst sollen keine Striche zeigen, also bleibt das Eingabefeld *innen* mit *0.0 mm* unangetastet. Da in unserer Vorlage *Nebenticks* fehlen, dürfen auch die beiden zugehörigen Voreinstellungen den Wert *0.0 mm* beibehalten. Als Durchmesser der Symbole hatten wir schon vor einiger Zeit *3.0 mm* akzeptiert (vgl. Kap. 2.4). Wir brauchen diese Einstellung in unserem Beispiel nicht weiter zu berücksichtigen, da ohnehin keine Symbole vorhanden sind.

Die sich nun anschließenden Eingabemöglichkeiten für *Linienbreite* und *Linienart* sollte jeder für sich selbst untersuchen. Hier ist zwar eine erhebliche Variationsbreite gegeben, aber in unserem Fall genügt es fürs erste, die voreingestellten Größen einfach zu übernehmen (vgl. Abbildung 4.25).

Hinweis: Klapplisten helfen bei der Konfiguration der Striche für *Kurven*, *Ko-System*, *Hauptgitter*, *Nebengitter* und *Cursor*. Dazu bietet das Programm neben Eingabefeldern für die Linienbreite sechs verschiedene Linienarten an, nämlich durchgezogen, eng und weit gepunktet, eng und weit gestrichelt sowie alternierende Striche und Punkte.

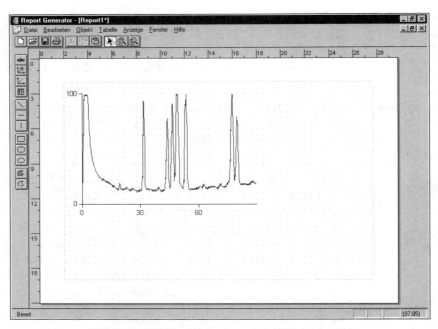

Abbildung 4.26: Brauchbares Layout als Zwischenergebnis

Die darunter befindlichen Einstellungsmöglichkeiten *3D z-Achse* beziehen sich mit *Winkel* und *Länge* auf Ausrichtung und Länge der dritten Raumachse (vgl. Kap. 6.4). Die abschließende Schaltfläche namens *Kleine Schrift* öffnet den Windows-Dialog zur Auswahl des Schrifttyps.

Wir geben jetzt das *OK* und aktualisieren nochmals das Kurvenobjekt im Reportgenerator. Im Prinzip haben wir nun schon ein Outfit, daß dem Ausgangsdiagramm ziemlich nahe kommt. Obwohl in der Vorlage keine y-Achse vorhanden war, wollen wir sie hier mit den beiden Grenzwerten 0 % und 100 % beibehalten, da so eine bessere Abschätzung der Peak-Werte ermöglicht wird. (vgl. Abbildung 4.26).

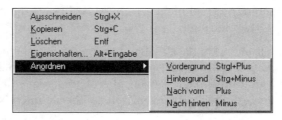

Abbildung 4.27: Fliegende Menüs im Reportgenerator

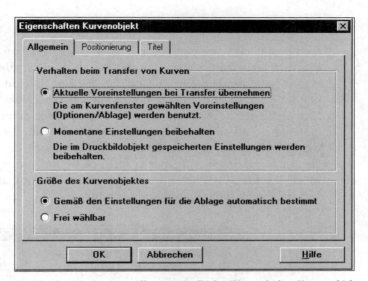

Abbildung 4.28: Register Allgemein im Dialog Eigenschaften Kurvenobjekt

Hinweis: Fährt man mit dem Mauszeiger in ein Kurvenobjekt des Reportgenerators und klickt die rechte Maustaste an, öffnet sich ein fliegendes Menü, das u. a. die Funktionen *Ausschneiden*, *Kopieren* und *Löschen* enthält. Die Funktion *Anordnen* öffnet ein weiteres fliegendes Menü, mit dem sich Grafikelemente in den Vorder- oder Hintergrund verschieben lassen (vgl. Abbildung 4.27). Die Funktion *Eigenschaften* aus dem fliegenden Menü öffnet dagegen einen Dialog namens *Eigenschaften Kurvenobjekt*. Mit Schaltern und Eingabefeldern helfen drei Register bei der Kurvenübernahme, Bemaßung und Positionierung (vgl. Abbildung 4.28). Die gleichen Funktionen sind übrigens auch über das Menü BEARBEITEN zugänglich. Herausgestellt werden sollte eine sehr praktische Funktion, die sich hinter dem Register *Titel* verbirgt. Mit ihr darf der Anwender nämlich Kurven- wie Textobjekten eine Kurzbezeichnung verpassen, anhand derer auf diese Objekte auch aus anderen *imc*-Anwendungen zugegriffen werden kann. Diese Funktion läßt sich auch mit BEARBEITEN – *Eigenschaften* erreichen.

4.7 Wort und Bild

Bevor wir nun die Peaks beschriften, sichern wir das noch nicht ganz fertige Layout aus dem Reportgenerator heraus mit DATEI – *Speichern unter* bzw. der Schaltfläche unter dem Namen ORIGINAL.DRB im voreingestellten Pfad des Reportgenerators.

4.7.1 Zusatztext

Jetzt brauchen wir eigentlich nur noch einige Textbausteine an die richtige Position zu setzen. So fehlt an der x-Achse bisher die geforderte Bezeichnung *t [min]*, und außerdem sind die Peaks noch nicht durchnumeriert. Mit OBJEKT – *Text* oder der entsprechenden Schaltfläche in der vertikalen Werkzeugleiste des Reportgenerators verwandeln wir den Mauszeiger erneut in ein kleines Fadenkreuz, mit dem wir einen Objektrahmen aufziehen. Sobald die linke Maustaste freigegeben wird, öffnet sich der Dialog *Eigenschaften Textobjekt* mit den vier Registern *Text*, *Schrift*, *Rahmen* und *Titel*. Im ersten Register *Text* blinkt der Schreibcursor in einem Texteingabebereich. Wir schreiben lediglich *t [min]* hinein (vgl. Abbildung 4.29).

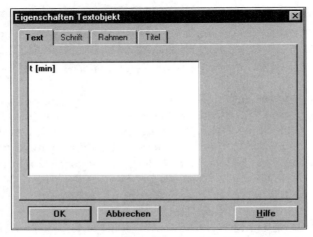

Abbildung 4.29: Eingabe im Register Text des Dialogs Eigenschaften Textobjekt

Wir wechseln in das Register *Schrift* und finden eine Windows-typische Anordnung zur Textformatierung, die nicht weiter erläutert werden muß. Wir entscheiden uns für *Arial, 14* und geben dann das Dialog-*OK*. Daraufhin erscheint unsere Texteingabe im aufgezogenen Rahmen und ist aufgrund der Voreinstellung von einem feinen Linienzug umgeben. Er wird deutlich sichtbar, sobald außerhalb des Textobjektes ein Mausklick plaziert wird und damit die Ankerpunkte verschwinden. Um diesen Rahmen zu beseitigen, klicken auf das Objekt, woraufhin die Anker wieder erscheinen und gelangen mit einem weiteren Doppelklick erneut in das zuletzt aktivierte Register des Dialogs *Eigenschaften Textobjekt*. Wir wechseln zu *Rahmen* und ändern die Einstellungen im gleichnamigen Bereich. Da sich der Rahmen durch Eingabe einer *Dicke* von *0.0 mm* nicht zum Verschwinden bringen läßt, weisen wir ihm eine unsichtbare *Farbe* zu. Dazu öffnen wir die Farbpalette, wählen *transparent* und entscheiden uns auch bei *Füllung* für *transparent*. Den Wechsel ins Register *Titel* sparen wir uns, da wir keine Fernsteuerung beabsichtigen und daher von einer Objektbezeichnung absehen können.

Geben wir nun das *OK*, erscheint unser gewünschtes Objekt irgendwo auf der Seite, und zwar recht winzig, so daß eine korrekte Positionierung schwierig wird. Wir verschieben den Text in die Nähe des Zielgebiets und ziehen dann mit Hilfe der Lupe eine Markise auf, die das Ende der x-Achse einschließt (vgl. Abbildung 4.30).

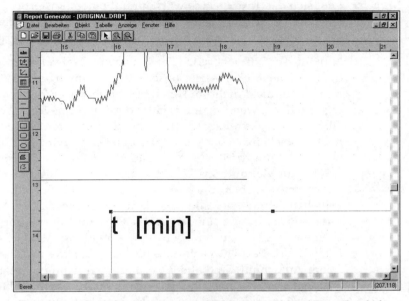

Abbildung 4.30: Die Lupe erleichtert das Positionieren des markierten Textobjektes

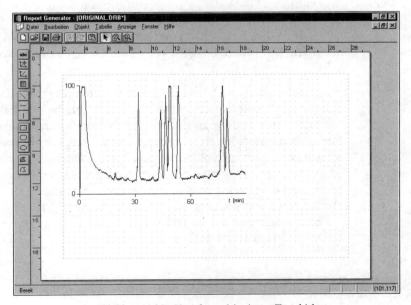

Abbildung 4.31: Korrekt positioniertes Textobjekt

Nun klicken wir das Textobjekt an, und verschieben den Text *t [min]* an die in der Vorgabe gewählte Position. Danach wird die Lupe mit der entsprechenden Schaltfläche vorübergehend abgeschaltet (vgl. Abbildung 4.31). Um diese Konfiguration nicht zu verlieren, empfiehlt sich ein erneutes Zwischenspeichern des Druckbilds.

Hinweis: Läßt sich das Textobjekt jeweils nur auf einem Rasterpunkt ablegen, ist die Funktion *Rasterung* eingeschaltet. In diesem Fall wird der Haken an ANZEIGE – *Rasterung ein* entfernt, was eine freie Plazierung ermöglicht.

Nun müssen wir noch jeden Peak mit einer Zahl versehen. Dies erfolgt nach dem gleichen Schema wie unsere gerade durchgeführte Texteingabe und muß daher nicht mehr im Detail beschrieben werden. Es läßt sich recht zügig erledigen, wenn man mit Hilfe der Lupe eine Markise so aufzieht, daß alle sieben Peaks relativ knapp eingeschlossen werden. Jetzt wird ein weiteres Textobjekt ins Leben gerufen, in den Dialog wird als *Text* nur die *1* eingetragen und mit *Arial, 10, fett* formatiert. Im Register *Rahmen* erleichtern wir uns für die Zukunft das Leben, indem wir als Farbe des Rahmens wieder *transparent* angeben, diese Einstellung mit der Schaltfläche *Als Standard!* beibehalten und den Dialog erst dann mit *OK* bestätigen. Nun brauchen wir unsere Bezeichnung für den ersten Peak nur an die der Vorlage entsprechenden Position zu schieben (vgl. Abbildung 1.1). Die Beschriftung der Peaks 2 bis 7 erfolgt nach dem gleichen Schema im bereits vorhandenen Zoom-Ausschnitt. Sind alle Bezeichnungen richtig gesetzt, ist eine weitere Zwischenspeicherung sinnvoll, denn unsere Grafik sollte in diesem Stadium einigermaßen mit der Vorgabe übereinstimmen (vgl. Abbildung 4.32).

Hinweis: Wer nun von Hand die y-Achse entfernen möchte, kann dies z. B. mit den Zeichenhilfen der vertikalen Werkzeugleiste erledigen. Eine Möglichkeit wäre, die Achse zu überdecken und den Nullwert der x-Achse anschließend als Textobjekt hinzuzufügen. Wir wollen hier von einer solchen Aktion absehen.

Nun wollen wir noch einige Zusatzinformationen einbauen, die unserer Seite etwas mehr Aussagekraft verleihen sollen. Wir hatten die Legende entfernt, um mit dem grafischen Ergebnis möglichst nahe an das Original heranzukommen. Wenn wir nun einige weitere Objekte zur Verschönerung hinzunehmen, wäre wohl eine gemeinsame Überschrift nicht schlecht. Also wird ein weiteres Textfeld erzeugt, daß rechts oben neben dem Chromatogramm plaziert wird und aus einer Zeile bestehen soll. *Chromatografische Analyse 1* wäre vielleicht ein akzeptabler Vorschlag für den Titel. Die ansprechende Gestaltung dieses Textes sollte jeder nach eigenem Geschmack verwirklichen (vgl. Abbildung 4.34).

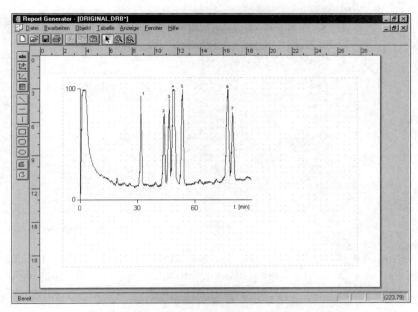

Abbildung 4.32: Bis auf die y-Achse wie die Vorgabe

4.7.2 Bildmaterial

Oft dürfen in Abbildungen auch Zeichnungen nicht fehlen, die zur Erläuterung eines Zusammenhangs oder als optischer Blickfang dienen. Eine Strichzeichnung, die unser Diagramm in den Bereich Chemie einordnet, bietet die mitgelieferte Datei KÜHLER.BMP.

Hinweis: Normalerweise sind Vektorgrafiken zu bevorzugen, da sie ohne Informationsverlust skalierbar sind.

Wir wollen das Bild über die Zwischenablage einlesen und gehen davon aus, daß der PC außer den Windows-Utilities und FAMOS kein weiteres bemerkenswertes Programm zu bieten hat. Also öffnen wir Windows-*Paintbrush* oder *-Paint* und laden die Datei KÜHLER.BMP aus dem Verzeichnis BUCH\FAMOS\PROJEKTE\4 der Buch-CD.

Hinweis: Natürlich lassen sich Grafik- und Bildverarbeitungsprogramme der anspruchsvolleren Art für diesen simulierten Weg genauso nutzen.

Von dort kopieren wir das Bild mit den üblichen Windows-Befehlen in die Zwischenablage, um es nach Wechsel zu FAMOS auf der Druckseite einzubauen. Mit BEARBEITEN – *Einfügen als* öffnet sich der Dialog *Inhalte einfügen*, in dem Angaben zum einzubindenden Bildformat anzugeben sind. Dabei stehen *Bitmap*, *Bild(Metadatei)* und *Geräteunabhängiges Bitmap* zur Auswahl. Wir entscheiden uns für das zweite und verzichten damit auf die Möglichkeit, das Bild im nachhinein öffnen und mit *Paint* bearbeiten zu können (vgl. Abbildung 4.33).

Abbildung 4.33: Einstellung in Inhalte einfügen

Hinweis: Wird BEARBEITEN – *Einfügen* oder die entsprechende Schaltfläche gedrückt, wird der Dialog nicht geöffnet und das Quellformat bleibt erhalten.

Mit dem Dialog-*OK* erscheint unsere Strichzeichnung als Bildobjekt. Um es schön ausrichten zu können, wird wieder ANZEIGE – *Raster ein* gewählt, das Motiv kleiner skaliert und in die untere linke Ecke positioniert. So würde man beispielsweise auch ein Firmen-Logo plazieren.

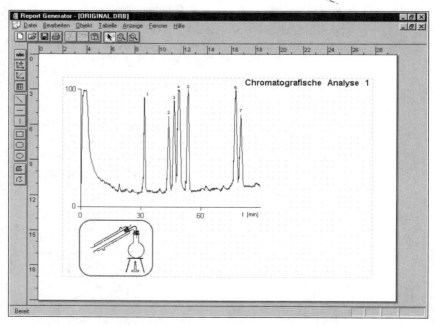

Abbildung 4.34: Layoutspielereien

Mit dem passenden Malwerkzeug der vertikalen Werkzeugleiste läßt sich jetzt noch ein an den Ecken abgerundeter Rahmen aufziehen, den wir ausreichend groß über unser Bildobjekt ziehen. Aufgrund der FAMOS-Voreinstellung überdeckt nun eine hellgraue Fläche das Bild. Wir aktivieren das Rahmenobjekt, öffnen durch einen Klick mit der rechten Maustaste das fliegende Menü und wählen die Funktion *Eigenschaften*. Hier setzen wir die *Füllung* auf *transparent* und entscheiden uns für einen durchgehenden Rahmen von *1 mm* Dicke in der Farbe *Rot* (vgl. Abbildung 4.34). Zur Sicherheit speichern wir unsere Kreation wieder als ORIGINAL.DRB.

Hinweis: Über die Zwischenablage läßt sich auf die gleiche Weise auch unformatierter Text einlesen.

4.8 Zahlenbeweise

Jetzt haben wir es fast geschafft. Wir wollen uns aber zum Abschluß dieses Kapitels noch eine weitere Funktion für die Layoutgestaltung ansehen, die im neuen Reportgenerator komplett überarbeitet wurde, nämlich den Umgang mit Tabellen. Insbesondere die unmittelbare Datenübernahme aus dem Dateneditor in den Reportgenerator gehört zu den neu integrierten Errungenschaften.

Hinweis: Viele Funktionen, die im Zusammenhang mit dem Anlegen und Füllen einer Tabelle im Reportgenerator anzusprechen sind, werden hier aus einem ganz einfachen Grund nur gestreift. Dieser Funktionsbereich steckte nämlich bei der Entstehung dieses Kapitels, die terminlich ohnehin so weit wie möglich nach hinten verschoben wurde, noch in den Kinderschuhen. Beim Erscheinen des Buchs wird die Beta-Version erwachsen geworden sein, und der Anwender wird die Funktionen mit Sicherheit in perfekter Form vorfinden.

Wir beschränken uns also darauf, einige Daten in Form einer Tabelle in den Reportgenerator einzubinden sowie Daten in eine bereits im Reportgenerator vorgefertigte Tabelle zu übertragen. Dazu schließen wir das Grafikfenster, räumen die Variablenliste leer und erinnern uns an die Datei RESULT4.DAT des letzten Projekts, in der die Ergebnisse unserer Peakextraktionen abgelegt worden sind (vgl. Kap. 3.10). Wir laden also RESULT4.DAT und öffnen als auszuwählende Kanäle (vgl. Kap. 2.1) PEAKORIGINAL und PEAKGLATT. Beide Variablen bleiben in der Variablenliste unterlegt, so daß wir die zugehörigen x- und y-Werte sofort finden, nachdem wir den Dateneditor per Schaltfläche geöffnet haben.

Hinweis: Es lassen sich maximal 100 Werte bzw. Zeilen aus dem Dateneditor auf eine Seite des Reportgenerators überführen. Dies ist insofern sinnvoll, als mehr Zeilen pro Seite wohl kaum lesbar sein dürften. Wer dennoch mehr Werte übertragen möchte, muß stückeln und verschiedene Informationspakete in Form separater Zahlenkolonnen einbinden.

4.8.1 Tabelle als Text

Wie angedeutet, gibt es unterschiedliche Möglichkeiten, bestimmte Daten vom Editor zur Druckseite zu verschieben. Wir benötigen nur die x-Komponenten der beiden Variablen, also PEAKORIGINAL.X und PEAKGLATT.X, da sie die Lage der Peaks bzw. die eigentlich wichtigen Retenzionszeiten angeben. Demnach können wir die zugehörigen y-Werte mit SPALTE – *Spalte entfernen* aus der Tabelle löschen, so daß nur noch zwei Spalten übrig bleiben. Zunächst übernehmen wir beide Spalten wie eine Textsequenz. Sie werden einzeln markiert und nacheinander übertragen.

Abbildung 4.35: Datentransfer als Text oder Tabelle

Hinweis: Die Spalten müssen nacheinander übertragen werden, da sie unterschiedlich viele Werte und damit Zellen enthalten, so daß der längere Datensatz mit der Maus nicht vollständig zu markieren ist. Eine Möglichkeit zur Umgehung dieses Problems wäre, die fehlenden Werte des kürzeren Datensatzes durch Nullen zu ersetzen.

Mit Hilfe der Maus markieren wir als erstes PEAKORIGINAL.X mit der Maus oder mit SPALTE – *Spalte markieren* und transportieren die Werte mit BEARBEITEN – *Kopieren* oder per Schaltfläche in die Zwischenablage. Nach dem Wechsel zum Reportgenerator zaubert der Aufruf BEARBEITEN – *Einfügen als* den Dialog *Inhalte einfügen* auf den Monitor. Per Schalter läßt sich entscheiden, ob die Spalte als *Text* oder *Tabelle* eingefügt werden soll (vgl. Abbildung 4.36). Wird dagegen BEARBEITEN – *Einfügen* gewählt, bedeutet dies automatisch, daß die Werte der Spalte als Text zu behandeln sind.

Wir klicken *Text* an und geben das *OK*. Schon ziert die erste Tabellenspalte als Objekt die Seite des Reportgenerators. Genauso wie andere Objekte ist auch sie von Ankerpunkten umgeben, so daß wir die Werte auf den rechten Teil der Seite unter die Titelzeile verschieben können. Mit dem zweiten Datensatz PEAKGLATT.X verfahren wir genauso und plazieren ihn mit Hilfe des Rasters neben dem ersten (vgl. Abbildung 4.36).

Hinweis: Da es sich bei diesen Spalten um Textobjekte handelt, lassen sie sich wie Text behandeln, also z. B. editieren, mit Rahmen und Titel versehen oder in einem anderen Schrifttyp darstellen. Nach dem Anklicken einer Spalte mit der rechten Maustaste öffnet sich das schon erwähnte fliegende Menü und mit Anklicken der Funktion *Eigenschaften* der Dialog *Eigenschaften Textobjekt*. Der Schalter *Einfügen: Als Tabelle* im Dialog *Inhalte einfügen* bleibt bei dieser als Grundlage dienenden Beta-Version außen vor, da bei *imc* noch heftig daran gebastelt wurde.

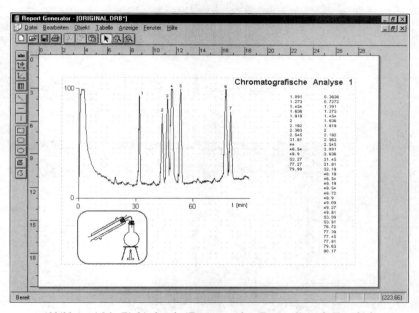

Abbildung 4.36: Einbinden der Daten aus dem Dateneditor als Textobjekt

4.8.2 Tabelle richtig

Ein viel interessanterer Weg verläuft anders und ist – wie zuvor schon angedeutet – neu in FAMOS. Um ihn kennenzulernen, klicken wir auf der Druckseite die beiden neuen Textobjekte an und löschen sie nach der üblichen Methode. Als Ersatz legen wir im Reportgenerator als erstes eine leere zweispaltige Tabelle an. Die Anzahl der Zellen richtet sich in diesem Fall nach der Werteanzahl von PEAKORIGINAL.X, die sich mit Hilfe des Index im Dateneditor leicht als 33 bestimmen läßt.

 Zurückgekehrt zum Reportgenerator wählen wir OBJEKT – *Tabelle* oder drücken die entsprechende Schaltfläche der vertikalen Werkzeugleiste. Der Mauszeiger verwandelt sich wieder in ein Fadenkreuz, mit dem auf der freien rechten Seitenhälfte in voller Höhe eine Objektmarkise aufgezogen wird. Mit Freigabe der Maustaste zeigt sich der Dialog *Eigenschaften Tabelle* mit den sieben Registerfahnen *Format*, *Text*, *Schrift*, *Ausrichtung*, *Rahmen*, *Zahl* und *Titel* auf dem Bildschirm (vgl. Abbildung 4.37).

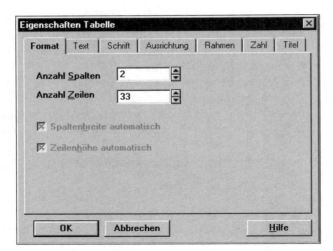

Abbildung 4.37: Eigenschaften Tabelle mit den Einstellungen im Register Format

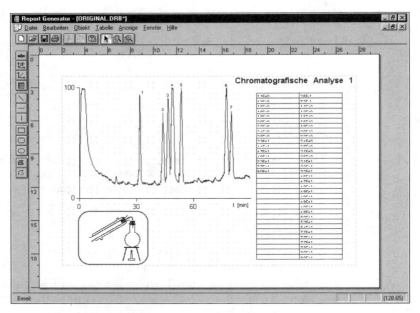

Abbildung 4.38: Die Werte aus dem Dateneditor werden in die Tabelle eingebaut

Im Register *Format* legen wir die Ausdehnung der Tabelle fest. Es werden zwei Spalten und 33 Zeilen benötigt, was in den entsprechenden Feldern eingetragen wird. Bevor wir die anderen Register betrachten, geben wir erst einmal ein Dialog-*OK*, worauf unsere Tabelle in dem zuvor festgelegten Objektausschnitt erscheint. Zellenhöhe und -breite sind automatisch festgelegt worden.

Jetzt wechseln wir zum Dateneditor, führen den Mauszeiger in den Spaltenkopf PEAKORIGINAL.X, drücken die linke Maustaste und ziehen den gewandelten Mauszeiger nach der Drag-und-Drop-Methode und unter Einsatz von [Alt] [↹] in die erste Zelle der linken Spalte. Mit Freigabe der Taste läßt sich ablesen, daß die ersten 16 Zellen mit Werten gefüllt worden sind. Diesen Vorgang wiederholen wir jetzt, um die Werte von PEAKGLATT.X in die zweite Spalte zu überführen (vgl. Abbildung 4.38).

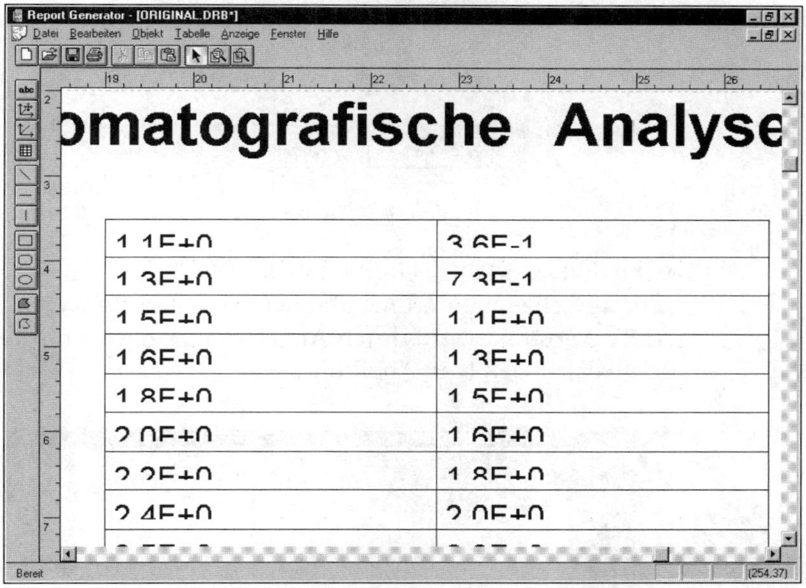

Abbildung 4.39: Automatisch formatiertes Zahlenmaterial

Um eine etwas bessere Übersicht zu bekommen, zoomen wir einen Teil der Tabelle und machen damit die Zahlen lesbar (vgl. Abbildung 4.39). Als erstes fällt auf, daß sie zu groß sind, um in den Zellen vollständig Platz zu finden. Zum zweiten stört die exponentielle Schreibweise. Ein Klick mit der rechten Maustaste in das Tabellenobjekt zitiert wieder ein fliegendes Menü herbei. Hier wählen wir nacheinander die Funktionen *Spalte markieren* und *Zeile markieren*, so daß alle Zellen unterlegt werden. Nun erfolgt im weiterhin geöffneten fliegenden Menü ein Klick auf *Eigenschaften* und der Dialog *Eigenschaften Tabelle* öffnet sich erneut, diesmal aber mit der Erweiterung *(Selektierte Zellen)* in der Titelzeile. Im Register *Schrift* wird die Größe *Arial*, 6 gewählt, im Register *Zahl* für *Darstellung: Gleitkomma* mit 4 *Nachkommastellen* und im Register *Ausrichtung* entscheiden wir uns für *Horizontal* und *Vertikal zentriert* (vgl. Abbildung 4.40).

Abbildung 4.40: Einstellungen im Register Ausrichtung

Mit dem Dialog-*OK* sieht die Tabelle schon ganz ordentlich aus. Wir entfernen die Zellenmarkierung, aktivieren die Tabelle und reduzieren mit Hilfe der Ankerpunkte und durch Anfassen der mittleren senkrechten Linie die Breite der Zellen (vgl. Abbildung 4.41).

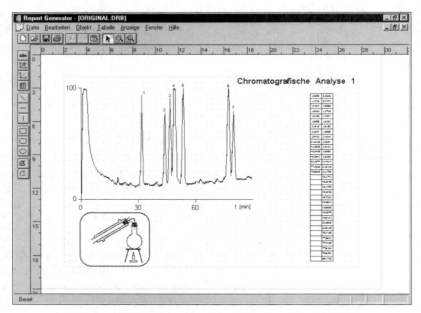

Abbildung 4.41: Umformatiert: Spaltenbreite und Spalteninhalt

Zum Schluß dieses Kapitels kommt noch ein Sahnebonbon, nämlich die Ausschmückung einer Tabelle mit Hilfe der Funktionen aus dem Register *Rahmen*. Denn im überarbeiteten Reportgenerator läßt sich – ähnlich wie in großen Textverarbeitungs- oder Tabellenkalkulationsprogrammen – mit Rahmenfarben und -linien sowie Füllungen von Zellgruppen oder Einzelzellen spielen. Die verfügbaren Möglichkeiten sollen hier wahrlich nicht untersucht werden, zumal der Umgang mit ihnen von anderen Programmen her mit Sicherheit bekannt ist. Wer sich also austoben möchte, darf dies nun tun. Sollte es noch nicht erfolgt sein, wird zum Schluß ein *Rezoom* durchgeführt, um die ganze Seite zu bewundern.

Ist das Layout endlich zur allgemeinen Zufriedenheit perfektioniert, wird das Druckbild in der fertigen Form gespeichert und endlich kann das Ergebnis mit DATEI – *Druck* zu Papier gebracht werden.

Hinweis: Die Druckbilddatei ORIGINAL.DRB befindet sich als Orientierungshilfe im Verzeichnis BUCH\FAMOS\PROJEKTE\4 der Buch-CD.

Damit haben wir also anhand eines einfachen Chromatogramms von der Datenerfassung über die Datenanalyse bis hin zur Datenpräsentation die grundlegenden Funktionen von FAMOS kennengelernt. In den folgenden Kapiteln wenden wir uns Beispielen zu, in denen neben weiteren Funktionsbereichen auch etwas speziellere Leistungen des Programms vorgestellt werden.

Der kleine Unterschied 5

Die Einführung in die prinzipiellen Funktionsweisen von FAMOS darf mit den hinter uns liegenden Kapiteln als abgeschlossen gelten. Trotzdem existieren noch viele Aspekte, die nicht ausführlich genug oder in einem nicht ganz sachgerechten Zusammenhang angesprochen und daher nur oberflächlich abgehandelt worden sind. Auf einige dieser Punkte soll nachfolgend eingegangen werden, wobei die Erprobung an anderen fachbezogenen Beispielen nur nützlich sein kann.

Wir wollen uns eine Situation vor Augen führen, die uns im Alltag häufig begegnet, denn für das beschriebene Phänomen gibt es unzählige Beispiele. Ob Lichtquanten eines Sterns oder Teilnehmer eines Marathons Hauptakteure einer Untersuchung sind, ob es sich um Spannungsspitzen im Elektrizitätsnetz oder um die Weiterleitung elektrischer Signale im Nervensystem handelt, das physikalische Phänomen ist unabhängig von der Anordnung ziemlich gleich, wenn auch die Meßwerte um Größenordnungen voneinander abweichen können. Denn in allen Fällen starten Quanten, Läufer, Signale etc. gemeinsam und erreichen nach unterschiedlich langer Zeit ein bestimmtes Ziel. In diesem Kapitel wollen wir solche Laufzeitdifferenzen zwischen Start und Ziel oder zwischen einem Signalein- und -ausgang bestimmen. Für das von uns gewählte Signalbeispiel ist unerheblich, ob die betrachteten Ereignisse innerhalb eines Systems bearbeitet und zugleich modifiziert oder nur über ein Trägermedium weitergeleitet werden, da einzig die zeitlichen Verzögerungen zu analysieren sind. Handelt es sich um sehr schnelle, z. B. mit Lichtgeschwindigkeit ablaufende Vorgänge, können die Zeitdifferenzen naturgemäß sehr klein sein, so daß sie in einer grafischen Gesamtdarstellung nicht unbedingt sichtbar werden. Auch die Bewertung solcher Laufzeitdifferenzen fällt je nach Standpunkt des Experimentators sehr unterschiedlich aus. Entweder nutzt man sie dankbar als Zusatzinformation, oder aber man nimmt sie als unliebsamen, jedoch unvermeidlichen Nebeneffekt in Kauf. So spielen z. B. Radiosignalverschiebungen aufgrund unterschiedlicher Ankunftszeiten an verschiedenen Orten der Erde in der Astronomie eine große Rolle, um daraus Rückschlüsse auf ihre Herkunft zu ziehen. In der signalverstärkenden und signalverarbeitenden Elektrotechnik können sich systemeigene Laufzeitverschiebungen zwischen Systemein- und -ausgang insbesondere dann als unangenehm erweisen, wenn mehrere Systeme parallel arbeiten und unterschiedliche Verzögerungen aufweisen, denn damit kommt es möglicherweise zu Phasenverschiebungen zwischen den einzelnen Ausgängen. Ist dabei die Laufzeitverschiebung bekannt, läßt sich der Effekt kompensieren.

Obwohl sie sich nahezu mit Lichtgeschwindigkeit ausbreiten, unterliegen diesem Phänomen alle elektromagnetischen Felder ebenso wie die Übertragung elektrischer Signale in elektronischen Schaltungen. Folglich werden z. B. Signalspitzen, die am Meßgeräteeingang im Millivoltbereich einlaufen und anschließend im System verstärkt werden, erst nach geringer Zeitverzögerung am Meßgeräteausgang im Voltbereich registriert. Da ein Leben ohne Meßgeräte für jeden Naturwissenschaftler und Techniker unvorstellbar wäre, gehört der Umgang mit den genannten Effekten zum Tagesgeschäft.

Wir wollen mehrere Möglichkeiten aufzeigen, dem beschriebenen Phänomen mit FAMOS-Werkzeugen zu Leibe zu rücken. Dabei kommen zwei Originaldatensätze zum Einsatz, die den Autoren vom Softwarehersteller *imc* überlassen und für das Beispiel leicht modifiziert wurden. In diesem Zusammenhang wurde besonderer Wert darauf gelegt, daß das gewünschte Resultat für jedermann unmittelbar deutlich wird. Eine direkte Übertragung der hier gewählten Parameter auf spezifische Anwendungsfälle dürfte aus diesem Grund kaum zum Erfolg führen.

5.1 Datenshow

Im Verzeichnis BUCH\FAMOS\PROJEKTE\5 der Buch-CD findet sich der Datensatz LAUFZEIT.DAT, den wir mit Hilfe der üblichen Werkzeuge in das eigens angelegte Datenverzeichnis, in unserem Fall C:\IMC\TEST, der Festplatte kopieren.

Hinweis: Wie die Erweiterung *.DAT erkennen läßt, handelt es sich diesmal um Daten, die bereits im FAMOS-eigenen Format vorliegen und somit für die nachfolgende Bearbeitung vorbereitet sind. Den Import einer entsprechenden ASCII-Datei können wir uns hier ersparen, da wir die zuständigen Dialoge bereits erfolgreich ausprobiert haben (vgl. Kap. 1.3). Wie sich auch komplexere Dateiformate auf Knopfdruck in FAMOS einlesen lassen, wird anhand eines Beispiels in Kapitel 7 gezeigt werden.

5.1.1 Fremdes im FAMOS-Format

Nachdem FAMOS per Ikone aufgerufen und monitorfüllend erweitert worden ist, wird DATEI – *Laden* oder die funktionsgleiche Schaltfläche aufgerufen, um den Dialog *Datei laden* zu öffnen. Wir vergewissern uns, daß unter *Dateiformat* die korrekte Erweiterung *FAMOS (*.DAT; *.RAW)* eingestellt ist. Sollte dies nicht der Fall sein, öffnen wir zur Korrektur die entsprechende Klappliste. In der Aufzählung *Dateiname* wird LAUFZEIT.DAT markiert, worauf ohne weiteres Zutun der Zeitpunkt der Datensatzentstehung und die Datensatzgröße in der Kommentarzeile erscheinen (vgl. Abbildung 5.1).

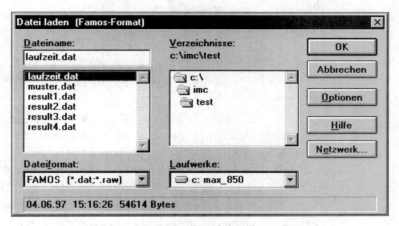

Abbildung 5.1: Dialog Datei laden (Famos-Format)

Optionen

Wir klicken *Optionen* an, worauf sich ein Spezialdialog zum Laden von FAMOS-Dateien öffnet. Er trägt den Titel *Optionen: DSF-Dateien laden* (vgl. Abbildung 5.2).

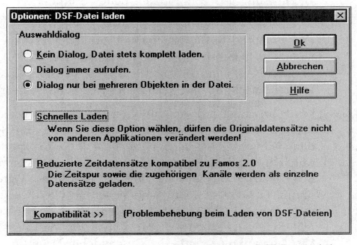

Abbildung 5.2: Einstellungen im Dialog Optionen: DSF-Dateien laden

Kompatibilität >>

Neben dem Bereich *Auswahldialog* mit drei alternativ einstellbaren Schaltern dürfen noch zwei Schaltkästchen angekreuzt und eine weitere Windows-Schaltfläche namens *Kompatibilität >>* bedient werden. Voreingestellt und damit aktiv geschaltet ist im Bereich *Auswahldialog* der Schalter mit der ausführlichen Bezeichnung *Dialog nur bei mehreren Objekten in der Datei*. Sind mehrere Objekte bzw. Datensätze in einer zu ladenden Datei gespeichert, sorgt diese Einstellung dafür, daß sich der Folgedialog *<Dateiname>, Auswahl der zu ladenden Kanäle* öffnet, der uns schon mehrmals begegnet ist (vgl. Kap. 2.1). Wer diesen Folgedialog auch dann sehen möchte, wenn nur ein einziger Datensatz in der Datei vorhanden ist, muß sich für den zweiten Schalter *Dialog immer aufrufen* entscheiden. Wer ihn dagegen überhaupt nicht zu Gesicht bekommen und stets den kompletten Datenbestand laden möchte, wählt den ersten Schaltknopf namens *Kein Dialog, Datei stets komplett laden*. Wir behalten die bewährte Einstellung *Dialog nur bei mehreren Objekten in der Datei* bei.

Mit großer Wahrscheinlichkeit wird das Kontrollkästchen *Schnelles Laden* angekreuzt sein, das wir aber abschalten. Diese Entscheidung hat zur Folge, daß FAMOS zukünftig beim Laden einer Datei eine Kopie der Daten anfertigt. Die Daten befinden sich damit in einer Art temporären Arbeitsdatei und das Programm muß nicht mehr auf die auf der Festplatte gespeicherte Originaldatei zurückgreifen. Dies hat Konsequenzen:

1. Vor dem Erscheinen eines Datensatzes in der Variablenliste ist ein – mitunter langwieriger – Kopiervorgang erforderlich.

2. Anschließend besteht ein beschleunigter Lese- und Schreibzugriff auf die Variable, die sich im Arbeitsspeicher befindet.

3. Die Originaldatei ist während der Bearbeitung in FAMOS nicht gesperrt. Sie kann also von anderen Benutzern oder Anwendungsprogrammen verwendet und sogar umbenannt werden.

Das zweite Kontrollkästchen soll nur dann in Aktion treten, wenn sogenannte nichtäquidistante Datensätze aus FAMOS 2.0 zu öffnen sind. Diese Programmversion verwaltet solche Datensätze nämlich noch getrennt, während nachfolgende Versionen sie gemeinsam bearbeiten.

`Kompatibilität >>` Wird anschließend am unteren Rand des Dialogs die Schaltfläche *Kompatibilität* >> aktiviert, öffnet sich ein weiterer Folgedialog, diesmal mit dem Namen *Optionen: Kompatibilität (DSF-Dateiformat)*. Er zeichnet sich durch drei übliche Windows-Schalter und zwei Kontrollkästchen aus, nämlich *Offsetkorrektur* und *Zeitkorrektur (Tag/Monat)*. Werden diese angekreuzt, nimmt FAMOS – wie die sinnreiche und überdies kommentierte Bezeichnung bereits erahnen läßt – automatisch eine Korrektur der y-Werte sowie fehlerhaft angegebener Triggerzeiten vor. Wir müssen keines der Schaltkästchen ankreuzen, da die verwendeten Datensätze keine derartige Probleme verursachen (vgl. Abbildung 5.3).

Um die Dialoghierarchie auf dem richtigen Weg zu verlassen, werden die drei geöffneten Dialoge nacheinander mit *OK* beendet. Es öffnet sich *<LAUFZEIT.DAT>, Auswahl der zu ladenden Kanäle*. An den hier gezeigten Symbolen erkennen wir, daß die Variablen SIGIN und SIGOUT in einer Gruppierungsvariable namens SIGNALE zusammengefaßt sind. Wie immer ist das gesamte Angebot automatisch markiert. Wir bestätigen den Dialog mit *OK* und Gruppe wie Variablen erscheinen im Bereich *Variablen* des Applikationsfensters.

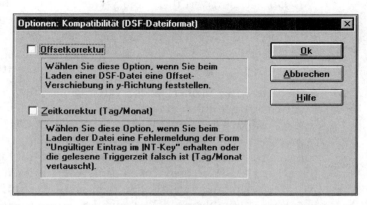

Abbildung 5.3: Funktionen des Dialogs Optionen: Kompatibilität (DSF-Dateiformat)

Hinweis: Sollten die Variablen SIGIN und SIGOUT nicht sichtbar sein, hilft OPTIONEN – *Anzeige: Kanäle zeigen* oder der bereits vorgestellte Klick mit der rechten Maustaste in der Variablenliste.

Da wir die beiden Variablen allein aufgrund der sehr ähnlichen Bezeichnungen als zusammengehörig identifizieren können, verzichten wir für die Zukunft auf die Gruppierung. Wir markieren *Signale*, und mit VARIABLE – *Expandieren* verschwindet die Gruppe aus der Variablenliste. Falls nicht automatisch erfolgt, werden anschließend die beide Variablen markiert, damit wir sie etwas genauer unter die Lupe nehmen können.

Hinweis: Bei der Auflösung der Gruppe tauschen SIGOUT und SIGIN in der Variablenliste die Plätze.

5.1.2 Zwillinge

SIGIN enthält die Folge der Eingangssignale am Geräteeingang und SIGOUT das um den Faktor 250 verstärkte Ausgangssignal. Bevor wir uns das Ganze als Diagramm ansehen, erinnern wir uns an den Befehl VARIABLE – *Eigenschaften* und starten den Dialog *Eigenschaften*, der über den Datensatzaufbau informiert (vgl. Kap. 3.1). Wir beschränken uns hier einzig auf das wichtigste Register *Kennwerte*. Da SIGIN in der Variablenliste jetzt ganz oben steht und damit den Basisdatensatz repräsentiert, erscheint der Datensatz auch in diesem Register als erster.

Mit den beiden Scroll-Schaltflächen wird zwischen SIGIN und SIGOUT gewechselt. So läßt sich leicht feststellen, daß sich die Variablen – abgesehen von den hier nicht explizit sichtbaren y-Werten – nur hinsichtlich ihres Namens unterscheiden. In beiden Fällen handelt es sich vom Datentyp her um einen sogenannten normalen Datensatz im Format *Reell 4 Byte*. Die Anzahl der enthaltenen Werte ist schon recht ordentlich, sie beträgt in beiden Fällen 6751. Ein Offset in x-Richtung (*X0*) liegt nicht vor, und das Abtastintervall (*X-Delta*) hat den Wert *0.02*. Alle y-Werte besitzen die Dimension *V*, also Volt, und die x-Werte werden in *ms*, also Millisekunden gemessen. Bei einer Abtastrate von *0.02 ms* ergibt sich rechnerisch eine Gesamtmeßdauer von exakt *135.02 ms*. Nachdem wir diese Informationen verinnerlicht haben, wird der Dialog *Eigenschaften* mit dem *OK* geschlossen.

 Beide Datensätze bleiben in der Variablenliste unterlegt und werden per Schaltfläche oder mit dem Befehl VARIABLE – *Zeigen* unabhängig voneinander in Grafikfenstern mit den Titeln *Sigin* und *Sigout* sichtbar gemacht. Wenn beide Fenster ausreichend vergrößert sind, fallen zwei Dinge auf: Zum einen scheint das Ausgangssignal weniger verrauscht zu sein, zum anderen hat FAMOS mitgedacht und die Dimensionen der y-Achse in eine plausible Form umgesetzt. So bewegen sich die Eingangssignale ordnungsgemäß im Millivoltbereich, das verstärkte Ausgangssignal dagegen im Voltbereich (vgl. Abbildung 5.4).

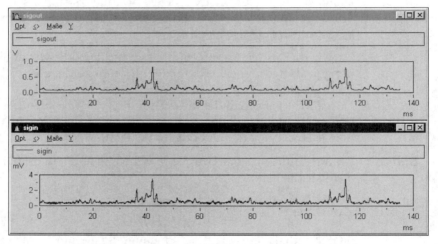

Abbildung 5.4: Signalverlauf der Variablen SIGIN und SIGOUT

 Ein erster Hinweis auf zeitliche Unterschiede bei beiden Signalverläufen, läßt sich einfach erhalten, indem beide Variablen in einem gemeinsamen Fenster dargestellt werden. Vorher schließen wir die Fenster *Sigin* und *Sigout*, um auch weiterhin die Übersicht zu behalten. Mit dem Befehl VARIABLE – *Zusammen zeigen* oder per Schaltfläche werden die beiden weiterhin markierten Datensätze in einem Grafikfenster vereinigt, das wir auf Monitorgröße aufblähen. Um Ein- und Ausgangssignal besser vergleichen zu können, nehmen wir einige Änderungen an den y-Achsen vor. Damit vermeiden wir gleichzeitig, daß unser Diagramm weiterhin automatisch skaliert wird. Mit Y – *Sigin* öffnen wir dazu den Dialog *y-Achse: Sigin*.

Hinweis: Einen wesentlich schnelleren Zugriff auf die Skalierungsdialoge aller Achsen ermöglicht erneut die Maus: Dazu wird im Bereich der zu verändernden Achse mit der linken Maustaste ein Doppelklick gesetzt. In unserem Fall öffnet also der Doppelklick auf die linke y-Achse den Dialog *y-Achse: Sigin* unmittelbar.

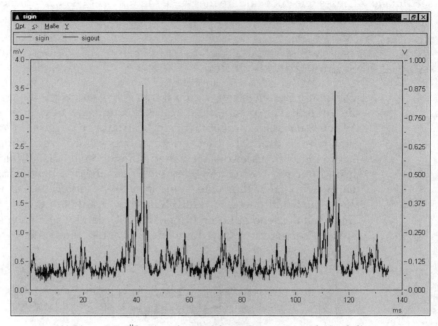

Abbildung 5.5: Übereinander gezeichnete Datensätze nach Umskalierung

Im Menü BEREICH wird anstelle der voreingestellten Funktion *Automatisch* das Angebot *Feste Vorgabe: y-min, y-max* angehakt, worauf sich die entsprechenden Eingabefelder im Dialog zeigen. Für *y-min* = tragen wir *0* mV, für *y-max* = *4* mV ein. Für die Anzahl der *Markierungen* = wählen wir die *9* und bestätigen dann den Dialog. Die zweite Achse skalieren wir sinnvollerweise um den Faktor 250 größer, denn wir erinnern uns daran, daß das Ausgangssignal gegenüber dem Eingangssignal um den Faktor 250 verstärkt worden ist. Dazu öffnen wir mit Y – *Sigout* oder dem soeben erwähnten Maustastentrick den Dialog *y-Achse: Sigout* und sorgen zunächst dafür, daß im Menü BEREICH *Feste Vorgabe: y-min, y-max* aktiviert ist. Für *y-max=* wird *1000* mV, für *y-min=* *0* mV eingetippt. Im Bereich *Markierungen=* wird auch hier eine *9* eingetragen und der Dialog mit *OK* beendet. In die Grafik zurückgekehrt scheint alles zu stimmen, allerdings ändert FAMOS die gewünschte Skalierung zwischen *0* und *1000* Millivolt (*mV*) eigenmächtig in *0* bis *1* Volt (*V*) (vgl. Abbildung 5.5). Die Legende entspricht den zuvor gemachten Voreinstellungen (vgl. Kap. 2.6) und gefällt auch in dieser Form, so daß wir dieses neue Diagrammlayout mit <> – *Sichern unter* als INOUT.CCV speichern.

5.2 Schalterspiele

Ein Klick mit der rechten Maustaste befördert das inzwischen bekannte fliegende Menü auf den Monitor, das wir schon im Zusammenhang mit der Funktion *Weitere Datensätze im Kurvenfenster* kennengelernt haben.

Hinweis: Dieses wie auch andere fliegende Menüs oder Dialoge erscheinen immer an der Stelle innerhalb eines Fensters, an der sich der Mauszeiger beim Aufruf befand.

5.2.1 Schnell zurechtfinden

Diesmal unterlegen wir die Funktion *Navigator*, worauf sich eine fliegende und damit frei positionierbare Werkzeugleiste öffnet, in der insgesamt 19 Schaltflächen untergebracht sind. Sie sind zu Gruppen von zweimal acht und einmal drei Schaltflächen zusammengefaßt (vgl. Abbildung 5.6). Da kaum ein Anwender die Vielzahl der angebotenen Schaltflächen allein aufgrund der recht winzigen Symbole unterscheiden bzw. korrekt anwenden kann, wird auch hier eine kontextsensitive Hilfefunktion wirksam. Wird also eine Schaltfläche mit dem Mauszeiger angefahren, so z. B. die untere linke Schaltfläche mit dem Lupensymbol, blendet sich nach einer voreingestellten Verzögerungszeit der weiterführende Hilfetext ein (vgl. Kap. 3.8).

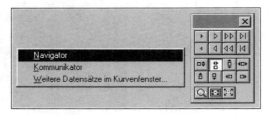

Abbildung 5.6: Aufruf der Navigator-Werkzeugleiste mit Hilfe des fliegenden Menüs

Die Funktionen der einzelnen Schaltflächen sollten jetzt nacheinander ausprobiert werden. Auch hier beginnen wir mal wieder in umgekehrter Reihenfolge und wenden uns zunächst den letzten drei Schaltflächen zu. Sie starten die Zoom-Funktionen, die sich auch über das Menü MAßE des Grafikfensters aufrufen lassen. Es bedeuten:

 Zoom: Nach dem Aktivieren erscheint der bekannte aufwärts weisende Zoompfeil. Mit ihm wird nun eine rechteckige Markise aufgezogen, die die Spitzen der ersten beiden großen Signalmaxima gerade einschließt. Mit Freigabe der Maustaste sind die Spitzen vergrößert zu bewundern, und auch die Skalierung der Achen wurde automatisch angepaßt.

 Rezoom: Wir betätigen nun die rechte der drei Schaltflächen, worauf die beiden Datensätze automatisch von FAMOS umskaliert werden, und zwar so, daß das Grafikfenster optimal ausgefüllt ist. Wir erhalten also die gleiche Darstellung, die wir vor unseren manuellen Umskalierungen vorgefunden haben.

Wie vor Zoom: Um das Grafikfester wieder in der Konstellation zu erhalten, mit der wir die Zoom-Übungen gestartet haben, müssen wir die mittlere Schaltfläche betätigen. Nun stimmen die Skalierungen wieder mit den Einstellungen überein, die wir in der Konfigurationsdatei INOUT.CCV gespeichert haben.

Wir wechseln nun in den mittleren, aus acht Schaltflächen bestehenden Block und klicken spaßeshalber alle acht der Reihe nach an. Dabei ist zu bemerken, daß in sechs Fällen die Schaltflächen des ersten Blocks verändert werden. Offensichtlich herrschen also die Schaltflächen der mittleren Gruppe über diejenigen der oberen Gruppe. Wenden wir uns zunächst den Schaltern im mittleren Block zu, von denen immer einer aktiv geschaltet ist. Im einzelnen haben sie die in Tabelle 5.1 aufgeführten Funktion.

Schaltfläche	aktiviert die Funktion
	Scrollen in vertikaler Richtung
	Scrollen in horizontaler Richtung
	Expandieren nach oben und unten
	Expandieren nach links und rechts
	Expandieren nach oben
	Expandieren nach unten
	Expandieren nach links
	Expandieren nach rechts

Tabelle 5.1: Navigator: Funktion der Schaltflächen im mittleren Block

Wenden wir uns nun den Schaltflächen des ersten und damit oberen Blocks zu. Sie zeigen kleine und große Pfeilköpfe, und zwar einzeln, doppelt oder mit einem Strich kombiniert.

Die Schaltflächen der beiden oberen Blöcke arbeiten nach einem einfachen Prinzip zusammen. Sobald eine Schaltfläche des mittleren Blocks angeklickt und damit aktiv geschaltet wird, werden die Funktionen des darüber befindlichen ersten Blocks automatisch passend geändert und mit entsprechenden Symbolen versehen. Sie informieren über Richtung und Schrittweite der Grafikveränderungen, die mit einem Mausklick auf die entsprechende Schaltfläche zu erreichen sind. So zeigen Pfeilspitzen nach oben und nach unten, wenn beispielsweise die fünfte oder sechste Schaltfläche des zweiten Blocks, also *Expandieren nach oben* oder *Expandieren nach unten* aktiv geschaltet worden ist. Die Pfeilspitzen zeigen zueinander oder voneinander fort, wenn die dritte oder vierte Schaltfläche des zweiten Blocks gedrückt wird.

Betrachten wir die Symbole auf den Schaltflächen des ersten Blocks im Detail, ergeben sich allgemein die vier in Tabelle 5.2 aufgelisteten Funktionen. Die Orientierung der vier verschiedenen Symbole richtet sich nach der aktivierten Schaltfläche des zweiten Blocks.

Hinweis: Schaltflächen, die im ersten Block unmittelbar übereinander stehen, kompensieren sich gegenseitig in ihrer Wirkung.

Symbol auf der Schaltfläche	Per Mausklick gestartete Funktion
▶	Kleiner Schritt beim Scrollen bzw. Expandieren: Bei jedem Tastendruck bzw. Mausklick erfolgt eine Bewegung um 1 bis 2 Pixel
▶▶	Großer Schritt beim Scrollen bzw. Expandieren: Die Schrittweite bei jedem Tastendruck bzw. Mausklick entspricht der Breite bzw. Höhe des Koordinatensystems
▷	Mittlerer Schritt beim Scrollen bzw. Expandieren: Die Schrittweite bei jedem Tastendruck bzw. Mausklick entspricht dem geometrischen Mittel der beiden vorgenannten Schrittweiten
▷|	Das Scrollen bzw. Expandieren führt in einem Schritt an den Anfang oder das Ende der x- bzw. y-Achse.

Tabelle 5.2: Navigator: Bedeutung der Symbole auf den Schaltflächen im oberen Block

An dieser Stelle sollten wir uns eine Besonderheit vor Augen führen. Dazu wird mit der rechten Maustaste nochmals in die Grafik geklickt. In dem sich öffnenden fliegenden Menü wählen wir die Alternative *Weitere Datensätze im Kurvenfenster* und landen – wie bereits gezeigt (vgl. Kap. 3.8) – im gleichnamigen Dialog. Im Bereich *Achsenliste* finden wir die Symbole für ein einziges Koordinatensystem, das mit einer x- und zwei y-Achsen ausgestattet ist. Soweit also nichts Überraschendes.

Schalterspiele 245

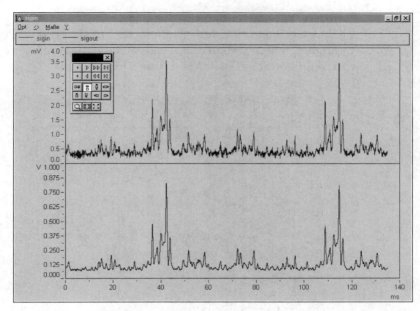

Abbildung 5.7: SIGIN und SIGOUT in zwei separaten Koordinatensystemen

 Jetzt klicken wir die Schaltfläche zur Erzeugung eines neuen Koordinatensystems an und plazieren es per Drag und Drop links vom Symbol für die y-Achse *y2*. Daß der Verschiebeprozeß einwandfrei läuft, erkennen wir am Wandel des Mauszeigers, der wieder das Ordnersymbol mitschleppt. Beim Loslassen der Maustaste finden wir in der Achsenliste das zweite Koordinatensystem an der richtigen Stelle, so daß unsere beiden Kurven nun vollständig getrennt dargestellt werden. Mit dem Dialog-*OK* läßt sich diese Veränderung auch im Diagramm bewundern (vgl. Abbildung 5.7).

Hinweis: Falls die *Navigator*-Werkzeugpalette bei der Begutachtung im Wege sein sollte, läßt sie sich nach Windows-Art in eine weniger wichtige Ecke verschieben.

Da es durchaus möglich ist, daß wir diese Diagrammversion mit gestapelten Koordinatensystemen später noch einmal benötigen, wird auch diese Grafik-Konfiguration gespeichert und als Gedächtnisstütze mit dem Namen SANDWICH.CCV versehen.

 Wir drücken in der *Navigator*-Palette die Schaltfläche, die für ein *Expandieren nach rechts* zuständig ist und starten einen Einzelschritt mit einem der Pfeilschalter des oberen Blocks. Für unsere Demonstration wählen wir die nach links zeigenden doppelten Pfeilspitzen. Man stellt fest, daß der Anfangswert der x-Achse in seiner Position unverändert bleibt, wohingegen die übrigen Werteintervalle nach rechts wandern, und zwar um den in Tabelle 5.2 angegebenen Betrag für die Schrittweite des gewählten Schalters. In unserem Fall wird der dargestellte Abschnitt der x-Achse also auf die Hälfte reduziert. Wir wiederholen diesen Einzelschritt nochmals. In beiden Koordinatensystemen wird der resultierende Streckungsvorgang sofort sichtbar, und der glattere Signalverlauf des verstärkten Ausgangssignals SIGOUT ist jetzt unübersehbar (vgl. Abbildung 5.8).

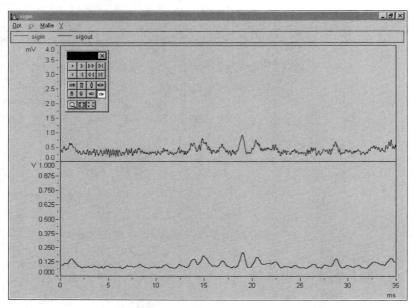

Abbildung 5.8: Durch Streckung werden die Unterschiede beider Signale sichtbar

Wir klicken nun im mittleren Block die für das *Expandieren nach oben und unten* zuständige dritte Schaltfläche an und betätigen zur Ausführung diesmal im ersten Block die Schaltfläche mit den beiden großen Pfeilspitzen, die voneinander weg zeigen. Mit jedem Mausklick bzw. Einzelschritt erkennt man, daß bei diesem Diagrammaufbau nur das obere bzw. erste Koordinatensystem von den Manipulationen betroffen ist (vgl. Abbildung 5.9). Wird im oberen Block die Taste mit den gegeneinander gerichteten Pfeilspitze gedrückt, lassen sich die Änderungen rückgängig machen.

Hinweis: Alle durch die Schaltflächen im ersten Block des Navigators ausgelösten Operationen werden pro Anklicken ein einziges Mal durchgeführt. Wird die Maustaste anschließend jedoch nicht sofort freigegeben, wechselt FAMOS zu einem kontinuierlichen Modus, und das Scrollen oder Expandieren wird bis zur Freigabe der Maustaste fortgesetzt.

Schalterspiele 247

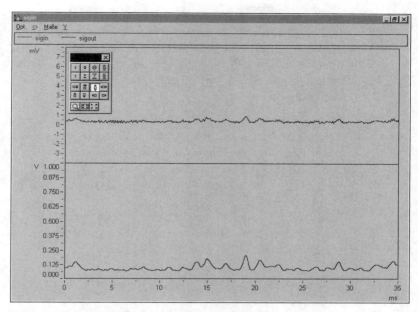

Abbildung 5.9: Vertikale Navigatorfunktionen gelten nur für das obere Koordinatensystem

5.2.2 Schnell verbinden

Da wir ohnehin gerade beim fliegenden Menü sind, wollen wir uns der Vollständigkeit halber auch seine dritte Funktion anschauen. Dafür ist es unerheblich, wie der Kurvenverlauf im Grafikfenster bei unserer jüngsten Übung gestreckt und verschoben wurde. Wir belassen es in jedem Fall beim gegenwärtigen Aussehen. Ein Klick der rechten Maustaste öffnet das fliegende Menü. Der anschließende Klick auf *Kommunikator* öffnet eine weitere fliegende Werkzeugleiste (vgl. Abbildung 5.10).

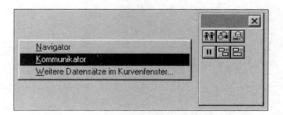

Abbildung 5.10: Aufruf des Kommunikators

Hinweis: Genau genommen werden bei dieser Aktion die ursprünglich vorhandenen Schaltflächen des *Navigators* gegen die des *Kommunikators* ausgetauscht. Es ist also nicht möglich, beide Werkzeuge gleichzeitig auf der Arbeitsfläche zu sehen.

Die *Kommunikator*-Palette ist weitaus übersichtlicher als der *Navigator*, denn sie beherbergt nur sechs Schaltflächen. Auch diese sind mit einer kontextsensitiven Hilfe ausgestattet, die sichtbar wird, sobald sich der Mauszeiger über die eingestellte Verzögerungszeit hinaus im Bereich der Schaltfläche befindet. Die einzelnen Schaltflächen dieser Palette können wir der Reihe nach abhandeln.

 Mit der ersten Schaltfläche läßt sich ein Kurvenfenster per Knopfdruck verdoppeln. Um die Zwillingsgrafik auch zu sehen, verkleinern wir zunächst unser Grafikfenster *Sigin*, so daß ausschnittweise das im Hintergrund liegende Applikationsfenster sichtbar wird. Wir klicken die Schaltfläche an, worauf das zweite Grafikfenster exakt als doppeltes Lottchen erscheint und sogar denselben Titel *Sigin* trägt. Sinnvoll ist eine solche Fensterverdopplung, wenn verschiedene Bereiche von Diagrammen oder unterschiedliche Streckungen oder Stauchungen von Datensätzen miteinander verglichen werden sollen.

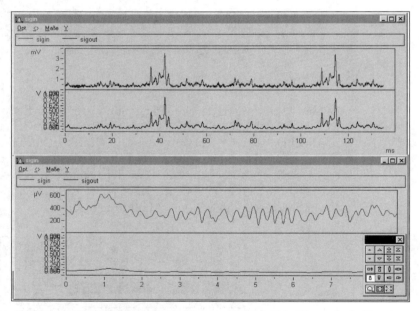

Abbildung 5.11: Verdoppelte Fenster können unterschiedliche Kurvenabschnitte zeigen

Um dies auf die Schnelle zu zeigen, kann jetzt wieder die Werkzeugpalette *Navigator* aufgerufen werden, deren Funktionen jeweils auf das aktive Grafikfenster wirken. So ist in jedem Grafikfenster eine individuelle Einstellung möglich. Ein Beispiel zeigt Abbildung 5.11.

Schalterspiele 249

Hinweis: Ein zweiter Aufruf der Funktion *Zusammen zeigen* würde ebenfalls beide Variablen in einem neuen Fenster sichtbar machen. Im Unterschied zur Fensterverdopplung müßten hier aber alle inzwischen durchgeführte Manipulationen wie beispielsweise Skalierungen erneut vorgenommen oder alternativ eine passende *.CCV-Vorlage geladen werden, um zu identischen Verhältnissen zu kommen.

Hinweis: Fensterzwillinge dürfen wiederum verdoppelt werden. Letztlich limitiert nur die Größe des Bildschirms die Teilungsaktivitäten des Anwenders.

Um uns mit den übrigen Schaltflächen beschäftigen zu können, lassen wir beide Grafikfenster *Sigin* geöffnet und starten erneut den *Kommunikator*.

Die zweite *Kommunikator*-Schaltfläche kennen wir schon, denn wir haben sie – etwas größer dimensioniert – bereits in der horizontalen Werkzeugleiste des FAMOS-Dateneditors vorgefunden und dort auch angewendet (vgl. Kap. 1.7). Nach bekanntem Muster läßt sich nach Anklicken dieser Schaltfläche bei festgehaltener Maustaste per Drag und Drop eine Verknüpfung zu einem anderen Grafikfenster herstellen, indem die Maustaste im Zielfenster freigegeben wird.

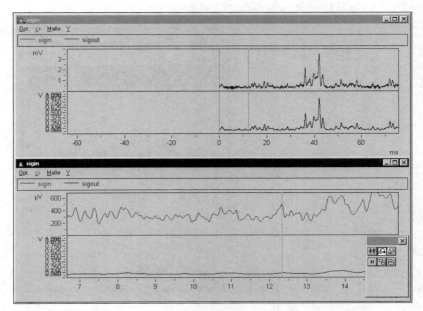

Abbildung 5.12: Cursorpositionen verbundener Grafikfenstern stimmen überein

Wir wollen uns von der Funktionsfähigkeit nochmals überzeugen und die beiden vorhandenen Grafikfenster verknüpfen. Unabhängig davon, welches Fenster als letztes verändert wurde, drücken wir die Schaltfläche mit der linken Maustaste und stellen fest, daß keines der beiden Grafikfenster mehr aktiv geschaltet ist. Wir halten die Taste und beginnen mit dem Drag-

und-Drop-Prozeß. Ziehen wir mit gedrückter Maustaste den Cursor, erkennen wir, daß ein Fallenlassen der Verknüpfung nur in dem zuvor nicht aktiven Grafikfenster erlaubt ist. Nach dem Fallenlassen taucht in beiden Fenstern der gewünschte vertikale Verschiebecursor auf (vgl. Kap. 1.7). In welchem Fenster wir diesen Cursor auch bewegen, stets wird die Position unter Einbeziehung der zuvor getätigten Streckungen oder Stauchungen auf die anderen Ausschnitte übertragen (vgl. Abbildung 5.12). Die Verbindung wird wieder gelöst, indem wir die gedrückt verbliebene Schaltfläche in der Werkzeugleiste erneut anklicken und sie damit inaktiv schalten.

Wir schließen eines der duplizierten Grafikfenster und sorgen dafür, daß das verbliebene den Bereich *Variablen* im Applikationsfenster nicht abdeckt. Anschließend starten wir den – gemeinsam mit dem Zwillingsfenster verschwundenen – *Kommunikator* erneut und drücken jetzt die dritte Schaltfläche. Prompt finden wir Kopien der Datensätze SIGIN und SIGOUT in der Variablenliste von FAMOS vor, die an einem automatisch vorangestellten Unterstrich erkennbar sind (vgl. Abbildung 5.13). Die automatische Unterstrichvergabe entspricht unseren Voreinstellungen, die sich aus dem Grafikfenster mit OPT. – *Transfer-Optionen* aufrufen und ändern lassen (vgl. Kap. 2.4).

Abbildung 5.13: Erweiterung der Variablenliste mit dem Schalter Transfer nach FAMOS

Normalerweise wird diese Funktion eingesetzt, um Datenmaterial aus anderen *imc*-Applikationen in das FAMOS-Format zu überführen. Daher hat sie für unsere gerade zu bearbeitende Aufgabe keine Bedeutung. Nachdem wir uns anhand der beiden neuen Variablen _SIGIN und _SIGOUT von der Funktionstüchtigkeit der Schaltfläche überzeugt haben, entfernen wir die beiden neuen Variablen mit der Schaltfläche *Papierkorb*.

Hinweis: Unter bestimmten Bedingungen lassen sich Werte auch fortlaufend nach FAMOS übertragen, so daß eine Art Online-Registrierung stattfindet. Diesen Ablauf steuern die unteren drei Schaltflächen der *Kommunikator*-Palette, die hier nur erwähnt und nicht ausprobiert werden sollen. Auch bei ihrer Beschreibung bietet es sich aber an, entgegen mitteleuropäischer Gewohnheiten von rechts zu beginnen:

Mit der rechten Schaltfläche läßt sich für Registrierungen der sogenannte Wachsen-Modus wählen. Bei dieser Art der Registrierung wird jeder neu aufgenommene Wert hinten an den vorhandenen Datenbestand im Grafikfenster angehängt. Dadurch nimmt die Anzahl im Fenster dargestellter Werte beständig zu, was im Laufe längerer Registrierungen zu einer starken Stauchung der x-Achse führen kann.

Die zweite Schaltfläche der unteren Reihe schaltet den sogenannten Roll-Modus ein. Bei dieser Art der Registrierung bleibt der dargestellte Bereich der x-Achse vom Umfang her konstant. Jeder neu aufgenommene Wert wird im Grafikfenster hinten an die x-Achse angehängt, wofür aber ein nun überzähliger Wert am Anfang der x-Achse entfernt wird.

Das Aktivieren der ersten Schaltfläche friert eine Online-Registrierung ein, und zwar unabhängig vom gerade eingestellten Wachsen- oder Roll-Modus. Nach einem Klick auf diese Taste kann sich der Betrachter ein Zwischenergebnis in aller Ruhe zu Gemüte führen.

Nachdem wir alle Schaltflächen des *Kommunikators* kennengelernt haben, schließen wir diese Werkzeugleiste.

5.3 Zu Fuß messen

Damit haben wir einen großen Teil der grafischen Hilfsmittel kennengelernt und wir wollen endlich damit beginnen, die zeitliche Verzögerung der Signale zu bestimmen. Mit FAMOS lassen sich mehrere Lösungen finden, solche Laufzeitunterschiede zwischen Signalfolgen zu messen. Wir wollen mit einer einfachen Methode starten und das zeitliche Eintreffen korrespondierender Signalmaxima in SIGIN und SIGOUT ohne Automatisierung per Hand messen. Zur Extraktion der in Frage kommenden Datenpunkte und ihrer Koordinaten bietet FAMOS ein spezielles Meßwerkzeug an. Da es sich dabei um ein Hilfsmittel handelt, das die Datenextraktion anhand der vorhandenen Kurven in der Grafik ermöglicht, finden wir es logischerweise bei den Funktionen des Grafikfensters, im sogenannten Kurvenmanager.

Hinweis: Oft werden derartige Messungen als Routineverfahren durchgeführt, wobei sich weder die Umgebungsparameter noch die gewünschte grafische Darstellung der ermittelten Werte ändert. In einem solchen Fall wird man in der Praxis versuchen, Teile des Arbeitsablaufes durch Makros bzw. Sequenzen zu automatisieren (vgl. Kap. 4.1).

Bevor es richtig losgeht, wollen wir die Kurven SIGIN und SIGOUT wieder in die ursprüngliche Form zurückverwandeln und sie in einem gemeinsamen Koordinatensystem darstellen. Dabei können wir uns für unterschiedliche Wege entscheiden. Einer führt über einen Klick der rechten Maustaste und das fliegende Menü in den Dialog *Weitere Datensätze im Kurvenfenster*, wo wir im Bereich *Achsenliste* die Zeile für das Koordinatensystem Nummer 2 per Schaltfläche in den *Papierkorb* befördern.

Hinweis: Diese Zeile sollte noch markiert sein, da die Erzeugung des zweiten Koordinatensystems die letzte Handlung in diesem Dialog gewesen ist. Falls dies nicht der Fall ist, wird die Markierung wiederholt.

Mit dem *OK* befinden sich die Datensätze wieder in einem gemeinsamen Koordinatensysten. Schneller verwirklichen wir die Layoutveränderung über das <>-Menü des Grafikfensters, denn wir haben die gewünschte Grafikkonfiguration in weiser Voraussicht als Datei abgelegt. Also wird nach dem Aufruf von <> – *Laden* die Konfigurationsdatei INOUT.CCV geladen, worauf ebenfalls die gewünschte Ausgangssituation hergestellt ist (vgl. Abbildung 5.5).

5.3.1 Hantieren mit Cursor

Werden die übereinander gezeichneten Variablen SIGIN und SIGOUT genauer betrachtet, fallen vier deutliche Signalspitzen auf, die am Signaleingang wie Signalausgang gleichermaßen vorhanden sind. Wir machen uns zunächst ein etwas genaueres Bild von den Kurvenverläufen und wenden dabei die eben kennengelernten Funktionen der *Navigator*-Werkzeugpalette an. Wie gehabt öffnen wir mit der rechten Maustaste das fliegende Menü und klicken mit der linken die Funktion *Navigator* an. Die eingeblendete Werkzeugliste wird als erstes an eine Position der Grafik verschoben, die im Moment nicht sichtbar sein muß.

 Im ersten Schritt wollen wir die beiden Datensätze etwas strecken. Eine Möglichkeit dazu besteht im Zoomen eines bestimmten Ausschnitts mit Hilfe der zuständigen Schaltfläche. Diese scheidet in unserem Fall aus einem Grund aus, der mit der eigentlichen Datenanalyse nichts zu tun hat. Wie man sich aber leicht vorstellen kann, führt eine individuelle Ausschnittvergrößerung mit der Lupe bei jedem Leser bzw. Anwender zu einem anderen Monitorbild, so daß die nachfolgenden Abbildungen nicht mehr mit dem eigenen Resultat verglichen werden können. Werden dagegen die Scroll- und Expansionswerkzeuge des *Navigators* verwendet, führt jedes Anklicken einer bestimmten Schaltfläche zu einer stets gleichen Bildveränderung, die sich anhand der Beschreibung exakt nachvollziehen läßt (vgl. auch Tabelle 5.2).

Hinweis: In diesem Zusammenhang muß betont werden, daß sich selbst bei exaktem Nachvollziehen der nachfolgend angegeben Grafikmanipulationen nur dann die abgebildeten Grafikfenster ergeben, wenn auch die von uns verwendete Grafikauflösung von 800 * 600 Punkten vorliegt.

Also strecken wir das Bild zunächst, indem wir die achte Schaltfläche des zweiten *Navigator*-Blocks anklicken, die für eine Streckung in positiver x-Richtung bei Festhalten der X0-Position zuständig ist. Den Betrag der gewünschten Streckung legen wir fest, indem wir uns im ersten Block für die siebte Schaltfläche entscheiden. Hier machen doppelte Pfeilspitzen nach links – ähnlich wie beim schnellen Rücklauf am heimischen Kassettenrecorder – deutlich, daß per Mausklick große Expansionsschritte ausgelöst werden (vgl. Kap. 5.2). Um im Gleichtakt zu bleiben, gehen wir etwas umständlich vor und klicken diese Schaltfläche insgesamt viermal kurz an. So erfolgt die Streckung in vier Einzelschritten und der anschließend sichtbare x-Achsenbereich erstreckt sich von 0 bis etwa 8,5 ms.

Nun wird die zweite Scroll-Schaltfläche des zweiten Block aktiv geschaltet, mit deren Hilfe wir den gespreizten x-Achsenabschnitt zu einem interessanten Bereich des Diagramms verschieben können. Betätigen wir nun die zweite Schaltfläche im ersten Block, die durch eine nach rechts zeigende Pfeilspitze gekennzeichnet ist, und halten die linke Maustaste gedrückt, bewegen wir uns innerhalb der Datei schön gleichmäßig von links nach rechts. Mit der darunter befindlichen Schaltfläche, die eine nach links weisende Pfeilspitze zeigt, werden die Datensätze in umgekehrter Richtung durch das Grafikfenster gefahren. Um uns eine generelle Übersicht zu verschaffen, lassen wir beide Kurven in beiden Richtungen vorüberziehen. Dabei können wir leicht feststellen, daß zwischen 36 und 44 ms sowie zwischen 108 und 116 ms jeweils zwei deutliche Maxima liegen, die uns nachfolgend interessieren werden (vgl Abbildung 5.14 und 5.15).

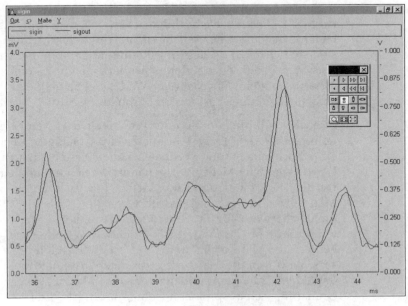

Abbildung 5.14: Hauptmaxima zwischen 36 und 44 ms (gestreckt)

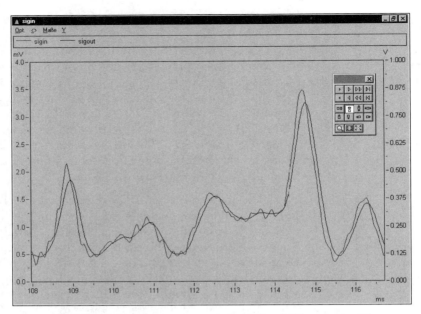

Abbildung 5.15: Hauptmaxima zwischen 108 und 116 ms (gestreckt)

Sieht man sich die Signalspitzen genauer an, ist zu erkennen, daß die Maxima von SIGOUT zeitlich später registriert wurden als diejenigen von SIGIN. Wir wollen nun die x-Koordinaten der vier Spitzenwerte jedes Datensatzes messen und daraus die Laufzeitunterschiede errechnen.

In der Menüleiste des Grafikfensters entscheiden wir uns dazu für den Aufruf MAßE – *Messen*. Daraufhin machen sich zwei Änderungen in der Grafik bemerkbar. Zum einen taucht ein aus dünnen schwarzen Doppellinien bestehendes Kreuz auf, dessen Mittelpunkt etwa in der Mitte des Koordinatensystems liegt. Zum anderen blendet sich ein Dialogfenster mit dem Titel *Messen: Sigin* ein. Die *Navigator*-Werkzeugpalette bleibt von alledem unbeeindruckt auf ihrer Position (vgl. Abbildung 5.16).

Zunächst soll die Funktion der Linienkreuzes genauer unter die Lupe genommen werden. Es besteht aus zwei unabhängigen Fadenkreuzen mit je einer horizontalen und vertikalen Linie. Diese beiden Fadenkreuze, in der FAMOS-Sprache Meßcursor genannt, können entlang einer Kurve bewegt werden. Soll eines der Fadenkreuze bewegt werden, wird einfach eine Maustaste gedrückt und gedrückt gehalten. Dabei ist die linke Maustaste praktischerweise für das Fadenkreuz des linken, die rechte für das des rechten Meßcursors zuständig. Als Orientierungshilfe springt der Mauszeiger beim ersten Mausklick automatisch an die Position des zugeordneten Cursors. Wird nun die Maus bei gedrückter Taste in x-Richtung bewegt, fährt das aktive Fadenkreuz entlang der Kurve alle Einzelwerte ab, was nun jeder einmal für sich ausprobieren sollte. In umgekehrter Weise springt das Fadenkreuz an die x-Position des Mauszeigers, wenn beim Mausklick die ⇧-Taste betätigt wird. Auch dies sollte jetzt kurz ausprobiert werden.

Zu Fuß messen 255

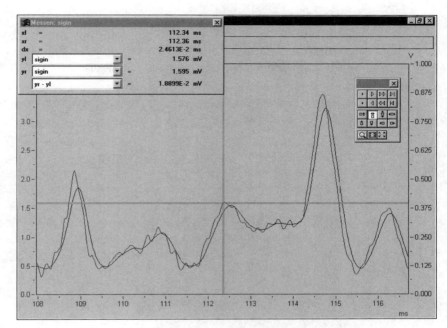

Abbildung 5.16: Veränderungen nach dem Aufruf des Meßwerkzeugs

Hinweis: Selten benötigt, aber trotzdem machbar ist ein synchroner Ortswechsel beider Fadenkreuze, indem beide Maustasten zugleich gedrückt gehalten werden.

Verschieben wir die aus horizontaler und vertikaler Linie bestehenden Fadenkreuze, empfinden nervöse Zeitgenossen vielleicht die Aktion auf dem Monitor als etwas zuviel, da sich stets beide Linien zugleich bewegen. Um die x-Koordinate eines Peaks zu bestimmen, reicht aber die vertikale Komponente des Fadenkreuzes völlig aus. Wen also der horizontale Anteil zu sehr stört, der schaltet nach Aufruf von OPT. – *Voreinstellungen* die horizontale Cursorlinie aus, indem das Kontrollkästchen *Horizontaler Meßcursor* im Dialog *Voreinstellungen der Kurvenfenster* abgeschaltet wird (vgl. Kap. 2.4). Mit dem Dialog-*OK* erscheinen nur noch zwei senkrechte Striche als Meßcursor, die in einer weniger aufregenden Weise dem Kurvenverlauf folgen (vgl. Abbildung 5.17).

Und noch eines gilt es zu beachten: Wie präzise die einzelnen Datenpunkte per Cursor angefahren werden können, hängt von der Monitorauflösung ab. Mit anderen Worten, die Koordinatenbestimmung mit dieser Methode ist um so genauer, je stärker gezoomt wurde. Dies wollen wir hier nicht weiter ausführen, da es sich im Prinzip von selbst erklärt. Wer sich dennoch davon überzeugen will, läßt mit der Schaltfläche *Wie vor Zoom* aus der Werkzeugpalette wieder eine Gesamtschau der Kurven zu und fährt eine mit einem Cursor ab. Im Dialog *Messen: Sigin* wird jeder Positionswechsel des Cursors in x-Richtung über die Ausgabe *dx=* angezeigt. Die Schrittweite einer Cursorbewegung wird um so geringer, je größer der Zoom-Grad gewählt wurde. Wird dies ausprobiert, sollte im Anschluß wieder die ursprüngliche Streckung eingestellt werden, also vier einzelne Streckungsschritte mit den nach links zeigenden Doppelpfeilspitzen.

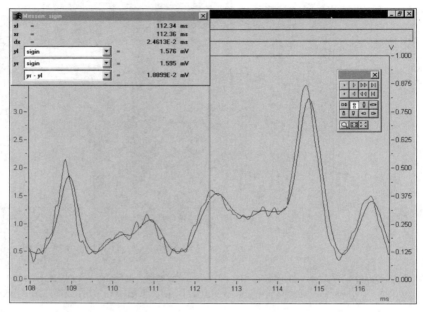

Abbildung 5.17: Zur Bestimmung der Maxima reichen vertikale Cursor

Hinweis: Diese Cursor-Operationen lassen sich übrigens auch ohne Mausanschluß durchführen, wobei ebenfalls ein Mauszeiger erscheint, der sich – und dies gilt nur für das Grafikfenster – mit der Tastatur bewegen läßt. Die einzelnen Steuerungsbefehle dürfen dem Handbuch entnommen werden. Wir wollen hier auf eine genaue Auflistung verzichten, da ein Mausbetrieb bei Verwendung einer grafischen Benutzeroberfläche den Normalfall darstellen dürfte.

5.3.2 Messen mit Cursor

Soviel zur Cursorsteuerung allgemein und theoretisch. Nun geht es an die erste manuelle Messung und damit in die Praxis. Wie wir gleich sehen werden, erweist es sich als günstig, hierfür die beiden Datensätze SIGIN und SIGOUT noch weiter zu strecken. Dazu verschieben wir mit den Schaltflächen des *Navigators* die Kurven im Fensterausschnitt so, daß der x-Achsenabschnitt zwischen 36 und 44 ms dargestellt wird und das erste auffällige Maximum gerade noch im linken Bereich des Diagramms sichtbar ist. Nun strecken wir – wie zuvor schon beschrieben – mit der achten Schaltfläche des zweiten Blocks und der siebten Schaltfläche des ersten Blocks beide

Kurven nochmals um vier weitere Einzelschritte, so daß der x-Achsenabschnitt zwischen etwa 36 und 36,5 ms sichtbar ist, in dem die beiden ersten Maxima liegen (vgl. Abbildung 5.18).

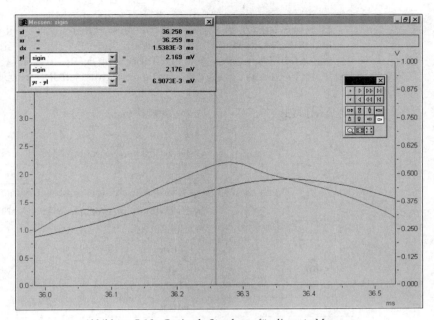

Abbildung 5.18: *Optimale Streckung für die erste Messung*

Falls noch nicht geschehen, plazieren wir das frei bewegliche Meßwertfenster *Messen: Sigin* so, daß es die Kurven nicht verdeckt und die Messung nicht stört.

Das Meßwertfenster dient als Ausgabehilfsmittel charakteristischer, mit Hilfe der Meßcursor ermittelter Daten sowie einiger daraus berechneter Werte. Alle Resultate werden im rechten Bereich des Fensters numerisch angezeigt. Drei Klapplisten im linken Bereich erfragen – für die y-Koordinate des linken und rechten Meßcursors getrennt – den zu bearbeitenden Datensatz sowie eine mit den ermittelten Meßwerten durchzuführende Rechenoperation. Im einzelnen lassen sich die in Tabelle 5.3 aufgelisteten Einzelwerte ermitteln.

Wie gesehen, liegt das jeweils erste Signalmaximum der beiden Datensätzen SIGIN und SIGOUT bei x-Werten von etwas über 36 ms. Wir wollen mit dem linken Cursor das erste Maximum von SIGIN und mit dem rechten Cursor das Maximum von SIGOUT bestimmen. Also weisen wir über die entsprechenden Klapplisten *yl* die Variable SIGIN und *yr* die Variable SIGOUT zu. Die dritte Klappliste zeigt voreingestellt die Differenz zwischen *yr* und *yl*. Für uns hat dieser Wert – ebenso wie die übrigen hier wählbaren Berechnungen – zur Zeit keine Bedeutung.

Der linke Meßcursor wird jetzt mit gedrückter Maustaste an das Maximum von SIGIN gefahren. Dabei läßt sich die Position mit einem Seitenblick auf das Meßwertfenster solange korrigieren, bis man glaubt, das Zentrum des vermeintlichen Maximums ($yl = 2.211\ mV$) gefunden zu haben. Anschließend wird die linke Maustaste freigegeben. Mit dem Maximum von SIGOUT ($yr = 0.47508\ V$) wird unter Verwendung der rechten Maustaste in gleicher Weise verfahren. Die ermittelten Ergebnisse sind im Fenster *Messen: Sigin* nachzulesen (vgl. Abbildung 5.19), und die dritte Zeile des Dialogs verrät uns als dx = sogar die gesuchte Zeitdifferenz.

Bezeichnung	angezeigter Wert
xl	x-Koordinate des linken Meßcursors
xr	x-Koordinate des rechten Meßcursors
dx	xr – xl
yl	y-Koordinate des linken Meßcursors
yr	y-Koordinate des rechten Meßcursors
yr – yl	Differenz der y-Koordinaten
yr/yl	Quotient der y-Koordinaten
Steigung	dy/dx
Steigung pro Dekade	dy/lg(xr/xy)
1/dx	Frequenz

Tabelle 5.3: Einstellmöglichkeiten im Dialog Messen

Hinweis: Je nach Monitorauflösung sind den maximalen y-Werten bei der von uns gewählten Streckung der x-Achse mehrere x-Werte zugeordnet. In solchen Fällen läßt sich unter Zuhilfenahme der Angaben im Meßwertfenster näherungsweise die x-Koordinate des Peakzentrums einstellen.

Hinweis: Um zwei verschiedene Datensätze – in unserem Fall SIGIN mit dem linken und SIGOUT mit dem rechten Cursor – gleichzeitig zu untersuchen, ist die korrekte Zuweisung von yl und yr im Fenster *Messen: Sigin* unbedingt erforderlich!

Was fangen wir mit diesen Ergebnissen an? Klassisch wäre das Verfahren, die relevanten Daten von Hand auf eine vorgefertigten Ergebnistabelle neben der Tastatur zu übertragen. Heutzutage wird diese Vorgehensweise – vielleicht zu unrecht – als unprofessionell angesehen.

Etwas moderner wäre es, ein Bildverarbeitungs- bzw. Bildbearbeitungsprogramm mit Snap-Shot-Funktionen zu bemühen, um das Meßwertfenster zur Dokumentation elektronisch zu fotografieren und als Grafik zu speichern. Je nach verwendetem Bildformat kostet dies schon einigen Speicherplatz, und bevor mit dem Datenmaterial weitergearbeitet werden kann, sind einige Konvertierungsschritte erforderlich, so daß auch dieser Weg nur in seltenen Fällen eingeschlagen werden dürfte.

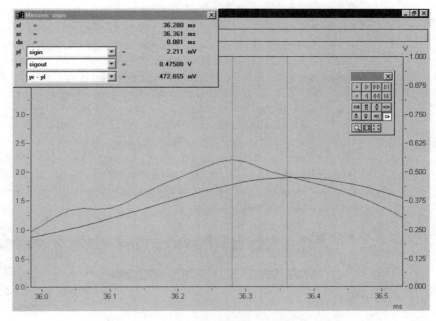

Abbildung 5.19: Grafische Positionsbestimmung der Maxima

In der Regel sollen Meßergebnisse in gedruckter Form dokumentiert werden. Dazu ist es aber erforderlich, wichtige Informationen aus dem Meßwertfenster in die eigentliche Grafik zu übertragen. Selbstverständlich bietet FAMOS Hilfsmittel, die diesen Arbeitsschritt übernehmen. Um sie kennenzulernen, fahren wir den Mauscursor an eine beliebige Stelle des Meßwertfensters und drücken die rechte Maustaste. Es öffnet sich wieder einmal ein fliegendes Menü mit diversen Funktionen, die sich auf zwei Unterabteilungen verteilen (vgl. Abbildung 5.20).

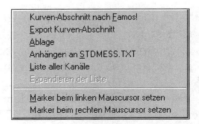

Abbildung 5.20: Fliegendes Menü des Meßwertfensters

Uns soll zunächst nur der zweite Bereich interessiert, der die beiden Menüfunktionen *Marker beim linken Mauscursor setzen* und *Marker beim rechten Mauscursor setzen* enthält. Wir klicken die erste Alternative für den linken Cursor an, worauf sich ein schon fast in Vergessenheit geratener Dialog öffnet, nämlich *Marker-Definition: Sigin*. Auf die Bearbeitung der Standardeinstellungen brauchen wir hier nicht weiter einzugehen, da dies bereits abgehandelt worden ist (vgl. Kap. 2.7). Wir wollen den vorhandenen Marker-Text um die gemessene Zeitdifferenz ergänzen. Dazu wechseln wir im Bereich *Text* an das Ende der zweiten Zeile, drücken [Strg] [↵] und tragen in die neue Zeile $dx = 0.081$ ms ein. Mit dem Dialog-*OK* erscheint der Marker in der Grafik. Da die Zeitdifferenz nun dem Diagramm zu entnehmen ist, brauchen wir uns beim zweiten Marker nicht mehr viel Mühe zu geben. Wir öffnen das fliegende Menü, wählen *Marker beim rechten Mauscursor setzen*, entscheiden uns in der Klappliste *Richtung* des Bereichs *Verbindungslinie* für *unten links* und bestätigen den Dialog *Marker-Definition: Sigin* (vgl. Abbildung 5.21). In Form von zwei Markern enthält das Diagramm jetzt alle relevanten Informationen und wäre damit zur Ergebnisdokumentation geeignet (vgl. Abbildung 5.22).

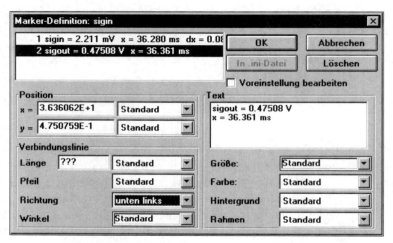

Abbildung 5.21: Eintragungen im Dialog Marker-Definition: Sigin

Es gibt aber noch einen weiteren Weg, der in FAMOS für unseren Zweck vorgesehen ist. Dazu bewegen wir den Mauszeiger nochmals in das Fenster *Messen: Sigin* und klicken erneut die rechte Maustaste, um diesmal den ersten Bereich des sich öffnenden fliegenden Menüs unter die Lupe zu nehmen. Von den vorhandenen Auswahlmöglichkeiten interessiert an dieser Stelle *Anhängen an STDMESS.TXT*, denn diese Funktion fügt den Inhalt des Meßwertfensters der Protokolldatei STDMESS.TXT hinzu. Aktivieren wir die Funktion, erhalten wir umgehend eine Fehlermeldung in einem bisher noch nicht vorgestellten Design. Sie unterrichtet uns über das Fehlschlagen unserer Aktion und läßt sich per Mausklick zum Verschwinden bringen (vgl. Abbildung 5.23).

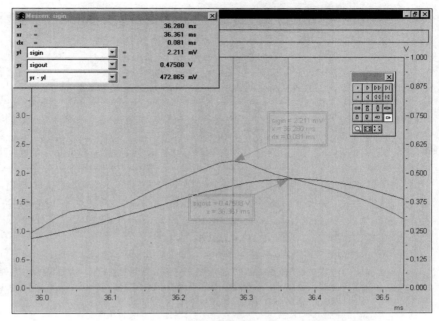

Abbildung 5.22: Automatischer Einbau von Markern an den Maxima

Abbildung 5.23: Fehlermeldung: Ohne Protokolldatei kein Protokoll

Ursache für diesen Fehler ist die bisher noch nicht eingerichtete Protokolldatei STDMESS.TXT. Um sie herzustellen, wechseln wir mit [Alt] [⇆] in das Applikationsfenster und rufen mit OPTIONEN – *Datenmanager* den Dialog *Einstellungen Datenmanager, Hilfe, Verzeichnisse* auf. In die Registerfahne *Verzeichnis* tragen wir als *Name der Protokoll-Datei für Meßcursor-Werte* C:\IMC\TEST\LATENZ.TXT ein und bestätigen den Dialog mit *OK* (vgl. Abbildung 5.24). Von nun an können wir unsere Meßwerte in dieser Datei ablegen und bei Bedarf weiterverwenden.

Hinweis: Der Befehl *Ablage* aus dem fliegenden Menü des Meßwertfensters überträgt den Fensterinhalt in die Zwischenablage, von wo er an jede Windows-Applikation weitergereicht werden kann. *Kurvenabschnitt nach FAMOS!* überträgt die Daten des gerade zwischen den vertikalen Meßcursorn eingeschlossenen Diagammbereichs in Form neuer Variablen nach FAMOS, während *Export Kurven-Abschnitt* die Daten zur Weitergabe an andere *imc*-Applikationen vorbereitet.

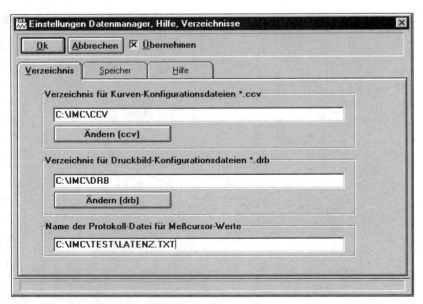

Abbildung 5.24: Festlegung des Pfades für das Meßwertprotokoll im Register Verzeichnis

Nach dieser Festlegung kehren wir zur Grafik zurück. Wieder wird mit der rechten Maustaste ins Meßwertfenster geklickt, die Funktion *Anhängen an STDMESS.TXT* markiert und bestätigt. Diesmal schließt sich das fliegende Menü ohne Fehlermeldung. Damit sind die Werte in der Datei LATENZ.TXT abgelegt und wir werden weiter unten sehen, wie wir an sie herankommen.

Wir können nun auf gleiche Weise die Laufzeitunterschiede der übrigen Maxima-Paare bestimmen. Dazu bewegen wir uns mit den Scroll-Schaltflächen der *Navigator*-Palette weiter nach rechts, bis das zweite große Signalmaximum von SIGIN und SIGOUT im Grafikfenster sichtbar ist. Dies ist bei etwas mehr als 42 ms der Fall. Wieder werden die beiden Cursor auf die Maxima eingestellt. Auf weitere Marker kann jetzt verzichtet werden, da obige Übung zur Demonstration des Prinzips ausreichend war. Mit einem rechten Mausklick ins Meßwertfenster öffnen wir aber auch diesmal das fliegende Menü und betätigen die Funktion *Anhängen an STDMESS.TXT*. Diesen Vorgang wiederholen wir nun noch zweimal für das dritte Maxima-Paar bei etwas unterhalb von 109 ms und für das vierte etwas unterhalb von 115 ms.

Hier angekommen, schließen wir Meßwertfenster und *Navigator* mit dem Windows-Schalter und bilden die beiden Datensätze nochmals vollständig im Koordinatensystem ab, indem wir mit <> – *Laden* die Grafikvorlage INOUT.CCV bemühen.

Bleibt noch die Frage zu klären, was wir mit unseren Meßwerten in der Datei LATENZ.TXT anfangen. Nun, diese Datei läßt sich mit jeder Textverarbeitung und den gängigen Editoren bearbeiten, also mit allen Programmen, die etwas mit ASCII-Dateien anfangen können. Wer dies ausprobieren möchte, ruft beispielsweise WinWord auf und lädt die Protokolldatei. Dabei ist allerdings zu beachten, daß in einzelnen Editoren nicht alle Buchstaben korrekt angezeigt werden, da FAMOS bei der Speicherung das OEM-Format benutzt.

Zur Selbstkontrolle liefert Tabelle 5.4 die von den Autoren per Hand bestimmten Werte für die Laufzeitunterschiede, die aufgrund unterschiedlicher Grafikauflösung und subjektiver Bestimmung der Peak-Zentren nur bedingt reproduzierbar sein dürften und überdies untereinander noch erhebliche Unterschiede aufweisen. Da wir aber noch elegantere Wege zur Lösung unserer Aufgabe kennenlernen werden, soll uns das zunächst nicht weiter stören.

Identifikation	y-Werte		x-Werte		
	SIGIN [mV]	SIGOUT [V]	SIGIN [ms]	SIGOUT [ms]	Laufzeitunterschied
Maximum 1	2.211	0.47508	36.280	36.361	0.081 ms
Maximum 2	3.569	0.83208	42.139	42.200	0.061 ms
Maximum 3	2.152	0.46225	108.840	108.921	0.081 ms
Maximum 4	3.472	0.80961	114.696	114.760	0.064 ms

Tabelle 5.4: Von Hand bestimmte Laufzeitunterschiede für vier Peaks des Datensatzes

5.4 Jenseits der Schwelle

Ein anderer Ansatz, Laufzeitdifferenzen herauszubekommen, bedient sich eines Schwellwerts als Hilfsmittel. Um die passende Größenordnung dieses Werts abzuschätzen, betrachten wir zunächst nur SIGIN, indem wir mit rechtem Mausklick und fliegendem Menü den Dialog *Weitere Datensätze im Kurvenfenster* aufrufen, die Variable SIGOUT samt zugehöriger y-Achse y2 mit der Schaltfläche *Papierkorb* aus dem Bereich *Achsenliste* entfernen und anschließend den Dialog bestätigen. Zusätzlich werden mit MAßE – *Gitter* alle Teilstriche der beiden Achsen mit Gitterlinien versehen (vgl. Abbildung 5.25). Bei Bedarf lassen sich die vier inzwischen vertrauten Signalspitzen von SIGIN mit MAßE – *Zoom* noch weiter vergrößern.

Alle vier zu untersuchenden Peaks liegen oberhalb von 2.0 mV, und den Signalen ist gemeinsam, daß dieser Schwellwert von jedem in Frage kommenden Signalmaximum zweimal gekreuzt wird, nämlich je einmal in der aufsteigenden und absteigenden Phase. Dieses Über- bzw. Unterschreiten einer Schwelle bzw. die beiden Schwellwertdurchgänge lassen sich mit einem Schwellwertschalter automatisch erfassen. Ein elektronisches Standardsystem zur Bewältigung einer solchen Aufgabe nennt sich Schmitt-Trigger und kann als Kippschaltung mit verschiebbarem Arbeitspunkt, eben dem Schwellwert, angesehen werden.

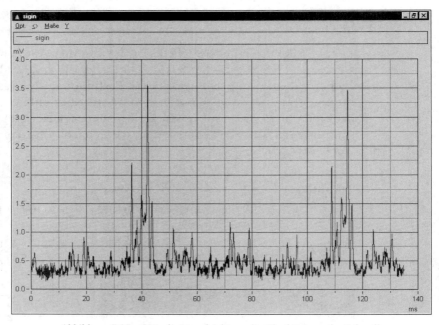

Abbildung 5.25: Gitterlinien erleichtern die Abschätzung der Schwelle

Für Interessierte: Das Prinzip besteht darin, daß diese Schaltung im ausgeschalteten Zustand stabilisiert ist und einen bestimmten Spannungswert besitzt. Überschreitet die Eingangsspannung den voreingestellten Schwellwert, kippt die Schaltung in einen nichtstabilen eingeschalteten Betriebszustand, der dem Einschalten eines standardisierten Gleichspannungsniveaus bzw. einer Offsetspannung gleichkommt. Unterschreitet die Eingangsspannung die Schwelle wieder, kehrt die Ausgangsspannung zur stabilen Betriebsspannung zurück. Nimmt man an, daß das Originalsignal zwischen Ein- und Ausschalten des Schmitt-Triggers annähernd symmetrisch verläuft, müßte das Maximum genau zwischen den zugehörigen beiden Zeitwerten liegen. Kippschaltungen werden in vielen Bereichen eingesetzt. Zu Hause funktioniert z. B. der Dämmerungsschalter nach diesem Prinzip.

5.4.1 Einheitssignale

Den Schwellwert für den Datensatz SIGIN hatten wir auf 2.0 mV festgelegt. Zur Bestimmung der Schwellwertdurchgänge bzw. der zugehörigen Zeitpunkte müssen mal wieder die FAMOS-Rechenfunktionen in Aktion treten. Dazu brauchen wir die Grafik zunächst nicht mehr in voller Größe und verkleinern sie so, daß sie, in die untere rechte Monitorecke geschoben, freien Zugang zu den vier Bereichen *Operation*, *Variablen*, *Funktionen* und *Ausgabe* des Applikationsfensters garantiert. Alternativ darf mit ⌈Alt⌉ ⌈↹⌉ ins Applikationsfenster gewechselt werden.

Abbildung 5.26: Belegung der Funktionsknöpfe in Position 6> Skalieren, Editieren

Die Funktion Schmitt-Trigger finden wir im Bereich *Funktionen* unter Position *6> Skalieren, Editieren* und zwar auf dem elften Funktionsknopf mit der Abkürzung *STri* (vgl. Abbildung 5.26).

Der Funktionsknopf wird angeklickt, worauf in der Eingabezeile des Bereichs *Operation* der Befehl *STri(, ,)* erscheint. Der Klammerausdruck verdeutlicht, daß noch drei weitere Angaben erforderlich sind. Was einzutragen ist, läßt sich wieder dem Bereich *Ausgabe* entnehmen. FAMOS möchte wissen, auf welchen Datensatz die Funktion Schmitt-Trigger anzuwenden ist und welche Werte für obere und untere Schwelle einzusetzen sind. Da wir zunächst die Variable SIGIN untersuchen wollen, wird diese Variablenbezeichnung mit dem bekannten Drag-und-Drop-Verfahren vor das erste Komma innerhalb der Klammer kopiert.

Untere und obere Schwelle sollen den gleichen Wert 2.0 mV besitzen. Wenn wir jetzt für die beiden fehlenden Parameter einfach *2.0* eintragen, machen wir einen Fehler. Denn obwohl FAMOS die Skalierung der y-Achse in unserem Diagramm aufgrund der grundsätzlich geringen Werte selbständig von Volt in Millivolt geändert hat, besitzen beide Variablen intern weiterhin die y-Einheit Volt, wie sich mit VARIABLE – *Eigenschaften* leicht prüfen läßt. In unserem Fall würde die Zahl *2.0* also als Volt interpretiert. Um dies zu vermeiden, muß die Angabe mit einem korrigierenden Faktor verrechnet werden. Da 1 Volt bekanntermaßen 1000 mV entspricht, muß der visuell bestimmte Schwellwert also mühsam im Kopf mit 0.001 multipliziert und als

0.002 eingetragen werden. Alternativ überlassen wir FAMOS das Rechnen und geben den Korrekturfaktor direkt in die Eingabezeile ein. Soll dabei die Exponentialschreibweise verwendet werden, so ist der Multiplikator *e-3* ohne Multiplikationsoperator hinter die letzte Ziffer des Multiplikanden zu schreiben. Entscheidet man sich für die gleichwertige Multiplikation mit dem Faktor 0.001 so ist ein * als gängiges Multiplikationszeichen zu verwenden. Weisen wir dem neu entstehenden Datensatz die Bezeichnung ZEITMAXIN zu, so sind also die drei nachfolgend aufgeführten, gleichwertigen Eingaben möglich:

```
ZEITMAXIN=STri(SIGIN,0.002,0.002)
ZEITMAXIN=STri(SIGIN,2e-3,2e-3)
ZEITMAXIN=STri(SIGIN,2*0.001,2*0.001)
```

Wir entscheiden uns für eine dieser Zeilen, erzeugen die neue Variable durch Anklicken des Windows-Schalters *Ausführen* und finden sie Augenblicke später in markierter Form in der Variablenliste vor (vgl. Abbildung 5.27).

Abbildung 5.27: Markierte neue Variable Zeitmaxin im Variablenfenster

Um sie sichtbar zu machen, rufen wir diesmal zur Abwechslung mit EXTRA – *QuickView-Fenster* die Schnellansicht auf und vergrößern sie zur besseren Übersicht monitorfüllend. Wir versetzen der y-Achse einen Doppelklick, wählen mit BEREICH – *Feste Vorgabe: y-min, y-max* die manuelle Skalierung und setzen im automatisch eingeblendeten Dialog *y-Achse: Zeitmaxin* die Eingabe für *y-min=* auf *-1.2* und für *y-max=* auf *1.2*, so daß wir die Spannungssprünge des Schmitt-Trigger in voller Schönheit bewundern können (vgl. Abbildung 5.28).

Diese Einheitssignale lösen wir optisch noch weiter auf. Ohne die Werkzeugpalette zu bemühen, reicht uns mal wieder der Befehl MAßE – *Zoom*, worauf der nach oben zeigende Zoom-Pfeil erscheint. Wir ziehen eine schmale Markise um die beiden ersten Einheitssignale und erkennen nach dem Freigeben der linken Maustaste im vergrößerten Ausschnitt, daß ihre Breiten erhebliche Unterschiede aufweisen (vgl. Abbildung 5.29). Anschließend kehren wir mit MAßE – *Wie vor Zoom!* zur bisherigen Skalierung zurück.

Hinweis: Die Breite der Einheitssignale ist von der Breite der untersuchten Maxima ebenso abhängig wie von der Lage der selbstgewählten Schwelle. Geht man davon aus, daß die Gipfel eines Originaldatensatzes näherungsweise symmetrisch verlaufen, sollte die halbe Breite eines Einheitssignals die Lage des ursprünglichen Maximums recht gut treffen. Unter dieser Voraussetzung ist es aber auch plausibel, zur Ermittlung der Laufzeitunterschiede nur die jeweils ersten Schwellwertdurchgänge der vier Peaks von SIGIN und SIGOUT heranzuziehen. In jedem Fall werden aber zunächst die entsprechenden Daten der Variable SIGOUT benötigt, die wir als nächstes ermitteln wollen.

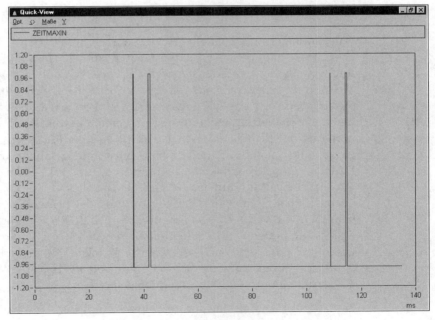

Abbildung 5.28: Einheitssignale des Schmitt-Triggers

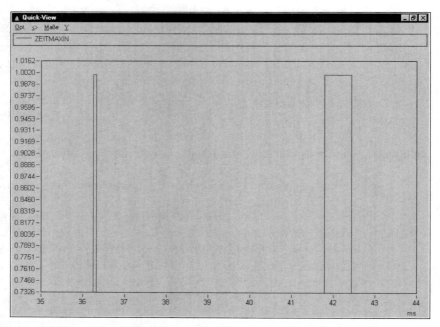

Abbildung 5.29: Die beiden ersten Einheitssignale nach Ausschnittvergrößerung

Wir verkleinern die Schnellansicht, um auch SIGOUT mit *STri* zu untersuchen. Im Prinzip gehen wir dabei genauso vor wie zuvor. Wir wechseln also mit [Alt] [↹] ins Grafikfenster *Sigin* und ersetzen mit Hilfe von fliegendem Menü und *Weitere Datensätze im Kurvenfenster* in der *Achsenliste: Sigin* durch *Sigout*. Wenn wir das *OK* geben, sehen wir zunächst nicht viel, da unsere manuelle Skalierung nicht zum Wertebereich von SIGOUT paßt. Wir erinnern uns, daß SIGOUT zwischen *0* und *1 V* skaliert war, setzen erneut einen Doppelklick auf den Bereich der y-Achse und gelangen umgehend zum Dialog *y-Achse: Sigout*. *y-min* definieren wir als *0 mV*, und *y-max* erhält den Wert *1000 mV*. Wird nun das *OK* gegeben, ist alles im Lot. Da die Skalierung auch diesmal nicht optimal zur Ermittlung der Schwellwerte geeignet ist, bemühen wir MAßE – *Zoom* erneut. Diesmal ziehen wir die Markise etwas anders auf, indem wir die y-Region zwischen etwa *0.4 V* und *0.5 V* über den gesamten x-Wertebereich vergrößert darstellen. In dieser Ansicht sollte deutlich werden, daß eine Schwelle von *450 mV* bzw. *0.45 V* Anstieg und Abfall der vier größten Maxima mit Sicherheit erfaßt.

Nun wird das Grafikfenster geschlossen und ins Applikationsfenster gewechselt, wo wir die noch vorhandene Befehlszeile im Bereich *Operation* editieren. Analog zur ersten benennen wir unsere neue Variable ZEITMAXOUT, so daß die Eingabe diesmal lautet:

```
ZEITMAXOUT=STri(SIGOUT,0.45,0.45)
```

Jenseits der Schwelle

Nach dem *Ausführen* erscheint die bereits markierte Variable ZEITMAX-OUT in der Variablenliste. Wir markieren die beiden Datensätze ZEITMAX-IN und ZEITMAXOUT und stellen sie so gemeinsam im Quick-View-Fenster dar, das wir zur näheren Begutachtung wieder monitorfüllend vergrößern. Offensichtlich muß die Skalierung nochmals angepaßt werden. Um die für ZEITMAXIN gewählten Skalierungswerte auch auf ZEITMAXOUT anzuwenden, wird mit Y – *Zeitmaxin* in den Dialog *y-Achse: Zeitmaxin* gewechselt und im Menü BEREICH die Funktion *Gilt für alle Achsen* unterlegt und bestätigt.

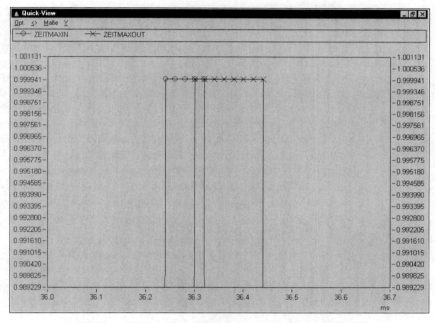

Abbildung 5.30: Laufzeitdifferenz der Schmitt-Trigger-Signale.

In dieser Ansicht scheinen die durch die beiden Operationen erzeugten Einheitssignale nahezu identisch zu sein. Mit MAßE – *Zoom* ziehen wir eine Markise um die ersten beiden Pärchen von Einheitssignalen und wiederholen diese Aktion, indem wir im vergrößerten Bild nochmals eine enge Markise um das erste Signalpaar ziehen. In dieser Darstellung ist die Laufzeitverschiebung wieder deutlich sichtbar.

Um beide Signale auch in einer Schwarzweiß-Darstellung wie in diesem Buch deutlich unterscheidbar zu machen, empfiehlt sich eine kleine grafische Verfeinerung, die ebenfalls über das Menü Y – *Zeitmaxin* und den zugehörigen Dialog *y-Achse: Zeitmaxin* gestartet wird. Dort aktivieren wir *Muster*, wählen die Funktion *Kreise* und geben das *OK*. Analog weisen wir der anderen Variablen mit *Muster* das Symbol *x* zu. Nun wird noch nach OPT. – *Voreinstellungen* gewechselt, im Bereich *Durchmesser Symbole auf dem Schirm*

3 mm eingegeben und der Dialog bestätigt, wodurch die Zuordnung viel besser zu erkennen ist (vgl. Abbildung 5.30). Auch diese Konfiguration könnten wir noch einmal gebrauchen, und wir speichern sie aus dem Quick-View-Fenster heraus mit <> – *Sichern unter* als DIFF.CCV. Danach darf die Schnellansicht wieder verkleinert werden.

5.4.2 FAMOS-Differenz

Nun kommt der Moment, da der Frosch ins Wasser rennt, nämlich die automatische Ermittlung der Laufzeitdifferenz!

Hinweis: Das Berechnungsprinzip orientiert sich hierbei allein an der Überschreitung der festgelegten Schwelle in der Anstiegsphase. Die Abschätzung, ob damit auch das Maximum richtig eingegrenzt ist, entfällt somit. Werden nach dem hier praktizierten Muster vergleichende Untersuchungen der Spitzenwerten mehrerer Variablen durchgeführt, ergeben sich weitere Ungenauigkeiten bereits aus der Art der Schwellenfestlegung, die wir – vergleichbar mit Loriots schon klassischem Frühstücksei – »nach Gefühl« durchgeführt haben. Ergebnisunterschiede zwischen den einzelnen Verfahren sind also zu erwarten und erreichen bereits bei der anfangs vorgestellten manuellen Methode eine Größenordnung von etwa 25 % (vgl. Tabelle 5.4). Zur Optimierung ist also ein objektives Verfahren der Schwellenbestimmung, z. B. unter Berücksichtigung von Anstieg, Breite, Abfall und Spitzenwert jedes einzelnen Peaks, erforderlich. Die entsprechenden Schritte im Detail vorzustellen, sprengt den Rahmen dieses Buchs aber bei weitem.

Bei den nachfolgenden Aktionen kommt mal wieder die Eingabezeile im Bereich *Operation* zum Einsatz. Beginnen wir diesmal mit der Zuweisung. Da wir die Zeitdifferenz der beiden ersten Maxima bestimmen wollen, nennen wir das Ergebnis DELTA1MAX. Also überschreiben wir die Eingabezeile mit:

```
DELTA1MAX=
```

Posi Nun gibt es in Abteilung 6> *Skalieren, Editieren* im Bereich *Funktionen* einen Schaltknopf mit der Bezeichnung *Posi*. Dahinter verbirgt sich die Identifizierung einer x-Koordinate zu einem gegebenen y-Wert. Wir könnten diese Funktion einsetzen, um jedem Maximum der Schmitt-Trigger-Signale eine Zeitangabe zuzuordnen. Also klicken wir den Schaltknopf an und die Eingabezeile wird ergänzt zu:

```
DELTA1MAX=Posi(,)
```

Vor das Komma gehört – wie uns *Ausgabe* mitteilt – der Name des Datensatzes, der untersucht werden soll. Also kopieren wir per Drag und Drop ZEITMAXOUT an diese Stelle und plazieren die Eingabemarke anschließend hinter dem Komma, um den zweiten Parameter eintragen zu können. Hier wird die Sache dadurch etwas komplizierter, daß wir den numerischen y-Wert, dessen x-Koordinate wir bestimmen wollen, nicht kennen. Vielmehr muß der y-Wert selbst durch eine kleine Rechenoperation festgelegt werden.

Jenseits der Schwelle

| Max |

Der uns interessierende y-Wert betrifft den Einschaltzustand des Schmitt-Triggers, der beim Überschreiten des Schwellwerts erreicht wird. Er ist konstant und stellt den Maximalwert des zugehörigen Datensatzes dar. Um diesen Parameter automatisch errechnen zu lassen, bietet sich die elfte Alternative *Max* aus der Abteilung *7> Statistik* des Bereichs *Funktionen* an. Wir klicken den Schaltknopf an und ändern damit die Eingabezeile im Bereich Operation in:

```
DELTA1MAX=Posi(ZEITMAXOUT,Max())
```

Teilen wir der Funktion *Max* zum Abschluß noch mit, daß auch sie ZEITMAXOUT bearbeiten soll, und kopieren dazu die Variable an die passende Stelle innerhalb der Kammern, ergibt sich die Befehlszeile

```
DELTA1MAX=Posi(ZEITMAXOUT,Max(ZEITMAXOUT))
```

Mit ihr sind wir immerhin schon in der Lage, dem maximalen y-Wert des Datensatzes ZEITMAXOUT eine x-Koordinate zuzuordnen. Da sich die Laufzeitverzögerung aus der Differenz der x-Werte korrespondierender y-Werte der Datensätze ZEITMAXIN und ZEITMAXOUT ergibt, müssen wir die Befehlszeile jetzt noch um die entsprechenden Angaben für die zweite Variable ergänzen. Wir gehen dabei in gleicher Weise vor und erhalten:

```
DELTA1MAX=Posi(ZEITMAXOUT,Max(ZEITMAXOUT))-Posi(ZEITMAX-
IN,Max(ZEITMAXIN))
```

Mit *Ausführen* wird das Ergebnis im Variablenfenster angezeigt. Wie wir der inzwischen bekannten Symbolik entnehmen können, handelt es sich dabei um einen Einzelwert. Dies erklärt sich daraus, daß der Befehl *Posi* die x-Koordinate eines einzigen y-Wertes bestimmt und diese als Einzelwert anzeigt. Da wir durch unsere geschickte Eingabe die Differenz in einem Schritt errechnet haben, entspricht die Zahlenangabe hinter der Variablenbezeichnung bereits der gesuchten Laufzeitdifferenz. Sie wurde mit unserem neuen Verfahren mit *0.0599976 ms* bestimmt (vgl. Abbildung 5.31).

Hinweis: In diesem Zusammenhang über Sinn und Unsinn von Nachkommastellen nachzudenken, bleibt dem Leser überlassen.

Da dieses Ergebnis auf der Verrechnung zweier Einzelwerte beruht, wäre es interessant zu erfahren, welche Werte bei der Differenzbildung eigentlich zum Tragen gekommen sind. Dazu reduzieren wir die obige Rechenanweisung und lassen uns zunächst nur den Minuend – den Teil, von dem abgezogen wird – bestimmen, indem wir den Anteil des Subtrahenden – des Teils, der abgezogen wird – einfach aus der Rechenanweisung entfernen. Geben wir der neuen Variable den Namen MINUEND, vereinfacht sich der auszuführende Ausdruck zu:

```
MINUEND=Posi(ZEITMAXOUT,Max(ZEITMAXOUT))
```

Abbildung 5.31: Differenz der x-Koordinaten als Einzelwert in der Variablenliste

Mit der zweiten zu bestimmenden Variablen SUBTRAHEND verfahren wir entsprechend. Um uns etwas Schreibarbeit zu ersparen, öffnen wir mit dem Schalter am Ende der Eingabezeile *Operation* die Klappliste, die alle in der bisherigen Arbeitssitzung ausgeführten Anweisungen auflistet. Wir entscheiden uns für die Berechnungsanweisung für DELTA1MAX, unterlegen die entsprechende Zeile in der Liste und schon wird der Inhalt der Eingabezeile ersetzt. Durch Neueingabe der Variablenbezeichnung und Löschen überflüssiger Bestandteile erzeugen wir die benötigte Anweisung

```
SUBTRAHEND=Posi(ZEITMAXIN,Max(ZEITMAXIN))
```

und lassen sie ausführen. Wir erhalten für MINUEND und SUBTRAHEND gemäß Variablenliste die gerundeten Werte *36.3 ms* bzw. *36.24 ms*. Wer es nicht mehr weiß, kann leicht feststellen, um welche Abtastwerte es sich dabei handelt: Dazu werden die beiden Datensätze ZEITMAXIN und ZEITMAXOUT nach Markierung im Variablenfenster in der Schnellansicht angezeigt und durch Aufruf von <> – *Laden* mit der Konfiguration DIFF.CCV verbunden. Diese Vorlage liefert zwar eine bildschirmfüllende Grafik mit stark gespreizter x-Achse, um es aber noch deutlicher zu machen, zoomen wir die beiden Anstiege von ZEITMAXIN und ZEITMAXOUT mit MAßE – *Zoom* so knapp wie möglich (vgl. Abbildung 5.32).

Nun ist sofort ersichtlich, daß in jedem Datensatz jeweils das erste Erreichen des Maximums, also der erste Schwellwertdurchgang als Maximalwert genommen wurde, und wir können die Schnellansicht wieder schließen.

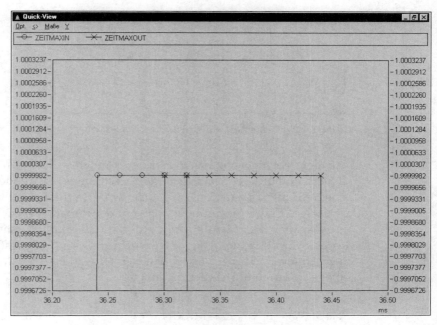

Abbildung 5.32: Identifizierung der Werte mit der Zoom-Funktion

Zumindest für das erste Maximum können wir die Berechnung des Laufzeitunterschieds auf Basis einer festgelegten Schwelle damit als gelungen bewerten. Schaut man aber noch einmal genauer hin, fällt eine Sache auf. Wir haben nirgendwo festgelegt, welches der vier Paare von Signalmaxima untersucht werden soll. FAMOS hat diese Analyse stillschweigend mit dem ersten durchgeführt. Das hängt damit zusammen, daß die Anweisung *Posi* immer nur mit dem ersten y-Wert eines Datensatzes durchgeführt wird, der einer gewissen Bedingung gehorcht. Unsere Bedingung beschränkte sich auf das Herausfischen eines Maximums, womit automatisch nur das erste Maximum der jeweiligen Datensätze beachtet wird. Wenn wir also mit dem gewählten Verfahren die Laufzeitunterschiede aller Paare berechnen wollen, besteht ein Lösungsweg darin, die Datensätze so zu teilen, daß jeweils nur einer der vier Spitzenwerte enthalten ist. Schauen wir uns die mit der Schmitt-Trigger-Methode erzeugten beiden Datensätze ZEITMAXIN und ZEITMAXOUT vollständig an (vgl. Abbildung 5.28), zoomen ein wenig und scrollen anschließend durch die Datensätze, so läßt sich schnell abschätzen, bei welchen x-Koordinaten die Schnitte gesetzt werden müssen. Die entsprechenden Angaben sind in Tabelle 5.5 zusammengestellt.

Signalpaar	x-Achsenabschnitt
1	35 – 40 ms
2	40 – 45 ms
3	105 – 110 ms
4	110 – 120 ms

Tabelle 5.5: Vier entscheidende Bereiche des Datensatzes

Nachdem wir dies abgeschätzt haben, können wir die Schnellansicht verkleinern und uns den restlichen drei Berechnungen zuwenden, denn das Ergebnis für Signalpaar 1 liegt ja bereits vor. Um die Laufzeitdifferenzen für die übrigen Signalpaare zu erhalten, müssen zunächst sechs neue Variablen als Ausgangsdatensätze erzeugt werden. Jede enthält ein Einheitssignal, dessen Schwellendurchgang die gesuchte x-Koordinate festlegt. Zur einfachen Unterscheidung verwenden wir für die sechs Variablen die in Tabelle 5.6 aufgeführten Bezeichnungen.

Aus Signal	von ZEITMAXIN wird	von ZEITMAXOUT wird
2	ZUMZWEITENIN	ZUMZWEITENOUT
3	ZUMDRITTENIN	ZUMDRITTENOUT
4	ZUMVIERTENIN	ZUMVIERTENOUT

Tabelle 5.6: Bezeichnungen der sechs neuen Variablen

Den für das Ausschneiden von x-Werteintervallen zuständigen Befehl finden wir wieder in Abteilung *>6 Skalieren, Editieren* des Bereichs *Funktionen* und zwar auf dem dritten Funktionsknopf mit der Bezeichnung *Gren* für Grenze. Wir überschreiben die Eingabezeile des Bereiches *Operation* per Mausklick mit diesem Befehl. Diesmal verlangt die Klammer drei Angaben. An erster Stelle steht der Datensatz, aus dem ein Teil herausgeschnitten werden soll. Nachgestellt werden zahlenmäßige Festlegungen zu Start- und Endpunkt des gewünschten x-Achsenabschnitts. Diese Zeitwerte haben wir etwas weiter oben bereits abgeschätzt (vgl. Tabelle 5.5), so daß die sechs Variablen nacheinander durch die folgenden Eingaben zu erzeugen sind:

```
ZUMZWEITENIN=Gren(ZEITMAXIN,40,45)
ZUMDRITTENIN=Gren(ZEITMAXIN,105,110)
ZUMVIERTENIN=Gren(ZEITMAXIN,110,120)
ZUMZWEITENOUT=Gren(ZEITMAXOUT,40,45)
ZUMDRITTENOUT=Gren(ZEITMAXOUT,105,110)
ZUMVIERTENOUT=Gren(ZEITMAXOUT,110,120)
```

Hinweis: Auch bei diesen Aktionen kann durch die Verwendung der Klappliste im Bereich *Operation* die Schreibarbeit reduziert werden.

Aus den neuen Variablen lassen sich nun die restlichen Laufzeitdifferenzen bestimmen, wobei wir auf die zusätzliche Berechnung von Minuenden und Subtrahenden verzichten können. Wer sie trotzdem nachzulesen wünscht, kann sie nach dem weiter oben beschriebenen Schema selbst errechnen. Sollen die Ergebnisse der Differenzbildungen in den Variablen DELTA2MAX, DELTA3MAX und DELTA4MAX untergebracht werden, sind folgende Befehle einzugeben:

```
DELTA2MAX=Posi(ZUMZWEITENOUT,Max(ZUMZWEITENOUT))-Posi(ZUMZWEI-
TENIN,Max(ZUMZWEITENIN))
DELTA3MAX=Posi(ZUMDRITTENOUT,Max(ZUMDRITTENOUT))-Posi(ZUMDRIT-
TENIN,Max(ZUMDRITTENIN))
DELTA4MAX=Posi(ZUMVIERTENOUT,Max(ZUMVIERTENOUT))-Posi(ZUMVIER-
TENIN,Max(ZUMVIERTENIN))
```

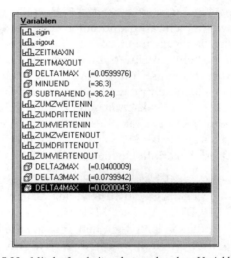

Abbildung 5.33: Mit der Laufzeitanalyse verbundene Variablenzunahme

Nachdem wir diese Rechenoperationen von FAMOS haben durchführen lassen, dürfen wir die in Tabelle 5.7 zusammengestellten Ergebnisse bewundern (vgl. Abbildung 5.33).

Signalpaar	Variable	Laufzeitdifferenz [ms]
1	DELTA1MAX	0.0599976
2	DELTA2MAX	0.0400009
3	DELTA3MAX	0.0799942
4	DELTA4MAX	0.0200043

Tabelle 5.7: Rechnerisch ermittelte Laufzeitunterschiede

5.4.3 Ergebnis-TÜV

Nun werden Schnellansicht und alle möglicherweise noch vorhandenen Grafikfenster geschlossen, um eine kleine statistische Betrachtung einfließen zu lassen. Wir wollen vom Prinzip her einmal überprüfen, ob die vier per Cursor ausgemessenen Maxima und die zugehörigen Laufzeitdifferenzen gegenüber den per Schmitt-Trigger ermittelten Laufzeitdifferenzen statistisch signifikante Unterschiede aufweisen.

Hinweis: Am Rande sei erwähnt, daß Überlegungen, inwieweit ein statistischer Vergleich hier überhaupt zulässig ist, unberücksichtigt bleiben. Uns interessiert wieder einmal nur ein gangbarer Lösungsweg in FAMOS. Beide Bestimmungsmethoden haben im übrigen ihre Schwächen. Denn wie schon erwähnt, fließen bei der Cursorauswertung subjektive Fehler ein, wenn gewissermaßen über den optischen Daumen gepeilt ein Maximum ermittelt wird. Die automatisierte Methode zeigt ihre Schwäche darin, daß wir die Schwelle nicht aufgrund einer mathematischen Beziehung errechnet, sondern wiederum mehr oder weniger nach Gefühl festgelegt haben. Außerdem besteht ein Unterschied zwischen dem Zeitpunkt des ersten Schwellwertdurchgangs und dem Erreichen des Maximalwertes. Dieser Unterschied kommt um so stärker zum Tragen, je mehr sich die Formen der verglichenen Peaks voneinander unterscheiden. Denn bei flachem Kurvenverlauf liegt der Maximalwert erheblich weiter hinter dem ersten Schwellwert als bei spitzen Peaks. Wir ignorieren all diese Knackpunkte und wagen trotz der bekannten Fehlerquellen den statistischen Vergleich.

Die vier per Schwelle und Schmitt-Trigger errechneten Laufzeitdifferenzen finden sich als Einzelwerte in der Variablenliste und tragen die Bezeichnungen DELTA1MAX bis DELTA4MAX. Bevor wir sie in eine deskriptive Statistik einfließen lassen können, müssen die Einzelwerte erst einmal zu einem Datensatz vereinigt werden. Auch für diese Aufgabe hält der Bereich *Funktionen* des Applikationsfensters unter Position 6> *Skalieren, Editieren* einen geeigneten Funktionsknopf bereit. Er befindet sich an der zwölften Position und trägt die Bezeichnung *Binde*.

Wir markieren die prall gefüllte Eingabezeile und ersetzen sie durch einen Mausklick auf *Binde*. Die Eingabezeile erwartet zwei Parameter, und *Ausgabe* unterrichtet uns darüber, daß die Namen von zwei zu verbindenden Datensätzen eingegeben werden müssen.

Da wir durch diese Operation wieder eine neue Variable erzeugen, müssen wir sie benennen. Als Name und Gedächtnisstütze zugleich eignet sich SCHWELLENMESSUNG. Wenn wir nun die beiden ersten Einzelwerte DELTA1MAX und DELTA2MAX mit dem *Binde*-Befehle in der Variablen SCHWELLENMESSUNG vereinen wollen, lautet die Anweisung in der Eingabezeile des Bereichs *Operation* einfach

```
SCHWELLENMESSUNG=Binde(DELTA1MAX,DELTA2MAX)
```

und mit *Ausführen* erscheint SCHWELLENMESSUNG in der Variablenliste. Daß die automatisch markierte neue Variable wunschgemäß aus zwei Werten besteht, läßt sich mit Hilfe des Dateneditors überprüfen. Im nächsten Schritt wollen wir die beiden Werte in SCHWELLENMESSUNG mit DELTA3MAX verbinden. Die bisherige Variable SCHWELLENMESSUNG soll bei dieser Operation ersetzt werden. Das erreichen wir durch Eingabe von:

SCHWELLENMESSUNG=Binde(SCHWELLENMESSUNG,DELTA3MAX)

Der letzte Wert wird entsprechend mit

SCHWELLENMESSUNG=Binde(SCHWELLENMESSUNG,DELTA4MAX)

eingebunden. Die neue Variable sollte jetzt aus vier Werten bestehen, die den zuvor bestimmten Laufzeitverzögerungen entsprechen. Mit Hilfe des FAMOS-Dateneditors überzeugen wir uns vom Erfolg der Operation. Hier finden wir unsere vier Werte in der ersten Spalte der Tabelle wieder (vgl. Abbildung 5.34).

Hinweis: Soll im ersten Schritt eine leere Variable erzeugt werden, was z. B. bei der Programmierung von Sequenzen durchaus sinnvoll sein kann, erfolgt dies mit der Zuweisung:

SCHWELLENMESSUNG=LEER

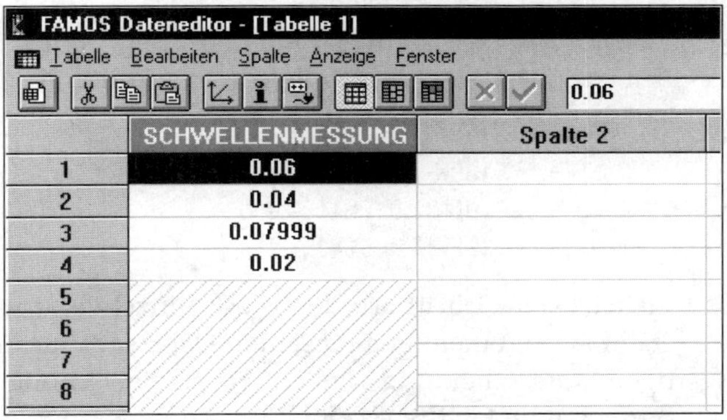

Abbildung 5.34: Erfolgreiche Verkettung der vier Einzelwerte in SCHWELLENMESSUNG

Hinweis: Sollten die Spalten nicht zufriedenstellend formatiert sein, mag dies jeder nach eigenem Geschmack korrigieren, da es für das Nachfolgende unbedeutend ist.

Nachdem der Dateneditor per Windows-Schalter wieder geschlossen ist, gehen wir nun daran, die gerade zusammengestellten Werte mit denjenigen zu vergleichen, die per Augenscheinnahme mit den Cursor bestimmt worden sind.

Hinweis: Wie zuvor gezeigt worden ist, befinden sich diese Werte gemeinsam in einer Textdatei namens LATENZ.TXT. Sie wurden nicht als Variable abgelegt und lassen sich daher lediglich als Text mit einem entsprechenden Editor oder einem Textverarbeitungssystem bearbeiten. Wir brauchen aber keine besonderen Importmaßnahmen zu veranstalten, da die vier Werte weiter oben nachzulesen sind (vgl. Tabelle 5.4).

 Es geht jetzt also nur darum, diese vier Werte in echte numerische FAMOS-Werte im programmeigenen Zahlenformat zu verwandeln. Auch hierfür gibt es in FAMOS einen Funktionsknopf, den wir diesmal unter Position *10> Textfunktionen* als vierte Schaltfläche vorfinden. Er schmückt sich mit dem Kürzel *TzuEW*, was Text zu Einzelwert bedeutet. Um es nochmals zu wiederholen: Damit ist gemeint, daß eine als Text geschriebene Zahl in ein echtes Zahlenformat konvertiert wird, mit dem sich dann in FAMOS Datensätze konstruieren und Berechnungen durchführen lassen.

Der erste per Cursor ermittelte Wert war *0.081 ms*. Mit der Anweisung

```
NUMMER1=TzuEW("0.081","e")
```

wird der Textstring, der als solcher durch Anführungszeichen kenntlich gemacht ist, in die reelle Zahl *0.081* umgewandelt, die dann sofort als Einzelwert mit entsprechender Symbolik in der Variablenliste des Applikationsfensters auftaucht.

Hinweis: Der Parameter »e« charakterisiert eine reelle Zahl, »f« würde auf eine ganze, »b« auf eine binäre und »x« auf eine hexadezimale Zahl hindeuten.

Auf gleiche Weise verwandeln wir nun die übrigen drei Einzelwerte der Cursormessung, also:

```
NUMMER2=TzuEW("0.061","e")
NUMMER3=TzuEW("0.081","e")
NUMMER4=TzuEW("0.064","e")
```

Im nächsten Schritt werden diese Einzelwerte nach dem obigen Schema ebenfalls zu einem gemeinsamen Datensatz zusammengefaßt. Zur eindeutigen Unterscheidung wählen wir als Benennung für diesen Datensatz die Bezeichnung CURSORMESSUNG. Also werden in drei aufeinanderfolgenden Schritten mit

```
CURSORMESSUNG=Binde(NUMMER1,NUMMER2)
CURSORMESSUNG=Binde(CURSORMESSUNG,NUMMER3)
CURSORMESSUNG=Binde(CURSORMESSUNG,NUMMER4)
```

die vier Werte zu einer Variablen vereint.

Damit haben wir den zweiten Datensatz für unsere ersten statistischen Betrachtungen zusammengestückelt. Unterlegen wir in der inzwischen stattlichen Variablenliste beide, SCHWELLENMESSUNG und CURSOR-

MESSUNG, und drücken die Schaltfläche für den FAMOS-Dateneditor, lassen sich die beiden Kleinstdatensätze nebeneinander bewundern (vgl. Abbildung 5.35). Nach Begutachtung wird das Tabellenfenster wieder geschlossen.

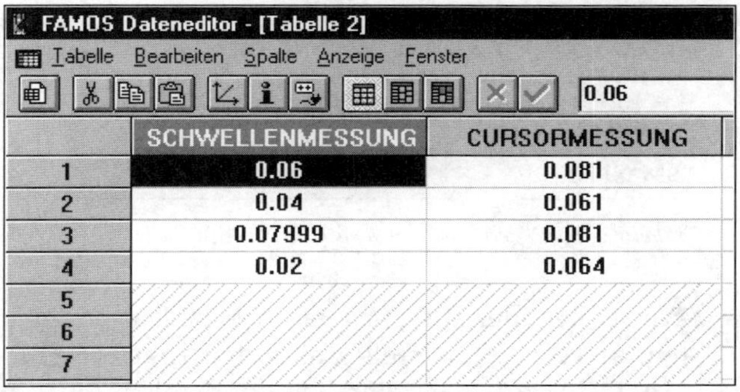

	SCHWELLENMESSUNG	CURSORMESSUNG
1	0.06	0.081
2	0.04	0.061
3	0.07999	0.081
4	0.02	0.064
5		
6		
7		

Abbildung 5.35: Beide Datensätze sind ordnungsgemäß ins Leben gerufen worden

Bevor man nun einen für wissenschaftliche Untersuchungen unerläßlichen statistischen Test in Angriff nimmt, müssen zunächst einmal einige Kenngrößen des Zahlenmaterials bestimmt werden, was man – wie schon angedeutet – unter dem Begriff der deskriptiven Statistik zusammenfaßt. Der zuständige Funktionsknopf *Stat* in Abteilung 7> *Statistik* liefert keinen neuen Datensatz, sondern berechnet als Prozedur eine Reihe statistischer Standardgrößen, die dann im Bereich *Ausgabe* aufgelistet werden. Zu diesen gehören der kleinste und größte Wert einer Meßreihe, das arithmetische Mittel, die Streuung, der Effektivwert sowie die x-Koordinaten des kleinsten wie größten Wertes. Wir drücken also den Funktionsknopf *Stat*, worauf die Klammer in der Eingabezeile von *Operation* nur eine Angabe erwartet, nämlich den Eintrag des Datensatzes bzw. der Variablen, deren Kenngrößen ermittelt werden sollen. Als erstes tragen wir hier CURSORMESSUNG ein, indem wir die Variable in gewohnter Weise per Drag und Drop aus der entsprechenden Zeile der Variablenliste kopieren. Mit *Ausführen* starten wir die Berechnungen und können das Ergebnis in *Ausgabe* begutachten. Anschließend verfahren wir mit SCHWELLENMESSUNG genauso. Die zu erwartenden Ergebnisse sind in Tabelle 5.8 zusammengestellt.

Für einen statistischen Test relevant sind drei Werte, nämlich das von FAMOS bestimmte arithmetische Mittel und die Streuung beider Meßreihen sowie die Anzahl der Messungen pro Meßreihe. Letztere ist aus dem Dateneditor bekannt und beträgt in beiden Fällen vier. Mit diesen Daten läßt sich unter Annahme einer annähernden Normalverteilung z. B. der t-Test zum Vergleich zweier Mittelwerte durchführen.

Kenngröße	CURSORMESSUNG	SCHWELLENMESSUNG
sMin=	0.061	0.02
sMax=	0.081	0.0799942
sMittel=	0.07175	0.05
sStreu=	0.01075	0.02582
sEff=	0.07235	0.05477
sMinPos=	1	3
sMaxPos=	0	2

Tabelle 5.8: Ergebnisse der deskriptiven Statistik

Hinweis: Wir wollen hier auf eine ausführliche Darlegung des Rechenweges verzichten, da FAMOS herstellerseitig den zugehörigen Algorithmus nicht mitliefert. Daher dürfte es ziemlich unerheblich sein, ob die Berechnung der Formel für die statistische Prüfgröße t mit dem Taschenrechner, über die Eingabezeile *Operation*, mit dem wissenschaftlichen Rechner in Windows oder mit sonstigen geeigneten Hilfsmitteln erfolgt. Wer die Rechnung nachvollziehen möchte, findet die entsprechende Formel in jedem Statistikbuch oder -programm.

Unterzieht man die oben angegebenen Daten dem t-Test, ergeben sich keine Hinweise auf einen statistisch signifikanten Unterschied der beiden Mittelwerte. Dies bedeutet mit anderen Worten, daß beide Methoden aus statistischer Sicht zu ähnlichen Ergebnissen kommen. Daß der für den Betrachter augenscheinlich vorhandene Unterschied statistisch nicht nachweisbar ist, liegt u. a. an der geringen Anzahl durchgeführter Messungen sowie an der großen Streuung beider Wertereihen und muß an dieser Stelle nicht weiter diskutiert werden.

Hinweis: Zu Beginn dieses Kapitels wurde schon angedeutet, daß sich verschiedene methodische Ansätze finden lassen, um die Laufzeitunterschiede zu ermitteln. Einen auch in diesem Fall zum Erfolg führenden Ansatz haben wir am Ende von Kapitel 3.9 kennengelernt. Diesen wollen wir hier jedoch nicht nochmals ausführen, da eine Diskussion um die Tauglichkeit der Methoden letztlich nicht interessiert, denn es geht primär ja darum, verschiedene Funktionen von FAMOS vorzustellen, die mit unterschiedlichen Methoden verknüpft sind.

5.5 Mehr für Könner

Einen funktionell komplexeren Ansatz, den Grad der Übereinstimmungen zwischen zwei Datensätze zu untersuchen, bieten Korrelationsverfahren. FAMOS arbeitet u. a. mit der Kreuzkorrelationsfunktion, zu der eine Reihe von Zusatzinformationen in der *FAMOS-Referenz: Funktionen und Befehle* nachzulesen sind. In aller Kürze läßt sich das Prinzip dieser funktionellen Betrachtung wie folgt umschreiben: Es wird mathematisch geprüft wie ähnlich ein Testdatensatz einem Referenzdatensatz ist.

In unserem Fall dürfte es vernünftig sein, die Variable SIGIN als Referenz und das veränderte Ausgangssignal SIGOUT als den Testfall anzusehen. Mathematische Hilfestellung bei der Berechnung der Kreuzkorrelation liefert die FastFourier-Analyse, weswegen der Funktionsknopf für die Kreuzkorrelation im Bereich *Funktionen* unter Position 2> *FFT, Korrelation, Terzanalyse* zu finden ist und mit dem siebten Schalter *KKF* in die Eingabezeile von *Operation* kopiert werden kann. Die errechneten und normierten Werte der Kreuzkorrelation liegen zwischen -1 und +1. In Worten ausgedrückt, bedeuten diese Werte hinsichtlich der Übereinstimmung, daß Werte nahe an +1 große Ähnlichkeit signalisieren und der Wert +1 auf Identität hindeutet. Der Wert -1 erklärt sich durch Phasenumkehr bei ansonsten identischem Kurvenverlauf. Kommt als Ergebnis 0 heraus, haben die beiden untersuchten Datensätze praktisch überhaupt nichts gemeinsam. Über den Daumen gepeilt kann man sagen, daß Beträge oberhalb von 0,8 auf eine ziemlich enge Verwandtschaft zwischen Referenz- und Testdatensatz hinweisen.

Proben wir den Ernstfall und kopieren die entsprechende Anweisung mit dem Funktionsknopf *KKF* in die Eingabezeile des Bereichs *Operation*. Die Klammer erwartet zwei Parameter, nämlich an erster Stelle den Referenzdatensatz, hier SIGIN, und als zweites den Testdatensatz SIGOUT, die wir beide per Drag und Drop aus der Variablenliste überführen. Die neu gebildete Variable soll die Bezeichnung WIEGLEICH erhalten. Mit *Ausführen* erscheint der errechnete Datensatz am unteren Ende der Variablenliste. Um uns einen Eindruck vom Kurvenverlauf zu machen, wählen wir EXTRA – *QuickView-Fenster*, worauf die Korrelationsfunktion in grafischer Darstellung sichtbar wird. Aus ihr läßt sich auf einen Blick eine gewisse Verwandtschaft zwischen den beiden Datensätzen ableiten, die aber nicht extrem eng ist, da die meisten Werte zwischen *0.6* und *0.7* liegen (vgl. Abbildung 5.36).

Wie schon oben angedeutet, sollen an dieser Stelle keine tiefschürfenden Interpretationen hinsichtlich der Werte, der Periodizitäten und der Randwerte erfolgen. Wir verhalten uns einfach als Anwender und lassen die mathematischen Hintergründe außen vor. Nur eine Sache ist beachtenswert, da wir damit ebenfalls ein Ergebnis für die Untersuchung der Laufzeitdifferenz erhalten. Denn die Lage des Maximums der Kreuzkorrelationsfunktion gibt an, mit welcher Verzögerung gegenüber dem Referenzdatensatz ein Signal im Testdatensatz auftritt.

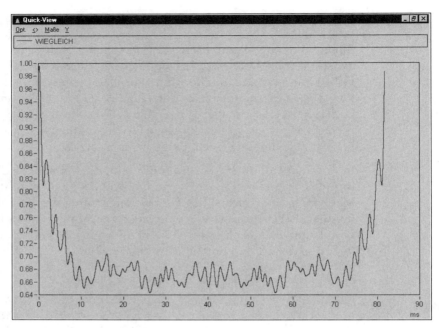

Abbildung 5.36: Grafisches Ergebnis der Kreuzkorrelation zwischen SIGIN und SIGOUT

Wir erhalten also eine Zeitangabe für die Laufzeitdifferenz, wenn wir die x-Koordinate des Maximums der Korrelationsfunktion bestimmen. Das entsprechende Verfahren haben wir bereits kennengelernt (vgl. Kap. 3.9): Nachdem wir den Inhalt der Eingabezeile in *Operation* markiert haben, wird im Bereich *Funktionen* aus dem Funktionsknopfvorrat von *6> Skalieren, Editieren* die fünfte Alternative *Posi* aufgerufen. In den Klammerausdruck überführen wir den zu bearbeitenden Datensatz WIEGLEICH, und die zweite Angabe, die y-Koordinate des Maximums, errechnen wir auch hier mit der Funktion *Max* auf dem elften Funktionsknopf in Position *7> Statistik*, wobei als Datensatz für *Max* ebenfalls WIEGLEICH eingesetzt wird. Soll die zu ermittelnde Variable, die im Resultat wieder aus einem Einzelwert besteht, die Bezeichnung KORRELATIONSMESSUNG erhalten, lautet unsere gesamte Rechenanweisung wie folgt:

```
KORRELATIONSMESSUNG=Posi(WIEGLEICH,Max(WIEGLEICH))
```

Nach dem *Ausführen* erhalten wir als Ergebnis den Wert *0.08 ms*, der sich nicht übermäßig von den Resultaten der beiden anderen Verfahren unterscheidet. Wir schließen die Schnellansicht und lassen uns auch dieses Schlüsselergebnis anzeigen, indem wir die markierte Variable KORRELATIONSMESSUNG mit der Schaltfläche oder dem Befehl VARIABLE – *Zeigen* auf den Bildschirm zaubern (vgl. Abbildung 5.37).

Hinweis: Trotz aller Unterschiede muß ein Ergebnis dieser Untersuchung unbedingt festgehalten werden: Laufzeitdifferenzen, die sich – wie in unserem Fall – deutlich unterhalb von 100 µs bewegen, lassen sich schwerlich präzise ermitteln, wenn die Messung nur mit einer Abtastrate von 20 µs erfolgt. Generell darf man sagen, daß ein geeigneter Datensatz auf einer mindestens zehnmal höheren Abtastrate beruhen sollte. Aus diesem Grund weisen wir nochmals ausdrücklich darauf hin, daß es sich in diesem Falle um konstruierte Datensätze ohne Bezug zu praktischen Messungen handelt!

Abbildung 5.37: Das Ergebnis der KORRELATIONSMESSUNG lautet 0.08 ms

So, damit sind einige Methoden vorgestellt worden, wie sich mit FAMOS Laufzeitverschiebungen zwischen Signalen per Hand oder automatisch bestimmen lassen. Sicher gibt es noch weitere Möglichkeiten, mit dem Befehlsvorrat von FAMOS in dieser Richtung tätig zu werden. Auch könnte man daran denken, sich für eine der vorgestellten Methoden zu entscheiden und diese dann per Sequenz optimal zu automatisieren. Da dies jedoch substanziell wenig Neues bringen würde, schließen wir die Sitzung, nachdem wir den ganzen Variablenzoo markiert und mit DATEI – *Zusammen speichern* unter dem Namen SIGDIFF.DAT im FAMOS-Format gesichert haben. Vielleicht werden die Daten ja irgendwann noch einmal gebraucht.

Im nächsten Projekt wollen wir uns schwerpunktmäßig mit der Filterung von Daten beschäftigen und bei dieser Gelegenheit auch die 3. Dimension erschließen, zumindest was grafische Darstellungsmöglichkeiten betrifft.

Signaltrimm 6

Ein entscheidender Aspekt der Datenanalyse, den wir bisher nur am Rande angesprochen haben, soll in diesem Kapitels abgehandelt werden. Er betrifft das gezielte Verrechnen oder Weglassen störender Datenpunkte und damit die Kunst des Glättens und Filterns (vgl. Kap. 2.3). FAMOS bringt zu diesem Zweck bereits eine Grundausrüstung von Funktionen mit und wird durch Einsatz eines separat zu erwerbenden Zusatzmoduls namens *Filterentwurf* zu einem echten Spezialisten in Sachen Signalreduktion durch Filtern (vgl. Kap. 6.4).

Das Thema Filtern ist für die Datenbereitung von großer Bedeutung. Der Grund hierfür liegt auf der Hand. Oft versteckt sich in aufgezeichneten Daten potentiell neues Wissen, das in Störsignalen oder Hintergrundrauschen untergeht und daher kaum zu erkennen ist. Dieses Phänomen tritt mit um so größerer Wahrscheinlichkeit auf, je breiter das Frequenzspektrum ist, welches in die Messung eingeht. Erst der gezielte Einsatz eines passend berechneten Filters läßt die entscheidenden Signalfolgen aus der Masse der Einzelsignale hervortreten. Zusätzliche Schwierigkeiten ergeben sich, wenn vorab nicht bekannt ist, in welchen Frequenzbereichen relevante Signale auftreten. Ein gutes Beispiel für solche im Trüben fischenden Signalforscher sind Astronomen auf der Jagd nach außerirdischen Mitteilungen. Hier darf man allerdings einige Einschränkungen machen, sofern man auch anderen unbekannten Lebensformen irgendwo da draußen ein logisches Verhalten zubilligt.

Unter dem Strich ist es demnach wenig zweckmäßig, die eingehenden Signale vor der Registrierung elektronisch zu filtern und so nur bestimmte Frequenzbänder aufzuzeichnen. Vernünftiger erscheint es vielmehr, zunächst ein möglichst breites Frequenzspektrum zu registrieren und anschließend in aller Ruhe Filter zu konfigurieren, die die gesuchten Informationen offenbaren.

Daher verwundert es nicht, daß die Technik des Filterns an sich als eine eigenständige Wissenschaft anzusehen ist. Sie verlangt viel Know-how, das nicht bei allen FAMOS-Benutzern vorausgesetzt werden kann. Um die Anwender trotzdem nicht im Regen stehen zu lassen, hat *imc* dem Programm eine Reihe vorgefertigter Softwarelösungen mitgegeben, die wir anhand einiger Beispiele und Modelldatensätze vorstellen und einander gegenüberstellen wollen. Neben einer FAMOS-Datei namens FILTER.DAT, die alle in diesem Kapitel bearbeiteten Rohdatensätze bzw. Variablen enthält, finden sich im Verzeichnis BUCH\FAMOS\PROJEKTE\6 der Buch-CD einige vorgefertigte Sequenzen, die an der Namenserweiterung *.SEQ erkennbar sind. Sie fassen Gruppen von Befehlen zusammen, die im Rahmen einzelner Beispiele dieses Kapitels eingegeben werden müssen und entlasten den Leser so von lästiger Tipparbeit. Sollen sie anstelle der althergebrachten manuellen Befehlseingabe zum Einsatz kommen, müssen sie zuvor mit einem der üblichen Utilities in das FAMOS-Verzeichnis für Sequenzen kopiert werden. Die aktuelle Bezeichnung dieses Verzeichnisses läßt sich vom Applikationsfenster aus mit OPTIONEN – *Verzeichnisse* ermitteln. FILTER.DAT sollte vor Beginn der Übungen in das persönliche Datenverzeichnis kopiert werden, das wir im ersten Kapitel angelegt haben (vgl. Kap. 1.2).

6.1 Was gibt's?

Geht es um die Wirkung von elektronischen Filtern, fallen einem man zuerst die vier klassischen Filtertypen ein, nämlich Tiefpaß, Hochpaß, Bandpaß und Bandsperre (vgl. Kap. 6.7). Das Tiefpaßfilter läßt, wie der Name schon andeutet, bevorzugt niedrige Frequenzen passieren und filtert höhere aus der Signalfolge heraus. Wo dabei die Grenzen liegen, hängt von der Konfiguration des Filters bzw. von der mathematischen Dimensionierung seiner Parameter ab. Dieser Filtertyp dient damit dem Glätten von Signalen und entfernt unerwünschte Rauschanteile.

Genau umgekehrt verhält sich das Hochpaßfilter. Es läßt niederfrequente Anteile außen vor, während höherfrequente passieren dürfen. Ein Hochpaß erweist sich somit als ideales Hilfsmittel, um z. B. Gleichspannungsanteile in Form eines Offsets zu entfernen oder einer schleichenden Änderung eines Gleichspannungsanteils bzw. einer Signaldrift entgegenzuwirken. Ein gutes Beispiel für solche veränderlichen Offsets sind Vorgänge an chemischen Elektroden, deren Eigenschaften sich z. B. durch Überspannungen aufgrund chemischer Reaktionen an der Elektrodenoberfläche ständig verändern.

Eine Kombination aus Tief- und Hochpaß ergibt im Resultat das Bandpaßfilter. Es läßt nur einen bestimmten definierten Frequenzbereich durch und wirkt damit wie ein Tiefpaß mit hoher Grenzfrequenz, dem ein Hochpaß mit niedriger Grenzfrequenz nachgeschaltet ist. Die durchgelassenen Frequenzen richten sich also nach der Auslegung beider Filteranteile. Umgekehrt liegen die Verhältnisse bei der sogenannten Bandsperre, die einen bestimmten Frequenzbereich aus dem Signalspektrum ausschließt. Dieses Filter wirkt wie ein Tiefpaß mit niedriger Grenzfrequenz, zu dem die Wirkung eines Hochpaß mit hoher Grenzfrequenz addiert wird. Auch hier richten sich selbstverständlich die durchgelassenen Frequenzen nach der Abstimmung beider Filterkomponenten. Übrigens, die Auswirkung einer Bandsperre erfahren manche Menschen direkt über ein biologisches Phänomen. In vielen Discotheken oder an akustisch belasteten Arbeitsplätzen verursachen permanente Hintergrundgeräusche in engen Frequenzbereichen eine chronische Überreizung der zuständigen Sensoren des Innenohrs. Diese führt dazu, daß die entsprechenden Frequenzen nach Jahren der Einwirkung vom Hörsystem nicht mehr registriert werden können. Wir sind dann für bestimmte Frequenzen taub.

6.2 Wellig bis glatt

Beginnen wir unsere Reise durch die Filtertechnik mit einem einfachen Beispiel: Im Bereich *Funktionen* des Applikationsfensters finden wir unter Position 3> *Digitale Filter, Glätten* die Schaltflächen *Gla3, Gla5* und *Glatt*. Diese Funktionen haben wir bereits kennengelernt (vgl. Kap. 2.3). Um an Rohdaten zu kommen, öffnen wir zunächst die Datei FILTER.DAT. Sie enthält unter anderem die Variable RAUSCHEN, die wir nachfolgend verwenden wollen.

Hinweis: Es schadet zwar nicht, bereits jetzt alle Datensätze aus FILTER.DAT in die Variablenliste zu übernehmen, im Laufe der Zeit könnte bei dieser Vorgehensweise allerdings die Übersicht verlorengehen. Sinnvoller ist es, die benötigten Variablen aus FILTER.DAT gezielt zu laden, interessante Zwischenergebnisse in neuen Dateien zu speichern und die Variablenliste nach jedem Beispiel zu leeren. Damit eine gezielte Auswahl der Variablen einer Datei überhaupt möglich wird, darf im Dialog *Optionen: DSF-Datei laden* das Schaltkästchen *Kein Dialog, Datei stets komplett laden* nicht aktiviert sein. Zur Überprüfung bedient man sich der Befehlskombination DATEI – *Laden* und betätigt im sich öffnenden Dialog die Schaltfläche *Optionen* (vgl. Kap. 5.1)!

Wir lassen RAUSCHEN per Schaltfläche als Liniendiagramm darstellen und erkennen ein breites Rauschband, das das eigentliche Signal verdeckt bzw. maskiert (vgl. Abbildung 6.1).

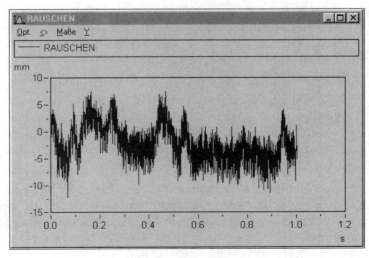

Abbildung 6.1: Verrauschter Originaldatensatz RAUSCHEN

Dieses Rauschen läßt sich mit den Funktionen *Gla3*, *Gla5* und *Glatt* reduzieren. Ziel dabei muß es aber sein, das zugrundeliegende Signal nicht zu verändern, insbesondere nicht zu verzögern. Entscheidender Parameter der genannten Funktionen ist die Anzahl der Datenpunkte, die im Zuge der Glättung miteinander verrechnet werden. Vorschläge für eine optimale Parameterwahl lassen sich nicht machen, da hierbei Abtastzeit sowie Frequenzgang von Signal und Rauschanteil berücksichtigt werden müssen. Letztlich besteht der sicherste Weg darin, die Effekte verschiedener Glättungsintervalle zu vergleichen und denjenigen Parameter zu wählen, bei dem »die Optik stimmt«.

Um die unterschiedlichen Effekte verschiedener Parameter zu verdeutlichen, wenden wir die Funktion *Glatt* zweimal auf RAUSCHEN an und führen dazu über die Eingabezeile *Operation* nacheinander die folgenden Befehle aus:

```
R_GLATT_001=Glatt(RAUSCHEN,0.01)
R_GLATT_01=Glatt(RAUSCHEN,0.1)
```

Hinweis: Während *Gla3* und *Gla5* im Zuge der Glättung über drei bzw. fünf aufeinander folgende Werte mitteln, bezieht sich der entsprechende Parameter von *Glatt* auf die x-Einheit des Datensatzes. Da RAUSCHEN die x-Einheit *Sekunden* und eine Abtastzeit von *0.2 ms* mitbringt, wird mit der ersten Anweisung über 0,01 s bzw. jeweils über 50 aufeinander folgende Werte gemittelt, im zweiten Beispiel werden je 500 verrechnet.

Stellen wir die drei Variablen in einem einzigen Koordinatensystem und mit gemeinsamer y-Achse dar, lassen sich die Effekte der verschiedenen Glättungsintervalle unmittelbar vergleichen (vgl. Abbildung 6.2). Um die Effekte besonders anschaulich darzustellen, ist es sinnvoll, mit Variablenreihenfolge und Farbzuweisungen zu spielen. Ersteres läßt sich per Maus sehr komfortabel im Dialog *Weitere Datensätze im Kurvenfenster* machen, wobei gleichzeitig die überzähligen y-Achsen entfernt werden können. Der für die Farbwahl zuständige Dialog wird mit OPT. – *Farben* geöffnet.

Da mit wachsendem Glättungsintervall mehr und mehr Informationen verlorengehen, bleibt vom ursprünglichen Kurvenverlauf aufgrund der Mittelwertbildung irgendwann nichts mehr übrig. Nachdem wir uns dies angeschaut haben, schließen wir alle geöffneten Grafikfenster und entfernen die beiden geglätteten Varianten von RAUSCHEN aus der Variablenliste.

Im Gegensatz zum Glättungsprozeß arbeiten Filter mit komplizierteren mathematischen Rechenvorschriften. Zur Standardausrüstung, die auch ohne Filterentwurfsprogramm in FAMOS verfügbar ist, gehören vier vorgefertigte Sequenzen namens TP1.SEQ, TP2.SEQ, HP1.SEQ und HP2.SEQ. Dabei handelt es sich um einfache Tief- bzw. Hochpaßfilter, die ein Butterworth-Filter 1. bzw. 2. Ordnung rechnen.

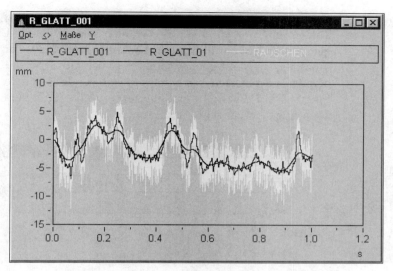

Abbildung 6.2: Je größer das Glättungsintervall, desto glatter

Wir wollen die Sequenz TP2.SEQ auf RAUSCHEN anwenden, das sich noch immer in der Variablenliste befindet. Dazu übergeben wir der Sequenz beim Aufruf sowohl den Namen des zu bearbeitenden Datensatzes als auch die gewünschte Grenzfrequenz von 100 Hz, indem wir folgende Anweisung in die Eingabezeile von *Operation* eintragen und ausführen

```
SEQUENZ TP2 RAUSCHEN 100
```

Hinweis: Wer sich unnötige Arbeit ersparen möchte, darf den Befehl *SEQUENZ* bei der Eingabe solange verkürzen, wie sich der verbleibende Rest eindeutig von allen anderen FAMOS-Befehlen unterscheidet. Daher lassen sich Sequenzen auch mit dem Befehl *SEQU* laden, den wir nachfolgend ausschließlich verwenden wollen.

Als Ergebnis erscheint eine neue Variable namens RESULT in der Liste. Da mehrere FAMOS-Filterfunktionen das Ergebnis ihrer Bemühungen in der automatisch erzeugten Variable RESULT ablegen, wird unser Zwischenergebnis spätestens beim nächsten Aufruf einer Filteroperation ohne Rückfrage überschrieben. Daher ist es sinnvoll, RESULT unmittelbar nach der Entstehung einen neuen Namen zuzuweisen, was mit

```
RAUSCHEN_100=RESULT
```

in die Tat umgesetzt werden sollte. Um die Wirkungen unterschiedlicher Grenzfrequenzen vergleichen zu können, wiederholen wir das Ganze mit einer Grenzfrequenz von 5 Hz, indem wir die Befehle

```
Sequ TP2 RAUSCHEN 5
RAUSCHEN_5=RESULT
```

ausführen. Durch Kombination von [Strg]-Taste und Mausklicks auf der linken Seite der Variablenliste wählen wir gezielt RAUSCHEN und seine geglätteten Abkömmlinge aus. Lassen wir die drei Variablen in einem Koordinatensystem mit gemeinsamer y-Achse anzeigen und wählen nach dem bereits praktizierten Verfahren eine passende Reihenfolge und Farbabstufung, wird die vom Tiefpaß hervorgerufene Signalveränderung bzw. -verzögerung sichtbar (vgl. Abbildung 6.3).

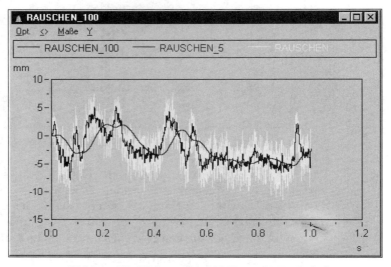

Abbildung 6.3: Wirkung eines 100 Hz- und 5 Hz-Tiefpaß

Wird unser Tiefpaß-gefiltertes Signal RAUSCHEN_100 mit einem Hochpaß bearbeitet, läßt sich ein Offset bzw. Gleichspannungsanteil entfernen. Wenden wir also auf den vorgefilterten Datensatz einen Hochpaß mit 10 Hz Grenzfrequenz an, haben wir de facto einen Bandpaß zwischen 10 Hz und 100 Hz realisiert. Wir führen dazu die Anweisungen

```
Sequ HP2 RAUSCHEN_100 10
RAUSCHEN_10_100=RESULT
```

aus, fügen die neue Variable anstelle von RAUSCHEN_5 in unsere Grafik ein, investieren etwas Zeit in die farbliche Gestaltung und erkennen ein Signal mit deutlich geglätteter Grundlinie (vgl. Abbildung 6.4).

Hinweis: Im Sortiment der vorgefertigten Filter finden sich weitere Sequenzen namens HP.SEQ, TP.SEQ und BP.SEQ, die entwickelt wurden, als es noch keine digitalen Filter gab. Sie beruhen auf der FastFourier-Transformation und sind somit an Datensatzgrößen gebunden, die 2er-Potenzen entsprechen. Zusätzlich limitiert die FFT die bearbeitbare Datenmenge, so daß auf diese Verfahren nicht weiter eingegangen werden soll.

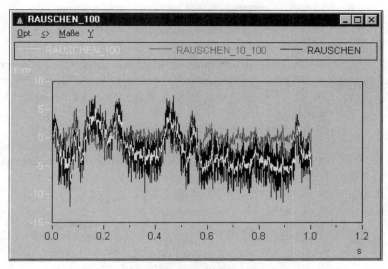

Abbildung 6.4: Verrauschtes Signal mit Tief- und Bandpaßeffekt

6.3 Geeignet?

Nachdem wir alle Grafikfenster wieder geschlossen und die Variablenliste geleert haben, wollen wir uns Möglichkeiten vor Augen führen, die Wirkung von Filtern zu bestimmen. Die Wirksamkeit eines Filters läßt sich dabei aus zwei Perspektiven beurteilen, und zwar für den Zeit- und Frequenzbereich.

6.3.1 Mitkommen

Um die Filterwirkung im Zeitbereich zu testen, konstruiert man sich i. a. definierte Signale, filtert sie und vergleicht das Ursprungssignal mit dem Resultat der Filterung, also mit der Antwort des Filters. Besonders häufig wird als Eingangssignal eine sogenannte Sprungfunktion auf das Filter gegeben, wie wir sie bereits im Zusammenhang mit dem Schmitt-Trigger kennengelernt haben. Es handelt sich dabei um ein Signal, welches plötzlich von 0 auf 1 springt und diesen Wert beibehält.

Wollen wir also die sogenannte Sprungantwort des Tiefpaßfilters bestimmen, das mit der mitgelieferten Sequenz TP2.SEQ berechnet wird, müssen wir zunächst eine geeignete Sprungfunktion konstruieren. Dazu setzen wir selbstverständlich die Funktionen von FAMOS ein. Da wir die prinzipielle Vorgehensweise bei der Verwendung von Funktionen in den vorhergehenden Kapiteln zur Genüge ausprobiert haben, sollten nachfolgend nur sehr kurze Beschreibungen erforderlich sein. Falls Unklarheiten bleiben, hilft ein Nachlesen in den entsprechenden Kapiteln oder in der Programmdokumentation.

Wir erzeugen die Sprungfunktion SPRUNG mit der folgenden Anweisung:

```
SPRUNG=Binde(0,Lang(xDel(0'V',1e-4),4095)+1)
```

Um diese verschachtelte Anweisung zu verstehen, beginnt man mit der Interpretation am besten in der Mitte: *xDel* stellt die Abtastzeit eines namenlosen Datensatzes, von dem lediglich die y-Dimension Volt (V) bekannt ist, auf 10^{-4} s bzw. 0,1 ms ein. *Lang* legt die Länge dieses Datensatzes auf 4095 Elemente fest. Zum Schluß verbindet *Binde* eine einzige 0 mit diesen 4095 Elementen, die jeweils den Wert +1 haben. Dabei entsteht die Variable SPRUNG, die 4096 Werte beinhaltet. Ihr weisen wir mit

```
xEinheit SPRUNG s
```

die x-Dimension Sekunde zu.

Die einzelne Null zu Beginn unseres Datensatzes reicht zur Definition einer Sprungfunktion vollkommen aus, da die meisten FAMOS-Filter aus dem ersten Wert des Datensatzes eine potentielle »Signalvorgeschichte« extrapolieren (vgl. Kapitel 6.5).

Hinweis: Solch ein Sprung als Einheitssignal sollte abgespeichert werden, um auch für spätere Filtertests zur Verfügung zu stehen. Für »Notfälle« befindet sich diese Sprungfunktion unter der Bezeichnung SPRUNG_NOT auch in der Datei FILTER.DAT.

Diese Sprungfunktion wird jetzt mit dem bereits bekannten Butterworth-Tiefpaß 2. Ordnung gefiltert. Als Grenzfrequenzen wählen wir diesmal 50 Hz und 5 Hz. Also führen wir die Anweisungen

```
Sequ TP2 SPRUNG 50
SPRUNGANTWORT_50=RESULT
Sequ TP2 SPRUNG 5
SPRUNGANTWORT_5=RESULT
```

aus. Werden Sprungfunktion und Resultate der Filterung in einem Koordinatensystem mit gemeinsamer y-Achse dargestellt und mit unterscheidbaren Farben versehen, zeigen sich deutliche Unterschiede im zeitlichen Verlauf der Signale (vgl. Abbildung 6.5). Aufgrund der langen Variablenbezeichnungen kann es außerdem notwendig sein, der Legende mit OPT. – *Legende* mehr Platz einzuräumen.

Bei der Wahl der Sprungfunktion ist darauf zu achten, daß sie geeignet ist, um das Filter anzuregen. Ob SPRUNG für den Tiefpaß sinnvoll definiert war, können wir am Ergebnis direkt ablesen. So muß die Reaktion des Filters deutlich sichtbar sein. Außerdem muß das Schwingen schnell abklingen. Zwei Parameter der Sprungfunktion haben Einfluß auf die Filterwirkung, nämlich

- die Abtastzeit, hier 0,1 ms und
- die Anzahl der Meßwerte, hier 4096.

Geeignet?

Um dies zu zeigen, erzeugen wir mit

```
SPRUNG1=Binde(0,Lang(xDel(0'V',1e-8),10000)+1)
SPRUNG2=Binde(0,Lang(xDel(0'V',1e-4),50)+1)
```

zwei weitere Sprungfunktionen, die sich hinsichtlich der beiden genannten Parameter deutlich von SPRUNG unterscheiden. Werden beide nach dem bereits erprobten Verfahren mit der Sequenz TP2.SEQ bei Grenzfrequenzen von 50 Hz und 5 Hz behandelt und anschließend grafisch dargestellt, ergibt sich ein vollkommen anderes Bild. Denn offensichtlich sind diese beiden Sprungfunktion für das gewählte Filter ungeeignet: Bei der ersten ist die Abtastzeit zu klein, bei der zweiten liegen zu wenig Meßwerte vor.

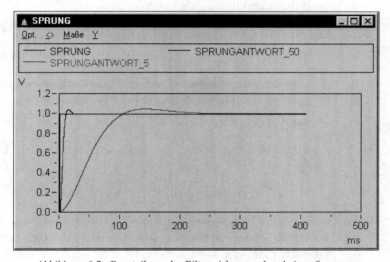

Abbildung 6.5: Beurteilung der Filterwirkung anhand eines Sprunges

Hinweis: Aus diesem Grund ist es wichtig, zur Prüfung des Zeitbereichs eines Filters solche Sprungfunktionen zu wählen, die sich hinsichtlich Abtastzeit und Frequenzbereich an den tatsächlich zu filternden Signalen orientieren. Als grober Ansatz kann dabei die Beziehung

Abtastzeit = 0.01 / Obere Grenzfrequenz

verwendet werden. Bei Tiefpaß und Hochpaß wird in diese Gleichung die Grenzfrequenz, bei Bandpaß und Bandsperre die obere Grenzfrequenz eingesetzt. Als Dauer sollte ein Vielfaches der Einschwingzeit gewählt werden. Einen brauchbaren Startwert liefert die Beziehung

Länge = 5 / (Untere Grenzfrequenz * Abtastzeit).

Auch hier gilt, daß bei Tiefpaß und Hochpaß die Grenzfrequenz, bei Bandpaß und Bandsperre die untere Grenzfrequenz eingesetzt wird.

6.3.2 Aussperren

Um auch die Filterwirkung im Frequenzbereich zu sehen und abzuschätzen, welche Frequenzen ein Filter wie gut durchläßt, wird seine Übertragungsfunktion bestimmt. Das läßt sich einfach machen, indem das Spektrum der Filterantwort auf einen Einheitsimpuls bestimmt wird. Allgemein stellt die Übertragungsfunktion den Quotienten aus dem Spektrum der Filterantwort und dem Spektrum des Eingangssignals dar. Für unseren nächsten Test schließen wir überflüssige Grafikfenster und entfernen alle Variablen aus der Liste.

Zunächst machen wir uns also an die Konstruktion eines Eingangsimpulses. Wir erzeugen einen Datensatz, dessen zweiter Wert ungleich 0 und dessen Rest 0 ist. Seine Länge sollte eine 2er Potenz sein. Die neue Variable heißt IMPULS1 und wird mit folgender Anweisung ins Leben gerufen:

```
IMPULS1=Lang(xDel(0,1e-4),4096)
```

Der Befehl erzeugt eine Variable mit 4096 Nullen und einer Abtastzeit von 0,1 ms. Der anschließend ausgeführte Befehl

```
IMPULS1[2]=4096
```

ersetzt den zweiten Wert von IMPULS1 durch die Zahl 4096. Damit gleichen Länge und Abtastzeit von IMPULS1 der Variable SPRUNG aus dem vorherigen Abschnitt. Da der zweite Meßwert der Länge des Datensatzes entspricht, ergibt sich für IMPULS1 ein Mittelwert von 1.

Hinweis: Einige FAMOS-Filter arbeiten mit künstlich verlängerten Datensätzen, die sie vor Beginn der Filterung selbst erzeugen. Dazu wird der erste Datensatzwert mehrfach kopiert und den echten Daten vorangestellt. Hätten wir also nicht den zweiten, sondern den ersten Wert von IMPULS1 auf 4096 gesetzt, würde die Variable von bestimmten Filtern möglicherweise als Sprungfunktion interpretiert, die bis zur x-Koordinate 0 den Wert 4096 besitzt und anschließend den Wert 0 annimmt. Eine solche Fehlinterpretation haben wir durch unsere Definition des Signals vermieden.

Hinweis: Für »Notfälle« befindet sich dieses Einheitssignal unter der Bezeichnung IMPULS_NOT in der Datei FILTER.DAT.

Mit der Durchführung der Filterung beauftragen wir erneut die Sequenz TP2.SEQ, also das Tiefpaßfilter 2. Ordnung mit Butterworth-Charakteristik, und wir verwenden auch diesmal die Grenzfrequenzen 50 Hz und 5 Hz.

```
Sequ TP2 IMPULS1 50
IMPULS1_50=RESULT
Sequ TP2 IMPULS1 5
IMPULS1_5=RESULT
```

Anschließend lassen wir IMPULS1 und die gefilterten Varianten in drei übereinander angeordneten Koordinatensystemen darstellen und erkennen signifikante Signalunterschiede (vgl. Abbildung 6.6).

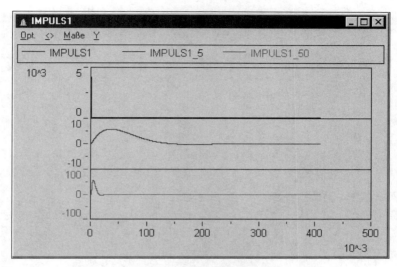

Abbildung 6.6: Wirkung des Tiefpaß auf ein Einheitssignal

Dies läßt sich auch in Form der Übertragungsfunktion darstellen. Die erforderlichen Variablen erzeugen wir mit den beiden folgenden Anweisungen:

```
ÜBERTRAGUNGSFUNKTION_50=FFT(IMPULS1_50)/FFT(IMPULS1)
ÜBERTRAGUNGSFUNKTION_5=FFT(IMPULS1_5)/FFT(IMPULS1)
```

Mit OPTIONEN – *Anzeige* lassen wir die Komponenten der beiden neuen Datensätze in der Variablenliste anzeigen, markieren alle vier und stellen sie gemeinsam als Diagramm dar. Um das Ganze zu verschönern, zeichnen wir mit *Weitere Datensätze im Kurvenfenster* in ein Koordinatensystem die Phase beider Variablen, in ein darüber angeordnetes die Beträge. Die gemeinsame y-Achse der Beträge erhält eine *dB-Skalierung* mit festen Endwerten von *20* und *-100 dB*, für das untere Koordinatensystem wählen wir eine y-Skala zwischen *0* und *-180* Grad. Die x-Achse wird *logarithmisch* geteilt, auf den Bereich von *0.001* bis *1 kHz* festgelegt und soll sich mit 4 Teilstrichmarkierungen begnügen. Im letzten Schritt lassen wir Gitterlinien einzeichnen und weisen der Legende mit OPT. – *Legende* eine *feste Zeilenanzahl* von 2 zu (vgl. Abbildung 6.7). Sollte sich die Abbildung mit den angegebenen Einstellungen nicht reproduzieren lassen, ist im Grafikfenster mit OPT. – *Darstellung* zu überprüfen, ob als *Referenz für dB-Anzeige* der korrekte Wert *1* angegeben ist. In der FAMOS-Sprache ist in diesem Fall der Wert *1.00000E+0* angegeben.

Hinweis: Wenn die Phase für die Betrachtung unbedeutend ist, kann der Einfachheit halber auf die Berechnung des Impulsspektrums verzichtet werden, da der Betrag des Spektrums konstant 1 ist (siehe weiter unten).

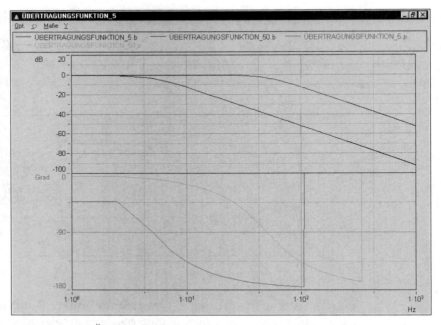

Abbildung 6.7: Übertragungsfunktionen charakterisieren das Sperrverhalten von Filtern

Hinweise für Interessierte:

▶ Werden die Funktionen *Gla3*, *Gla5* oder *Glatt* in Position 3> *Digitale Filter, Glätten*, bei denen die Phase immer 0° ist, auf ein Einheitssignal angewendet, sollte der Impuls genau in der Mitte sitzen.

▶ Bei einem Tießpaßfilter 2. Ordnung erwartet man eine Phase zwischen 0° und -180°. Bei rekursiven digitalen Filtern stimmt die Phasenlage mit derjenigen kontinuierlicher bzw. analoger Filter nur näherungsweise überein.

▶ Zeigt die Übertragungsfunktion zu Beginn einen sehr groben und eckigen Verlauf, muß der Impulsdatensatz erheblich verlängert werden. Damit werden die unteren Frequenzen genauer berechnet.

▶ Zeigt die Übertragungsfunktion gegen Ende einen ungenauen Verlauf oder fehlen einfach die höheren Frequenzen, muß die Abtastzeit des Impulsdatensatzes verringert werden. Gleichzeitig sollte der Datensatz um denselben Faktor verlängert werden, damit die Dauer des Impulsdatensatzes erhalten bleibt und der Beginn der Übertragungsfunktion nicht schlechter wird.

Sind die Übertragungseigenschaften begutachtet worden, werden alle Variablen und Grafikfenster entfernt.

6.4 Der Profi

Für einige der nachfolgenden Demonstrationen wird das *imc*-Filterentwurfsprogramm benötigt, das nicht im FAMOS-Basispaket enthalten ist. Da dieses Modul aber auf dem Gebiet der Signalfilterung etliches zu bieten hat, kann es bei entsprechendem Bedarf nur wärmstens empfohlen werden. Es ist hier wie beim Autokauf: Gewisse Extras müssen einfach sein.

Hinweis: Alle in den weiteren Abschnitten dieses Kapitels erzeugten Variablen sind in der FAMOS-Datei ALLES.DAT zusammengefaßt, die im Verzeichnis BUCH\FAMOS\PROJEKTE\6 der Buch-CD zu finden ist. Somit können die Leistungen dieses Moduls auch dann gebührend bewundert werden, wenn das Unterprogramm nicht installiert ist. Die Erzeugung der einzelnen Variablen ist in diesem Fall aber selbstverständlich nicht möglich.

Ist das Filterentwurfsprogramm installiert, stehen unter Position 3> *Digitale Filter, Glätten* die vier zusätzlichen Funktionen *FiltTP, FiltHP, FiltBP* und *FiltBS* zur Verfügung, die für alle übrigen FAMOS-Anwender nur gesperrt sichtbar sind. Sie eignen sich besonders für Filteraufgaben, bei denen Grenzfrequenzen, Filterordnungen und Charakteristiken bekannt sind.

Ein weiteres Highlight dieses Moduls wird mit EXTRA – *Filterentwurf* zum Leben erweckt. Dieser Befehl öffnet ein umfangreiches Unterprogramm für den *Entwurf digitaler Filter*. Es verfügt über eigene Menü- und Werkzeugleisten, zahlreiche Eingabefelder und Schaltflächen sowie über ein Monitorfeld, das an einen Oszilloskopbildschirm erinnert (vgl. Abbildung 6.8). Unter Anwendung dieser Werkzeuge lassen sich individuelle digitale Filter konstruieren und unmittelbar auf ihre Wirkung hin untersuchen. Aufgrund der Funktionenvielfalt dieses eigenständigen Programmoduls ist eine Beschreibung im Rahmen dieses Buchs nicht möglich.

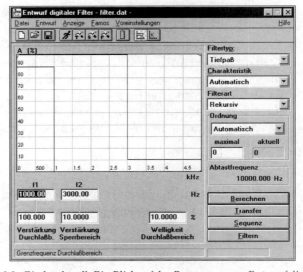

Abbildung 6.8: Eindrucksvoll: Ein Blick auf das Programm zum Entwurf digitaler Filter

6.4.1 Kreisverkehr

Wir beginnen wieder mit einer Tiefpaßfunktion, diesmal mit *FiltTP*. Wir wollen einen Datensatz mit diesem Tiefpaß bearbeiten und uns ansehen, welche Auswirkungen die Wahl unterschiedlicher Grenzfrequenzen hat. Ausgangsmaterial ist die Variable BERGE, die sich in der Datei FILTER.DAT befindet. Sie wird geladen und für eine erste Besichtigung grafisch dargestellt (vgl. Abbildung 6.9).

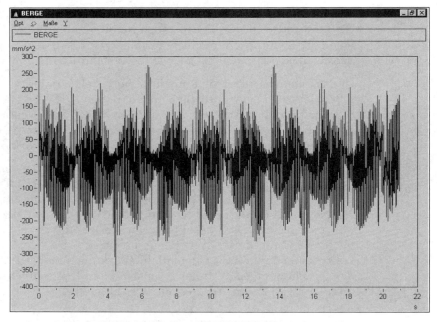

Abbildung 6.9: Variable BERGE im Originalzustand

Um uns etwas Arbeit zu ersparen, greifen wir auf unser Wissen aus dem vierten Kapitel zurück und basteln uns eine kleine Sequenz, die zur Filterung des Datensatzes nacheinander verschiedene Grenzfrequenzen verwendet. Wir starten mit EXTRA – *Sequenz-Editor*, F3 oder per Schaltfläche. Mit den beiden ersten Zeilen legen wir Startwerte für zwei Variablen fest, die wir weiter unten in unserer Sequenz verwenden wollen:

```
f=0.1
i=0
```

Um die mit verschiedenen Grenzfrequenzen erzeugten Variablen in einer Gruppe zusammenzufassen, legen wir mit

```
GRENZEN=GRNEU()
```

die neue Gruppe GRENZEN an. Damit sind alle notwendigen Vorbereitungen abgeschlossen. Die folgenden Schritte sollen für alle getesteten Grenzfrequenzen in gleicher Weise durchgeführt werden, so daß sich der Einbau einer Programmschleife anbietet. Mit

```
Solange i<40
```

beginnen wir eine sogenannte While-Schleife. Alle in eine solche Schleife verpackten Anweisungen werden solange durchgeführt, wie die angegebene Schleifenbedingung i < 40 erfüllt ist. Da wir *i* in der ersten Sequenzzeile den Wert 0 zugewiesen haben, ist die Bedingung beim ersten Sequenzdurchlauf erfüllt und die Bearbeitung der Befehle innerhalb der Schleife wird in Angriff genommen.

Mit dem ersten Befehl der Schleife erzeugen wir einen Variablennamen. Damit wir nach Abschluß der Sequenz für jede getestete Grenzfrequenz eine eigene Variable vorfinden, müssen sich die in den einzelnen Schleifendurchläufen erzeugten Variablennamen voneinander unterscheiden. Denn anderenfalls würden alte Variablen automatisch durch neue gleichen Namens ersetzt.

Wir kreieren also eine Anweisung zur sicheren Erzeugung unterschiedlicher Variablennamen und verpacken das Resultat fürs erste in der Variable NAME. Wie zu befürchten war, ist die entsprechende Anweisung

```
NAME=TAdd("GRENZEN:TEST_",TTeil(TForm(i+100,"f00"),2,2))
```

erst auf den zweiten Blick zu verstehen. Wieder einmal erweist es sich als günstig, die Interpretation in der Mitte zu beginnen: Der Befehl *TForm* wandelt eine reelle Zahl, die als erster Parameter angegeben wird, in einen Text um. Bei jedem Schleifendurchlauf wird also die Summe aus *i* und 100 in einen Text verwandelt. Der in Anführungszeichen gesetzte zweite Parameter ermöglicht es uns, Formatierungswünsche anzugeben (vgl. Kap. 5.4). Mit Angabe von *f* entscheiden wir uns für ein Festkommaformat und geben durch die beiden nachgestellten Nullen an, daß wir bei der Zahl der Vor- und Nachkommastellen keine Einschränkungen machen wollen. Im nächsten Schritt wird ein bestimmter Abschnitt der in einen Text verwandelte reelle Zahl, beim ersten Schleifendurchlauf ist das die Zahl 100, von *TTeil* ausgewählt. Wie es unsere Parameter fordern, beginnt *TTeil* mit seiner Arbeit beim 2. Zeichen des Textes und beendet den Job, sobald 2 Zeichen gefunden wurden. Beim ersten Schleifendurchlauf erzeugt *TTeil* somit die Zeichenfolge 00.

Hinweis: Wenn wir später dafür sorgen, daß sich der Wert der Variable *i* nach jedem Schleifendurchlauf um 1 erhöht, entsteht auf diese Weise eine für jeden Schleifendurchlauf charakteristische Zeichenfolge.

Im letzten Teilschritt dieser Anweisung verbindet *TAdd* den festen Namensbestandteil *GRENZEN:TEST_* mit den beiden zuvor erzeugten wechselnden Zeichen, und das Ergebnis wird in die Variable NAME geschrieben. Dabei sorgt die Zeichenfolge *GRENZEN:* für eine korrekte Einordnung unserer neuen Variablen in die gleichnamige Gruppe. Die Zeichenfolge *TEST_* ist frei wählbar und wird jeder Variable mitgegeben. Beim ersten Schleifendurchlauf lautet der Name der Variablen somit GRENZEN:TEST_00.

Damit das Ergebnis der Datenfilterung unter genau diesem Namen abgelegt wird, geben wir als nächstes

```
<NAME>=FiltTP(BERGE,0,0,2,f)
```

ein. Denn <*NAME*> signalisiert dem Formel-Interpreter, daß an dieser Stelle nicht mit einer Variable namens NAME, sondern mit dem aktuellen Wert bzw. Inhalt dieser Variablen gearbeitet werden soll. *FiltTP* ist ein klassischer Funktionsaufruf. Er erwartet fünf Parameter. An erster Stelle den Namen des zu bearbeitenden Datensatzes. Es folgt eine Angabe zur Filtercharakteristik, wobei 0 für Butterworth steht. Der dritte Parameter wird bei Butterworth-Filtern nicht benötigt und daher durch eine 0 ersetzt. Mit dem vierten Parameter geben wir an, daß ein Filter 2. Ordnung verwendet werden soll. Das *f* steht für die Grenzfrequenz, die aufgrund unserer Zuweisung in der zweiten Sequenzzeile beim ersten Schleifendurchlauf 0.1 Hz beträgt.

Damit sich diese Grenzfrequenz bei jedem Schleifendurchlauf definiert ändert, multiplizieren wir im nächsten Schritt den alten Wert von *f* mit einem Faktor und legen das Ergebnis wieder als *f* ab:

```
f=f*1.13
```

Wird die Schleifenvariable jetzt noch mit

```
i=i+1
```

bei jedem Schleifendurchlauf um den Wert 1 erhöht, sind alle erforderlichen Schritte getan und die Schleife darf mit

```
Ende
```

abgeschlossen werde. Da auch außerhalb der Schleife keine weiteren Anweisungen mehr benötigt werden, können wir unsere Kreation jetzt als BERGE.SEQ speichern. Für »Notfälle« befindet sich diese Sequenz unter dem Namen BERGENOT.SEQ im Verzeichnis BUCH\FAMOS\PROJEKTE\6 der Buch-CD. Soll diese Sequenz zum Einsatz kommen, muß die Variable BERGE in der Variablenliste vorhanden sein.

Hinweis: Da *i* zu Beginn den Wert 0 hat und bei jedem Schleifendurchlauf um 1 wächst, sorgt die Schleifenbedingung *SOLANGE i<40* dafür, daß nach dem Sequenzaufruf eine Tiefpaßfilterung mit 40 verschiedenen Grenzfrequenzen erfolgt, bei der 40 Variablen erzeugt werden. Ältere Hardware ist mit dieser Aufgabe ein Weilchen beschäftigt!

Der Profi

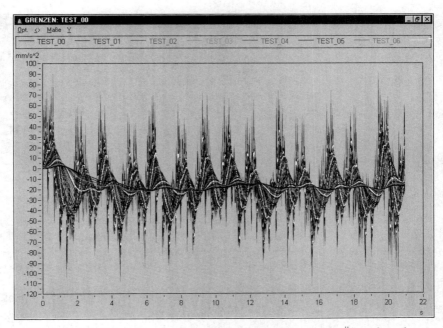

Abbildung 6.10: Bei gemeinsamer Anzeige von 40 Variablen geht die Übersicht verloren

Wir starten die Sequenz, markieren nach ihrer Ausführung die Gruppierungsvariable GRENZEN und lassen per Schaltfläche alle Variablen zusammen anzeigen (vgl. Abbildung 6.10). Selbst wenn wir das Diagramm bildschirmfüllend darstellen, lassen sich die zu untersuchenden Effekte wohl kaum ausmachen. Viel schöner wäre es, diese Kurvenschar als Wasserfall-Diagramm darzustellen und so etwas mehr Übersicht zu gewinnen.

6.4.2 Abstecher

Wir wenden dem Filterthema also für kurze Zeit den Rücken zu, um uns näher mit der 3D-Darstellung in Form eines Wasserfall-Diagramms zu beschäftigen. Um an ein solches Diagramm zu kommen, öffnen wir im bildschirmfüllenden Grafikfenster mit OPT. – *Darstellung* den Dialog *Darstellung: GRENZEN: TEST_00* und schalten im ersten Bereich die Funktion *Wasserfall* ein. Mit dem *OK* erscheint die räumliche Darstellung in der FAMOS-Voreinstellung. Mit dem Befehl OPT. – *3D* öffnen wir den Dialog *Wasserfall-Einstellungen: GRENZEN: TEST_00*, in dem wir einige individuelle Anpassungen vornehmen wollen.

Er gliedert sich in drei Bereiche und vier Schaltflächen. Letztere bringen uns nichts Neues, denn neben *OK* und *Abbrechen* erkennen wir mit *Standard* und *Voreinstellung(ini)!* zwei FAMOS-spezifische Schaltflächen wieder.

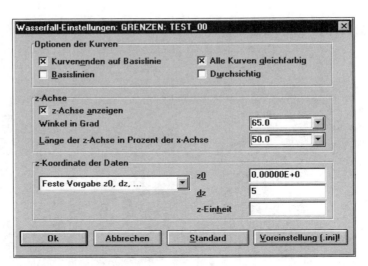

Abbildung 6.11: Geänderte Einstellungen für das Wasserfall-Diagramm

▶ Der erste Bereich *Optionen der Kurven* enthält vier Kontrollkästchen. *Kurvenenden auf Basislinie* bleibt angekreuzt. So erreichen wir, daß jeweils der erste und letzte y-Wert einer Kurve mit den auf der z-Achse abgetragenen Basislinien verbunden wird, die parallel zur x-Achse verlaufen. Auf die Basislinien selbst können wir verzichten, so daß wir das entsprechende Kästchen deaktivieren. *Alle Kurven gleichfarbig* zu zeichnen, dürfte bei 40 Kurvenzügen das Auge entlasten und zudem einen besseren räumlichen Eindruck vermitteln. Wir kreuzen dieses Kästchen also an. Die darunter angesiedelte Funktion *Durchsichtig* wird dagegen nicht aktiviert, weil damit ein großer Teil des 3D-Eindrucks verloren gehen würde. Ist die Einstellung aktiv geschaltet, deckt nämlich der jeweils in Front liegende Linienzug einen dahinterliegenden nicht ab.

▶ Der zweite Bereich *z-Achse* regelt das Aussehen dieser Achse mit Hilfe eines Kontrollkästchens und zweier Eingabefelder. Damit die z-Achse sichtbar ist, bleibt *z-Achse anzeigen* angekreuzt. *Winkel in Grad* bezieht sich auf den Winkel zwischen x- und z-Achse, der zwischen 1° und 89° liegen darf. Für unsere 40 Kurvenzüge lohnt es sich, schon etwas steiler zu Werke zu gehen, und wir tragen mit Hilfe der Klappliste 65° ein. Mit *Länge der z-Achse in Prozent der x-Achse* läßt sich der Wasserfall-Effekt betonen oder abschwächen. Der Wert darf sich zwischen 10% und 200% bewegen. Wir entscheiden uns für *50%*.

▶ Der dritte Bereich *z-Koordinate der Daten* ist entweder automatisch eingestellt oder hilft mit drei Eingabefeldern bei der Skalierung der z-Achse. Mit dem ersten Feld wird zwischen der automatischen und der manuellen Skalierung gewechselt. Wir wählen letztere und müssen nun Eintragungen in den drei frisch eingeblendeten Eingabefeldern vornehmen. Wir belassen es für *z0* bei der *0*, *dz* erhält den Wert *5* und *z-Einheit* bleibt leer.

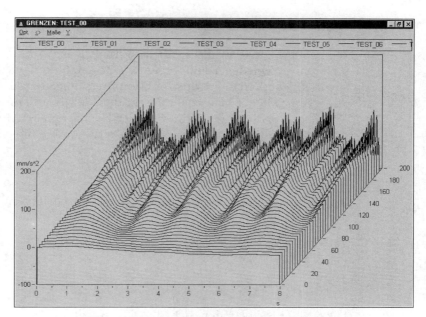

Abbildung 6.12: Wasserfall-Diagramm der 40 Filterkurven

Wenn wir nach dem Dialog-OK die x-Achse des 3D-Diagramms auf den Bereich zwischen *0* und *8 s* skalieren und der y-Achse den festen Bereich von *-100* bis *200 mm/s^2* zuweisen, wird das Resultat unseres Grenzfrequenzvergleichs deutlich (vgl. Abbildung 6.12). Soll auch die dritte Achse individuell skaliert werden, öffnet der elegante Doppelklick an die z-Achse oder der Aufruf MAßE – *z-Achse* den Dialog *z-Achse: GRENZEN: TEST_00*, in dem die uns inzwischen bekannten Einstellungen vorgenommen werden können.

Ganz vorn im Bild sind die niedrigen Grenzfrequenzen aufgetragen, weiter nach hinten, also mit steigenden Werten auf der z-Achse, kommen dann immer mehr höhere Frequenzanteile durch. Zunächst sieht man nur breite Hügel, aus denen immer schmalere wachsen. Man kann also sagen, daß das Filterergebnis nach hinten immer rauher und dem Originalsignal immer ähnlicher wird.

Damit haben wir in einem kleinen Exkurs die 3D-Funktionen von FAMOS abgehandelt. Wir schließen alle Grafikfenster ebenso wie das Sequenzfenster, entfernen sämtliche neuen Variablen und wenden uns dann weiteren Filterfunktionen zu.

Hinweis: Abschließend sei darauf hingewiesen, daß dieser Teil des Grafikmoduls in naher Zukunft erweitert werden wird. Wer die Darstellung von Wasserfall-Diagrammen verbessern möchte, findet im Handbuch zahlreiche Tips. Da in dieser Hinsicht also Beschreibungen vorliegen, brauchen wir uns hier nicht intensiver mit diesem Thema zu beschäftigen. Ein bemerkenswerter Punkt dürfte aber sein, daß Kurven trotz unterschiedlicher Abtastraten immer korrekt über der x-Achse gezeichnet werden.

6.4.3 Mehr Filter

Wir wollen zunächst das zeitliche Verhalten bzw. die Einschwingeigenschaften verschiedener Filtertypen wie Bessel, Butterworth, Tschebyschew sowie für die Variante Kritische Dämpfung untersuchen. Wir sind inzwischen soweit in der Materie fortgeschritten, daß die Interpretation der nachfolgenden Anweisungen keine Schwierigkeiten bereiten dürfte. Zur Erzeugung der Sprungfunktion verwenden wir die Anweisungen:

```
SPRUNG=Binde(0,Lang(xDel(0'V',5e-5),6000)+1)
xEinheit SPRUNG s
```

Anschließend wird dieses Signal mit verschiedenen Filtern bearbeitet:

```
BUTTERWORTH=FiltTP(SPRUNG,0,0,2,10)
BESSEL=FiltTP(SPRUNG,1,0,2,10)
TSCHEBYSCHEW05=FiltTP(SPRUNG,2,0.5,2,10)
TSCHEBYSCHEW3=FiltTP(SPRUNG,2,3,2,10)
KRITISCHE_DÄMPFUNG=FiltTP(SPRUNG,3,0,2,10)
```

Hinweis: Für »Notfälle« befinden sich diese Anweisungen in Form der Sequenz MEHR1.SEQ im Verzeichnis BUCH\FAMOS\PROJEKTE\6 der Buch-CD.

Werden die sechs Variablen in einem Koordinatensystem mit gemeinsamer y-Achse dargestellt, farblich ansprechend gestaltet und mit einer ausreichend dimensionierten Legende versehen, wird deutlich, daß die Tschebyschew-Filter am stärksten schwingen (vgl. Abbildung 6.13)

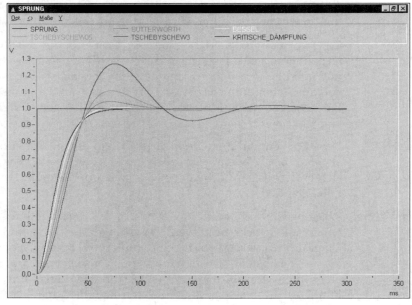

Abbildung 6.13: Sprung-Charakteristik verschiedener Filtertypen

Filter mit kritischer Dämpfung schwingen dagegen nie und zeigen auch kein Überschwingen. Sie werden aber wegen schlechter Eigenschaften im Frequenzbereich kaum genutzt. Das Bessel-Filter schwingt fast nicht und ist das weichste. Ein guter Kompromiß für alle Fälle scheint das Butterworth-Filter zu sein. Nach Begutachtung wird das Grafikfenster geschlossen.

Für einen Vergleich im Frequenzbereich wird der Betrag der Übertragungsfunktion bestimmt. Zunächst erzeugen wir den Einheitsimpuls mit:

```
IMPULS=Lang(xDel(0,1e-3),4096)
IMPULS[2]=4096
```

Die Übertragungsfunktionen ergeben sich aus den nachfolgenden Anweisungen:

```
A_BUTTERWORTH=Kmpl(FFT(FiltTP(IMPULS,0,0,2,10)))
A_BESSEL=Kmpl(FFT(FiltTP(IMPULS,1,0,2,10)))
A_TSCHEBYSCHEW05=Kmpl(FFT(FiltTP(IMPULS,2,0.5,2,10)))
A_TSCHEBYSCHEW3=Kmpl(FFT(FiltTP(IMPULS,2,3,2,10)))
A_KRITISCHE_DÄMPFUNG=Kmpl(FFT(FiltTP(IMPULS,3,0,2,10)))
```

Hinweis: Für »Notfälle« befinden sich diese Anweisungen in Form der Sequenz MEHR2.SEQ im Verzeichnis BUCH\FAMOS\PROJEKTE\6 der Buch-CD.

Für die anschließende grafische Darstellung der fünf neuen Variablen verwenden wir wieder ein einziges Koordinatensystem mit gemeinsamer y-Achse und Gitterlinien. Dabei deckt die x-Achse in logarithmischer Teilung den Bereich zwischen *1* und *100 Hz* ab, während die y-Achse mit 8 Teilstrichmarkierungen von *-30* bis *5 dB* reicht (vgl. Abbildung 6.14).

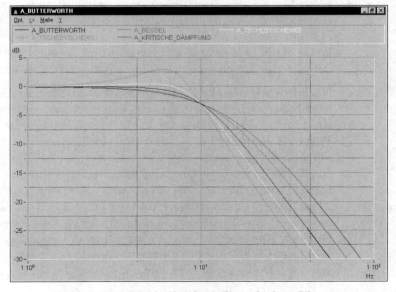

Abbildung 6.14: Impuls-Charakteristik verschiedener Filtertypen

Alle Tiefpaßfilter haben bei der Frequenz 0 eine Dämpfung von 0 dB, und bei der von uns gewählten Grenzfrequenz von 10 Hz beträgt die Dämpfung stets 3 dB. Je weniger die Filter im Zeitbereich schwingen, desto weniger stark unterdrücken sie höhere Frequenzen. Da alle Filter dieselbe Ordnung haben, fallen die Kurven im rechten Teil der Diagramme annähernd gleich ab, bei Filtern 2. Ordnung mit circa 40 dB/Dekade. Wie bereits angedeutet, gilt diese Regel für digitale Filter nur näherungsweise.

Hinweis: Sollten die angegebenen Werte aus der selbst erzeugten Abbildung nicht in dieser Form ablesbar sein, ist im Grafikfenster mit OPT. – *Darstellung* zu überprüfen, ob als *Referenz für dB-Anzeige* der korrekte Wert 1 angegeben ist. In der FAMOS-Sprache ist in diesem Fall der Wert *1.00000E+0* angegeben.

6.5 Überreaktionen

Alle digitalen wie analogen Filter zeigen ein nicht zu verhinderndes Einschwingphänomen. Denn nachdem ein Signal auf das Filter gegeben wurde, muß sich das interne Gedächtnis des Filters erst einmal füllen. Je nach Grenzfrequenz dauert dieses Einschwingen mehr oder weniger lange. Während dieser Phase ist das Ergebnis des Filters zwar mathematisch korrekt, entspricht aber optisch nicht dem vom Filter erwarteten Verhalten. Das Phänomen selbst erklärt sich folgendermaßen: Bei den meisten Filtern wird das Gedächtnis mit Nullen vorinitialisiert, also hatte das Signal vor Beginn der Filterung scheinbar den Wert 0. Wird nun das eigentliche Signal auf das Filter gegeben, steigt der Pegel sprunghaft an. Dieser real nicht vorhandene Sprung wird zunächst mitgefiltert und bewirkt das Einschwingen.

FAMOS schwächt diesen Effekt bei Tiefpaßfiltern und Bandsperren durch einen kleinen Trick ab, denn anstelle der festen 0 wird hier der erste Wert des Datensatzes als »Vorgeschichte« des Signals verwendet. Auf diese Weise ergibt sich nicht der übliche Sprung, sondern allenfalls ein Knick, so daß sich das Einschwingen weniger unangenehm bemerkbar macht.

Nachdem wir das alte Grafikfenster geschlossen und die Variablenliste geleert haben, schauen wir uns das beschriebene Phänomen näher an. Das Ausgangsmaterial bildet die Variable SCHWING, die in der Datei FILTER.DAT zu finden ist. Sie wird zunächst im Originalzustand gefiltert. Anschließend erzeugen wir eine Kopie von SCHWING, nennen sie SCHWING_0 und ersetzen den entscheidenden ersten Wert durch eine 0. Damit unterscheidet sich der erste Wert des Datensatzes um etwa 20 Einheiten vom Mittelwert, und wir erzwingen beim anschließenden Filtern einen Einschwingvorgang, der in der Realität kaum auftreten dürfte. Wer sich Tipparbeit sparen möchte, öffnet das Sequenzfenster, lädt mit der Sequenz SCHWING.SEQ die nachfolgenden vier Anweisungen und führt sie aus. Alle übrigen Leser legen selbst Hand an.

Überreaktionen

```
SchwingWenig=FiltTP(SCHWING,0,0,2,20)
SCHWING_0=SCHWING
SCHWING_0[1]=0
SchwingViel=FiltTP(SCHWING_0,0,0,2,20)
```

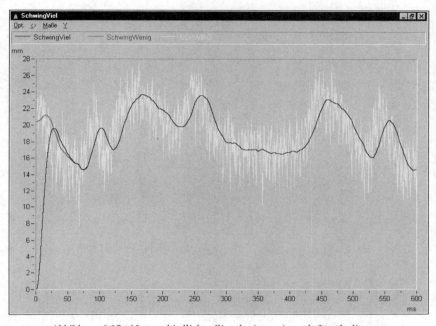

Abbildung 6.15: Unterschiedliches Einschwingen je nach Startbedingung

Stellen wir SCHWINGWENIG, SCHWINGVIEL und SCHWING in einem Koordinatensystem mit gemeinsamer y-Achse dar und spielen ein wenig mit Variablenreihenfolge und Farbabstufung, wird der Effekt deutlich sichtbar (vgl. Abbildung 6.15): Der erzeugte Datensatz SCHWINGWENIG stellt das Resultat der üblichen Tiefpaßfilterung dar und zeigt dank des FAMOS-Tricks nur ein geringes Einschwingen. In SCHWINGVIEL haben wir den ersten Wert des zu filternden Datensatzes auf 0 gesetzt, und täuschen das Filter damit über die wahre Signalvorgeschichte. Dies wird deutlicher, wenn wir den Anfangsbereich zoomen. Man erkennt, wie sich das Ergebnis der Filterung vom Pegel 0 ausgehend langsam dem Signal nähert. Nach etwa 70 ms sind beide Filterergebnisse nicht mehr zu unterscheiden (vgl. Abbildung 6.16). Nach Begutachtung wird das Grafikfenster geschlossen und die Variablenliste geleert.

Hinweis: Bei Hoch- und Bandpässen ist stets mit starkem Einschwingen zu rechnen.

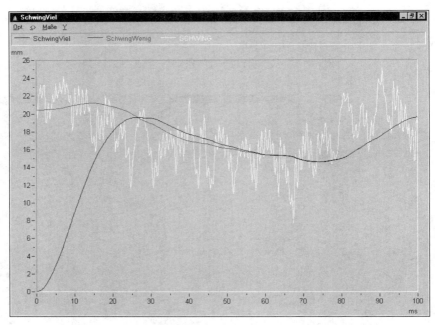

Abbildung 6.16: Gezoomt werden die unterschiedlichen Einschwingprozesse deutlicher

6.6 Frequenzen

Wie schon angedeutet, hat auch die gewählte Abtastfrequenz für die Filterung eine Bedeutung. Wenn ein Signal mit konstanter Frequenz abgetastet wird, kann die Signalaufzeichnung nur Frequenzanteile bis zur halben Abtastfrequenz korrekt wiedergeben. Wir wollen das mit einem Beispiel verdeutlichen. Denken wir uns ein Meßsignal, das ausschließlich aus alternierenden Nullen und Einsen besteht. Wird ein solches Signal mit einer Abtastrate von 1 kHz aufgezeichnet, ergibt sich ein Meßwert pro Millisekunde. Ein kompletter Zyklus, bestehend aus einer Null und einer Eins, benötigt somit mindestens 2 ms für die Aufzeichnung. Pro Sekunde lassen sich also maximal 500 Signalzyklen aufzeichnen, was einer maximalen Signalfrequenz von 500 Hz und damit der Hälfte der Abtastfrequenz entspricht.

Daraus ergibt sich, daß ein digitales Filter keine Frequenzanteile oberhalb der halben Abtastfrequenz filtern kann, und auch die Übertragungsfunktion ist nur bis zur halben Abtastfrequenz definiert. Wurde demnach ein Signal mit 1 kHz abgetastet, dann ist ein Tiefpaßfilter mit 2 kHz Grenzfrequenz sinnlos. Die FAMOS-Filterfunktionen sind so ausgelegt, daß sie diesen Fall als entartetes Filter auffassen. Wenn also alle Frequenzen oberhalb von 2 kHz unterdrückt werden sollen, diese jedoch gar nicht vorhanden sind, wird automatisch ein Eins-Filter gerechnet, d. h., die Übertragungsfunktion ist 1. Somit stimmt das Resultat der Filterung mit dem

Eingangssignal überein. Entartete Filter können aber auch zu einem Null-Signal führen. Wenn im gleichen Beispiel bei 1 kHz Abtastfrequenz ein Hochpaß mit 2 kHz Grenzfrequenz gerechnet werden soll, dann werden alle Frequenzen unterhalb von 2 kHz weggeschnitten, also auch die ordnungsgemäß aufgezeichneten Frequenzen unter 500 Hz.

Normalerweise hängt also der Filterentwurf von der Abtastrate ab. Somit müssen bei wechselnden Abtastraten neue Filterentwürfe durchgeführt werden, was die Filterung zusätzlich erschwert. Die FAMOS-Filterfunktionen haben demgegenüber den Vorteil, daß Signale mit beliebiger Abtastrate gefiltert werden können. Denn die Abtastrate der übergebenen Datensätze wird von internen Funktionen berücksichtigt.

6.7 Typen gibt's

Für einen direkten Vergleich der bereits zu Beginn angesprochenen klassischen Filtertypen reichen sechs Anweisungen aus. Wer sich die Handarbeit sparen möchte, lädt die Sequenz TYPEN.SEQ, die sich im Verzeichnis BUCH\FAMOS\PROJEKTE\6 der Buch-CD befindet, und führt sie aus.

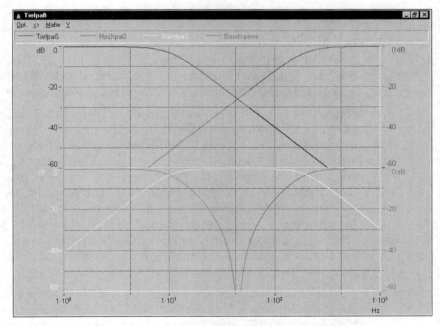

Abbildung 6.17: Betragsfrequenzgang der klassischen Filtertypen

Mit den ersten beiden Anweisungen erzeugen wir wieder einmal ein Einheitssignal:

```
IMPULS2=Lang(xDel(0,1e-4),16384)
IMPULS2[2]=16384
```

Anschließend wird der Betragsfrequenzgang für die vier klassischen Filtertypen errechnet:

```
TIEFPAß=Kmpl(FFT(FiltTP(IMPULS2,0,0,2,10)))
HOCHPAß=Kmpl(FFT(FiltHP(IMPULS2,0,0,2,200)))
BANDPAß=Kmpl(FFT(FiltBP(IMPULS2,0,0,4,10,200)))
BANDSPERRE=Kmpl(FFT(FiltBS(IMPULS2,0,0,4,10,200)))
```

Für eine hübsche grafische Darstellung erhalten Hoch- und Tiefpaß sowie Bandpaß und -sperre getrennte Koordinatensysteme jeweils mit gemeinsamer y-Achse. Die x-Achse wird logarithmisch zwischen *0.001 kHz* und *1 kHz* geteilt, und beide y-Achsen erhalten die Grenzwerte *-60 dB* und *0 dB*. Durch Gitterlinien verbessern wir die Lesbarkeit (vgl. Abbildung 6.17). Nach Begutachtung schließen wir das Grafikfenster und leeren die Variablenliste.

6.8 DFilt-spezial

Das FAMOS-Handbuch beschreibt die gängige Anwendung der Funktion *DFilt*, die sich in Position *3> Digitale Filter, Glätten* des Bereichs *Funktionen* befindet. Mit ihrer Hilfe läßt sich ein Datensatz digital filtern. Das Filter selbst wird dabei über einen Koeffizienten-Datensatz spezifiziert.

Neben den in der Programmdokumentation genannten Anwendungen gibt es einige spezielle Einsatzgebiete, über die man sich gesondert Gedanken machen muß. Ein Beispiel hierfür ist das mathematische Ableiten mit vorausgehendem Glätten. »Differenzieren rauht auf!« ist nämlich eine durchaus wahre Aussage. Gemeint ist damit, daß ein Meßsignal mit geringem Rauschen zu einem extrem verrauschten Ergebnis führt, wenn man die erste Ableitung des Signals bildet. Optisch ist das Resultat meist sogar vollkommen unbrauchbar. Ist das Rauschen aber klein, reicht im allgemeinen schon ein geringes Glätten, um den Effekt zu verhindern. Ein einfacher Algorithmus ist das Bilden der Differenz, aber nicht von benachbarten, sondern von etwas weiter voneinander entfernteren Werten.

Für eine Demonstration sparen wir uns jegliche Handarbeit, laden die Variable SINUS_X aus der Datei FILTER.DAT und führen dann die vorgefertigte Sequenz DIFF_X.SEQ aus. Sie verwendet verschiedene Verfahren zur Differentiation. Dabei entsteht die Variable ABLEITUNG_DIFF durch Differenzieren des Ursprungssignals SINUS_X. ABLEITUNG_GLA ist das Ergebnis der Differentiation des zuvor geglätteten Datensatzes und ABLEITUNG_DFILT kommt durch Verwendung der Funktion *DFilt* zustande. Nähere Einzelheiten finden Interessierte im Kommentar, der der Sequenz vorangestellt ist.

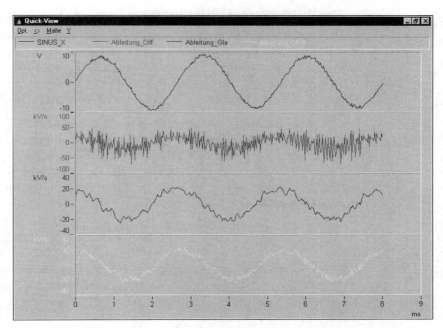

Abbildung 6.18: Notwendigkeit des Glättens bei der Differentiation

Wird das Ursprungssignal mit den drei Ableitungen in getrennte Koordinatensysteme mit automatisch skalierten Achsen gezeichnet, ist deutlich zu erkennen, daß bei dem eigentlich recht wenig verrauschten Signal SINUS_X die Ableitung allein ein unbefriedigendes Resultat liefert, so daß Glättungsschritte unumgänglich sind (vgl. Abbildung 6.18). Nach Begutachtung löschen wir das Grafikfenster und alle Variablen.

6.9 Aus eins mach viel

Theoretisch scheint die mathematische Integration eine recht einfache Operation zu sein. Sie erweist sich aber als tückisch, wenn es um Meßsignale geht. Ein typisches Beispiel bei Schwingungsuntersuchungen ist die Messung der Beschleunigung. Beschleunigungssensoren sind weit verbreitet und robust. Wenn neben der Beschleunigung noch die Geschwindigkeit bzw. Schnelle und der Weg interessieren, werden üblicherweise keine zusätzlichen Meßfühler und weitere AD-Kanäle eines Meßsystems benötigt. Denn aus der Beschleunigung lassen sich durch mehrfaches Integrieren die anderen Größen nachträglich ermitteln. Nun ist jede Messung mit einem Fehler behaftet. Bei der Bestimmung der Beschleunigung sind Offsetfehler besonders unangenehm, die zum einen durch Sensor und Verstärker, zum anderen durch den AD-Wandler bedingt sind. Mit stabilen Offsets läßt sich dabei besser leben als mit sehr langsam driftenden. Wird ein vorhandener Offset integriert, führt dies zu einem starken Anstieg des Integrals. Interessanterweise verursachen bereits kleine Offsets völlig unbrauchbare Integrale. Die Integralfunktion hat nämlich bei der Frequenz 0 eine Polstelle. Somit bewirkt ein konstanter DC-Anteil im Signal, daß das Integral gegen unendlich strebt. Ist der Offset konstant und bekannt, kann er natürlich vor der Integration abgezogen werden. Wir behandeln hier den ungünstigsten Fall, nämlich unbekannte und sogar langsam veränderliche Offsets.

Als Ausgangsmaterial verwenden wir die Variable BESCHLEUNIGUNG aus der Datei FILTER.DAT. Sie soll einer Beschleunigung entsprechen und integriert werden, um die SCHNELLE bzw. Geschwindigkeit zu erhalten, die wiederum integriert wird, um den WEG zu ermitteln. Der einfache Ansatz unter Zuhilfenahme der Funktion *Int* in Position 4> *Integration, Grundrechenarten* lautet:

```
SCHNELLE=Int(BESCHLEUNIGUNG)
WEG=Int(SCHNELLE)
```

Werden die drei Variablen in getrennten Koordinatensystemen dargestellt, ist zu erkennen, daß bereits der Verlauf von SCHNELLE instabil ist. Damit kann WEG ebenfalls kein korrektes Ergebnis mehr liefern (vgl. Abbildung 6.19).

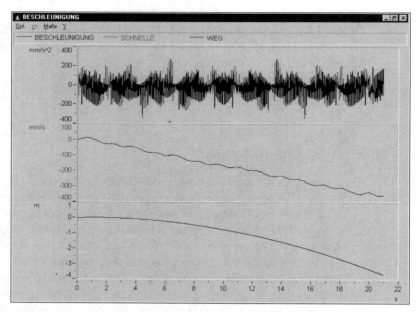

Abbildung 6.19: Bei der Integration zeigen sich Driftphänomene

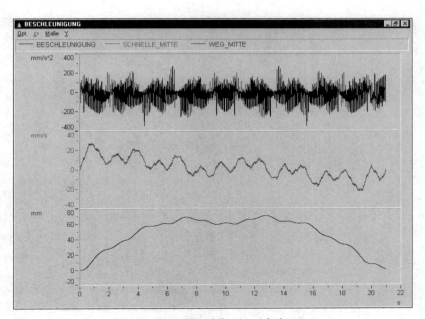

Abbildung 6.20: Der Offset ist nicht konstant

Im nächsten Schritt ziehen wir vor jeder Integralbildung den Offset ab, den wir über die Funktion *Mitte* aus Position 7> *Statistik* einfach als konstanten Mittelwert des Signals definieren:

```
SCHNELLE_MITTE=Int(BESCHLEUNIGUNG-Mitte(BESCHLEUNIGUNG))
WEG_MITTE=Int(SCHNELLE_MITTE-Mitte(SCHNELLE_MITTE))
```

Werden die beiden neuen Variablen und BESCHLEUNIGUNG in getrennten Koordinatensystemen dargestellt, sieht das Ergebnis für SCHNELLE_MITTE schon deutlich besser aus, obwohl weiterhin eine Drift nach unten zu erkennen ist. WEG_MITTE verläuft in einem großen Bogen, was ein eindeutiges Indiz für einen nicht konstanten Offset ist (vgl. Abbildung 6.20).

Instabile Offsets verändern sich recht langsam bzw. schleichend. Um sie auszublenden, begrenzt man typischerweise im Bereich von 0.1 Hz bis 10 Hz und schneidet damit die tiefsten Frequenzen weg. Dazu ist vor der Integration eine Hochpaßfilterung durchzuführen. In unserem Beispiel soll ein Filter 2. Ordnung eingesetzt werden. Allgemein gilt: Je niedriger die Grenzfrequenz ist, desto weniger Nutzsignal wird weggeschnitten. Wir starten zunächst einen Versuch mit 0.05 Hz:

```
F1=0.05
F2=0.05
SCHNELLE_005=Int(FiltHP(BESCHLEUNIGUNG,0,0,2,F1))
WEG_005=Int(FiltHP(SCHNELLE_005,0,0,2,F2))
```

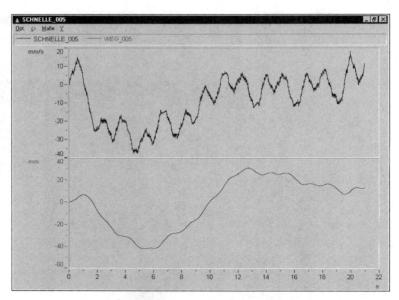

Abbildung 6.21: Die Grenzfrequenzen stimmen noch nicht ganz

Die grafische Darstellung des Ergebnisses läßt noch jeweils einen großen Bogen für Geschwindigkeit und Weg erkennen (vgl. Abbildung 6.21). Um diese Folge der Drift zu eliminieren, verwenden wir in einem weiteren Versuch eine Grenzfrequenz von 0.5 Hz.

```
F1=0.5
F2=0.5
SCHNELLE_05=Int(FiltHP(BESCHLEUNIGUNG,0,0,2,F1))
WEG_05=Int(FiltHP(SCHNELLE_05,0,0,2,F2))
```

Wie der Grafik zu entnehmen ist, kann dieses Resultat endlich zufriedenstellen. Wir entfernen alle Grafikfenster und leeren die Variablenliste.

Hinweis: Man erhält niemals perfekte Resultate. Offset und Drift sind unregelmäßig und enthalten oft auch Frequenzanteile, die im Frequenzbereich des Nutzsignals liegen. Wenn man weiß, daß Signale unterhalb einer bestimmten Frequenz für die nachfolgenden Auswertungen uninteressant sind, sollte man gleich die entsprechende Hochpaßfilterung vornehmen. Die dabei einzusetzenden Grenzfrequenzen für die Hochpässe müssen zumeist experimentell ermittelt werden. Man beginnt dabei in der Regel mit einer sehr niedrigen Frequenz und erhöht solange, bis die Drift verschwunden ist. Auch die Frage, ob Grenzfrequenzen aufeinanderfolgender Filterungen, in unserem Fall *F1* und *F2*, gleich sein dürfen, muß experimentell geklärt werden. Meist ergeben sich bei gleichen Frequenzen durchaus brauchbare Ergebnisse. Wenn das Beschleunigungssignal zu rauh aussieht, kann es nach Berechnung des Wegs geglättet werden. Generell gilt, daß immer zuerst der Offset entfernt oder der Hochpaß berechnet wird. Erst anschließend erfolgt der Integrationsschritt.

Bauanleitung

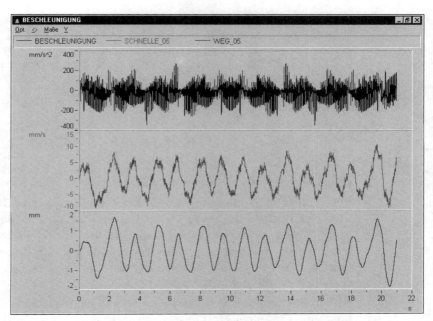

Abbildung 6.22: Endlich mit richtigen Filtereinstellungen

Grenzen: Wenn sich der Offset unregelmäßig ändert, und zwar in einem Frequenzbereich, in dem auch die Meßwerte erwartet werden, so ist das ganze Unternehmen zum Scheitern verurteilt. Ändert sich der Offset z. B. innerhalb weniger Sekunden immer wieder, kann man sagen, der Offset schwankt mit Frequenzen im Bereich von etwa 1 Hz. Alle Frequenzanteile unterhalb von wenigen Hertz müssen also weggefiltert werden. Interessieren aber gerade so langsame Frequenzen, steht man vor einem Dilemma.

6.10 Bauanleitung

Für eine Reihe von Filteraufgaben ist die kontinuierliche Übertragungsfunktion des Filters gegeben. Solche Aufgaben lassen sich sehr elegant mit dem Filterentwurfsprogramm erledigen, indem man die kontinuierlichen Koeffizienten direkt einträgt und den digitalen Filterentwurf erhält. Soll der Ablauf automatisiert werden, müssen noch Sequenzen konstruiert werden. Die Berechnungsvorschrift einer Übertragungsfunktion für das analoge Filter 2. Ordnung lautet allgemein formuliert:

$$A(p) = \frac{ad_0 + p \cdot ad_1 + p^2 \cdot ad_2}{ac_0 + p \cdot ac_1 + p \cdot ac_2}$$

Ein Beispiel hierzu sind mechanische Schwingungen, die auf den menschlichen Körper unangenehm wirken. Je nach Körperlage und je nach Schwingungsrichtung ist das Empfinden unterschiedlich. So wird zur Bewertung von Hand-Arm-Schwingungen entsprechend DIN 45 671 folgendes Filter benutzt:

$$A(p) = \frac{1 + p \cdot 0.01s}{1 + p \cdot (\frac{1}{64})s + (p \cdot 0.01s)}$$

Dabei ist p die komplexe Frequenz und s steht für Sekunden.

Mit Hilfe der Sequenz ANABIQ2.SEQ, die zuvor aus dem Verzeichnis BUCH\FAMOS\PROJEKTE\6 der Buch-CD in das *imc*-Sequenzverzeichnis kopiert werden sollte, läßt sich die Filterung direkt durchführen. Zur Beurteilung der Filtereigenschaften verwenden wir den impulsförmigen Datensatz IMPULS_X als Eingangssignal, der in der Datei FILTER.DAT enthalten ist und geladen werden muß.

Alle Koeffizienten werden vor dem Sequenzaufruf definiert, nicht vorhandene müssen dabei zu 0 gesetzt werden. Neben den in den obigen Gleichungen enthaltenen Parametern ist noch eine Bezugsfrequenz fg anzugeben. Diese Angabe ist nicht kritisch, da sie lediglich im Bereich der Grenzfrequenzen der Filter liegen sollte.

Soll alles von Hand eingegeben werden, sind folgende Anweisungen erforderlich:

```
fg=5
ac0=1
ac1=1/64
ac2=0.01 * 0.01
ad0=1
ad1=0.01
ad2=0
Sequ ANABIQ2 RESULT IMPULS_X fg ac0 ac1 ac2 ad0 ad1 ad2
```

Anschließend bestimmen wir mit

```
SPEKTRUMX=Kmp1(FFT(RESULT))
```

den Betragsfrequenzgang und stellen SPEKTRUMX grafisch dar (vgl. Abbildung 6.23).

Hinweis: Wieder läßt sich Arbeit sparen, wenn die gesammelten Befehle einfach mit der Sequenz ANALOGX.SEQ geladen und abgearbeitet werden. Dazu muß IMPULS_X in der Variablenliste aufgeführt sein. ANABIQ2.SEQ wird von ANALOGX.SEQ automatisch aufgerufen, muß dazu aber im Sequenzverzeichnis vorhanden sein.

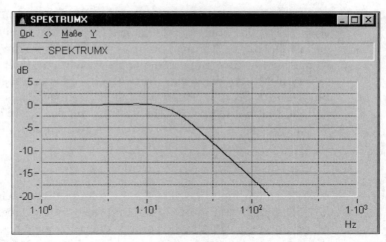

Abbildung 6.23: *Die Wirksamkeit des konstruierten Filters zeigt die Übertragungsfunktion*

Für Interessierte: In der Sequenz ANABIQ2 wird ein einfacher Filterentwurf mit Hilfe der bilinearen Transformation durchgeführt. Dabei werden bis auf eine alle anderen Frequenzen verfälscht. Die größte Abweichung liegt nahe der halben Abtastfrequenz. Kein Filterentwurf ist ideal, also auch dieser nicht. Hat das Filter mehrere Grenzfrequenzen, kann irgendeine als *fg* benutzt werden oder auch irgendeine Frequenz dazwischen. Hat man keine Kenntnisse über Grenzfrequenzen, wählt man als Wert z. B. 0.1 * Abtastfrequenz.

6.11 Kleiner machen

Da wir gerade wieder einmal bei der Abtastfrequenz angelangt sind, wollen wir einen Seitenblick einschieben. Oft werden Signale nämlich mit deutlich höherer Frequenz abgetastet als eigentlich nötig ist, was mehrere Ursachen haben kann:

▶ Der Verlauf des Signals ist vor der Messung unbekannt, und sicherheitshalber wird eine hohe Abtastfrequenz gewählt, um bei der Messung auf keinen Fall etwas zu verpassen.

▶ Es liegt kein gutes Antialiasing-Filter für die passende Abtastrate vor. Also muß höher abgetastet werden.

▶ Eine nachträgliche Auswertung zeigt hochfrequente Signale, die ausschließlich dem Rauschband zuzuordnen sind oder einfach nicht interessieren.

In all diesen Fällen sind große, unhandliche Datenmengen vorhanden, die in jeder Hinsicht ungünstig sind und deren Reduktion nun anhand der Variable ZUVIEL aus der Datei FILTER.DAT durchgespielt werden soll. Doch zuvor schließen wir alle Grafikfenster und leeren die Variablenliste.

Bei ZUVIEL handelt es sich um ein annähernd sinusförmiges Signal von etwa 10 Hz, das von einer sinusförmigen Störung von etwa 60 Hz überlagert ist. Bei dieser Störung könnte es sich ebensogut um Rauschen handeln, so daß sie für die weitere Datenanalyse nicht von Interesse ist. Der Datensatz ist mit 1 kHz abgetastet worden, soll jetzt aber mit einer Abtastrate von nur noch 100 Hz gespeichert werden. Eine einfache Lösung für die gestellte Aufgabe besteht in einer Nachabtastung mit der Funktion *Tast* aus Position 5> *Interpolieren*, *Approximieren* Mit den Anweisungen:

```
REDUKTIONSFAKTOR=10
WENIGER=Tast(ZUVIEL,REDUKTIONSFAKTOR)
```

reduzieren wir die Abtastrate auf ein Zehntel. Stellen wir ZUVIEL und WENIGER gemeinsam grafisch dar und verwenden dabei dicke Punkte zur Markierung von WENIGER, zeigt das Resultat viele Ecken und Beulen und dazu sogar neue Schwingungen (vgl. Abbildung 6.24). Dies ist ein typischer Effekt des Aliasing. Das neue Signal, das mit 100 Hz abgetastet ist, kann nur Frequenzanteile bis 50 Hz korrekt darstellen, die Störung von 60 Hz wurde daher unvollständig abgetastet, was Verfälschungen zur Folge hat.

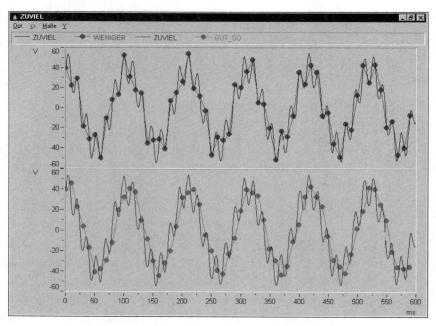

Abbildung 6.24: Mißlungene und gelungene Nachabtastung

Der richtige Weg besteht darin, zuerst Störungen zu unterdrücken und anschließend neu abzutasten. Dazu wird ein Tiefpaßfilter benutzt, dessen Grenzfrequenz knapp unterhalb der halben Abtastfrequenz liegt, wodurch es oberhalb der halben Abtastfrequenz deutlich dämpft. Je nach Stärke der

Störungen sollte das Filter eingestellt werden. Bei kleinen Störungen reicht es zumeist, 30 % bis 40 % der Abtastfrequenz und ein Filter 2. bis. 4. Ordnung zu wählen. Für unser Beispiel entscheiden wir uns für *40 %* und ein Tschebyschew-Filter mit *1 dB* Welligkeit. Extreme Filter haben wieder eigene Nebenwirkungen und kommen deshalb selten zum Einsatz. Mit der Anweisung

```
F=0.4/(xDel?(ZUVIEL)*REDUKTIONSFAKTOR)
```

bestimmen wir die Grenzfrequenz in Abhängigkeit vom gewählten Reduktionsfaktor sowie der Abtastrate der Variablen *ZUVIEL*, die mit *xDel?* ermittelt wird, und erhalten das Ergebnis 40 Hz. Die Anweisung

```
GUT_SO=Tast(FiltTP(ZUVIEL,2,1,2,F),REDUKTIONSFAKTOR)
```

reduziert anschließend die Abtastrate des gefilterten Signals (vgl. Abbildung 6.24).

6.12 Wie stark?

In vielen Analysen von Schall- und Schwingungsmessungen wird der gleitende Effektivwert gebildet, um die Stärke von Schwingungen über der Zeit sichtbar zu machen. Bei akustischen Signalen gibt der gleitende Effektivwert die Lautstärke an und errechnet sich aus

$$Eff(t) = \sqrt{\frac{1}{T} \int_{\tau=0}^{t} e^{\frac{\tau-t}{T}} U^2(\tau) d\tau}$$

Die Funktion *KBT*, abgelegt in Position *2> FFT, Korrelation, Terzanalyse*, kann benutzt werden, um diese Größe zu berechnen. Abgesehen von mehreren festen Parametern ist sie von einer Zeitkonstante abhängig. Als Beispiel wird – nach dem Entfernen überflüssiger Grafikfenster und Variablen – vom Signal SCHWINGUNG aus der Datei FILTER.DAT der gleitende Effektivwert mit der Zeitkonstanten *0.125 s* berechnet:

```
TAU=0.125
GLEITENDER_EFFEKTIVWERT=KBT(SCHWINGUNG,-1,-1,0,TAU,0,0,0,0)
```

Anschließend wird GLEITENDER_EFFEKTIVWERT zusammen mit dem Ursprungssignal in einem Koordinatensystem mit gemeinsamer y-Achse dargestellt (vgl. Abbildung 6.25).

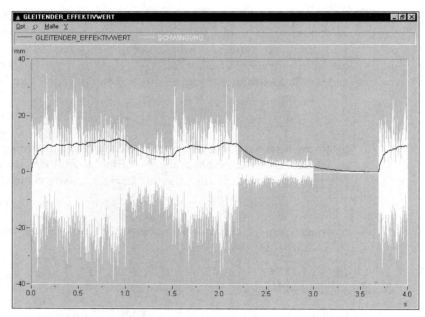

Abbildung 6.25: Der Effektivwert reduziert die optische Aussage auf das Wesentliche

6.13 Störspitzen kappen

Zeigt der Signalverlauf extreme Störungen, muß auf besondere Maßnahmen wie z. B. nichtlineare Filter zurückgegriffen werden. Beispielen für starke Störpulse auf einem Signal begegnet man bei Messungen an Motoren mit Kommutator, wenn der Stromfluß durch eine Induktivität plötzlich unterbrochen wird. Sie können auch bei Messungen an Umrichtern auftreten, wenn extrem starke Stromanstiege die Umgebung »verseuchen«. Meist resultieren solche pulsförmigen Störungen aus Schaltvorgängen. Lineare Filter haben in solchen Fällen keine Chance.

Für eine Demonstration wird das durch hohe, kurze Pulse gestörte Signal ZACK aus der Datei FILTER.DAT zunächst probehalber geglättet:

```
ZACK_GLATT=Glatt(ZACK,3e-5)
```

Die Funktion *Glatt* steht hier repräsentativ für alle linearen Filter. Bei grafischer Darstellung der beiden Variablen und Spreizung der y-Achse auf den Bereich zwischen *-8 V* und *8 V* ist deutlich zu erkennen, daß bei jedem Puls ein breites Artefakt entsteht (vgl. Abbildung 6.26). Alle üblichen linearen Tiefpaß- und Glättungsfunktionen erhalten den Mittelwert eines Signals. Damit wird jede Spitze plattgedrückt. Aus einer schmalen hohen Spitze wird ein breiter Hügel. Die Fläche unter beiden ist gleich. Die Filterung ist damit zwar mathematisch korrekt ausgeführt, für diese Anwendung aber unbrauchbar. Schon eher ist es denkbar, mit dem Dateneditor die einzelnen falschen Werte zu editieren und selbst Schätzwerte einzutragen.

Störspitzen kappen 321

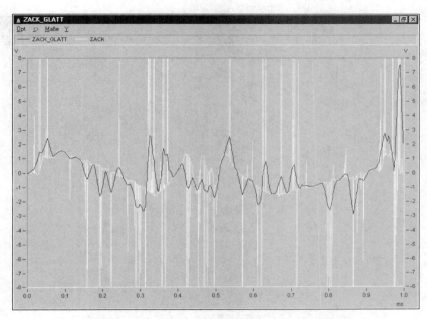

Abbildung 6.26: Entfernen von Störspitzen durch Glättung

Ein brauchbarer Lösungsansatz besteht in der Begrenzung der Signalsteilheit. Bei vielen physikalischen Prozessen können Signaländerungen nur mit bestimmten Geschwindigkeiten erfolgen. Das wird hier ausgenutzt. An den Stellen von Störspitzen werden extreme Signalanstiege sichtbar, die eigentlich nicht auftreten sollten und mit dem physikalischen Modell des Prozesses nicht erklärbar sind. Genau deshalb fallen sie dem Betrachter als Störungen auf.

Dasselbe Signal wird also nun so gefiltert, daß der Betrag seiner ersten Ableitung einen bestimmten Wert nicht überschreitet. Diese Grenze wird meist experimentell ermittelt. Ein erster Versuch mit *10 kV/s* und ein zweiter mit *150 kV/s* werden mit der Funktion *StGren*, Position *3> Digitale Filter, Glätten* durchgeführt:

```
ZACK_150=StGren(ZACK,150000)
ZACK_10=StGren(ZACK,10000)
```

In der grafischen Darstellung wird deutlich, daß die Begrenzung auf 10 kV/s offensichtlich viel zu stark ist. Dennes ist zu erkennen, wie dabei der gefilterte Verlauf langsam versucht, mit der maximal erlaubten Steigung dem Verlauf des Signals zu folgen. Die Begrenzung auf 150 kV/s liefert dagegen ein sehr gutes Resultat. An den meisten Stellen entspricht das gefilterte Signal sogar exakt dem Originalverlauf. Die Störungen werden damit auf ein Minimum reduziert. Nach erfolgreicher nichtlinearer Filterung kann nun natürlich das Signal mit den üblichen linearen Filtern weiterverarbeitet, z. B. weiter geglättet werden.

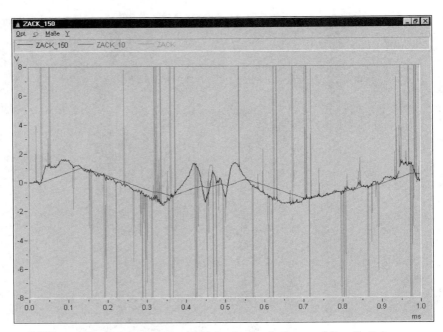

Abbildung 6.27: Durch geschickte Wahl der Anstiegsbedingung fallen alle Spitzen weg

Hinweis: Wenn mehrere lineare Filterungen durchgeführt werden, dann ist die Reihenfolge abgesehen von numerischen Effekten ohne Bedeutung. Wird aber ein nichtlineares Filter benutzt, ist die Reihenfolge entscheidend. Das hier benutzte Filter zur Steilheitsbegrenzung muß also immer zuerst angewendet werden.

Soweit unser recht ausführlicher Exkurs zum Thema Datenfilterung. Wir schließen nun alle Fenster und entfernen alle Variablen, um entweder aus dem Applikationsfenster heraus weiterzuarbeiten, oder aber um FAMOS vorübergehend zu schließen und das Ganze eine Nacht zu überschlafen. Im letzten Kapitel wollen wir Wege aufzeigen, ungewöhnliche Datenformate zur Analyse nach FAMOS zu übertragen, denn das Programm besitzt ein leistungsstarkes Hilfsmittel für den Dateiimport, den sogenannten Datei-Assistenten.

Dolmetscher 7

Nachdem wir nun wissen, wie schnell und komfortabel sich Datensätze mit FAMOS darstellen und analysieren lassen, rückt eine andere Frage in den Vordergrund. Denn all das, was wir bisher gesehen haben, gehorcht den FAMOS-Formatvorstellungen oder basiert auf einer einfach strukturierten ASCII-Datei. Aber welches der zahllosen Meßgeräte und Datenerfassungssysteme schreibt ein so angenehm einfaches Dateiformat oder gibt die Daten freundlicherweise direkt im FAMOS-Format aus?

Es kann als Ausnahme gelten, wenn Datensätze spezialisierter Meßsysteme unmittelbar nach FAMOS übernommen werden können. Häufiger ist der Fall, daß die verwendeten Dateiformate bei jeder Weiterentwicklung der zugehörigen Hardware leicht verändert wurden und inzwischen einen mehr oder minder großen Grad an Komplexität und damit verbundener Unübersichtlichkeit erreicht haben. Damit auch die Besitzer solcher Formate die Vorteile von FAMOS nutzen können, enthält die Software ein leistungsstarkes Zusatzprogramm namens Datei-Assistent. Mit diesem Werkzeug kann der Anwender die Struktur eines Datensatzes exakt beschreiben, so daß FAMOS anschließend alle Dateien mit gleicher Struktur vollkommen automatisch einliest.

Zur Beschreibung der Dateiorganisation und -struktur benötigt FAMOS eine sogenannte Konfiguration. Dabei handelt es sich um eine Liste von Anweisungen, die das Programm abarbeiten muß, um alle in der zu ladenden Datei abgelegten Informationen zu finden und korrekt zu interpretieren. Damit dies gelingt, müssen wir neben einer eindeutigen Beschreibung des Suchwegs auch die Eigenschaften des gerade gesuchten Objekts wie z. B. das verwendete Zahlenformat, und seinen Verwendungszweck innerhalb von FAMOS, also z. B. als x-Einheit mitteilen.

Um das verwendete Verfahren kennenzulernen, wollen wir in diesem Kapitel eine eigene Konfiguration aufbauen. Sie soll den Import von Dateien automatisieren, deren Aufbau der Datei MUSTER.BSP entspricht, die sich im Verzeichnis BUCH\FAMOS\PROJEKTE\7 der Buch-CD befindet. Zum Erreichen gleicher Startbedingungen sollte sie mit einem der üblichen Werkzeuge in das eigens angelegte Datenverzeichnis, in unserem Fall C:\IMC\TEST, der Festplatte kopiert werden.

Hinweis: Diese Datei wurde nicht von einem Datenerfassungssystem geschrieben, sondern per ASCII-Editor zusammengestellt. Ziel dabei war es, das prinzipielle Verfahren beim Aufbau einer Konfiguration deutlich zu machen und auch das Umschiffen vorhandener Klippen zu beschreiben. Konkrete Bezüge zu Dateiformaten eines bestimmten Unternehmens bestehen daher nicht.

7.1 Ganz vorne anfangen

Als vollkommen selbständiges Programm läßt sich der Datei-Assistent durch Anklicken seiner eigenen Programmikone in der *imc*-Gruppe starten. Für unser Beispiel ist es sinnvoller, zunächst FAMOS zu öffnen und den Befehl EXTRA – *Datei-Assistent* zum Aufruf zu verwenden. Es erscheint ein typisch gegliedertes Programmfenster, das über je eine Menü-, Werkzeug- und Statuszeile verfügt. Auf der Arbeitsfläche des Fensters finden wir die sogenannte Anweisungsliste, in der bisher nur eine einzige rudimentäre Anweisung verzeichnet ist. Wir vergrößern den Datei-Assistent bildschirmfüllend. In der Titelzeile weist uns die Angabe *Datei-Assistent <Unbenannt>* darauf hin, daß bisher kein Dateiname vergeben wurde (vgl. Abbildung 7.1).

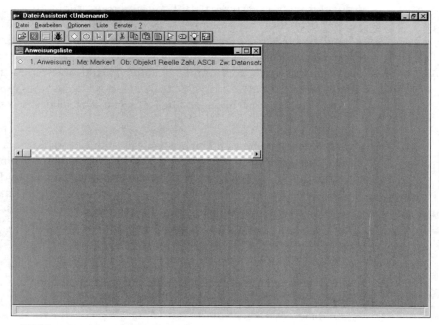

Abbildung 7.1: Grundkonfiguration des Datei-Assistenten mit magerer Anweisungsliste

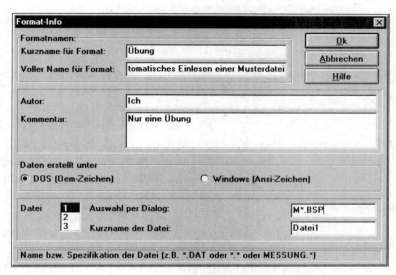

Abbildung 7.2: Dialog Format-Info mit geänderten Angaben

Dies läßt sich leicht ändern: Mit DATEI – *Konfiguration sichern* öffnen wir den Dialog *Format-Info*, der eine Reihe von Angaben zur geplanten Konfiguration abfragt (vgl. Abbildung 7.2).

Hinweis: Die sprachliche Verwirrung zwischen den Begriffen Konfiguration und Format stammt von den Autoren der Software und soll uns nicht weiter stören.

▶ Die erste Eingabezeile erfragt eine Kurzbezeichnung für das von uns zu erzeugende Format. Was hier eingegeben wird, erscheint im Bereich *Dateiformat* des FAMOS-Dialogs *Datei laden* (vgl. Abbildung 7.4). Um auch später noch erkennen zu können, daß es sich hier nur um eine Übung gehandelt hat, löschen wir die Vorgabe *Format1* und tragen hinter *Kurzname für Format* das Wort *Übung* ein.

▶ Die zweite Zeile, *Voller Name für Format*, läßt eine etwas ausführlichere Beschreibung zu, die in die Titelzeile des FAMOS-Dialogs *Datei laden* aufgenommen wird (vgl. Abbildung 7.4). Als Gedächtnisstütze geben wir *Automatisches Einlesen einer Musterdatei* ein.

Hinweis: Zwar bietet diese Eingabezeile Platz für 100 Zeichen, wegen der festgelegten Breite des Dialogs *Datei laden* wird aber nur der Anfang der Zeichenkette in die entsprechende Titelzeile übernommen (vgl. Abbildung 7.4). Es ist also ratsam, sich an dieser Stelle auf wenige Schlüsselworte zu beschränken.

▶ Sind mehrere Personen für den Aufbau von Konfigurationen zuständig, erweist es sich für spätere Rückfragen als nützlich, den jeweiligen Urheber im Feld *Autor* namentlich zu nennen. In unserem Fall können wir die Zeile offen lassen oder eine eigene Eintragung vornehmen. Da wir die Konfiguration selbst durchführen, genügt z. B. die Eintragung *Ich*.

▶ Jeder Konfiguration sollte im vierten Eingabefeld ein geeigneter *Kommentar* mitgegeben werden, der auch nach längerer Zeit über Sinn und Zweck informiert. Wir tragen fürs erste *Nur eine Übung* ein.

Hinweis: Dieser spärliche Kommentar entspricht unserem aktuellen Wissensstand über Leistungen und Einsatzgebiete der geplanten Konfiguration. Da Änderungen und Ergänzungen im nachhinein jederzeit möglich sind, reicht der vorhandene Text als Platzhalter aus (vgl. Kap. 7.9).

▶ Unsere Musterdatei basiert auf dem DOS-Zeichensatz, was wir durch Beibehalten des Vorschlags *DOS (Oem-Zeichen)* klarstellen. Würde das Windows-Format zugrundeliegen, müßten wir uns für die Alternative *Windows (Ansi-Zeichen)* entscheiden.

▶ Diverse Datenerfassungssysteme erzeugen im Verlauf einer Messung mehrere zusammengehörige Dateien. Der untere Bereich des Dialogs *Format-Info* erfragt alle Informationen, die notwendig sind, um auch in solchen Fällen das gesamte relevante Datenmaterial automatisch nach FAMOS übertragen zu können. Hier ist anzugeben, wie viele Dateien beim Einlesen zu berücksichtigen sind, und wie zusammengehörige Dateinamen identifiziert werden können. FAMOS kann maximal drei voneinander abhängige Dateien gemeinsam einlesen. Unterlegt und damit voreingestellt ist die *1*, also der Import einer Einzeldatei. Diese Einstellung deckt sich mit unserem Bedarf und wird nicht verändert.

Hinweis: Wird die *2* angeklickt, erscheint eine neue Auswahlliste mit der Grundeinstellung *Keine Datei*. Diese Angabe entspricht unserer bisherigen Auswahl, denn sie besagt, daß beim Einlesevorgang keine weitere Datei berücksichtigt werden muß. Wird die Liste aufgeklappt, ändert sich das Bild, denn mit den Vorgaben der Liste läßt sich FAMOS beibringen, wie eine zusätzlich benötigte zweite Datei automatisch zu erkennen ist (vgl. Abbildung 7.3). Zur Auswahl stehen: *Gleicher Name, andere Erweiterung, Gleiche Erweiterung, anderer Name* sowie *Fester Dateiname*. Nach passender Auswahl sind die Angaben zu den festliegenden Namensbestandteilen im Eingabefeld rechts neben der Liste zu präzisieren. Soll eine dritte Datei berücksichtigt werden, wiederholt sich der gerade beschriebene Vorgang. Da wir eine Einzeldatei einlesen wollen, kehren wir zur Ausgangssituation zurück, indem wir in der Klappliste *Keine Datei* anklicken und anschließend wieder die *1* in der Liste *Datei* unterlegen.

Abbildung 7.3: Klappliste zur Charakterisierung zusammengehöriger Dateien

▶ Grundsätzliche Angaben zur erwarteten Dateibezeichnung, also wiederkehrende Teile des Namens oder der Erweiterung, werden auch dann in das Eingabefeld rechts neben *Auswahl per Dialog* eingetragen, wenn nur eine Einzeldatei einzulesen ist. Wir gehen davon aus, daß die Bezeichnungen unserer Musterdateien stets mit »M« beginnen und die Erweiterung »BSP« tragen, und geben daher *M*.BSP* ein.

▶ Auf die Vergabe eines *Kurznamen der Datei* können wir verzichten. Wichtig wird diese Funktion nämlich nur dann, wenn beim Einlesen zwei oder drei Dateien parallel bearbeitet und sicher identifiziert werden müssen. Sicherheitshalber prägen wir uns aber die automatisch vergebene Bezeichnung *Datei1* ein, da sie uns noch mehrfach begegnen wird.

Wir geben das *OK* und landen im Dialog *Sichern einer Konfigurationsdatei*. FAMOS nimmt an, daß wir das standardgemäß für solche Dateien vorgesehene Laufwerk samt Pfad, in unserem Fall C:\IMC\DEF, zur Ablage verwenden wollen und macht einen entsprechenden Vorschlag. Wir akzeptieren ihn, geben unserer Konfigurationsdatei den Namen UEBUNG.FAS und verlassen den Dialog mit *OK*.

Hinweis: FAMOS sucht Konfigurationsdateien nur in einem einzigen Pfad. Wird also beim Speichern ein neuer Lagerplatz angegeben, so muß im FAMOS-Applikationsfenster mit OPTIONEN – *Verzeichnisse* der Dialog *Standardverzeichnisse festlegen* geöffnet und der Pfad für *Definitionsdateien* entsprechend angepaßt werden (vgl. Kap. 1.2). Dabei geht allerdings eventuell der Zugriff auf andere vorgefertigte Konfigurationsdateien verloren, selbst wenn sie der Bereich *Dateiformat* des Dialogs *Datei laden* weiterhin anbietet. Sollen sie wieder verwendbar werden, sind sie in das neue Verzeichnis zu übertragen. Wer sich also für einen neuen Lagerplatz entscheidet, provoziert nachfolgende Kopierarbeiten.

Hinweis: Ein Verzeichniswechsel für Konfigurationsdateien läßt sich auch direkt vom Datei-Assistenten aus regeln. Hier öffnet nämlich der Befehl DATEI – *Standard-Verzeichnis* den Dialog *Standard-Verzeichnis für *.fas-Dateien (Definitions-Verzeichnis)*, mit dem sich dieselben Änderungen durchführen lassen.

Mit dem Speichern der Konfigurationsdatei erfährt auch FAMOS von den Änderungen. Um dies zu zeigen, wechseln wir mit Alt ⇆ zu FAMOS und öffnen mit DATEI – *Laden* oder der entsprechenden Schaltfläche den Dialog *Datei laden (Famos-Format)*. Beim Durchblättern der Liste im Bereich *Dateiformat* finden wir die Eintragung *Übung (M*.BSP)*. Wird sie angeklickt, erhält der Dialogtitel die gewünschte Ergänzung (*Automatisches Einlesen einer Musterdatei*), und die Auswahl verfügbarer Datensätze wird stark reduziert. Geschickterweise hatten wir zu Beginn dieses Kapitels MUSTER.BSP in das Datenverzeichnis kopiert, so daß zumindest diese eine Datei im Bereich *Dateiname* aufgeführt ist (vgl. Abbildung 7.4). Da unsere Konfigurationsdatei noch keinerlei Funktionen besitzt, sollte der Dialog *Datei laden* jetzt mit *Abbrechen* verlassen werden. Mit Alt ⇆ kehren wir anschließend zum Datei-Assistenten zurück.

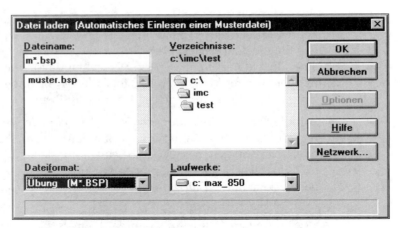

Abbildung 7.4: Im FAMOS-Dialog Datei laden finden wir unsere Angaben wieder

7.2 Schau'n wir mal

Die Anweisungsliste beschränkt sich auf eine einzige Zeile. Die nachgestellten Hinweise auf den Inhalt sind zu stark verschlüsselt, um uns weiterzuhelfen (vgl. Abbildung 7.1). So entscheiden wir uns, zunächst einen Blick auf die Struktur des einzulesenden Datensatzes zu werfen. Mit DATEI – *Beispieldatei laden* oder der bekannten Schaltfläche erreichen wir den Dialog *Laden einer Beispieldatei*. Wir wählen unser Datenverzeichnis C:\IMC\TEST. Wird MUSTER.BSP jetzt noch nicht in der Dateiliste angezeigt, entscheiden wir uns unter *Dateiformat* für *Alle Dateien(*.*)*.

Jetzt läßt sich die gewünschte Datei MUSTER.BSP anwählen. Mit dem *OK* verkleinert sich die Anweisungsliste und innerhalb des Datei-Assistenten öffnet sich ein weiteres Fenster namens *Dateiansicht <muster.bsp>*. Gleichzeitig nehmen Menü- und Werkzeugleiste des Datei-Assistenten eine neue Gestalt an (vgl. Abbildung 7.5). Über einem geräumigen und eng gefüllten Bereich zur Anzeige des Dateiinhalts informieren in der Dateiansicht drei Eingabefelder über die aktuelle Cursorposition sowie über Lage und Länge des augenblicklich markierten Dateiausschnitts. Da zunächst nur das erste Zeichen der ersten Zeile markiert ist, finden wir für die Cursorposition die Angabe *Pos: 1*, der Beginn des selektierten Bereichs liegt bei *Sel: 1*, und die Markierung hat die *Länge: 1*. Diesen Informationen nachgestellt ist ein Hinweis zur Gesamtlänge des Datensatzes, die exakt 29168 Zeichen beträgt (vgl. Abbildung 7.5).

Etwas mehr Übersicht schaffen wir durch BEISPIELDATEI – *ASCII-Darstellung zeilenweise* oder die entsprechende Schaltfläche der Werkzeugleiste. Jetzt läßt sich feststellen, daß in der Datei vor den eigentlichen Daten ein neunzeiliger Kopf plaziert ist (vgl. Abbildung 7.6). Sollen alle im Kopf untergebrachten Informationen auch in FAMOS verfügbar sein, dürften zum Import also einige Arbeitsschritte erforderlich werden. Damit wir Anweisungsliste und Dateiansicht künftig gleichzeitig im Blick haben, stellen wir die Fenster mit FENSTER – *Nebeneinander* gemeinsam auf dem Bildschirm dar.

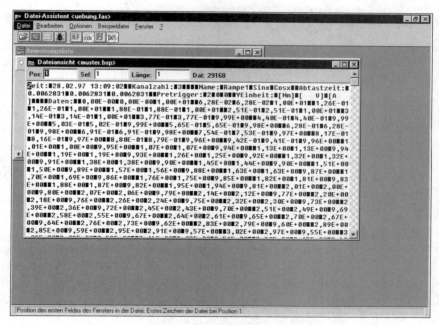

Abbildung 7.5: Zunächst wenig übersichtliche Dateiansicht

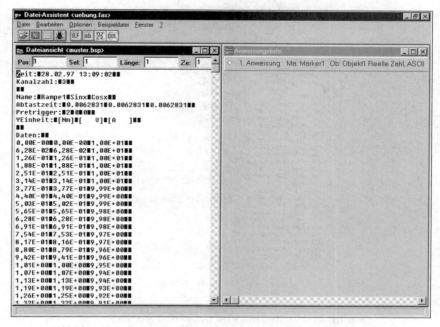

Abbildung 7.6: Besser: Dateiansicht <muster.bsp> mit Zeilenumbrüchen

Hinweis: Alle nicht druckbaren Zeichen, also z. B. Tabulatoren oder die Zeichen für einen Zeilenumbruch, werden in der Dateiansicht als schwarze Rechtecke dargestellt.

7.3 Erste Schritte

Die erste Dateizeile gibt offensichtlich Datum und Uhrzeit der Dateientstehung an. Diese Angaben auch in FAMOS zur Verfügung zu haben, könnte durchaus sinnvoll sein. Um entsprechende Anweisungen zu schreiben, wechseln wir durch Anklicken der Titelzeile oder mit dem Befehl FENSTER – *1 Anweisungsliste* das Fenster und setzen einen Doppelklick auf Anweisung 1. Es öffnet sich der Dialog *1. Anweisung: Marker* mit den vier Registern *Kommentar*, *Zweck*, *Marker* und *Objekt*. Der Name des geöffneten Registers – in unserem Fall *Marker* – wird dem Dialogtitel jeweils nachgestellt. Wir schieben den Dialog in die rechte untere Bildschirmecke, damit wir den Beginn der Dateiansicht weiterhin im Blick behalten (vgl. Abbildung 7.7).

Hinweis: Welche Fläche der Dialog abdeckt, hängt wieder einmal von den Grafikfähigkeiten des verwendeten Systems ab. Alle Abbildungen dieses Buchs beruhen auf einer Auflösung von 800 * 600 Punkten. Bei geringerer Auflösung dürfte außer diesem Dialog nicht mehr viel von den übrigen Fenstern sichtbar sein.

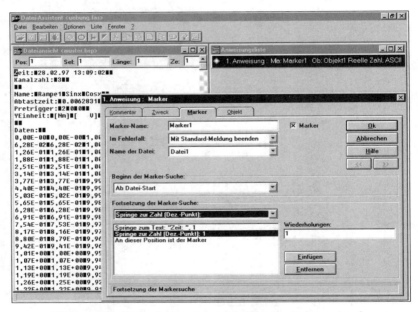

Abbildung 7.7: Dialog 1. Anweisung: Marker mit geänderten Angaben

Um relevante Informationen aus einer Datei zu entnehmen, braucht FAMOS eine präzise Beschreibung jeder Position, an der eine solche Information in der Datei zu finden ist. An der entsprechenden Stelle wird ein sogenannter Marker gesetzt, und an dessen Position startet anschließend der Lesevorgang.

Die benötigte Positionsinformation entnimmt das Programm dem Register *Marker*, das bereits geöffnet ist. Es enthält eine Reihe von Eingabefeldern und Schaltkästchen, die wir uns etwas näher ansehen sollten.

Hinweis: Zu den Schaltflächen *OK*, *Abbrechen* und *Hilfe* dürften keine Erklärungen notwendig sein. Mit den Vorwärts- und Rückwärts-Scrollschaltflächen, die in allen Registerkarten dieses Dialogs verfügbar sind, läßt sich zwischen den einzelnen Anweisungen der Liste umschalten. Da wir gerade die erste und einzige Anweisung formulieren, sind zur Zeit beide Schaltflächen inaktiv.

▶ Beim gerade bearbeiteten Marker handelt es sich um den ersten. Der automatisch vergebene *Marker-Name: Marker1* in der ersten Eingabezeile entspricht daher durchaus den Gegebenheiten und kann unverändert bleiben.

Hinweis: Wer es perfekt machen möchte, wählt einen Namen, der deutlich macht, daß der aktuelle Marker die Position von Datum und Uhrzeit anzeigen soll. Dies dürfte mit ein wenig Kreativität unter Verwendung der erlaubten 30 Zeichen gelingen.

▶ Ebenso können wir uns damit zufriedengeben, daß FAMOS *Im Fehlerfall* eine Standardmeldung ausgibt und den Einlesevorgang beendet, so daß wir auch den Programmvorschlag *Mit Standardmeldung beenden* akzeptieren.

Hinweis: Die Formulierung individueller Fehlermeldungen erfolgt mit Hilfe des Befehls OPTIONEN – *Fehlermeldungen*. Er öffnet den Dialog *Fehlermeldungen*, der alle bereits vorhandenen Meldungen auflistet und die Eingabe eigener Texte für Fehlermeldungen erlaubt. Dazu muß der Dialog *1. Anweisung* aber geschlossen sein, weswegen wir diesen Sachverhalt hier nicht austesten! Um auf diesem Wege definierte Meldungen zu verwenden, wird in den Registern *Marker* oder *Objekt* die Klappliste *Im Fehlerfall* geöffnet und eine geeignete Meldung ausgewählt. Soll das Programm trotz eines Fehlers fortgesetzt werden, ohne daß eine Fehlermeldung erfolgt, ist die Alternative *Fehler nicht beachten* zu wählen. Bei erfolgloser Markersuche wird dem Marker hier übrigens der Wert 0 zugewiesen, was sich bei der Extraktion optional vorhandener Dateieinträge nutzen läßt.

▶ Daß der *Name der Datei* intern *Datei1* lautet, hatten wir bereits im Dialog *Format-Info* festgestellt und akzeptiert. Änderungen sind also jetzt nicht erforderlich (vgl. Kap. 7.1).

▶ Im Zusammenhang mit der ersten Suchanweisung erscheint es durchaus sinnvoll, in der Rubrik *Beginn der Marker-Suche* die Option *Ab Datei-Start* zu wählen.

Hinweis: Weiter unten in diesem Kapitel werden wir die Markersuche auch an der aktuellen Markerposition fortsetzen. Auf diese Weise läßt sich ein wiederholtes Durchmustern der gesamten Datei vermeiden und beim Einlesen – insbesondere großer Datensätze oder komplexer Formate – viel Zeit sparen.

▶ Größere Eingriffe sind im Bereich *Fortsetzung der Marker-Suche* erforderlich. Da hier lediglich die Angabe *An dieser Position ist der Marker* zu lesen ist, befindet sich Besagter offenbar noch an seiner Startposition, also am Anfang der Datei. Um ihn zu bewegen, müssen wir weitere Befehle in die Liste einbauen, so daß wir zunächst die Schaltfläche *Einfügen* anklicken. Daraufhin erscheint im Bereich *Fortsetzung der Marker-Suche* eine neue Auswahlliste, die uns zunächst *Weiter um Bytes* anbietet. Praktischer wäre es, den Marker im ersten Schritt hinter der Zeichenfolge »Zeit:« zu plazieren, da diese offenbar immer in der ersten Zeile unserer Musterdateien auftaucht. Um das zu erreichen, klappen wir die neue Auswahlliste auf und wählen die Option *Springe hinter Text*.

▶ Rechts daneben erwartet jetzt ein sich einblendendes Eingabefeld nähere Angaben zur Textsequenz, hinter die gesprungen werden soll. Zwischen den Anführungszeichen geben wir die Zeichenfolge *Zeit:* ein.

Hinweis: Es ist unbedingt erforderlich, bei der Eingabe der gesuchten Zeichenfolge das standardgemäß zwischen den beiden Anführungszeichen plazierte Leerzeichen zu entfernen. Wie sich nämlich der Dateiansicht entnehmen läßt, folgt in unserer Musterdatei auf die Zeichenfolge »Zeit:« ein Sonderzeichen, das durch ein schwarzes Rechteck dargestellt wird. Daß es sich hierbei nicht um ein Leerzeichen handelt, ist durch Vergleich mit der ersten Zeile der Musterdatei zu erkennen. Dort trennt nämlich ein nicht sichtbares echtes Leerzeichen Datum und Uhrzeit. Die um ein Leerzeichen erweiterte Zeichenfolge, also »Zeit: «, ist in unserer Datei nicht vorhanden. Mit einem entsprechenden Suchbefehl würde der Marker bereits im ersten Schritt an das Dateiende versetzt, so daß nachfolgende Suchbefehle fehlschlagen würden.

▶ Da diese Suche zunächst nur einmal durchgeführt werden soll, lassen wir die *1* im Feld *Wiederholungen* unverändert.

Hinweis: Es ist durchaus verständlich, daß neutrale Beobachter an dieser Stelle ein wenig verwirrt reagieren: Sollte doch die soeben durchgeführte Wahl einer Wiederholung – entgegen unseren Wünschen – für die zweimalige Ausführung des entsprechenden Befehls sorgen. Wir müssen uns aber daran gewöhnen, daß FAMOS auf derartige sprachliche Feinheiten keine Rücksicht nimmt. Wir merken uns also: Eine Wiederholung bedeutet in FAMOS die einmalige Ausführung des Befehls.

▶ Soll bei der Suche besonderer Wert auf Groß- und Kleinschreibung gelegt werden, ist das entsprechende Kontrollkästchen zu aktivieren. Wir können an dieser Stelle auf diese Funktion verzichten.

Würde die von uns bisher eingegebene Anweisung abgearbeitet, sollte der Marker auf dem Sonderzeichen hinter dem Wort »Zeit:« plaziert sein, was wir aber noch nicht mit einem *OK* veranlassen. Denn damit FAMOS überhaupt etwas Einlesbares vorfindet, muß der Marker auf den Beginn der entsprechenden Information geführt werden. Das erreichen wir, indem wir – nach Markierung der Zeile *An dieser Position ist der Marker* – erneut *Einfügen* anklicken.

Hinweis: Die Liste der Befehle im Bereich *Fortsetzung der Marker-Suche* wird später vom Datei-Assistenten von oben nach unten abgearbeitet. Damit der nächste Befehl erst nach der gerade abgeschlossenen Markerpositionierung bearbeitet wird, muß eine neue Befehlszeile zwischen den bereits vorhandenen Zeilen eingefügt werden. Dazu ist die soeben gewählte Markierung von *An dieser Position ist der Marker* erforderlich!

Da die interessierende Information mit einer durch Punkte getrennten Ziffernfolge beginnt, entscheiden wir uns in der Klappliste diesmal für die Option *Springe zur Zahl (Dez.-Punkt)* und belassen die *Wiederholungen* auch hier bei *1*. Jetzt müßte sich der Marker auf der ersten Ziffer der Datumsangabe befinden, die wir auslesen wollen. Weitere Positionierungsarbeiten sollten demnach nicht erforderlich sein, so daß das Register *Marker* geschlossen werden könnte. Statt aber den Dialog mit *OK* zu bestätigen, wechseln wir durch Anklicken zum Register *Objekt*, denn auch auf diese Art lassen sich unsere Angaben im Register *Marker* dauerhaft speichern.

Hinweis: In gleicher Weise, wie wir soeben die Schaltfläche *Einfügen* zur Erweiterung der Markersuche eingesetzt haben, lassen sich im Rahmen einer Überarbeitung überflüssige Befehle mit *Entfernen* aus der Liste streichen. Um eine einzelne Zeile für einen Editiervorgang vorzubereiten, genügt ein Anklicken, wodurch alle mit dieser Zeile verknüpften Eingabefelder verfügbar werden. Ein Umsortieren der Zeilen mit Hilfe der Zwischenablage bzw. mit den Befehlen *Ausschneiden* und *Einfügen* ist nicht vorgesehen.

Dem jetzt geöffneten Register *Objekt* entnimmt FAMOS, was eigentlich an der aktuellen Markerposition zu finden ist. Der neue Dialogtitel *1. Anweisung: Reelle Zahl* macht aber deutlich, daß an der Markerposition keine Datumsangabe erwartet wird. Deshalb klicken wir die Schaltfläche *Anderes Format* an und wählen aus der sich öffnenden Liste *Datum und Uhrzeit* (vgl. Abbildung 7.8). Daraufhin verändert sich der Dialogtitel in *1. Anweisung: Datum und Uhrzeit*, und es erscheinen zusätzliche Eingabefelder zur Definition des Zeit- und Datumsformats (vgl. Abbildung 7.9).

Abbildung 7.8: Auswahlliste Anderes Format

▶ Durch Beibehalten des Kreuzes bei *Name verfügbar* sorgen wir dafür, daß beim Einlesen des Datums eine neue Variable erzeugt wird. Sie erhält den im benachbarten Eingabefeld angegebenen Namen. An Stelle des Programmvorschlags *Objekt1* entscheiden wir uns für STARTZEITPUNKT.

▶ Daß der Einlesevorgang *im Fehlerfall* mit *Mit Standard-Meldung beenden* beantwortet wird, können wir auch hier akzeptieren.

▶ Wie wir der Dateiansicht entnehmen können, folgt in der ersten Dateizeile die Zeitangabe auf das Datum. Diese Information reichen wir an FAMOS weiter, indem wir uns in der Auswahlliste *Datum/Uhrzeit* für *Datum, dann Uhrzeit* entscheiden.

▶ Da Datum und Uhrzeit im Musterformat durch ein Leerzeichen voneinander getrennt sind, entspricht die *1* im Eingabefeld *Zwischenraum* unserem Bedarf.

▶ Im Bereich *Uhrzeit* präzisieren vier Auswahllisten, zwei Schaltknöpfe und zwei Eingabefelder den Aufbau der Zeitangabe. Wie unsere Musterdatei deutlich zeigt, werden einstellige Werte für Stunde, Minute oder Sekunde durch eine vorangestellte Null in zweistellige Angaben verwandelt. Wir können uns also mit gutem Gewissen in den Bereichen *Stunde*, *Minute* und *Sekunde* für die Wahlmöglichkeit *2 Stellen* entscheiden. Da Hundertstelsekunden oder sonstige Nachkommastellen bei der Uhrzeit nicht vorhanden sind, fällt unsere Wahl bei *Nachkomma* auf *keine*. Wie wir unserer Musterdatei ferner entnehmen können, erfolgt die Zeitangabe im 24-Stunden-Format, so daß wir den entsprechenden Schalter aktiviert lassen. Abschließend teilen wir FAMOS mit, daß zwischen Stunde und Minute ebenso wie zwischen Minute und Sekunde jeweils ein Trennzeichen vorhanden ist. Dazu plazieren wir die Ziffer *1* sowohl im Eingabefeld *Zwischenraum 1* als auch rechts von der *2*, die offensichtlich für *Zwischenraum 2* steht.

▶ Bei der Festlegung des Datumsformats helfen vier Auswahllisten und zwei Eingabefelder. Da Tag, Monat und Jahr offensichtlich zweistellig angegeben werden, fällt die Wahl bei *Tag* und *Monat* auf *2 Stellen* und bei *Jahr* auf *2 Stellen (ohne Jahrhundert)*. In der Auswahlliste *Reihenfolge* behalten wir den Vorschlag *Tag Monat Jahr* bei und definieren abschließend auch hier die beiden Zwischenräume mit einer Breite von *1*.

Erste Schritte 335

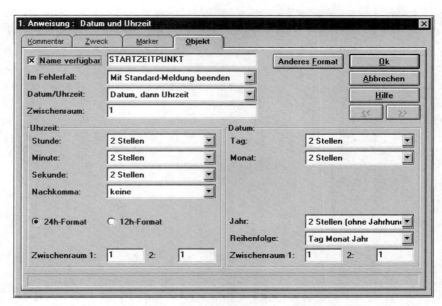

Abbildung 7.9: Dialog 1. Anweisung: Datum und Uhrzeit mit geänderten Angaben

Damit sollten die Einstellungen im Register *Objekt* komplett sein und wir speichern sie, indem wir für einen kleinen Moment zum Register *Zweck* wechseln. Da wir seine Funktionen fürs erste nicht in Anspruch nehmen wollen, entfernen wir – falls vorhanden – das Kreuz im Schaltkästchen *Zweck*. Daraufhin verschwinden sämtliche Eingabefelder des Registers und versehentliche Änderungen sind nahezu ausgeschlossen.

Hinweis: Wir werden dieses Register weiter unten in diesem Kapitel noch ausführlich kennenlernen (vgl. z. B. Kap. 7.6). Deshalb können wir jetzt auf eine genauere Begutachtung verzichten.

Wir wechseln in das Register *Kommentar* (vgl. Abbildung 7.10). Es bietet ein geräumiges Eingabefeld, in dem sich Bemerkungen zur aktuellen Anweisung unterbringen lassen. Wird es konsequent genutzt, ist auch nach längerer Zeit eine Überarbeitung vorhandener Formate möglich, ohne daß eine lange Einarbeitung erforderlich wäre. Daher kann nur empfohlen werden, etwas Zeit einzukalkulieren, um fertiggestellte Konfigurationen im letzten Arbeitsschritt mit aussagekräftigen Kommentaren zu versehen. In der Erprobungsphase, in der wir uns gerade befinden, kann auf eine Kommentierung verzichtet werden, so daß wir den Dialog mit *OK* beenden. Unser Zwischenergebnis speichern wir mit *Datei – Konfiguration sichern*.

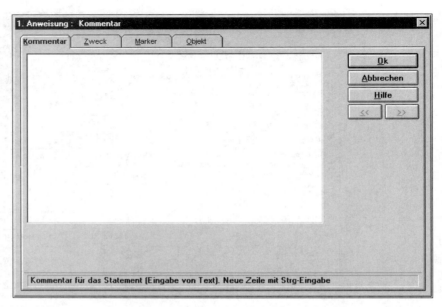

Abbildung 7.10: Das Register Kommentar bietet Platz für ausführliche Bemerkungen

7.4 Wie war's?

Nun wäre es natürlich interessant zu überprüfen, ob FAMOS bzw. der Datei-Assistent unsere erste Anweisung korrekt ausführt. Zu diesem Zweck steht ein sogenannter Debugger zur Verfügung. Hier wird das Programm probeweise ausgeführt und überprüft. Zum Aufruf des Debugger klicken wir in der Werkzeugleiste die Schaltfläche mit dem Käfer an. Wieder ändern sich Menü- und Werkzeugleiste und ein leeres Fenster namens *Debugger* versperrt den Blick auf Dateiansicht und Anweisungsliste (vgl. Abbildung 7.11).

Mit der Schaltfläche *Debugger starten* oder dem Befehl DEBUGGER – *Start* bringen wir Leben in das leere Fenster. Unmittelbar nach dem Einblenden einer Textzeile öffnet sich der Dialog *Laden der ersten Beispieldatei*. Wird dieser Dialog per Maus passend verschoben, erkennen wir im darunterliegenden Fenster, daß sich der Debugger ohne unser Zutun für die Überprüfung der gerade geöffneten Konfigurationsdatei UEBUNG.FAS entschieden hat. Als Beispieldatei steht nur MUSTER.BSP zur Verfügung, die wir im Dialog *Laden der ersten Beispieldatei* markieren und mit dem *OK* als Futter an den Debugger weiterleiten.

Hinweis: Der Debugger merkt sich die hier gewählte Beispieldatei und verzögert zukünftige Prüfungen nicht mehr mit diesem Dialog. Soll ein Wechsel der Beispieldatei erfolgen, hilft die Schaltfläche *Neue Datei laden und Debugger starten* oder der Befehl DEBUGGER – *Datei wählen und Start*.

Wie war's?

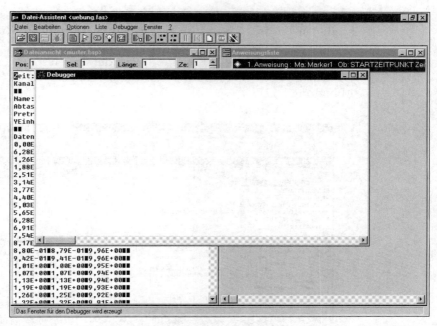

Abbildung 7.11: Leeres Debugger-Fenster verdeckt Dateiansicht und Anweisungsliste

Mit dem OK im Dialog *Laden der ersten Beispieldatei* erscheint eine weitere Dateiansicht, die diesmal den Titel *Datei1 <muster.bsp>* trägt. Hier werden offensichtlich Markerpositionen angezeigt, denn das im ersten Schritt auszulesende Datum ist markiert. Da uns dieses Fenster mehr Informationen liefert als die Dateiansicht, schließen wir letztere per Windows-Schalter. Anschließend sorgen wir mit FENSTER – *Übereinander* für ein übersichtliches Monitorbild.

Hinweis: Wurde versehentlich die Anweisungsliste geschlossen, besteht kein Grund zur Sorge, denn das Anklicken der entsprechenden Schaltfläche holt sie auf den Monitor zurück.

Bei genauer Betrachtung des gefüllten Debugger-Fensters erkennen wir eine klare Gliederung (vgl. Abbildung 7.12): Auf einen Vorspann, der die Namen der Konfigurations- und der Beispieldatei nennt, folgen Bemerkungen zur ersten Anweisung. Wir erfahren von einer Verschiebung des *Marker1* zur *Markerposition: 7* der *Datei1*. Anschließend wurden wunschgemäß *Datum und Uhrzeit* in eine Variable namens STARTZEITPUNKT verpackt. Beide Größen lassen sich im Debugger-Fenster kontrollieren und wurden korrekt interpretiert. Daß die Daten angeblich nach Programmende nach FAMOS übertragen wurden, überlesen wir zunächst, halten aber fest, daß beim Abarbeiten unserer ersten Anweisung offensichtlich keine Fehler aufgetreten sind (vgl. Abbildung 7.12).

In der automatisch geöffneten Dateiansicht *Datei1 <muster.bsp>* sind die gefundenen Informationen durch Markierung hervorgehoben. Wie wir den erweiterten Angaben unterhalb der Titelzeile entnehmen können, beginnt diese Markierung in der Spalte 7 (*Sp:*) der ersten Zeile (*Ze:*) bzw. beim 7. Zeichen der Datei (*Sel:*), hat eine Länge von *17* Zeichen (vgl. Abbildung 7.12).

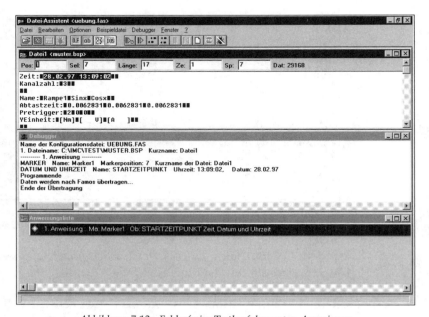

Abbildung 7.12: Fehlerfreier Testlauf der ersten Anweisung

Wenn das Ganze so toll funktioniert, sollten wir uns sofort an die zweite Anweisung machen. Wir wechseln in die Anweisungsliste, öffnen das Menü LISTE und finden den jetzt benötigten Befehl *Anweisung einfügen* grau unterlegt und damit gesperrt. Ursache ist der noch immer geöffnete Debugger. Wir entbinden ihn von seinen Pflichten, indem wir den Befehl DEBUGGER – *Debugmodus beenden* oder die entsprechende Schaltfläche wählen. Das Fenster verschwindet, und nach dem Wechsel in die Anweisungsliste steht der gewünschte Befehl ebenso zur Verfügung wie eine gleichbedeutende Schaltfläche in der Werkzeugleiste.

Hinweis: Das Schließen des Debugger-Fensters per Windows-Schalter bringt dieses Ergebnis nicht, weil der Debugmodus so nicht beendet werden kann.

 Wir geben den Befehl LISTE – *Anweisung einfügen* oder benutzen die Schaltfläche *Einfache Anweisung in die Liste einfügen*. Daraufhin springt der Mauszeiger in die Anweisungsliste und verwandelt sich in einen Pfeil mit angehängtem Anweisungssymbol. Wir plazieren die neue Anweisung per Mausklick direkt unter der ersten. Mit einem Doppelklick auf die 2. Anweisung öffnen wir das zuletzt aktivierte Register, also *Kommentar* und wechseln sofort zu *Marker*.

Wieder akzeptieren wir die Programmvorschläge für die ersten vier Eingabezeilen und wenden uns direkt der Rubrik *Fortsetzung der Marker-Suche* zu. Diesmal wollen wir die Anzahl der vorhandenen Kanäle in eine Variable schreiben, um später automatisch festlegen zu können, wie viele Programmdurchläufe zum vollständigen Abarbeiten beliebig umfangreicher Dateien erforderlich sind. Die entsprechende Zahl befindet sich in unserer Musterdatei hinter der Zeichenfolge »Kanalzahl:«. Um den Marker passend zu positionieren, klicken wir *Einfügen* an und entscheiden uns in der Klappliste erneut für *Springe hinter Text*. Als gesuchte Zeichenfolge tragen wir zwischen den Anführungszeichen *Kanalzahl:* ein, löschen das vorgegebene Leerzeichen und belassen *Wiederholungen* bei 1.

Hinweis: Auch diesmal ist darauf zu achten, daß die gesuchte Zeichenfolge mit einem Doppelpunkt endet!

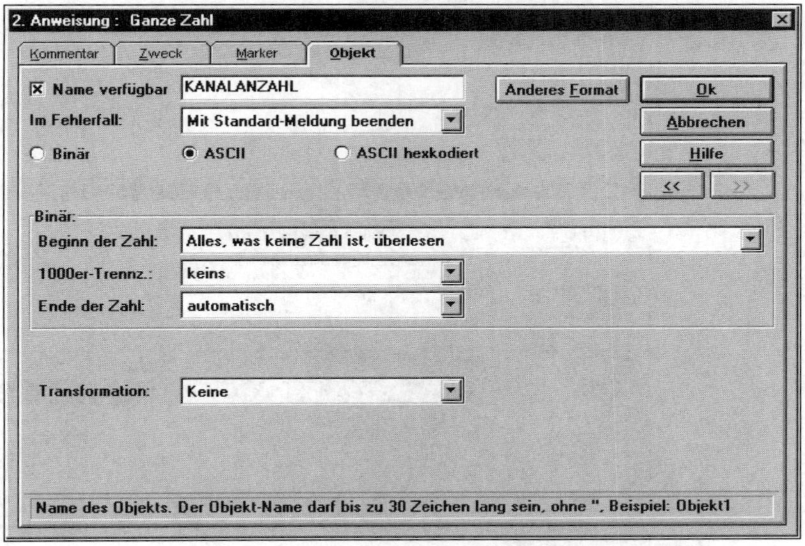

Abbildung 7.13: Register Objekt für ganze Zahlen mit geänderten Angaben

Wir wechseln in das Register *Objekt*, das wieder auf reelle Zahlen eingestellt ist. Da wir davon ausgehen dürfen, daß die Anzahl der Kanäle in der Regel ganzzahlig ist, klicken wir *Anderes Format* an und treffen die entsprechende Auswahl. Als Namen für die jetzt auszulesende Information wählen wir anstelle von *Objekt2* die Bezeichnung KANALANZAHL. Den Vorschlag für das Verhalten im Fehlerfall behalten wir bei, und auch der Schalter *ASCII* bleibt aktiviert.

Um ausgehend von der augenblicklichen Markerposition die entscheidende Ziffer bzw. die entscheidenden Ziffern zu finden, definieren wir den *Beginn der Zahl* mit *Alles, was keine Zahl ist, überlesen*. Tausendertrennzeichen dürften bei dieser Variable selten erforderlich sein, so daß vorerst der Eintrag *keins* ausreichen müßte. Damit eine beliebig lange Ziffernfolge übernommen wird, entscheiden wir uns bei *Ende der Zahl* für die Option *automatisch*. Auf eine Transformation, d. h. die Anwendung einer Rechenvorschrift auf die ausgelesene Zahl, wollen wir verzichten und wählen daher *Keine* (vgl. Abbildung 7.13). Die Register *Zweck* und *Kommentar* lassen wir weiterhin außen vor und verlassen den Dialog mit *OK*.

Nach dem Speichern der geänderten Konfiguration könnte man erneut den Debugger beauftragen und genauso vorgehen wie beim ersten Mal. Die Interpretation der Ergebnisse können wir uns hier sparen. Scharfäugige Interessierte entnehmen sie zur Selbstkontrolle der Abbildung 7.14. Anschließend darf nicht vergessen werden, den Debugmodus zu beenden!

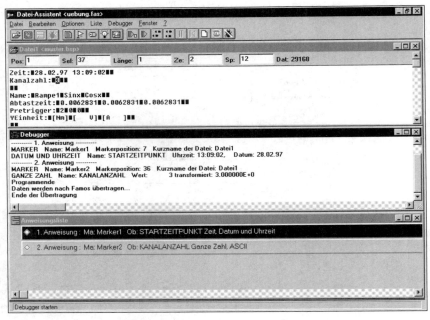

Abbildung 7.14: Testlauf der beiden ersten Anweisungen mit dem Debugger

7.5 Kreislauf

Alle weiteren interessanten Informationen unserer Datei liegen in dreifacher Ausführung vor, da sie für die drei protokollierten Kanäle unterschiedlich sind. Der Weg, an diese Informationen zu gelangen, dürfte aber in allen drei Fällen gleich sein, so daß wir uns eine Menge langweiliger Programmierarbeit sparen können, wenn wir uns mit Programmschleifen vertraut machen. Solche Schleifen führen Gruppen von Befehlen wiederholt aus und werden erst bei Eintritt einer vorher festgelegten Bedingung beendet, so daß sich z. B. in unserem Fall eine beliebige Anzahl von Kanälen zuverlässig und ohne manuelle Eingriffe lesen läßt.

Kreislauf

Zum Einbau einer Schleife in die Anweisungsliste ist die Schaltfläche *Schleife in die Liste einfügen* ebenso geeignet wie der Befehl LISTE – *Schleife einfügen*. Wieder verändert sich der Mauszeiger und ein Mausklick an der letzten Position der Anweisungsliste plaziert die Schleife. Innerhalb der Schleife wird automatisch eine 4. Anweisung angelegt, die zu Beginn leer ist.

Mit einem Doppelklick auf die 3. *Anweisung* öffnen wir das Register *Objekt* und landen diesmal in einem Dialog, der den Titel 3. *Anweisung: Schleife* trägt. Hier werden einige Angaben zur gewählten Schleife erwartet. Vorgeschlagen wird der Einbau einer *For-Schleife*, die für unsere Zwecke bestens geeignet ist.

Hinweis: For-Schleifen verwenden einen ganzzahligen Schleifenzähler, mit dem die Anzahl der Schleifendurchläufe festgelegt wird. In While-Schleifen können reelle Zahlen als Schleifenvariable verwendet werden. Hier wird die Schleife wiederholt, solange die in der Rubrik *Wiederholung* angegebene, mathematisch formulierte Bedingung erfüllt ist.

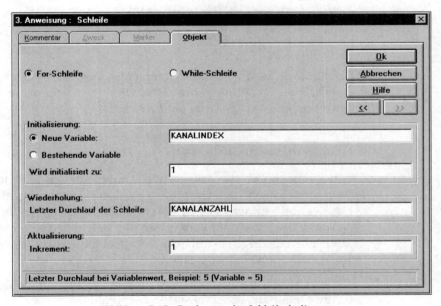

Abbildung 7.15: Festlegung der Schleifenbedingungen

▶ Beim ersten Durchlauf der Schleife wollen wir eine Variable einrichten, die die Anzahl der bereits erfolgten Schleifendurchläufe protokollieren soll. Außerdem soll dieser Schleifenzähler dafür sorgen, daß alle Anweisungen innerhalb der Schleife, die wir erst später formulieren werden, genau einmal auf jeden vorhandenen Kanal angewandt werden. Dazu definieren wir eine neue Variable namens KANALINDEX und weisen ihr den Startwert 1 zu. Diese Wünsche tragen wir in das Register *Objekt* ein, indem wir im Bereich *Initialisierung* den Schalter *Neue Variable* anklicken, in das zugehörige Eingabefeld anstelle von *Objekt3* die Variablenbezeichnung KANALINDEX eintragen und den Ausgangswert im Eingabefeld *Wird initialisiert zu* auf 1 setzen.

▶ Damit unser Zähler KANALINDEX, der beim ersten Schleifendurchlauf den Wert 1 annimmt, auch später auf dem Laufenden bleibt, muß er bei jedem Durchlauf um den Wert 1 erhöht werden. Folglich tragen wir in der Eingabezeile *Inkrement* des Bereichs *Aktualisierung* eine 1 ein.

▶ Wenn das Programm – wovon wir ausgehen wollen – unsere bisherigen Anweisungen richtig interpretiert, sollte KANALINDEX zu Beginn des dritten und letzten Schleifendurchlaufs den Wert 3 annehmen und damit der Anzahl gespeicherter Kanäle entsprechen, die wir mit Anweisung 2 in der Variable KANALANZAHL abgelegt haben. Allgemein gesprochen sollte stets derjenige Schleifendurchlauf der letzte sein, bei dem KANALINDEX und KANALANZAHL denselben Wert annehmen. Diese Anweisung tragen wir in das Register *Objekt* ein, indem in die Rubrik *Wiederholung* als *Letzter Durchlauf der Schleife* KANALANZAHL eingetragen wird (vgl. Abbildung 7.15).

Hinweis: Die Register *Zweck* und *Marker* sind bei der Bearbeitung von Schleifen generell gesperrt.

Da wir auch diesmal keinen Kommentar verfassen wollen, schließen wir den Dialog *3. Anweisung: Schleife* mit *OK* und speichern die geänderte Konfiguration mit DATEI – *Konfiguration sichern*.

7.6 Automatisch mal drei

Jetzt kommen also die Anweisungen innerhalb der Schleife an die Reihe. Dazu muß zuerst die systembedingte leere Zuweisung, die zur Zeit als 4. Anweisung in der Liste geführt wird, in eine verwendbare Anweisung verwandelt werden. Wir verwenden den Befehl LISTE – *Anweisung einfügen* bzw. die zugehörige Schaltfläche und lassen die neue Anweisung diesmal direkt auf der bisher leeren fallen.

Hinweis: Wer versucht, die neue Anweisung innerhalb der Schleife hinter die 4. Anweisung zu setzen, provoziert – zumindest in der Programmversion FAMOS 3.0 – eine Schutzverletzung und muß zur Strafe den Datei-Assistenten neu starten. Treffsicherheit ist also gefordert!

Da wir die kürzlich durchgeführten Schleifenarbeiten im Register *Objekt* beendet haben, öffnet sich dieses Register auch beim jetzt erforderlichen Doppelklick auf die geänderte 4. Anweisung. Um bei der erprobten Reihenfolge der Arbeitsschritte zu bleiben, wechseln wir zunächst ins Register *Marker*.

Die ersten vier Eingabezeilen bzw. Klapplisten lassen wir unverändert und wenden uns sofort dem Bereich *Fortsetzung der Marker-Suche* zu. Wir fügen nach bewährtem Muster *Springe hinter Text* ein und wählen als Zeichenfolge *Name:*. Diese Einstellung verschiebt den Marker zunächst nur auf das Sonderzeichen vor dem Namen des ersten Kanals. Um den Marker direkt auf die auszulesende erste Kanalbezeichnung zu setzen, fügen wir – nach dem Markieren der Zeile *An dieser Position ist der Marker* – zwischen den beiden vorhandenen eine weitere Anweisung ein.

Da wir nicht voraussehen können, welche Kanalbezeichnungen der Konfigurationsdatei künftig zugemutet werden, müssen wir uns für eine möglichst sichere Suchanweisung entscheiden. Sie muß Buchstaben und Ziffern ohne Widerworte verkraften. Als einzige Information zur Trennung der einzelnen Kanalbezeichnungen steht daher das ASCII-Zeichen zur Verfügung, das in der Dateiansicht als schwarzes Rechteck dargestellt wird. Wir wählen *Springe zum Wort ohne Zeichen* und teilen dem Datei-Assistenten dadurch mit, daß ein Wort, also eine beliebige Zeichenfolge, angesprungen und markiert werden soll, das an einem von uns noch festzulegenden ASCII-Zeichen endet.

So weit, so gut! Welches ASCII-Zeichen verbirgt sich aber hinter dem schwarzen Rechteck, das die einzelnen Kanalbezeichnungen gegeneinander abgrenzt?

Um diese Frage beantworten zu können, müssen wir ein weiteres Hilfsprogramm innerhalb des Datei-Assistenten bemühen. Dazu schließen wir die 4. Anweisung mit *OK*, wechseln in die Dateiansicht und markieren per Maus das schwarze Rechteck zwischen den Kanalbezeichnungen »Rampe1« und »Sinx«. Mit der entsprechenden Schaltfläche öffnen wir das Fenster zur Identifizierung von Zahlen. Es präsentiert das in der Dateiansicht markierte Zeichen in verschiedenen Darstellungsformen, die sich durch drei neue Schaltflächen in der Werkzeugleiste zusätzlich variieren lassen (vgl. Abbildung 7.16). Auf eine Beschreibung aller vorhandenen Funktionen wollen wir hier verzichten.

Uns interessiert nur die zweite Zeile der eingeblendeten Tabelle *Selektierter Wert (Integer, Intel)*. Hier erfahren wir, daß das selektierte Zeichen in der ASCII-Tabelle die Nummer 9 trägt, es handelt sich also um ein Tabulatorzeichen. Wir wiederholen die Prozedur für die übrigen schwarzen Rechtecke dieser Dateizeile und stellen fest, daß alle Kanalbezeichnungen durch dasselbe ASCII-Zeichen voneinander getrennt sind. Eine Ausnahme bildet die letzte Kanalbezeichnung, denn auf sie folgen die ASCII-Zeichen 13 und 10, also ein Wagenrücklauf und ein Zeilenvorschub. Durch diese Zeichenkombination wird eine neue Dateizeile eingeleitet. Wir merken uns diese Zahlen und schließen *Selektierter Wert (Integer, Intel)* mit dem Windows-Schalter.

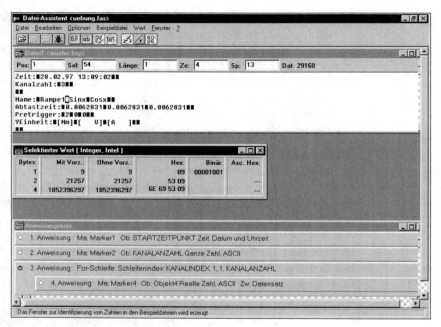

Abbildung 7.16: In der Dateiansicht markierte Zeichen werden identifiziert

Zur Anweisungsliste zurückgekehrt, setzen wir einen Doppelklick auf die 4. Anweisung und ergänzen das Register *Marker* mit unserem neu erworbenen Wissen. Dazu markieren wir in der Anweisungsliste die Zeile *Springe zum Wort ohne Zeichen: " "*, *1* und tragen zwischen den beiden Anführungszeichen im zugehörigen Eingabefeld die Nummern derjenigen ASCII-Zeichen ein, die die Kanalbezeichnungen trennen. Damit die Erkennung bei allen Schleifendurchläufen, also auch beim letzten, funktioniert, müssen wir die beiden möglichen Trennzeichen aufführen, so daß die vollständige Eingabe *"˜009˜013"* lautet (vgl. Abbildung 7.17).

Hinweis: Aus dem Beispiel ist ersichtlich, daß die einzutragenden Nummern dem dreistelligen Dezimalcode der einzelnen ASCII-Zeichen entsprechen, der vorangestellte Nullen einschließt. Damit der Datei-Assistent den Inhalt der Eingabezeile nicht als Ziffernfolge, sondern als Kodierung eines ASCII-Zeichens interpretiert, muß außerdem jeweils eine Tilde (˜) vorangestellt werden.

Damit alle Kanalbezeichnungen ausgelesen werden, muß die Markersuche – von der For-Schleife gesteuert – für jeden Kanal einmal durchgeführt werden. Diesmal sind also Wiederholungen notwendig, so daß wir uns an dieser Stelle etwas näher mit der Logik dieses Steuerelements beschäftigen müssen. Wie wir dem Bereich *Beginn der Marker-Suche* entnehmen können, erfolgt die Suche bei jedem Schleifendurchlauf *Ab Datei-Start*. Gemäß unserer Vorgabe wird im ersten Schritt jedes Schleifendurchlaufs die Zeichenfolge »Name:« gesucht. Da es uns bei allen Durchläufen um das erste Auftreten dieser Zeichenfolge innerhalb der Datei geht, muß diese Suche nur einziges Mal durchgeführt werden, um den Marker hinter dieser Zeichenfolge zu positionieren. Das haben wir dem Datei-Assistenten mitgeteilt, indem beim Suchbefehl *Springe hinter Text: "Name:"* die vorgeschlagene minimale Wiederholungszahl, also *1*, akzeptiert wurde.

Geht es nun aber um das Auslesen der Kanalbezeichnungen, sieht das Ganze deutlich anderes aus: Der Suchbefehl *Springe zum Wort ohne Zeichen: "˜009˜013"* liefert beim ersten Durchlauf das gewünschte Ergebnis, die Kanalbezeichnung *Rampe1*, aber auch bei den folgenden Operationen wird stets derselbe Kanalname ausgelesen. Dieses Phänomen ist leicht zu erklären, denn der Marker, der sich bei allen Schleifendurchläufen nach Abarbeiten des Befehls *Springe hinter Text: "Name:"*, 1 unmittelbar vor der ersten Kanalbezeichnung befindet, sucht von hier aus die nächstgelegene Zeichenfolge und beendet das Auslesen beim ersten Auftreten eines Tabulator- oder Zeilenvorschubzeichens. Das ist – unabhängig von der Anzahl bereits durchgeführter Schleifendurchläufe – stets das Tabulatorzeichen hinter dem Namen des ersten Kanals.

Um das gewünschte Ergebnis zu erzielen, muß bei steigender Anzahl von Schleifendurchläufen auch die Suche nach den Kanalbezeichnungen ausgedehnt werden. Wenn wir nämlich beim zweiten Schleifendurchlauf den Befehl *Springe zum Wort ohne Zeichen: "˜009˜013"* zweimal durchführen, landen wir wie gewünscht bei der Bezeichnung des zweiten Kanals. Die Anzahl der Wiederholungen dieses Sprungbefehls muß also mit der aktuellen Anzahl der Schleifendurchläufe übereinstimmen. Diese ist in Form der Variable KANALINDEX verfügbar. Wir erreichen unser Ziel also, indem wir in das Feld *Wiederholungen* die Schleifenvariable KANALINDEX eintragen (vgl. Abbildung 7.17).

Damit ist das Register *Marker* abgearbeitet, und wir wechseln zu *Objekt*. Hier legen wir als erstes fest, daß die ausgelesene Zeichenfolge als Text interpretiert werden soll, indem wir *Anderes Format* anklicken und *Text* auswählen. Wieder ändert das Register *Objekt* seinen Aufbau.

In den oberen Bereich des Dialogs, rechts neben das angekreuzte Schaltkästchen *Name verfügbar*, tragen wir einen geeigneten Namen für die Variable ein, in der die Kanalbezeichnungen abgelegt werden, und entscheiden uns für KANALNAME anstelle des Vorschlags *Objekt4*. Die Möglichkeiten zur Gestaltung eigener Fehlermeldungen ignorieren wir und wenden uns dem Bereich *Länge des Textes* zu. Da wir beliebig lange Kanalbezeichnungen zulassen wollen, wählen wir hier *Textlänge automatisch*. Für weitere Einschränkungen oder nachträgliche Bearbeitungen besteht in unserem Fall kein Bedarf, so daß wir sämtliche Kästchen in den beiden unteren Dialogbereichen offen lassen.

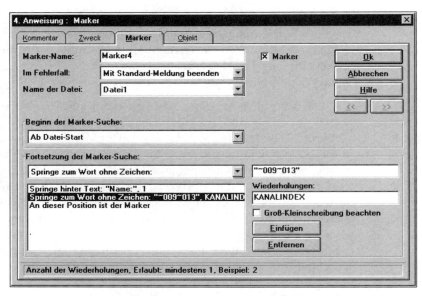

Abbildung 7.17: Register Marker nach Änderung.

Hinweis: Probleme können auftreten, wenn innerhalb einzelner Kanalbezeichnungen Leerzeichen vorhanden sind. Mit unseren bisherigen Anweisungen werden derartige Kanalnamen zwar korrekt importiert, sie entsprechen aber nicht den FAMOS-Namenskonventionen. Aus diesem Grund führt das Aufrufen eines solchen Kanalnamens zu Fehlermeldungen. Sie lassen sich von vornherein vermeiden, wenn die Optionen *Leerzeichen am Anfang verwerfen* und *Leerzeichen am Ende verwerfen* aktiviert werden.

Die ausgelesenen Kanalbezeichnungen sollen als Namen für die anschließend gelesenen Datensätze dienen. Einen solchen Verwendungszweck teilen wir dem Datei-Assistenten im Register *Zweck* mit, in das wir jetzt wechseln. Bevor wir hier Eingaben vornehmen dürfen, muß das Schaltkästchen *Zweck* dieses Registers angekreuzt werden. Mit den jetzt verfügbaren Schaltern, Listen und Eingabefeldern wird der Datei-Assistent darüber informiert, wie die mit der aktuellen Anweisung gefundenen Informationen verwendet werden sollen.

▶ Ganz oben im Register wird der *Typ der Variable, von der Eigenschaften definiert werden* erfragt. Unsere Schleife mit allen enthaltenen Anweisungen dient dazu, Datensätze nach FAMOS zu übertragen. Also klicken wir *Datensatz* an.

▶ Alle Kanalbezeichnungen werden bis jetzt in die Variable KANALNAME geschrieben, die keine Unterscheidung erlaubt. Wir sorgen für eine eindeutige *Erkennung im Datei-Assistent*, indem wir statt *Name* einen *Index* verwenden. Gut geeignet ist unsere Schleifenvariable KANALINDEX, die wir in das entsprechende Eingabefeld eintragen.

▶ Jeder unserer Datensätze besteht aus nur einer Komponente, was wir dem Datei-Assistenten durch Auswahl von *Eine Komponente* in der Klappliste im Bereich *Komponenten* mitteilen.

▶ Daß die ausgelesene Zeichenfolge als Name des Datensatzes verwendet werden soll, legen wir in der Rubrik *Eigenschaften* fest. Alle veränderlichen Eigenschaften eines Datensatzes sind in dieser Klappliste aufgeführt und zunächst mit *automatisch* zugewiesenen Standardwerten belegt.

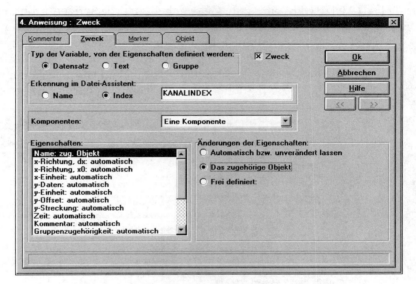

Abbildung 7.18: Register Zweck mit geänderten Einstellungen

Hinweis: Die Zusammenstellung dieser Liste ist für die drei Variablentypen Datensatz, Text und Gruppe unterschiedlich und ändert sich beim Anklicken der entsprechenden Schalter im oberen Bereich des Registers.

Wir mustern den Inhalt der Klappliste durch und markieren anschließend die Zeile *Name: automatisch*, um Änderungen am Namen des Datensatzes vorzunehmen.

▶ Dies erfolgt im Bereich *Änderungen der Eigenschaften*. Für die markierte Zeile *Name: automatisch* ist hier zu lesen, daß der Datensatzname bei der augenblicklichen Auswahl automatisch vergeben oder unverändert beibehalten wird. Wir aber möchten die soeben ausgelesene Zeichenfolge – in der Sprache des Datei-Assistenten ist dies das zur aktuellen Anweisung gehörende Objekt – als Name für den Datensatz verwenden. Entsprechend klicken wir *Das zugehörige Objekt* an (vgl. Abbildung 7.18). Die Änderung wird umgehend in die Klappliste *Eigenschaften* übernommen, und von nun an entspricht der Name dieses Datensatzes der zuvor ausgelesenen Kanalbezeichnung.

Hinweis: Wird im Bereich *Änderungen der Eigenschaften* die Option *Frei definiert* angeklickt, öffnet sich ein Eingabefeld, in das in unserem Fall ein frei gewählter Datensatzname eingetragen werden kann. Von dieser Möglichkeit wollen wir erst später Gebrauch machen und aktivieren daher erneut *Das zugehörige Objekt*. (vgl. Kap. 7.8)

Einen Kommentar zur 4. Anweisung sparen wir uns. Wir schließen das Register *Zweck* mit *OK* und speichern die geänderte Konfiguration sicherheitshalber mit DATEI – *Konfiguration sichern*.

Jetzt wäre eine gute Gelegenheit, den bisherigen Programmiererfolg vom Debugger prüfen zu lassen. Wir betätigen die Schaltfläche, und das Debugger-Fenster nimmt wieder seinen angestammten Platz ein. DEBUGGER – *Start* oder die entsprechende Schaltfläche starten den Kontrollgang. Hat der Debugger seine Arbeit beendet, ist in der Dateiansicht der Name der dritten Kanals, *Cosx*, markiert. Er wurde demnach korrekt ausgelesen.

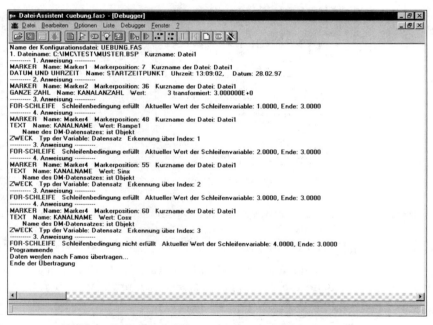

Abbildung 7.19: Protokoll der ersten vier Anweisungen im Debugger

Wer die Aktionen des Debuggers schrittweise wiederholen möchte, um einen Blick auf Einzelheiten zu werfen, startet den Debugger per Schaltfläche oder Befehl im Einzelschrittmodus. Dabei wird nur jeweils eine Anweisung bearbeitet. Zur Fortsetzung muß der Befehl wiederholt werden. Wem z. B. bei umfangreichen Anweisungen auch dies noch zu schnell ist, der startet den Mikroschrittmodus, bei dem nur jeweils eine Zeile abgearbeitet wird.

Hinweis: Nach jedem dieser Schritte befindet sich der Debugger in Wartestellung, was an der aktivierten Schaltfläche mit dem Pausensymbol erkennbar ist. Fortgesetzt wird die Überprüfung mit den Funktionen des Menüs DEBUGGER bzw. mit den entsprechenden Schaltflächen. Ob der Durchgang jetzt mit *Pause* oder *Start* ohne weitere Unterbrechungen zu Ende geführt, mit *Einzel-* oder *Mikroschritt* fortgesetzt oder mit *Startposition* abgebrochen wird, liegt im Ermessen des Anwenders. Durch diese feine Abstufung ist eine genaue Überprüfung und Identifizierung von Fehlern möglich. Als zusätzliche Hilfe läßt sich mit DEBUGGER – *Breakpoint setzen/entfernen* oder per Schaltfläche eine bestimmte Stelle in der Anweisungsliste markieren, an der die Programmausführung unterbrochen werden soll.

 Wir finden ein präzises Protokoll über die Durchführung der bisherigen Anweisungen, das sich mit den Debugger-Werkzeugen in allen Einzelheiten untersuchen läßt (vgl. Abbildung 7.19). Eine Erläuterung des umfangreichen Textes würde uns zu weit vom Thema wegführen. Festzuhalten bleibt aber, daß unsere Anweisungen offensichtlich ohne Fehler und Programmabbrüche befolgt werden konnten. Wir dürfen also den Debugmodus beenden und uns frohen Mutes an die nächste Etappe wagen.

7.7 Immer dasselbe

Bei den drei folgenden Anweisungen wiederholen wir das gerade Ausprobierte und lesen Abtastzeiten, Pretrigger und y-Einheiten für alle Kanäle der Musterdatei aus. Da das Prinzip des Verfahren inzwischen bekannt ist, müssen die Erklärungen nicht mehr ganz so umfangreich ausfallen!

Wir aktivieren die Anweisungsliste, ziehen per Maus eine neue Anweisung in die Schleife und versetzen ihr einen Doppelklick. Es öffnet sich das zuletzt bearbeitete Register *Zweck*, von dem wir routinemäßig zu *Marker* umschalten. Auch diesmal kümmern wir uns nicht um die vier oberen Registerbereiche, sondern wenden uns sofort *Fortsetzung der Marker-Suche* zu. Die jetzt interessierenden Informationen befinden sich in derjenigen Dateizeile, die mit dem Wort »Abtastzeit:« eingeleitet wird. Wir fügen wieder den Sprungbefehl *Springe hinter Text* ein, geben als Sprungmarke die Zeichenfolge *Abtastzeit:* ein und behalten im Bereich *Wiederholungen* die *1* bei. Den zweiten Befehl könnten wir direkt von der 4. Anweisung übernehmen, wenn der Datei-Assistent Werkzeuge zum Kopieren und Einfügen von Registereinträgen bereitstellen würde. Dies ist leider nicht der Fall, so daß wir – nach Markierung von *An dieser Position ist der Marker* – den Befehl *Springe zum Wort ohne Zeichen* einfügen, ihn von Hand mit den Nummern der verwendeten Trennzeichen füttern und die Zahl der benötigten Wiederholungen mit Hilfe der Variable KANALINDEX festlegen. Mit allen Parametern lautet der entsprechende Sprungbefehl also:

```
Springe zum Wort ohne Zeichen: "~009~013", KANALINDEX
```

Hinweis: Skeptische Mitmenschen können selbstverständlich zuvor überprüfen, ob auch in dieser Dateizeile die ASCII-Zeichen 9 und 13 als Trennzeichen verwendet wurden.

Wir wechseln zum Register *Objekt*, das mit der Voreinstellung *Reelle Zahl* endlich einmal richtig liegt. Statt *Objekt5* zu akzeptieren, geben wir der neu anzulegenden Variable den Namen ABTASTZEIT, lassen die Fehlermeldungen außen vor und behalten das voreingestellte ASCII-Format bei. Im Bereich *ASCII* legen wir *Alles, was keine Zahl ist, überlesen* fest und wählen den Punkt als Dezimaltrennzeichen (vgl. Abbildung 7.20). Weitere Trennzeichen dürften ebensowenig erforderlich sein wie eine Transformation, so daß wir sofort zu *Zweck* wechseln können.

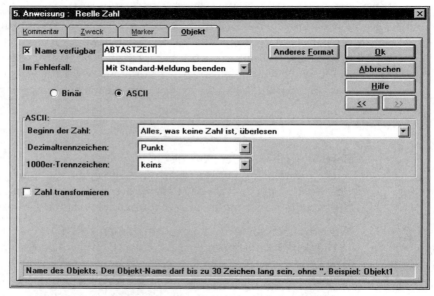

Abbildung 7.20: Register Objekt für reelle Zahlen mit geänderten Angaben

Wir bleiben dabei, daß ein *Datensatz* verändert werden soll, und wählen zur Erkennung erneut die Indexvariable KANALINDEX. Die vorgegebene *Eine Komponente* behalten wir bei. Die zu verändernde Eigenschaft ist diesmal die Abtastzeit, also der Abstand aufeinanderfolgender x-Werte. In verschlüsselter Form finden wir diese Eigenschaft in der Listenzeile *x-Richtung, dx: automatisch* des Bereichs *Eigenschaften* wieder, die wir markieren und durch Anklicken von *Das zugehörige Objekt* mit der ausgelesenen Abtastzeit verkuppeln. Die Kommentierung schenken wir uns. Wir schließen die 5. Anweisung mit *OK* ab, speichern die Konfiguration wie gehabt und wenden uns dem Pretrigger zu.

Wieder plazieren wir eine neue Anweisung an letzter Stelle der Schleife und öffnen per Doppelklick diesmal das zuvor bearbeitete Register *Zweck*. Da wir uns inzwischen bestens auskennen, vermeiden wir lästige Umwege und beginnen direkt mit diesem Register, das wir im oberen Bereich genauso ausfüllen wie bei den Anweisungen 4 und 5 (vgl. Abbildung 7.21).

Welche der vorgegebenen *Eigenschaften* bezieht sich nun auf unsere Pretrigger-Werte? Wenn alle Auswahlmöglichkeiten sorgfältig begutachtet werden, bleibt nur eine Wahl, die Zeile *x-Richtung, x0: automatisch*, denn hier wird der erste x-Wert (*x0*) mit einem Zahlenwert versehen. Durch Anklicken von *Das zugehörige Objekt* verbinden wir diese Eigenschaft mit den Pretrigger-Werten, die im Zuge der 6. Anweisung ausgelesen werden. Anschließend wechseln wir zu *Marker* und bauen die beiden Sprungbefehle

```
Springe hinter Text: "Pretrigger:", 1
Springe zum Wort ohne Zeichen: "~009~013", KANALINDEX
```

in die Liste ein. Alles übrige in diesem Register bleibt unverändert.

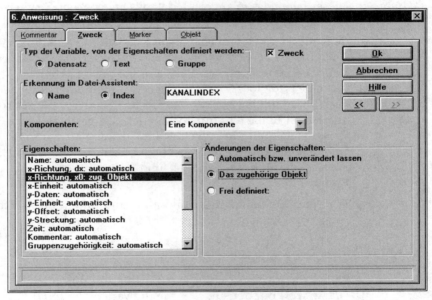

Abbildung 7.21: 6. Anweisung: Zweck

Da wir nicht davon ausgehen können, daß die Pretrigger-Werte – wie in der Musterdatei – stets ganzzahlig sind, akzeptieren wir nach dem Wechsel zu *Objekt* das Format *Reelle Zahl*. Statt *Objekt6* nennen wir die neue Variable PRETRIGGER und behalten das eingestellte ASCII-Format bei. Wieder entscheiden wir uns für die Option *Alles, was keine Zahl ist, überlesen*, um den Beginn der Zahl festzustellen. Außerdem gehen wir davon aus, daß – ebenso wie in den übrigen Zeilen des Kopfs unserer Musterdatei – auch in der Pretriggerzeile Dezimalpunkte zum Einsatz kommen und daß weder 1000er-Trennzeichen noch Transformationen benötigt werden. Ohne Kommentierung beenden wir die Arbeiten an der 6. Anweisung mit *OK*, speichern zur Sicherheit wie zuvor und fügen umgehend die siebte Anweisung in die Schleife ein.

Ein Doppelklick führt uns ins Register *Objekt*. Diesmal geht es um die Einheiten der y-Achse, so daß wir den Programmvorschlag *Objekt7* durch die Variablenbezeichnung YEINHEIT ersetzen. Deshalb tragen wir diesen Namen in die entsprechende Eingabezeile ein. Angaben zu Einheiten liegen in der Regel als Text vor, und wir wählen im nächsten Schritt das entsprechende Format. Um eine neue Suchbedingung kennenzulernen, verwenden wir diesmal nicht die Trennzeichen zu Abgrenzung der verschiedenen Einheiten, sondern die in allen Fällen vorhandene schließende eckige Klammer. Da wir bis zu einem bestimmten Zeichen lesen wollen, schalten wir in der Rubrik *Länge des Textes* die Funktion *Bis Zeichen lesen* aktiv und tragen zwischen den Anführungszeichen im rechts daneben eingeblendeten Eingabefeld *]* ein.

Hinweis: Dieser Befehl ist so angelegt, daß das angegebene Zeichen selbst nicht ausgelesen wird.

Obwohl sie für unser Beispiel ohne Bedeutung ist, können wir die Funktion *Groß- und Kleinschreibung beachten beim Suchen der Zeichen* eingeschaltet lassen. Wenn wir jetzt noch *Bis Zeilenende lesen* ankreuzen, stellen wir sicher, daß eine erfolglose Suche spätestens am Ende der aktuellen Zeile abgebrochen wird und daß sich der Marker nicht in der Datei verirrt. Sollten die angegebenen Einheiten durch vor- oder nachgestellte Leerzeichen verunstaltet sein, was für den zweiten und dritte Kanal unserer Musterdatei zu Demonstrationszwecken der Fall ist, bringen wir sie mit den Funktionen *Leerzeichen am Anfang verwerfen* und *Leerzeichen am Ende verwerfen* wieder in Form.

Wir wechseln in das Register *Marker* und führen nur die folgenden Änderungen im Bereich *Fortsetzung der Marker-Suche* durch:

```
Springe hinter Text: "YEinheit:", 1
Springe hinter Text: "[", KANALINDEX
```

Durch die Kombination dieser Befehle mit unseren Angaben im Register *Objekt*, wird nur derjenige Text in die Variable YEINHEIT übernommen, der sich zwischen je einer öffnenden und schließenden eckigen Klammer befindet.

Nach dem Wechsel ins Register *Zweck* wählen wir zur Erkennung wieder den KANALINDEX und behalten *Eine Komponente* bei. Dann markieren wir in der Liste *Eigenschaften* die Zeile *y-Einheit: automatisch*, klicken *Das zugehörige Objekt* an und weisen den ausgelesenen Einheiten damit den korrekten Platz im Datensatz zu. Weitere Änderungen sind hier nicht erforderlich. Wir schließen die 7. Anweisung mit *OK* und speichern unsere mühsam erstellte Konfiguration zur Sicherheit ab.

Wer jetzt den Debugger starten und die Programmierkünste von neutraler Seite überprüfen lassen möchte, darf seinen Bedürfnissen freien Lauf lassen. Vor der Fortsetzung der Programmierarbeiten ist aber das Beenden des Debugmodus erforderlich!

7.8 1000 auf einen Streich

Das Einlesen aller vorhandenen Daten soll mit der 8. Anweisung auf einen Schlag erledigt werden. Zu diesem Zweck wird das Datenmaterial der Kanäle jeweils als Vektor interpretiert. Diese kleine Ergänzung unseres erprobten Arbeitsablaufs bringt eine Reihe von Änderungen mit sich und sorgt dafür, daß wir zwei bisher verborgene Register zur Formulierung von Anweisungen kennenlernen.

Wir plazieren die 8. Anweisung in der Schleife und gelangen per Doppelklick in das zuletzt bearbeitete Register *Zweck*. Hier lassen sich selbstverständlich noch keine größeren Veränderungen feststellen, denn wie könnte der Datei-Assistent ahnen, daß wir jetzt mit Vektoren arbeiten wollen. Dennoch können wir hier bereits klarstellen, daß die in der 8. Anweisung ausgelesenen Informationen als y-Werte verwendet werden sollen. In der Liste *Eigenschaften* markieren wir dazu als erstes die Zeile *y-Daten: automatisch* und verbinden sie durch Anklicken von *Das zugehörige Objekt* mit den in den einzelnen Schleifendurchläufen ausgelesenen Informationen. Außerdem geben wir automatisch allen Kanälen die Information zu Datum und Uhrzeit der Dateigeburt mit, die wir mit der 1. Anweisung in der Variablen STARTZEITPUNKT untergebracht haben.

Hinweis: Beim Aufruf des FAMOS-Befehls VARIABLE – *Eigenschaften* erscheinen Datum und Uhrzeit in der letzten Dialogzeile namens *Erstellt* (vgl. Kap. 3.1 und Kap. 7.9).

Die entsprechende Angabe erfolgt wieder in der Liste *Eigenschaften*, die also mehr als nur eine Anweisung verträgt. Wir klicken *Zeit: automatisch* an und aktivieren den Schalter *Frei definiert*. Es öffnet sich ein Eingabefeld in das wir – diesmal ohne Anführungszeichen – den Namen der zugehörigen Variable STARTZEITPUNKT eingeben.

Hinweis: Die voreingestellte *1* muß bei dieser Aktion selbstverständlich überschrieben werden.

Abschließend wird die Schleifenvariable KANALINDEX für die *Erkennung im Datei-Assistent* eingeteilt und in das Register *Marker* gewechselt.

Eigentlich sollte es gelingen, den Beginn des Datenbereichs in unserer Datei in der inzwischen erprobten Weise anhand der Zeichenfolge »Daten:« zu identifizieren. Um dies zu erreichen sind lediglich im Bereich *Fortsetzung der Marker-Suche* einige Ergänzungen notwendig, die die folgenden Befehle umfassen:

```
Springe zum Text: "Daten:", 1
```

befördert den Marker bei jedem Schleifendurchlauf in die neunte Dateizeile, die den entsprechenden Text enthält.

```
Weiter zum nächsten Zeilenanfang: 1
```

versetzt den Marker bei jedem Schleifendurchlauf an die Position 1 der zehnten Dateizeile, also auf die erste Ziffer des eigentlichen Datenblocks.

```
Springe hinter Zahl (Dez.-Komma): KANALINDEX-1
```

sorgt dafür, daß sich der Marker zu Beginn des ersten Schleifendurchlauf hinter der nullten Zahl der ersten Dateizeile, also am Beginn des Datenblocks, befindet. Bei Beginn des zweiten Durchlaufs sitzt er dann hinter der ersten bzw. vor der zweiten Zahl der ersten Zeile usw.

Hinweis: Wie das Beispiel zeigt, sind auch in diesem Bereich mathematische Operationen möglich. Der hier praktizierte, nicht übermäßig elegante Kunstgriff ist erforderlich, um das Fehlen des Sprungbefehls *Springe vor Zahl (Dez.-Komma)* zu kompensieren.

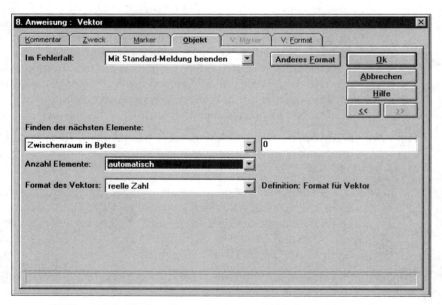

Abbildung 7.22: Voreinstellungen im Register Objekt bei Wahl eines Vektors

Unser Marker befindet sich jetzt zwar jeweils auf dem ersten Element des interessierenden Vektors, für das eigentliche Auslesen sind aber weitere Arbeitsschritte und Werkzeuge erforderlich.

Um den Datei-Assistenten endlich darüber aufzuklären, daß wir uns diesmal an Vektoren wagen wollen, wechseln wir ins Register *Objekt*, klicken *Anderes Format* an und wählen diesmal *Vektor*. Prompt verändert sich das Register *Objekt*, und es gesellen sich zwei neue Register namens *V:Marker* und *V:Format* zum bereits bekannten Sortiment. *V:Marker* ist zunächst gesperrt. Ursache hierfür ist die Voreinstellung im *Objekt*-Register (vgl. Abbildung 7.22). Hier wird nämlich davon ausgegangen, daß benachbarte Vektorelemente durch eine konstante Anzahl von Bytes voneinander getrennt sind. In einem solchen Fall läßt sich das Auslesen der Vektorelemente durch simples Abzählen bewerkstelligen. Zusätzliche Marker zur Identifizierung der Vektorelemente, wie sie im Register *V:Marker* angeboten werden, sind dabei nicht erforderlich.

Wir wollen eine möglichst universell einsetzbare Konfiguration erhalten und entscheiden uns in der Klappliste *Finden der nächsten Elemente* für die Alternative *bis Marker, wenn akt. Marker auf letztes Element*. Das klingt nicht nach deutscher Sprache und läßt sich aus dem Wortlaut heraus kaum einer sinnvollen Funktion zuordnen. Bemüht man Handbuch und Online-Hilfe läßt sich der Hintergrund dieses Befehls erschließen. Er bedeutet, daß das nächste Vektorelement anhand eines zusätzlichen Markers identifiziert wird. Für die Plazierung dieses Markers ist das Register *V:Marker* zuständig, das mit der geänderten Auswahl aktivierbar geworden ist. Bevor wir einen Blick auf die beiden neuen Register werfen, komplettieren wir *Objekt*. Wir entscheiden uns für eine *automatische* Bestimmung der Elementanzahl und für *reelle Zahl* als *Format des Vektors*.

Dann wechseln wir ins Register *V:Format*, das Informationen zur Formatierung der einzelnen Vektorelemente erfaßt. Die Voreinstellung *Reelle Zahl* ist der Titelzeile *8. Anweisung: Reelle Zahl für Vektor* zu entnehmen oder läßt sich nach dem Anklicken von *Anderes Format* anhand des Häkchens ermitteln. Diese Vorgabe können wir beibehalten und auch das ASCII-Format entspricht durchaus unserem Bedarf. In der Rubrik *ASCII* lassen wir den *Beginn der Zahl* sicherheitshalber über die Option *Alles, was keine Zahl ist, überlesen* automatisch bestimmen. Ferner geben wir an, daß in der Musterdatei das *Komma* als *Dezimaltrennzeichen* zum Einsatz kommt, daß kein Tausendertrennzeichen verwendet wird und daß auch keine Transformation erforderlich ist (vgl. Abbildung 7.23). Damit haben wir dieses neue Register schon vollständig bearbeitet, und wir wechseln nach *V:Marker*.

V:Marker organisiert ausschließlich das Auslesen der Vektorelemente (vgl. Abbildung 7.24). Der hier definierte Marker kommt erst dann zum Einsatz, wenn unser üblicher Marker, den wir bereits im entsprechenden Register definiert haben, sein Ziel erreicht hat. Es erscheint also sinnvoll, in der Rubrik *Beginn der Marker-Suche* das Angebot *Ab Marker* zu wählen. Welchen Marker wir auf diese Art als Startpunkt bestimmen, erfahren wir rechts neben der Liste, wo ein kleines *y* angezeigt wird. In dieser Variable Y speichert der Datei-Assistent intern die letzte Markerposition. Da Änderungen an dieser Stelle nicht möglich sind, gehen wir optimistisch davon aus, daß dieses Y bei jedem Schleifendurchlauf genau weiß, an welcher Position in der ersten Zeile des Datenblocks wir den Marker abgestellt haben. Wird, ausgehend von dieser Position, die nächste auftretende Ziffernfolge ausgelesen, ist das erste Vektorelement bzw. der erste y-Wert gefunden.

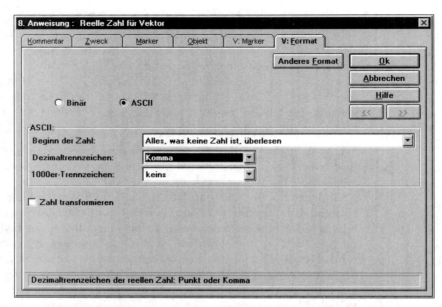

Abbildung 7.23: 8. Anweisung: Reelle Zahl für Vektor (Register V:Format)

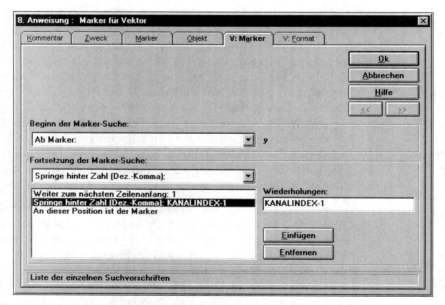

Abbildung 7.24: Register V:Marker mit geänderten Angaben

Weiter geht es wie immer mit dem Bereich *Fortsetzung der Marker-Suche*. Da der nächste y-Wert auf jeden Fall in der nächsten Dateizeile zu finden ist, fügen wir zunächst den Befehl *Weiter zum nächsten Zeilenanfang* ein, den wir nur einmal durchführen lassen (*Wiederholungen: 1*). Der Marker befindet sich damit zwar in der richtigen Zeilen, aber noch nicht unmittelbar vor dem auszulesende Vektorelement. Den für die entsprechende Verschiebung des Markers erforderlichen Befehl haben wir bereits im Register *Marker* eingesetzt. Er lautet

```
Springe hinter Zahl (Dez.-Komma): KANALINDEX-1
```

Hinweis: Die Suchbefehle des Registers *V:Marker* werden solange wiederholt, wie der Datei-Assistent Vektorelemente findet, die den in *Objekt* und *V:Format* angegebenen Bedingungen entsprechen. Anschließend sollte die in *Objekt* angegebene automatische Bestimmung der Anzahl der Vektorelemente greifen und den Lesevorgang für den jeweiligen Vektor abbrechen. Damit wäre die 8. Anweisung für diesen Schleifendurchlauf abgearbeitet, und der Vorgang würde entweder mit der nächsten Anweisung innerhalb der Schleife oder – falls eine solche nicht vorhanden ist – mit einem neuen Schleifendurchlauf fortgesetzt. Erst nach vollständigem Abarbeiten aller Schleifendurchläufe würde das Programm mit den Anweisungen fortgesetzt, die in der Liste auf die Schleife folgen.

Beim Durchblättern der Dateiansicht – das auch ohne ein Beenden des Registers *V:Marker* möglich ist – zeigt sich, daß in der Musterdatei auf den Datenblock keine Informationen mehr folgen. Der Einlesevorgang darf also beendet werden, sobald die Schleife für jeden vorhandenen Kanal einmal abgearbeitet wurde. Das bedeutet, daß unsere Anweisungsliste mit der 8. Anweisung bereits komplett ist. Ob wir alles richtig gemacht haben, werden wir mit Hilfe der Kontrollwerkzeuge des Datei-Assistenten feststellen.

7.9 Endkontrolle

Wir schließen das Register *V:Marker* mit *OK* und speichern die komplette Konfiguration mit DATEI – *Konfiguration sichern*. Das erstes Hilfsmittel für die Endkontrolle starten wir bei aktivierter Anweisungsliste mit LISTE – *Überprüfung auf Stimmigkeit* oder der zugehörigen Schaltfläche. Diese Funktion stellt fest, ob alle verwendeten Formeln plausibel sind. Auch Bezüge zu Variablen, die nicht definiert wurden, werden erkannt und durch Fehlermeldungen mitgeteilt.

Wurden die Vorgaben dieses Kapitels genau eingehalten, findet sich als Ergebnis der Prüfung lediglich ein kurzer Hinweis in der Statuszeile. Er lautet: *Kein Fehler bei Überprüfung auf Stimmigkeit gefunden* und bietet Anlaß zu vorsichtigem Optimismus. Wir fahren schweres Geschütz auf und bringen nochmals den Debugger ins Spiel, den wir per Schaltfläche starten. Er kennt unsere Musterdatei schon mit Namen, so daß nach dem Start per Schaltfläche bzw. dem Befehl DEBUGGER – *Start* rege Aktivität im Debugger-Fenster zu verzeichnen ist. Es erscheint ein recht umfangreiches Prüfungsprotokoll, das sich bei Bedarf per Rollbalken durchblättern und kontrollieren läßt. In den beiden letzten Zeilen finden wir die Hinweise *Daten werden nach Famos übertragen* und *Ende der Übertragung* (vgl. Abbildung 7.25). Da wir hier – wie auch im übrigen Protokoll – keine Fehlermeldung vorfinden, scheint die Übertragung geglückt zu sein.

Abbildung 7.25: Letzter Teil des Debugger-Protokolls

Zur Überprüfung wechseln wir per [Alt] [⇆] nach FAMOS und finden tatsächlich drei neue Variablen namens RAMPE1, SINX und COSX in der Variablenliste. Zumindest die Kanalbezeichnungen wurden demnach korrekt aus der vierten Zeile der Musterdatei übernommen. Wir markieren die gesamte Variablenliste und schauen sie uns mit VARIABLE – *Eigenschaften* etwas näher an. Alle Variablen besitzen das Datenformat *Reell 4 Byte*, eine Größe von *1000* Werten und wurden am *28.02.97* um *13:09:02* Uhr erstellt. Diese Angabe stammt offensichtlich aus der ersten Zeile der Musterdatei. Korrekt umgesetzt wurden auch die Angaben zur Abtastzeit, die sich als *X-Delta* wiederfinden lassen, zum Pretrigger, der unter dem Pseudonym *X0* auftaucht sowie zur *y-Einheit* (vgl. Abbildung 7.26).

 Ob auch die eigentlichen Werte richtig übermittelt wurden, zeigt der Dateneditor. Wir schließen den Dialog *Eigenschaften* mit *Abbrechen* und starten bei weiterhin komplett markierter Variablenliste den Dateneditor. Sofort ist zu erkennen, daß die Exponentialschreibweise unserer Musterdatei im Editor durch die Kommadarstellung ersetzt wurde. Außerdem ist das in der Musterdatei verwendete Dezimalkomma dem in FAMOS üblichen Punkt gewichen. Und selbst die führenden Nullen der ersten Datensätze wurden korrekt übernommen, obwohl sie in der Musterdatei boshafterweise mit einem Dezimalpunkt ausgestattet waren (vgl. Abbildung 7.27).

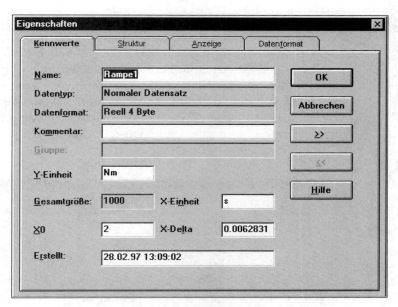

Abbildung 7.26: Eigenschaften der Variable RAMPE1

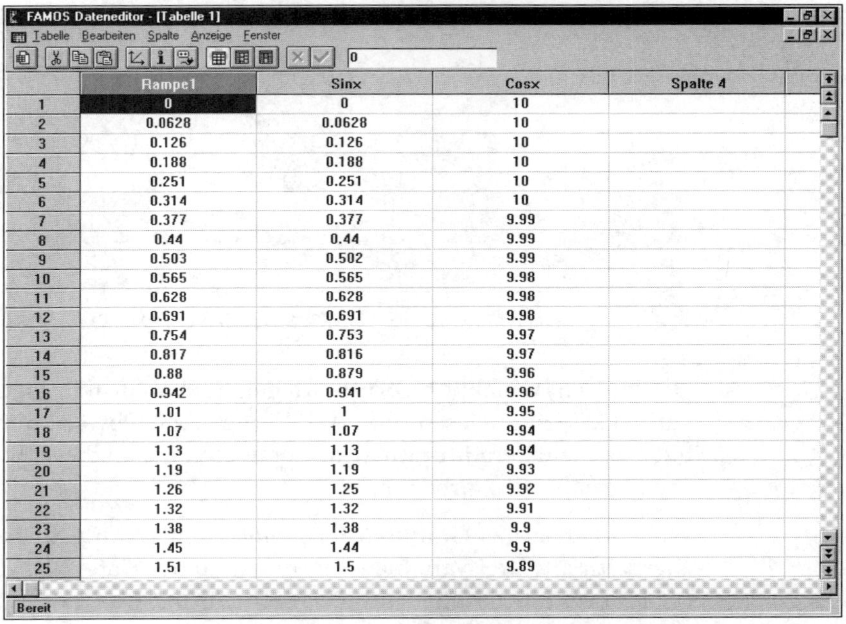

	Rampe1	Sinx	Cosx	Spalte 4
1	0	0	10	
2	0.0628	0.0628	10	
3	0.126	0.126	10	
4	0.188	0.188	10	
5	0.251	0.251	10	
6	0.314	0.314	10	
7	0.377	0.377	9.99	
8	0.44	0.44	9.99	
9	0.503	0.502	9.99	
10	0.565	0.565	9.98	
11	0.628	0.628	9.98	
12	0.691	0.691	9.98	
13	0.754	0.753	9.97	
14	0.817	0.816	9.97	
15	0.88	0.879	9.96	
16	0.942	0.941	9.96	
17	1.01	1	9.95	
18	1.07	1.07	9.94	
19	1.13	1.13	9.94	
20	1.19	1.19	9.93	
21	1.26	1.25	9.92	
22	1.32	1.32	9.91	
23	1.38	1.38	9.9	
24	1.45	1.44	9.9	
25	1.51	1.5	9.89	

Abbildung 7.27: Eingelesene Werte im Dateneditor

Wir schließen den Dateneditor und sehen uns die Daten auch noch als Diagramm an, indem wir VARIABLE – *Zusammen zeigen* oder die entsprechende Schaltfläche einsetzen. Da die Abtastzeit, d. h. der Abstand zweier aufeinander folgender Datenpunkte, etwa 0,006 Sekunden beträgt, entsprechen unsere 1000 Werte einer Aufzeichnungsdauer von etwa 6 Sekunden. RAMPE1 beginnt erst beim angegebenen Pretrigger-Wert von 2 Sekunden und endet entsprechend später. Da alle Variablen unterschiedliche y-Einheiten besitzen, wurden automatisch drei y-Achsen angelegt (vgl. Abbildung 7.28).

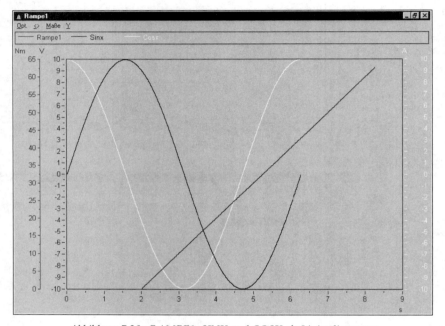

Abbildung 7.28: RAMPE1, SINX und COSX als Liniendiagramm

Hinweis: Der dritten Variable COSX wird gemäß Voreinstellung automatisch die Farbe Gelb zugewiesen (vgl. Abbildung 7.28). Obwohl dies für unsere Abbildung nicht gerade optimal ist, verzichten wir an dieser Stelle auf zusätzliche Formatierungsarbeiten.

Wir schließen das Grafikfenster *Rampe1*. Zu FAMOS zurückgekehrt, speichern wir alle drei Variablen zusammen in der Datei MUSTER.DAT im FAMOS-Format. Anschließend wechseln wir mit [Alt][↹] zum Datei-Assistenten, ergänzen mit DATEI – *Format-Info* die fehlenden Angaben zu Autor und Kommentar, geben das *OK* und speichern auch diese letzten Änderungen mit DATEI – *Konfiguration sichern*.

Hinweis: Selbstverständlich läßt sich in diesem Arbeitsgang auch die Rubrik *Auswahl per Dialog* ändern, falls im nachhinein bevorzugt Dateien mit anderer Namensstruktur eingelesen werden sollen. Da nicht alle Namen zukünftig zu importierender Dateien mit M beginnen werden, wäre es zum Beispiel sinnvoll, den Bereich *Auswahl per Dialog* durch Angabe von *.BSP auf alle Dateien mit dieser Namenserweiterug auszudehnen.

Anschließend beenden wir dieses erfolgreich ausprobierte, aber nicht immer leicht zu verstehende Tool mit DATEI – *Ende* oder dem Windows-Schalter. Zu FAMOS zurückgekehrt leeren wir mit DATEI – *Neubeginn* die Variablenliste. DATEI – *Laden* führt uns in den Dialog *Datei laden (Famos-Format)*. Im Bereich *Dateiformat* klicken wir *Übung (M*.BSP)* an und aktualisieren damit die Dateiauswahl. Gleichzeitig erscheint der von uns angegebene Kommentar *(Automatisches Einlesen einer Musterdatei)* in der Titelzeile. Wir setzen einen Doppelklick auf die Datei MUSTER.BSP und nehmen erfreut zur Kenntnis, daß nach kurzer Bedenkzeit erneut die bekannten Variablen angezeigt werden. Die selbst geschriebene Konfiguration arbeitet also tadellos.

7.10 So weit, so gut

Selbstverständlich konnten im Rahmen dieses Beispiels nicht alle Funktionen des Datei-Assistenten vorgestellt werden. Die Autoren sind aber davon überzeugt, einen Eindruck von den Einsatzgebieten und der Leistungsstärke dieses Tools vermittelt zu haben.

Ein Wermutstropfen bleibt: Wie bereits an einigen Stellen des Beispiels deutlich geworden ist, sind – trotz durchgängiger Verwendung der deutschen Sprache – beileibe nicht alle Funktionen des Datei-Assistenten selbsterklärend. Darüber hinaus machen auch Programmdokumentation und Hilfstexte nicht immer den Eindruck, sich am Informationsbedarf interessierter Einsteiger zu orientieren. Daher dürften im konkreten Anwendungsfall durchaus Fragen offen bleiben. Dies ist auch den Programmentwicklern im Hause *imc* nicht verborgen geblieben. Aus diesem Grund werden hier als Serviceleistung laufend Konfigurationen nach Kundenwünschen programmiert. Viele gängige Formate stehen daher schon auf Abruf zur Verfügung. Nach persönlicher Erfahrung der Autoren sind auch die für solche Programmierungen zuständigen Mitarbeiter gern bereit, in Problemfällen ihr Fachwissen zur Verfügung zu stellen.

Wer sich noch intensiver mit der Materie beschäftigen möchte, sollte vorgefertigte Konfigurationen wie z. B. die mitgelieferte Datei LECROY.FAS unter die Lupe nehmen. Mit über 100 Anweisungen übersteigt das dort gezeigte unser Buchbeispiel erheblich. Auch die bisher nicht eingesetzten Verzweigungen spielen in LECROY.FAS eine Rolle, so daß ausreichendes Material für einen selbst gestalteten Intensivkurs bereitsteht.

7.11 War's das?

Für dieses Buch jedenfalls – ja! Wie die Autoren schon mehrfach betont haben, gibt es noch einige Funktionen, Dialoge und sonstige Operationen, die nicht zum Zuge gekommen sind. Aber mit den abgehandelten, die Handbücher ergänzenden Übungen sollte nun jeder in der Lage sein, sich weiteres FAMOS-Wissen selbst zu erschließen und das vorhandene zu vertiefen. Dabei wünschen die Autoren viel Erfolg gepaart mit ebensoviel Spaß auf dem umfang- und facettenreichen Gebiet der Datenanalyse. Was kritische Bemerkungen von Seiten der Leserschaft angeht, ist in der Einleitung nachzulesen, wie die Autoren zu erreichen sind.

Anhang

A.1 Daten

Die ersten vier Buchkapitel basieren auf einem einzigen Datensatz. Er ist im Verzeichnis BUCH\FAMOS\PROJEKTE\1 einer CD-ROM gespeichert, die mit Einsendung einer diesem Buch beiliegenden Bestellkarte direkt beim Softwarehersteller *imc* angefordert werden kann. Wer den Postversand nicht abwarten möchte und im Eintippen von Zahlenkolonnen geübt ist, findet die Originaldaten in der folgenden Tabelle, so daß auch eine manuelle Erzeugung des Basisdatensatzes möglich ist.

Hinweis: Die manuelle Eingabe des aus zwei Spalten bestehenden Datensatzes beginnt mit *t (min)* und *activity (%)*, die – durch ein Tabulatorzeichen ([⇆]) voneinander getrennt – in eine Zeile eingetragen werden. Jede Zeile wird durch Zeilenumbruch ([↵]) abgeschlossen. Die fertige Datei wird im ASCII-Format unter dem Namen ZUCKER.TXT gespeichert, wobei das selbst eingerichtete Verzeichnis für FAMOS-Daten – in unserem Fall also C:\IMC\TEST – als Lagerplatz zu verwenden ist.

Die Zahlen der nachfolgenden Tabelle sind zeilenweise einzugeben. Jede Zeile enthält drei aufeinanderfolgende Wertepaare.

t (min)	activity (%)	t (min)	activity (%)	t (min)	activity (%)
,003975	5,882329	,177107	4,813887	,4980683	63,63932
,6791512	62,57088	,8374631	95,19214	1,018546	94,1237
1,195292	99,47234	1,376374	98,4039	1,556012	99,47449
1,737095	98,40604	1,916732	99,47663	2,097815	98,40819
2,277452	99,47878	2,458534	98,41033	2,638172	99,48092
2,819254	98,41248	3,001783	95,205	3,187565	87,18472
3,368648	86,11627	3,560935	68,47036	3,745271	62,5891
3,926354	61,52066	4,112135	53,50037	4,293941	51,36241
4,47647	48,15494	4,658637	45,48223	4,840082	43,87902
5,021887	41,74107	5,203331	40,13787	5,384415	39,06943
5,565859	37,46622	5,74658	36,93254	5,928025	35,32934
6,108746	34,79565	6,289829	33,72721	6,470551	33,19353

Tabelle A.1: Basisdatensatz für die ersten Buchkapitel

t (min)	activity (%)	t (min)	activity (%)	t (min)	activity (%)
6,651995	31,59033	6,833077	30,52188	7,013799	29,9882
7,19452	29,45451	7,375242	28,92083	7,555964	28,38714
7,736685	27,85346	7,917768	26,78501	8,098489	26,25133
8,27885	26,2524	8,459571	25,71871	8,640292	25,18503
8,821375	24,11658	9,001373	24,65241	9,181733	24,65349
9,362455	24,1198	9,543177	23,58611	9,723536	23,58719
9,904258	23,0535	10,08498	22,51982	10,26606	21,45137
10,4457	22,52196	10,62678	21,45352	10,80606	23,05886
10,98642	23,05993	11,16714	22,52625	11,34786	21,99256
11,52822	21,99363	11,70894	21,45995	11,89003	20,3915
12,07002	20,92733	12,25111	19,85889	12,43074	20,92948
12,61183	19,86103	12,79146	20,93162	12,97255	19,86318
13,15254	20,39901	13,33363	19,33056	13,51363	19,86639
13,69471	18,79795	13,87435	19,86853	14,05507	19,33485
14,23615	18,26641	14,41579	19,33699	14,59651	18,80331
14,77759	17,73486	14,95759	18,27069	15,13831	17,73701
15,31903	17,20332	15,50012	16,13488	15,68011	16,67071
15,8612	15,60227	16,04047	17,20761	16,22156	16,13917
16,40119	17,20975	16,58191	16,67607	16,76264	16,14238
16,94372	15,07394	17,12408	15,07501	17,3048	14,54132
17,48588	13,47288	17,66552	14,54347	17,84588	14,54454
18,0266	14,01085	18,20769	12,94241	18,38732	14,013
18,56841	12,94455	18,7466	16,15417	18,92768	15,08573
19,10515	19,36485	19,28551	19,36593	19,46695	17,76273
19,6484	16,15953	19,82984	14,55633	20,01092	13,48788
20,19092	14,02371	20,37201	12,95527	20,55164	14,02586
20,73236	13,49217	20,91345	12,42373	21,09272	14,02907
21,27381	12,96063	21,45344	14,03121	21,63453	12,96277
21,8138	14,56812	21,99488	13,49967	22,17452	14,57026
22,3556	13,50182	22,53488	15,10716	22,71596	14,03872
22,89524	15,64406	23,07596	15,11037	23,25668	14,57669
23,4374	14,043	23,61776	14,04408	23,79848	13,51039
23,97957	12,44195	24,1592	13,51253	24,33993	12,97885

Tabelle A.1: Basisdatensatz für die ersten Buchkapitel

t (min)	activity (%)	t (min)	activity (%)	t (min)	activity (%)
24,52101	11,9104	24,70065	12,98099	24,88173	11,91255
25,061	13,51789	25,24209	12,44945	25,421	14,58955
25,60208	13,52111	25,78172	14,59169	25,9628	13,52325
26,14244	14,59383	26,32352	13,52539	26,50425	12,99171
26,6846	12,99278	26,86533	12,45909	27,04569	12,46016
27,22605	12,46124	27,40641	12,46231	27,58677	12,46338
27,76713	12,46445	27,94749	12,46552	28,12821	11,93184
28,30929	10,86339	28,48893	11,93398	28,67001	10,86554
28,84929	12,47088	29,02965	12,47195	29,21073	11,40351
29,39037	12,4741	29,57145	11,40565	29,75072	13,011
29,93109	13,01207	30,11144	13,01314	30,29181	13,01421
30,47289	11,94577	30,64999	16,75965	30,83108	15,69121
31,00493	25,31791	31,18601	24,24947	31,33999	63,28782
31,52107	62,21938	31,68011	93,77113	31,86119	92,70268
32,06143	63,29211	32,24251	62,22366	32,45323	17,30513
32,63468	15,70193	32,81576	14,63349	32,99648	14,0998
33,17757	13,03136	33,3572	14,10194	33,53828	13,0335
33,71792	14,10409	33,89901	13,03564	34,07864	14,10623
34,25972	13,03779	34,43936	14,10837	34,62008	13,57469
34,80117	12,50625	34,9808	13,57683	35,16116	13,5779
35,34152	13,57897	35,52188	13,58005	35,70224	13,58112
35,88297	13,04743	36,06405	11,97899	36,24369	13,04958
36,42477	11,98113	36,6044	13,05172	36,78549	11,98328
36,96513	13,05386	37,14621	11,98542	37,32584	13,05601
37,50693	11,98756	37,68657	13,05815	37,86765	11,98971
38,04728	13,06029	38,22837	11,99185	38,40764	13,59719
38,58873	12,52875	38,768	14,13409	38,94909	13,06565
39,128	15,20575	39,30908	14,13731	39,48836	15,74265
39,66908	15,20897	39,85052	13,60577	40,03125	13,07208
40,21161	13,07315	40,39233	12,53947	40,57341	11,47102
40,75305	12,54161	40,93413	11,47317	41,11377	12,54375
41,29485	11,47531	41,47412	13,08065	41,65521	12,01221
41,83485	13,0828	42,01593	12,01435	42,1952	13,6197

Tabelle A.1: Basisdatensatz für die ersten Buchkapitel

t (min)	activity (%)	t (min)	activity (%)	t (min)	activity (%)
42,37629	12,55126	42,55484	15,22611	42,73592	14,15767
42,90942	24,31913	43,0905	23,25069	43,25929	40,36399
43,44037	39,29555	43,60447	63,36069	43,77832	72,9874
43,95543	77,80128	44,14808	59,62061	44,32916	58,55216
44,53374	22,7245	44,71482	21,65606	44,89916	15,7748
45,07988	15,24112	45,26096	14,17267	45,43807	18,98656
45,61915	17,91812	45,95529	54,28375	46,1277	66,04948
46,30878	64,98104	46,47144	91,18521	46,65252	90,11677
46,8448	72,47086	47,03782	53,75542	47,2189	52,68698
47,42058	21,13738	47,59624	28,09029	47,77697	27,55661
47,95805	26,48816	48,11094	67,13078	48,29202	66,06234
48,44961	99,75312	48,6307	98,68468	48,81033	99,75526
48,99141	98,68682	49,17105	99,7574	49,35213	98,68896
49,55273	68,74363	49,73707	62,86237	49,91815	61,79393
50,1249	22,75772	50,30706	20,08501	50,48815	19,01657
50,66923	17,94812	50,85032	16,87968	51,03104	16,34599
51,21176	15,81231	51,39212	15,81338	51,57284	15,2797
51,75392	14,21125	51,93356	15,28184	52,11464	14,2134
52,28958	22,23583	52,47066	21,16738	52,65174	20,09894
52,97018	82,66768	53,14511	90,69011	53,3262	89,62167
53,49933	100,3179	53,68402	93,90186	53,87885	72,51265
54,05993	71,44421	54,27354	22,24761	54,45462	21,17917
54,63896	15,29791	54,81968	14,76423	55,0004	14,23054
55,18076	14,23162	55,36148	13,69793	55,54256	12,62949
55,72184	14,23483	55,9022	14,2359	56,08329	13,16746
56,26292	14,23804	56,444	13,1696	56,62364	14,24019
56,80473	13,17175	56,98436	14,24233	57,16544	13,17389
57,34508	14,24447	57,52617	13,17603	57,7058	14,24662
57,88688	13,17817	58,06652	14,24876	58,2476	13,18032
58,42688	14,78566	58,60796	13,71722	58,7876	14,78781
58,96868	13,71936	59,14832	14,78995	59,3294	13,72151
59,50904	14,79209	59,69012	13,72365	59,8694	15,32899
60,05048	14,26055	60,22976	15,86589	60,41012	15,86696

Tabelle A.1: Basisdatensatz für die ersten Buchkapitel

t (min)	activity (%)	t (min)	activity (%)	t (min)	activity (%)
60,59048	15,86804	60,77084	15,86911	60,9512	15,87018
61,13192	15,33649	61,31228	15,33757	61,49264	15,33864
61,673	15,33971	61,85408	14,27127	62,03263	16,94612
62,21372	15,87768	62,39263	18,01778	62,57372	16,94934
62,75335	18,01992	62,93407	17,48624	63,11515	16,4178
63,29588	15,88411	63,47624	15,88518	63,65696	15,3515
63,83804	14,28305	64,01768	15,35364	64,1984	14,81995
64,37949	13,75151	64,55912	14,8221	64,7402	13,75366
64,91948	15,359	65,10056	14,29056	65,27984	15,8959
65,46092	14,82746	65,64056	15,89804	65,82164	14,8296
66,00092	16,43494	66,18164	15,90126	66,36272	14,83282
66,54199	16,43816	66,72272	15,90447	66,9038	14,83603
67,08308	16,44137	67,26416	15,37293	67,44379	16,44352
67,62488	15,37507	67,80451	16,44566	67,9856	15,37722
68,16524	16,4478	68,34632	15,37936	68,52631	15,91519
68,70668	15,91626	68,8874	15,38258	69,06776	15,38365
69,24812	15,38472	69,42884	14,85103	69,60992	13,78259
69,78956	14,85318	69,97064	13,78473	70,14992	15,39008
70,331	14,32163	70,50992	16,46173	70,691	15,39329
70,86991	17,53339	71,05099	16,46495	71,22991	18,60505
71,411	17,53661	71,59063	18,60719	71,77207	17,00399
71,9528	16,47031	72,13351	15,93662	72,31387	15,93769
72,49424	15,93877	72,6746	15,93984	72,85496	15,94091
73,03604	14,87247	73,21568	15,94305	73,39676	14,87461
73,57603	16,47995	73,75712	15,41151	73,93675	16,4821
74,11784	15,41365	74,29675	17,55375	74,47784	16,48531
74,65675	18,62541	74,83783	17,55697	75,01675	19,69707
75,19783	18,62863	75,37675	20,76873	75,55711	20,7698
75,73819	19,70135	75,91602	23,44573	76,0971	22,37729
76,26553	40,02534	76,44662	38,9569	76,60782	67,3001
76,7889	66,23167	76,95083	93,50536	77,13191	92,43691
77,30685	100,4593	77,48866	98,32138	77,68166	79,60595
77,86275	78,53751	78,06516	45,91839	78,24624	44,84995

Tabelle A.1: Basisdatensatz für die ersten Buchkapitel

t (min)	activity (%)	t (min)	activity (%)	t (min)	activity (%)
78,44178	22,39122	78,62286	21,32277	78,79997	26,13666
78,98105	25,06822	79,14948	42,71628	79,33057	41,64783
79,49719	61,96968	79,67828	60,90124	79,84634	79,08405
80,03032	73,73756	80,2114	72,66911	80,40803	48,60611
80,58911	47,53767	80,78357	26,68321	80,96465	25,61476
81,14899	19,73351	81,32971	19,19982	81,51043	18,66613
81,69151	17,59769	81,87151	18,13352	82,0526	17,06508
82,23187	18,67042	82,41296	17,60198	82,59259	18,67256
82,77367	17,60412	82,95331	18,67471	83,13439	17,60626
83,31403	18,67685	83,49511	17,60841	83,67475	18,679
83,85583	17,61055	84,03547	18,68114	84,21655	17,6127
84,39619	18,68328	84,57727	17,61484	84,75727	18,15067
84,93835	17,08222	85,11799	18,15281	85,29907	17,08437
85,47871	18,15495	85,6598	17,08651	85,83907	18,69185
86,02015	17,62341	86,19979	18,694	86,38087	17,62556
86,56051	18,69614	86,74159	17,6277	86,92014	20,30256
87,10123	19,23411	87,2805	20,83946	87,46159	19,77101
87,64122	20,8416	87,8223	19,77316	88,00195	20,84374
88,18303	19,7753	88,36302	20,31113	88,54411	19,24269
88,72411	19,77851	88,90519	18,71007	89,08482	19,78066
89,26555	19,24697	89,44627	18,71329	89,62735	17,64484

Tabelle A.1: Basisdatensatz für die ersten Buchkapitel

A.2 Shortcuts

Im Verlauf der einzelnen Projekte wurde hier und da darauf hingewiesen, daß FAMOS viele Wege anbietet, Funktionen aufzurufen. Ob es sich um Tastenkombinationen, traditionelle Windows-Menübefehle, fliegende Menüs, Schaltflächen, Schalter, Drag und Drop, Mausklicks oder Dialoge handelt, FAMOS fährt beim Aufruf nahezu aller Funktionen mehrgleisig. Für den Anwender sind in den meisten Fällen die Mausoperationen von besonderem Interesse, da sie einen unkomplizierten Zugriff ermöglichen. Da der fortgeschrittene Anwender seine »Lieblingsbefehle« aber durch Kombination von Maus- und Tastenbefehlen erheblich schneller ausführen kann, werden diese hier noch einmal aufgeführt. Schließlich konnten nicht alle im Zusammenhang mit den praktischen Beispielen des Buchs vorgestellt werden.

A.2.1 Operationen in der Variablenliste des Applikationsfensters

Mausklicks	Drag und Drop von der linken Seite der Variablenliste	Drag und Drop zur Variablenliste
Doppelklick auf Variablennamen: Kopieren einer Variablen in das aktive Eingabefeld	Zu einem Eingabefeld: Eintrag des Variablennamens	Vom Kurvenfenster anderer *imc*-Applikationen: Anlegen der entsprechenden Variablen in FAMOS
Doppelklick auf Gruppensymbol: Auf-/Zuklappen der Datengruppe und damit Anzeige oder Ausblenden von Kanälen	Zu einem Funktionsknopf: Aufruf des Formel-Assistenten	
Rechter Mausklick: Aufruf eines Kontextmenüs	Zu einem Spaltenkopf im Dateneditor: Eintrag der selektierten Variablen beginnend mit dieser Spalte	
Überstreichen der rechten Seite der Variablenliste mit gedrückter linker Maustaste: Mehrfachselektion mit der Maus	Zu einem Kurvenfenster: Grafische Anzeige der selektierten Variablen	

A.2.2 Operationen im Funktionsbereich des Applikationsfensters

Mausklicks	Drag und Drop
Klick mit der linken Maustaste auf Funktionsknopf: Kopie von Funktionsnamen und Eingabemasken in das aktive Eingabefeld	Von einem Funktionsknopf zu einem Eingabefeld: Eintrag des Funktionsnamens mit Parametermaske
Klick mit der linken Maustaste plus ⇧ : Aufruf des Formel-Assistenten	Von Kurvenfenster, Dateneditor oder Variablenliste zu einem Funktionsknopf: Aufruf des Formel-Assistenten
Klick mit der linken Maustaste plus Strg : Dialog zur Knopfdefinition benutzerdefinierter Gruppen	

Mausklicks	Drag und Drop
Klick mit der rechten Maustaste auf Funktionsknopf: Kurzhilfe zur Funktion im Ausgabefenster	
Klick mit der rechten Maustaste zwischen die Funktionsknöpfe: Aufruf des Gruppenmenüs	

A.2.3 Operationen über das Ausgabefeld

- ▶ Drag und Drop von Variablenliste oder Funktionsknopf zum Ausgabefeld: Eintrag von Variablennamen oder Funktionsnamen
- ▶ ⇧ plus F1, Schreibmarke auf Funktionsnamen: Aufruf des Formel-Assistenten
- ▶ Strg plus F1, Schreibmarke auf Funktionsnamen: Anzeige der Kurzhilfe zur Funktion im Ausgabefeld

A.2.4 Operationen über das Sequenzfenster

- ▶ Drag und Drop von Variablenliste oder Funktionsknopf zum Editierbereich: Eintrag von Variablennamen oder Funktionsnamen
- ▶ Doppelklick auf Zeile: Zeile wird aktiv
- ▶ ⇧ plus F1, Schreibmarke auf Funktionsnamen: Aufruf des Formel-Assistenten
- ▶ Strg plus F1, Schreibmarke auf Funktionsnamen: Anzeige der Kurzhilfe zur Funktion im Ausgabefeld
- ▶ Alt plus ↵: Zeile mit Schreibmarke wird aktiv
- ▶ Strg plus ↵: Zeile mit Schreibmarke wird aktiv und sofort abgearbeitet

A.2.5 Operationen über den Dateneditor

Mausklicks	Drag und Drop vom Spaltenkopf	Drag und Drop zum Spaltenkopf
Doppelklick auf Spaltenkopf: Auswahldialog für anzuzeigende Variablen	Zum Kurvenfenster: Anzeige der Variable	Von Variablenliste oder Kurvenfenster: Anzeige der Variablen beginnend mit dieser Spalte
	Zu einem Funktionsknopf: Aufruf des Formel-Assistenten	

A.2.6 Operationen über das Kurvenfenster

Mausklicks	Drag und Drop vom Kurvenfenster	Drag und Drop zum Kurvenfenster
Doppelklick mit der linken Maustaste an eine Achse: Skalierungsdialog der Achse	Zu einem anderen Kurvenfenster: Anzeige der Kurve im zweiten Fenster	Aus der Variablenliste des Applikationsfensters, aus dem Spaltenkopf im Dateneditor, aus einem anderen Kurvenfenster: Anzeige der Variable je nach Position des Mauszeigers nach Freigabe
Klick mit der rechten Maustaste: Aufruf des Kontextmenüs	In das gleiche Kurvenfenster: Positionsänderung der Kurve bezüglich der Achsen	
Klick mit der linken Maustaste an vertikale Linie bei Rollverbindung: Greifen und scrollen	In die Variablenliste des Applikationsfensters: Anlegen der Variablen in FAMOS, wenn dort nicht vorhanden	
Gedrückte Maustaste rechts/links: Scrollen mit Meßcursor rechts/links	Zum Spaltenkopf im Dateneditor: Anzeigen der Variablen in der gewählten Spalte	
Klick mit der linken Maustaste plus ⇧ : Positionieren des Meßcursors am Mauszeiger	In den Objektrahmen des Reportgenerators: Anzeige der Kurve als Kurvenobjekt	

A.2.7 Operationen im Druckbildgenerator

Mausklicks	
Doppelklick an ein Objekt: Aufruf des Objektdialogs	(weitere fehlen, da zur Zeit der Auflistung der Reportgenerator noch in Arbeit war)

Stichwortverzeichnis

A
Abkürzungen
    µ-MUSYCS 19
    FAMOS 9
    imc 9
    MUSYCS 18
Achsen
    dB 295
    Linear/logarithmisch 108, 112, 295
    Nullwert 111
    Skalieren 62, 108, 110, 241, 268
    Skalierung übertragen 111
    Teilstriche 108, 112
    Verschmelzen 111
Applikationsfenster 29
    Konfiguration laden 32
    Konfiguration speichern 32
    Konfigurieren 31
Ausgangsmaterial 26, 363
Autorenkontakt 26

B
Beispieldatensatz 363
Bereiche
    Ausgabe 71
    Funktionen 31, 70
    Operation 23, 31, 71
    Sequenzfenster 23
    Texteingabefeld 23
    Variablen 24, 31
Buch-CD 26

C
CD-ROM 26

D
Datei-Assistent 15
    Anweisungen in Liste einfügen 338
    Anweisungen in Schleife einfügen 342, 349
    Anweisungsdialog 330
    Anweisungsliste 324
    ASCII-Zeichen identifizieren 343
    Beispieldatei laden 328, 336
    Dateiansicht zeilenweise 328
    Datenimport automatisch 361
    Datenimport überprüfen 358
    Datensätze benennen 346
    Debugger beenden 338
    Debugger verwenden 336
    Fehlermeldungen verwenden 334
    Fenster Dateiansicht 328
    Format-Info 325
    For-Schleife 341
    Kanäle benennen 346
    Konfiguration automatisch abarbeiten 361
    Konfiguration mit Debugger testen 336, 348, 357
    Konfiguration speichern 327, 335
    Konfiguration verwenden 361
    Marker auf ASCII-Zeichen plazieren 344
    Marker benennen 331
    Marker definieren 331
    Markersuche 332
    Mathematische Operationen ausführen 354
    Objekte benennen 334
    Objektformat festlegen 333
    Register Kommentar 335
    Register Marker 330, 339, 344, 349, 353
    Register Objekt 333, 339, 341, 342, 345, 350, 352, 354
    Register V:Format 355
    Register V:Marker 355
    Register Zweck 335, 346, 350, 352, 353
    Schleife einfügen 341
    Standardpfad festlegen 327
    Starten 324
    Syntaxprüfung 357
    Variablen verwenden 341
    Variablentyp definieren 346
    Vektoren importieren 353
    Wiederholungen verwenden 344
    Zeitformat festlegen 334
Dateien
    ASCII-Format 36
    ASCII-Format laden 39
    ASCII-Import 37, 40
    FAMOS-Format 37, 236
    Formate 36, 39, 323
    IMCLIB.INI 76, 80, 81, 89, 100, 219
    Kanäle auswählen 68, 237, 287

Kommentare hinzufügen 65
Kompatibilität 238
Konvertieren 323
Laden 35, 68
Offset-Korrektur 238
Optionen beim Laden 237
Speichern 63, 187, 283
Zeitkorrektur 238
Dateifenster 23
    Anzeigen 24
    Datei löschen 24
    Kontextmenüs 25
    Schaltflächen 24
Dateifenster-Modus 23
Dateneditor 15
    Bereich markieren 51
    Einzelwert anzeigen 139
    Fenster öffnen 42, 137
    Fensterorganisation 43
    Komplexe Variablen anzeigen 147, 150
    Spalte aktivieren 45
    Spalte markieren 50
    Spalten einfügen 53
    Spalten leeren 46
    Spalten löschen 46
    Spaltenbreite festlegen 158
    Tabelle öffnen 44
    Tabelle schließen 44
    Tabelle wechseln 44
    Variable importieren 45, 47
    x/y-Datensatz anzeigen 143
    Zeilen einfügen 55
    Zeilenindex 48, 176
    Zeitvergleich 50, 183
    Zelle aktivieren 44
    Zellen anfahren 52, 55
    Zellen automatisch füllen 55
    Zellen editieren 53
Datensätze 15
    Abtastraten 16
    ASCII-Import konfigurieren 41, 47, 48
    Auswählen für Grafik 90, 165, 166, 169
    Entfernen 49
    Import 37
    Organisation 16
    Standardformat 16, 40, 122
    Verfügbar für Grafik 165, 169
    x/y 16, 40
    Zeitrichtig darstellen 183
Datensätze -> s. Variablen
Dongle 14

Druckbilddatei
    Speichern 221
Drucker
    Farben definieren 78

F
FAMOS
    Dateiformat 37
    Programm beenden 66
    Programm starten 29
FAMOS-Applikationsfenster -> s. Applikationsfenster
FAMOS-Datei-Assistent -> s. Datei-Assistent
FAMOS-Dateneditor -> s. Dateneditor
FAMOS-Formel-Assistent -> s. Formel-Assistent
FAMOS-Kits -> s. Kits
FAMOS-Kurvenmanager -> s. Kurvenmanager
FAMOS-Reportgenerator -> s. Reportgenerator
FAMOS-Sequenz-Editor -> s. Sequenz-Editor
Filter
    Bandpaß verwenden 290
    Digitale Filter konstruieren 297
    Durchlaßbereich 290
    Einfluß der Abtastfrequenz 308
    Einfluß des Differenzierens 310
    Einfluß des Integrierens 312
    Einschwingvorgänge 306
    Filterentwurfsprogramm 285
    Filtertypen 286
    Frequenzbereich prüfen 294
    Hoch-/Tiefpaß verwenden 288
    Übertragungsfunktion 315
    Wirksamkeit prüfen 291
    Zeitbereich prüfen 293
Filterentwurfsprogramm 19, 285, 297
Fliegende Menüs
    Dateifenster 25
    Farbeinstellung 78
    Grafikfenster 162, 242
    Kurvenobjekte 220
    Meßwertfenster 259
    Reportgenerator 220, 227, 229, 231
    Tabellenobjekte 231
    Textobjekte 229
    Variablenbereich 76, 144
    Zeichnungsobjekte 227
Formel-Assistent 17
    Anweisung in Sequenz übertragen 196
    Formel parametrieren 181
FRAME 19

Stichwortverzeichnis 375

Funktionen 135
    Alle0 135
    Binde 276, 278, 292, 304
    DFilt 310
    FFT 295, 305, 310, 316
    FiltBP 297, 310
    FiltBS 297, 310
    FiltHP 297, 310, 313
    FiltTP 297, 300, 304, 306, 310, 319
    Gla3 73
    Gla5 73
    Glatt 73, 288, 296, 320
    Gren 161, 274
    Int 312, 313
    Kart 148
    KBT 319
    KKF 281
    Kmp1 305, 310, 316
    Kompl 146
    KvPosi 203
    KvYAchse 202
    Lang 292, 304, 310
    Max 271, 282
    Min 139
    Mitte 313
    Posi 270, 282
    Rampe 137
    Stat 279
    StGren 321
    STri 265
    SuchePegel 178
    TAdd 300
    Tast 318
    TForm 299
    TTeil 299
    TzuEW 278
    Wert 183
    xDel 292, 304, 310, 319
    xEinheit 292
    xMaxi 175, 183
    XYvon 142, 183
Funktionen -> s. Operationen
Funktionsknöpfe 71, 135
    Anlegen 207
    Definieren 208
    Gruppen anlegen 207
    Operation ausführen 209

G
Grafik
    3D 301
    Aufbau festlegen 163
    Datenpunkte formatieren 115, 181, 269
    Expandieren mit Navigator 245
    Gitter einblenden 175, 263, 295
    Komponenten auswählen 166
    Koordinatensysteme definieren 171
    Kurven glätten 73, 187, 288
    Kurven organisieren 58, 60, 244, 263
    Organisation per Maus ändern 169, 170
    Rezoom 59, 117
    Überlagerung 166, 172
    Variablen auswählen 165, 169
    Variablen löschen 168
    Wasserfall-Diagramm 301
    Wasserfall-Diagramm konfigurieren 301
    Wie vor Zoom! 117
    x/y-Darstellung 58, 60
    Zoom 61, 101, 116, 186
Grafikfenster 47, 159
    Ausschnitt verschieben mit Navigator 256
    Einzelwert darstellen 139, 161, 282
    Konfiguration speichern 106, 110, 120, 241, 245, 270
    Konfigurationsdatei laden 116, 119, 252
    Kurve zeigen 47, 49, 56, 69
    Meßwertfenster öffnen 254
    Opt.-Menü 57
    Quick-View 131, 162, 174, 281
    Reihenfolge der Kurven 90
    Rollverknüpfung herstellen 59, 159, 185, 249
    Rollverknüpfung verwenden 59, 62, 159, 185
    Schnellansicht 131
    Textvariable anzeigen 151
    Verdoppeln mit Kommunikator 248
    x/y-Darstellung 141
    x/y-Datensatz anzeigen 144
    Zusammen zeigen 74, 240

K
Kanäle 154
    Auswählen 68
Kennlinien 144
Kennzeichnungen
    Dateinamen 22, 23
    Dialogtitel 23
    Eingaben 23
    Funktionsknöpfe 23
    Kontrollkästchen 23
    Menütitel 23
    Schalter 23
    Untermenüs 23
    Variablen 22

Kits   18
   Klassier-Kit   19
   Kurven   201
Kommunikator
   Funktionen   248
   Grafikfenster verdoppeln   248
   Öffnen   247
   Online-Funktionen   251
   Rollverknüpfung herstellen   249
Komponenten   167
Kontexthilfe   164
Kontextmenüs -> s. Fliegende Menüs
Kurven
   Darstellung reell   93
   Darstellung x/y   94
   Gemeinsame y-Achse erzeugen   92
   y-Achse zuweisen   92
Kurvenmanager   16
Kurvenobjekte
   Aktualisieren   217
   Definieren   214
   Eigenschaften   221
   Titel zuweisen   221

L
Legende
   Attribute   97
   Ein-/Ausblenden   97
   Inhalte   97
   Position   97
   Textformat   97
   Zeilenzahl festlegen   295
LOOK   19, 23

M
Marker
   Bearbeiten   99
   Bewegen   105
   Gestalten   100
   Grafikelement   120
   Löschen   120
   Positionieren   99, 101
   Text bearbeiten   103
   Textformat   100
Maus-Shortcuts   368
Meßcursor
   Einblenden   254
   Ergebnisdarstellung   257
   Horizontalcursor abschalten   79, 255
   Meßgenauigkeit   255
   Meßwerte als Marker verwenden   259

   Meßwerte auslesen   259
   Positionieren   254
Meßwerte
   Als Marker verwenden   259
   Ausgeben als Datei   260
   Auslesen aus Meßwertfenster   259
   Exportieren   263
   Protokolldatei anlegen   261
Meßwertfenster
   Ergebnisdarstellung   257
   Meßgenauigkeit   255
   Öffnen   254
   Protokolldatei anlegen   261

N
Navigator
   Funktionen   242
   Grafik expandieren   245
   Grafikausschnitt verschieben   256
   Öffnen   242
   Zoom-Kontrolle   252

O
Online-Hilfe   164
Operation -> s. Bereiche
Operationen
   Abtastzeit festlegen   292
   Datensatzlänge festlegen   292
   Digital filtern   310
   Drift entfernen   313
   Einzelkomponente auswählen   305
   Einzelwert ändern   294
   Fenster per Kit einrichten   203
   Fourier-Transformation   295
   Glätten   73, 288
   Glätten über Anstiegsbedingung   320
   Integrieren   312
   Intervall in Variable schreiben   274
   Kennlinien erzeugen   144
   Komplexe Variablen erzeugen   146
   Komplexe Variablen umwandeln   148
   Kreuzkorrelation   281
   Kurven formatieren per Kit   202
   Maximalwert bestimmen   271
   Minimum bestimmen   139
   Mittelwert bilden   313
   Nachabtastung   317
   Nullstellen bestimmen   135, 136
   Offset entfernen   313
   Peaks extrahieren   178, 265
   Relative Maxima bestimmen   174

Schmitt-Trigger einsetzen 264
Schwellwerte setzen 175
Sequenzen aufrufen 207
Signalsteilheit begrenzen 321
Sprungfunktion konstruieren 291
Statistische Kenngrößen bestimmen 279
Steigung bestimmen 178
Text in Zahl konvertieren 278
Textbereich auswählen 299
Texte verbinden 300
Textvariablen erzeugen 150
Tiefpaß verwenden 300
Variablen erzeugen 137
Variablen kopieren 306
Variablen zusammenfassen 276, 292
Variableneigenschaften auslesen 319
Werte gezielt auslesen 160
x/y-Datensatz erzeugen 142
x/y-Werte zuordnen 183
x-Einheit festlegen 292
x-Koordinaten bestimmen 270
Zahl in Text umwandeln 299
Operationen -> s. Funktionen
Operationsbereich
    Befehl ausführen 73, 135
    Befehl editieren 135
    Drag und Drop 72
    Funktionen übernehmen 71
    Variablen übernehmen 72, 135

P
Praxisbeispiele
    Bandpaß 290
    Beschleunigung, Schnelle, Weg 311
    Chromatogramm 20, 27
    Dateiimport 21
    Effektivwert bestimmen 319
    Einheitssignale 266
    Einschwingphänomene 306
    Filter vergleichen 304
    Filtercharakteristiken grafisch
        darstellen 309
    Filterwirkung 291
    Importfilterprogrammierung 21
    Laufzeitverzögerung 21
    Peakextraktion 174
    Rauschen 288
    Signalfilterung 21
    Signallaufzeit 21, 236
    Spannungsspitzen eliminieren 320
    Variablenimport 21

Q
quenz 190

R
Reportgenerator 16
    3D-Parameter festlegen 220
    Aufrufen 210
    Bilder einbinden 225
    Daten in Tabelle übertragen 231
    Grafik in Objektrahmen einfügen 214
    Grafikimport via Zwischenablage 213
    Hauptteilstriche formatieren 219
    Kurvenobjekte 221
    Kurvenobjekte aktualisieren 217
    Kurvenobjekte definieren 214
    Layout drucken 233
    Layout speichern 221
    Layoutfenster 211
    Layoutveränderungen 218
    Legende entfernen 215
    Linien formatieren 219
    Objekte anordnen 221, 227
    Objektrahmen entfernen 214
    Raster 211, 215
    Rezoom 233
    Seite einrichten 212
    Symbole formatieren 219
    Tabelle als Text einbinden 228
    Tabelle als Text formatieren 228
    Tabelle spaltenweise importieren 228
    Tabellenobjekte erzeugen 229
    Tabellenobjekte formatieren 229, 231
    Teilstrichbeschriftungen formatieren 217
    Textobjekte anlegen 222
    Textobjekte formatieren 222
    Textobjekte positionieren 224
    Unterteilstriche formatieren 219
    Voreinstellungen 211, 217
    Werkzeuge einblenden 211
    Zeichenwerkzeuge verwenden 227
    Zoom 223, 231
Rohdaten 26
Rollverknüpfung -> s. Grafikfenster

S
Schutzstecker 14
Sequenz-Editor 17
    Eingaberegeln 191
    Sequenzausführung 192
    Starten 190

Sequenzen
    Achsenskalierung ändern   199
    Aufruf Sequenz-Editor   190
    Ausführen   205
    Beispiele   193
    Datensätze glätten   198
    Definition   190
    Drucken   205
    Druckfertig formatieren   205
    Farben zuweisen   197
    Farbvariablen erzeugen   196
    Fenster entfernen   199
    Fenster per Kit einrichten   204
    Gruppen erzeugen   300
    Kurven glätten   198
    Kurven per Kit formatieren   202
    Kurven-Kit verwenden   201
    Laden   205
    Peaks extrahieren   199
    Schleifenvariable   300
    Skalierungen ändern   195
    Speichern   204
    Variablen anzeigen   194
    Variablen gruppieren   300
    Wert von Variablen verwenden   300
    While-Schleife   299
Sequenzfenster -> s. Bereiche
Shortcuts   368
Symbolische Kennzeichnung   134
    Einzelwert   139
    Gruppe   153
    Kennlinienvariable   145
    Komplexe Variable   146
    Leerer Datensatz   136
    Textvariable   150
    x/y-Datensatz   142

T
Tabellenobjekte   229
    Daten einfügen   231
    Formatieren   229
Tastatur-Shortcuts   368
Texteingabefeld -> s. Bereiche
Textobjekte
    Formatieren   222
    Positionieren   224
Triggerlinie   88
Tschüs   362

U
Übersichtsfenster
    Öffnen   61, 86

V
Variablen   15
    Abtastrate ändern   125
    Anzeigen   127
    ASCII-Format speichern   63
    Datenformat ändern   156
    Datenformate   123, 156
    Datensatzgröße ermitteln   124
    Eigenschaften   121, 127, 137, 141, 144, 156, 239
    Einzelwert anzeigen   139, 282
    Entfernen   161
    Expandieren   239
    FAMOS-Format speichern   63
    FAMOS-interne   166
    Format   133
    Gruppenaufbau anzeigen   154
    Gruppeneigenschaften   123
    Gruppieren   153
    Gruppierung aufheben   239
    Kanäle anzeigen   154
    Kanäle auswählen   68
    Kommentar beifügen   123, 127
    Komponenten anzeigen   143, 149
    Löschen aus Achsenliste   168
    SI-Einheiten   123
    Speichern   63
    Startwert verschieben   124
    Strukturinformationen   129
    Symbolisch anzeigen   42
    Text   150
    Überlagerung   172
    Umbennung automatisch   250
    Voreinstellung Anzeige   130
    x und y vertauschen   144
    x-Delta ändern   125
    x-Einheiten   124
    x-Offset   124
    y-Einheiten   123
    Zusammen speichern   65, 74, 187
    Zusammen zeigen   240
    Zusammenfassen   276
Variablen -> s. Datensätze
Variablen -> s. Symbolische Kennzeichnung

Verzeichnisse 33
    Ändern 34
    Standardvorgabe 33, 38
Voreinstellungen
    Ablage 98, 217
    Ablage laden 219
    Ablage sichern 219
    Anzeige 86
    Beschriftung 80
    FAMOS-Datei laden 237, 287
    FAMOS-Transfer 80
    Farben für Drucker 76
    Farben für Monitor 76
    Gitterlinien 88
    Grafikdarstellung 81
    Kontexthilfe 164
    Linientypen 78
    Online-Hilfe 164
    Rahmen Koordinatensystem 78
    Rahmen Legende 78
    Referenzwert für dB 89
    Rezoom 79
    Symbole 79
    Trigger 86
    Werte zeigen 88
    x-Einheit 84
    Zoom 79

W
Wie vor Zoom! 103, 117, 267

Z
Zoom 223, 231, 267, 269

THE SIGN OF EXCELLENCE

Einführung in die PC-Grundlagen

Die Nutzung des PCs unter Windows

4., erweiterte Auflage

Jürgen Ortmann

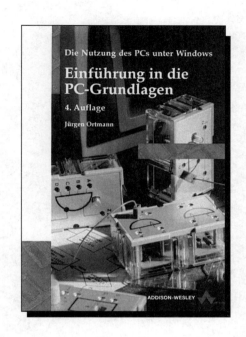

Die vierte, grundlegend überarbeitete und erweiterte Auflage dieses Buches wird Ihnen helfen, einen Einstieg in das Thema EDV zu finden. Es richtet sich sowohl an alle, die sich einen ersten allgemeinen Überblick über Computer, Ein- und Ausgabegeräte, ihre Bedienung und die passenden Programme verschaffen möchten, als auch an diejenigen, die bereits über Grundwissen verfügen und mehr Details kennenlernen möchten. Durch die Aufforderung zum aktiven Mitmachen hilft Ihnen das Buch, die für viele immer noch geheimnisvolle Welt des PCs verstehen zu lernen und die neuen Kenntnisse für Ihre eigene Arbeit am PC zu nutzen. Aus dem Inhalt:
- Was bedeutet EDV?
- Prozessoren, Bussysteme und Speicher
- Die Peripherie: Ein- und Ausgabegeräte
- Betriebssysteme und Anwendersoftware
- Programmierung
- Datensicherheit, Computernetze
- Multimedia und der Information Highway

426 Seiten, 1996
39,90 DM, brosch., ISBN 3-8273-1041-5

THE SIGN OF EXCELLENCE

Addison-Wesley im Internet...

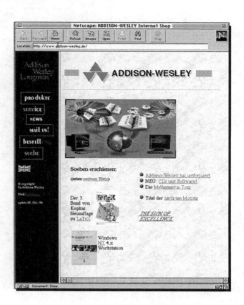

»www.addison-wesley.de« –

Hier halten wir stets aktuelle Informationen über unsere Produkte und weitere Aktivitäten bereit.

Schauen Sie doch 'mal vorbei.